土地工程概论

（第二版）

韩霁昌　编著

科学出版社
北　京

内 容 简 介

本书创新性地提出了“土地工程”这一概念，是中国国内土地领域的一次探索和创新。书中指出，土地工程不仅是工程建设项目，而且是集科学理论、工程技术与工程实施管理为一体的综合学科体系。本书明确提出“土地工程”的概念，界定了其内涵和研究内容，探索了土地工程学科体系，提出土地工程按照一级学科建设的构想，系统阐述了土地工程的实施过程及其技术体系，并且通过大量的工程实例形象地介绍土地工程的不同范畴。

本书可为高等院校土地工程及相关专业的教学提供参考，也可为土地管理、工程实施机构提供技术参考和指导。

图书在版编目（CIP）数据

土地工程概论/韩霁昌编著. —2 版. —北京：科学出版社，2017.3
ISBN 978-7-03-052381-5

Ⅰ.①土… Ⅱ.①韩… Ⅲ.①土地利用-研究-中国 Ⅳ.①F321.1

中国版本图书馆 CIP 数据核字（2017）第 054724 号

责任编辑：李　萍　周　莎 / 责任校对：刘亚琦
责任印制：张　伟 / 封面设计：迷底书装

科学出版社 出版
北京东黄城根北街 16 号
邮政编码：100717
http://www.sciencep.com
北京凌奇印刷有限责任公司 印刷
科学出版社发行　各地新华书店经销
*
2013 年 3 月第　一　版　开本：720×1000　1/16
2017 年 3 月第　二　版　印张：28
2023 年 9 月第四次印刷　字数：564 000

定价：198.00 元
（如有印装质量问题，我社负责调换）

第二版前言

本书是作者编著的《土地工程概论》（2013，科学出版社）的第二版，在第一版教学、科学研究和工程实践的基础上，本书结合中国土地工作的发展、研究和实践，对原书各章内容进行了提升与总结，既保持了第一版的特色，又融入了学科研究的新成果和发展新动向。本书对“土地工程”研究进行了系统的阐述与提炼，明确提出土体有机重构为“土地工程”研究的核心任务，指明研究范畴和独立学科体系的构建，内容简练，重点突出，适应学科发展与教学的需要。

本书全面系统地阐述了“土地工程”的内容、核心任务和研究范畴，明确了其是独立复杂的学科体系。全书共十四章：第一～三章主要阐述土地工程的产生、相关基础理论及实验与试验技术方法；第四章概述土地资源的调查、利用及评价工程的内容和方法；第五～八章从土地工程的研究范畴入手，指导不同整治工程类型的应用，并且对工程实例进行了高度总结与提炼；第九～十一章阐述土地工程的设计方法与原则、经济管理和项目管理，为项目设计和完整实施提供有力保障；第十二章介绍土地利用与保护工程，主要论述土地工程的生态化实施、土地资源的保护性利用及监督、监管措施，引导土地工程和土地利用的可持续发展；第十三章对信息化在土地工程领域的应用进行详述，为土地工程的信息化发展指明方向；第十四章对土地工程的发展趋势和学科体系建设进行总结和讨论。

本书明确提出土体有机重构是土地工程的核心任务。土体有机重构就是将一定深度的土体作为研究对象，通过对构成土体的材料、结构和生物营养等方面进行研究，以置换、复配、增减等技术手段，对退化型、污染型、损毁型、低效型等缺陷土体或未利用土体进行再生或重新构建，为承载有机生命体提供必要条件。它是土地工程的核心任务，是土地工程的主体工程，而土地平整、水利、交通道路、林业和配电是土地工程的配套工程。土地工程具有独立的学科体系，结合研究与实践，本书对学科体系构成进行了调整，提出土地信息由土地资源调查、地籍管理与测量及土地工程大数据等构成；土地整治工程由工程土体力学、土体重构材料研究与应用、土体剖面层级重构、土体重构化学与养分供给、土体-生物系统营养保障、水土资源利用和配套工程等构成；土地利用与保护由土体经济与文化、土地法学与政策、土地生态和土地规划与评价等构成。

在修订本书过程中查阅了大量国内外的研究成果，引用了国内外一些重要的文献资料，吸收和借鉴了前人大量的既有成果，如有不妥之处，还请谅解。在本书修订过程中得到了国土资源部科技与国际合作司单卫东研究员、中国科学院地理科学与资源研究所刘彦随研究员、西安理工大学解建仓教授、陕西师范大学任志远教授、西北农林科技大学王益权教授、国土资源部土地整理中心副主任郧文聚研究员的指导和建议，在此表示感谢。特别感谢傅伯杰院士、孙九林院士、唐华俊院士的支持和鼓励。感谢国土资源部科技与国际合作司司长姜建军研究员、副司长高平研究员、国土资源部土地整治中心党委书记张晓燕研究员、土地整治中心主任范树印研究员的亲切指导。感谢史高琦、李玲、成生权、王曙光、孙剑虹、李瑞、毛忠安、高建军、罗林涛、何璐、张宏凯等多位高级工程师丰富的工程实践经验为本书的撰写提供的很大支持和帮助。以下人员在本书修订期间在章节撰写、编辑设计等方面做出了大量工作：张扬、王欢元博士、马增辉博士、李娟、张卫华博士、孙婴婴博士、蔡苗博士、高红贝博士、陈科皓等。本书的出版是在科学出版社的大力支持下完成的，在此一并致谢！

由于作者学识有限，书中难免有不妥之处，真诚欢迎各位同仁和专家、学者给予批评指正。

作　者

2016 年 10 月

第一版序一

土地是人类赖以生存与发展的重要物质基础。在国家或地区的人口、资源、环境与发展复合系统中，土地资源始终居于其他资源无法替代的核心地位。土地利用反映了人类与自然界相互影响、相互作用最直接、最密切的关系，人类利用土地在发展经济和创造物质财富的同时，也对自然资源结构、生态环境产生巨大的影响。人多地少是中国的基本国情。“珍惜和合理利用土地，切实保护耕地”是一项基本国策，因此土地资源开发、利用与保护是国家经济建设和社会发展中的一项长期而艰巨的任务。

当今日益严重的全球环境问题和人类活动的压力，进一步加剧了区域性土地沙漠化、盐碱化和水土流失，导致土地退化、质量下降和生态恶化，成为影响土地资源可持续利用和经济社会可持续发展的重要障碍。同时，随着快速工业化、城镇化发展，土地资源供给的有限性与需求的增长性之间的矛盾日益尖锐，保障经济发展和保护耕地资源的压力不断增大。而在宏观战略层面，加快转变经济发展方式，着力推进资源节约战略，对优化土地资源配置和提高土地利用效率，提出了更高的目标和要求。因此，破解当前土地资源供给刚性不足的现实难题，扭转土地资源闲置与低效利用的被动局面，亟待重视发挥土地工程的支撑和保障作用。

国务院批准实施的《全国土地整治规划（2011—2015 年）》，明确了我国土地整治战略目标和重大任务，提出统筹推进农用地整理、土地开发、土地复垦、建设用地土地综合整治，“十二五”期间要整治建成高标准基本农田 4 亿亩，补充耕地 2400 万亩，整治农村建设用地 450 万亩，复垦损毁土地 2250 万亩，提高现有和新建一批高标准基本农田保护示范区。而实现这一系列目标的根本途径，在于实施土地工程。目前国内外的土地研究多集中在土地资源、土地管理、土地经济和土地政策方面，而对于土地工程及其支撑技术的探索尚没有形成完整的研究体系，或者说没有形成一门专门的学科开展研究。这在一定程度上反映了我国土地工程基础理论相对滞后、重大土地问题难以实质性突破的深层原因。

该书作者首次大胆提出了“土地工程”学科，类似于农业工程、水利工程等一级学科，探讨了土地工程的学科体系，在土地工程的理论研究与工程技术提炼方面取得了显著进展。该书系统梳理总结土地工程基础理论及其技术方法，形成相对完整的土地工程学科架构，将有助于推进中国特色的土地工程兴起与发展，为破解发展与保护中的土地资源难题，提供理论指导和技术支撑。

不论是土地开发、土地整理、土地复垦、土地整治，还是城市土地一级市场开发、污染土地修复以及高标准农田建设，该书创新性地将其统一归为土地工程，并强调土地工程不仅仅是工程建设项目，而且是集科学理论、工程技术与工程实施管理为一体的复杂学科体系。该书作者首次对土地工程进行了全面而系统的阐释。首先，系统分析土地工程的科学内涵，探索建立土地工程的学科体系，建立土地工程的基础理论和实验试验方法体系；其次，总结提出土地工程中立项建议、可行性研究、规划设计、施工设计和工程实施的系统原则与方法；再次，全面阐述土地工程的类型，主要包括非农用地转化为农业用地工程、建设用地整备工程、污损土地改良改造工程以及低标准用地提升工程四类；最后进一步讨论土地工程中的经济管理、项目管理以及土地工程与现代农业发展、生态建设的密切关系。该书内容全面系统，整体性强，工程实施案例翔实，具有较强的创新性、参考性和可操作性。

该书是我国土地工程领域第一本集学科建设、理论研究和工程实践相结合的教科书，其问世具有重要的意义与价值。该书明确提出“土地工程”的概念，并界定了其内涵和研究内容；探索了土地工程学科体系，提出土地工程按照一级学科建设的构想；系统阐述了土地工程的实施过程及其特有的技术体系。该书另一特色是研究大多出自作者直接参与的土地工程项目，相关的工程技术已在工程实践中得到了成功应用，如书中提到的砒砂岩与沙复配成土技术、“改排为蓄”的盐碱地和谐治理模式等，均已获得了省级科学技术奖励一等奖，其工程技术应用的综合效益显著，推广应用价值大。

该书资料翔实、层次清晰、观点鲜明、分析透彻，为土地工程学科的建立奠定了坚实的理论基础，并为土地工程发展指明了方向。当前国内一些高校相继设立了土地资源管理、土地规划等专业，培养了大量的专业人才，包括本科生及硕士、博士研究生，也在一定程度上推动了土地工程的发展。该书的出版将对我国完善土地利用规划、土地整治规划以及制订新的土地政策、创新土地管理制度，起到较好的推动作用。该书可作为高等院校土地工程及相关专业学科的教学参考资料，可为土地工程建设与实施机构提供技术参考和指导。

我十分乐意把该书推荐给从事土地科学研究、地理学、资源科学以及国土规划与国土整治等领域的专家学者、研究生和管理工作者。希望该书能够在建设中国特色土地工程理论与技术体系的领域前沿方向上起到“抛砖引玉”的作用，也希望更多的专业人士投入到土地工程的理论探索与实践研究中，共同促进土地工程学科建设。祝愿我国的土地工程研究硕果累累、人才辈出，土地工程事业蒸蒸日上。

中国科学院院士

2013 年 3 月于北京

第一版序二

土地是人类生存之本，是社会发展的重要基础。随着人口的增长，工业化、城镇化和农村现代化的快速进展，城乡土地的统筹和合理利用成为备受关注的土地问题。

土地问题历来是革命和社会主义建设的重要问题。中国共产党领导农民搞土地革命，建立新中国，取得新民主主义革命的重大胜利；20 世纪中期，学习苏联的合作化，搞人民公社，虽然涉及不同程度的土地规划（整理），却都是适应于手工劳动经营的土地规划，缺少适应现代化、机械化和规模经营需要的土地工程。

数亿农民进城务工经商，为留在农村的农民创造了从事适度规模的机械化现代农业经营的条件。同时，改变小农经济和手工劳动，忽视土地工程建设，造成工程基础较差的情况。所以，农村现代化必须与工业化、城镇化一样，要重视和建设好土地工程。

《土地工程概论》是一部土地工程的专著，内容全面、丰富，详细论述了土地工程的学科体系、理论基础和工程设计的相关技术，以及工程的政策和管理等。该书对农村现代化建设，对土地整理和高标准基本农田建设以及工业化、城镇化的土地工程建设，都有重要的指导作用。

土地工程有着很强的学科性、技术性。不同的地形、地貌和土质，土地的不同用途和使用方式，应有相应的土地利用规划和土地工程设计。

衷心祝贺该书的出版！在完善土地工程学科理论体系、规范土地工程设计、提高工程规划设计人员的水准等方面，该书都能发挥积极、高效的作用。

原国家土地管理局　副局长　马克伟

2013 年 3 月于北京

第一版序三

土地不仅为农业生产提供了重要载体，而且是全人类赖以生存与发展的物质基础。随着人口膨胀、工业化和城镇化进程的加快，土地需求量迅速扩大，土地利用面临着严峻的考验。中国早期对土地的研究，多集中于资源调查、类型划分，以及农业土地合理利用等方面。人类对土地的过度开发和利用，造成植被破坏、土地资源退化（如水土流失、沙化、盐碱化、酸化、重金属污染等），加上水资源日趋紧缺，各类用地矛盾加剧，对农业生产和生态环境形成严重威胁。

基于这种情况，近年陕西省地产开发服务总公司主持实施了若干旨在有效改善和利用土地的实验与实践，收到预期效果。例如，卤泊滩盐碱地整治模式的建立和成功开发；毛乌素沙地砒砂岩与沙复配成土造田带来的新变化，这都归功于对土地工程的深入研究和应用。以“排”为核心的传统盐碱地治理模式推广应用具有一定局限性，存在消耗淡水资源多、后期运行管理费用高、排出的盐碱水引起新污染等问题，且地势低洼的卤泊滩地区不具备排水条件，加上淡水资源缺乏导致传统的治理方式在卤泊滩地区无法应用。由于盐碱土在水饱和状态下，水平结理发育明显，研究者发现“弥散”在盐碱地治理中具有不可忽视的作用，根据这一研究结果，提出了在低洼封闭不具备排水降碱区域实施“改排为蓄、水地共处、和谐生态”的理念与治理模式，开辟了另一条重度盐碱地治理的新途径。该模式的应用显著降低了工程成本。经过十几年运用，开发的新增万亩耕地达到了吨良田。砒砂岩与沙复配成土的成功实践也使我们对土地工程学科建设的必要性有了进一步的体会。在毛乌素沙地广泛相间分布着“砒砂岩”和“沙”两种水土流失物质，以前在防止土壤沙化、改善沙区土壤环境和防止砒砂岩区水土流失方面做了大量的工作，虽然取得了一些成果，但花费了大量的人力物力财力。而在本项工作中，研究者的思路从单一的治理向综合利用模式转变，通过深入的基础性研究，发现了砒砂岩和沙性质上的互补性，研发出了砒砂岩与沙快速成土核心技术，不但有效增加了耕地，而且给当地带来了显著的经济效益。在农村废弃宅基地、水毁地、裸岩石砾地、沟坡地等多种类型未利用地变为可耕地的土地工程方面也做了大量的研究和开发工作；在水土资源配置、土地工程与现代农业对接、土地一级市场开发等方面，结合生态文明建设取得了多项成果。

土地工程研究不仅限于对未利用地的开发利用，更多的包括全面提高现有土地的利用效率和使用价值。为了确保工程质量、巩固工程成果、降低工程成本，急需一门科学合理的学科体系用于指导工程实践。

该书作者依托国土资源部重点实验室和陕西省工程技术中心，在工程实践的过程中，通过不断探索，逐步形成自己的理论体系，提出土地工程这一新兴学科的框架。土地工程不仅仅是工程建设项目，而且是集科学理论、工程技术与工程实施管理为一体的综合学科体系。

该书内容全面、系统性强、理论与实践并重，在探讨土地工程理论体系的同时多处列举了作者直接参与的土地工程建设项目实例，参考性和可操作性强，对指导土地工程实践、促进土地工程学科发展具有较好的推动作用。该书可以作为院校相关专业和工程技术人员的参考资料，同时希望越来越多的有志者参与到土地工程理论的研究和实践中。

我非土地和地学方面的专业人士，期望我国土地工程事业为推进农业可持续发展和社会进步做出贡献。

中国工程院院士 山仑

2013 年 3 月于杨凌

第一版前言

1986年8月1日，中国国家土地管理局从农业部划出，成立了国务院直属机构，并提出“十分珍惜、合理利用土地和切实保护耕地”作为中国的一项基本国策。从此土地管理脱离了农业，在国家层面上有了一个独立的管理机构，一方面说明了国家意识到了土地资源的宝贵，希望能够通过这样一个行政机构加强土地管理，保护好、利用好土地资源；另一方面说明了土地领域的工作不限于农学领域，它涉及自然资源、社会经济、行政管理、城市建设及工业建设等。1998年3月，由地质矿产部、国家土地管理局、国家海洋局和国家测绘局共同组建国土资源部，把土地资源、矿产资源及海洋资源一并作为不可再生的国土资源加以重视，并制定了科学的发展规划和管理措施，最大限度地保护和合理利用土地资源、矿产资源及海洋资源。这一机构的建立再次强调了土地资源管理和利用的地位。

相对于土地资源的认识和利用，人们对矿产资源的研究和利用要深得多，形成地质工程理论体系已有几百年历史，矿山工程技术作为一级学科对矿产资源的保护和开发利用起到了积极的支撑作用。国际上从事矿产资源领域科学研究的专门人才多达数百万计，可以说地质工程领域的科学研究体系已十分健全，研究的深度和范围已覆盖全球而且深入到宇宙空间。水利工程一级学科同样为水资源的合理利用起到科学支撑的作用。

当然，作为一个新兴的领域，土地资源与矿产资源一样，也是国家发展不可或缺的战略资源，而土地资源相对于矿产资源来说重要性更大，因为土地是人类赖以生存的根基。由于土地的资源属性和社会属性，人们对它的市场价值进行大量讨论，并未深入研究土地的内在规律，总认为解决土地问题很简单，更多的需要政策导向和行政管理，科学技术含量低，各行各业都能干，不需要进行工程技术的科学研究。

从全球来看，中国人均耕地资源紧缺，而科学利用土地往往集中在城市及沿海一带，粮食作物产量的提高多是依赖生物技术，对于其载体——土地的培育、改造却研究甚少。近年来，中国政府大力发展工业经济和城市化，并吸取历史教训，在建设非农产业的同时，拿出很大一部分资金支持农业发展，确切说就是对土地进行改造。据不完全统计，在“十五”和“十一五”十年间，国家共投资1万多亿元用于土地整治工程，共整治农业耕地约800万hm^2，新增耕地约270万hm^2。在建设用地一级开发市场，每年新增建设用地约61万hm^2（2011国土资源公报），一级开发整理费用平均按 45 万～75 万元/hm^2（含拆迁）折算，每年约有 2700 亿～4500 亿元工程总量，以上两项合计，土地工程的平均投入规模每年在 4000 亿元以上，绝对不低于环境工程、农业工程以及林业工程的规模，接近于水利工程。如果没有有力的学科体系保障，这些投资将无法从根本上解决土地问题。

目前，虽然耕地数量得到了保证，城市的工业建设用地也得到了“生地”到“熟地”的建设，但土地整治工程没有像环境工程、农业工程、水利工程那样对国家及国民的影响力大。一个原因是这些行业起步早，宣传深入人心，并且人类确实从这些工程中受益匪浅，而整治土地给人们的印象是工作太简单，并且属于土地资源管理方面，属于管理学范畴，并非属于一个应用性的工程范畴。国家为了解决土地问题，每年花费巨大的投资，做出如此大规模的工程，却实在没给人们留下深刻的印象。除宣传少、发展晚外，根本原因在于中国的土地工程这一领域一直在借鉴国外的一些概念（如土地整理、土地整治、土地调整等），没有形成一个应用性的学科体系，也没有运用系统的学科原理和技术体系彻底解决土地问题。例如，地球表面上除土地资源外，水资源占据了很大面积，并对人类生活影响重大，水利工程作为研究水科学利用的一级学科，统领水领域二级、三级学科多达几十种。从水力学到水工结构学，从水利管理到水利经济，从海洋工程到河流泥沙工程，门类齐全而归为一类。学校设有中专、大专、本科、研究生等学历教育，职称序列有技术员、助工、工程师、高工等一应俱全。由此可见，土地工程迫切需要建立一个类似水利工程这种能够指导解决土地问题的应用性的一级学科。值得高兴的是，国内外已有数十万人开始投入这项工作的各个领域进行研究。

面对中国土地工作的需要，我们借鉴国内外相关理论和实践，撰写了这本书。本书共十四章：第一～三章主要阐述土地工程的产生、相关基础理论及实验试验技术方法；第四章概述土地资源的调查、利用及评价工程的内容和方法；第五～八章从土地工程的研究范畴入手，指导不同整治工程类型的应用；第九～十一章阐述土地工程的设计方法与原则、经济管理和项目管理，为项目设计和完整实施提供有力保障；第十二章土地利用与保护工程，论述土地工程的生态化实施，土地资源的保护性利用，及监督、监管措施，引导土地工程和土地利用的可持续发展；第十三章对信息化在土地工程领域的应用进行详述，为土地工程的信息化发展指明方向；第十四章对土地工程的发展趋势和学科体系建设进行总结和讨论。本书既可以作为土地工程技术和管理专业参考书，也可供有关专业理论和实际工作者参考使用。

在本书的撰写过程中，作者吸收和借鉴了前人大量的既有成果，除感谢重点实验室的总顾问、指导委员会、学术委员会的各位委员关心和指导外，对于引用的资料，本书注明来源出处，但难免有所疏漏，在此谨请各位读者海涵和谅解。本书撰写过程中得到了西安理工大学朱满林教授，中国科学院地理科学与资源研究所刘毅研究员、成升魁研究员、陈百明研究员，中国科学院黄土高原土壤侵蚀与旱地农业国家重点实验室李占斌研究员，陕西师范大学任志远教授，国土资源部科技与国际合作司高平副司长、单卫东研究员，国土资源部土地整理中心副主任郧文聚研究员，国土资源部规划司原司长贾中骥研究员、地籍司原司长向洪宜研究员、土地利用重点实验室主任王静研究员，中国土地勘测规划院原院长程烨研究员，浙江大学吴次芳教授，中国矿业大学卞正富教授，中国地质大学（北京）白中科教授，中国农业大学张凤荣教授，中国地质大学郑新奇教授，云南农业大学余建新教授，徐州市国土资源局局长李钢教授等的指导和建议，在此表示感谢。特别感谢傅伯杰院士、石玉林院士、孙九林院士、山仑院士的支持和鼓励，感谢国土资源部科技司司长姜建军研究员、国土资源厅副厅长苟润祥研究员、水利部原副部长索丽生研究员的亲切指导，感谢中国土地学科创始人、尊敬的马克伟教授80高龄执笔为本书作序。以下人员在本书成稿期间在搜集素材、编辑设计和章节撰写方面做出了大量工作：潘宜研究员、成生权高工、罗林涛高工、张宏凯高工、刘红瑛高工、周婉高工、李晓明博士、王欢元博士、马增辉博士、陈田庆博士、范王涛博士、张扬博士、谢秦峰、戴森、张永锋、侯宪东、赵磊、郝起礼、盛晓磊、程杰、王晶、李娟、柴苗苗、付佩、张瑞庆、童伟、吴丽娜、党光普、李刘荣、胡延涛、刘亚军、李宗武等多位硕士及工程师。本书出版得到了科学出版社的大力支持，在此一并致谢！

由于作者水平有限，书中难免有不足之处，敬请批评指正。

作　者

2013年3月

目　　录

第一章　绪　　论

“地安百安，地乱百乱”，从人类在地球上出现以来，人类及人类社会的发展就与土地息息相关。土地是人类赖以生存和发展的物质基础，它不仅为人类提供粮食来源，也为人类提供居住场所。同时，土地也是地球生态系统的主要组成部分，对维持生态系统良性循环具有重要的作用。

随着社会和经济的发展、城市化进程的加快以及人口的膨胀，土地的需求量日益加大。一方面，人口增多，需要保证耕地面积，保障粮食安全；另一方面，社会经济发展和城市化进程需要占用大量的耕地，但是日趋脆弱的生态系统不允许人类对土地进行肆意的开发利用。如何科学合理地利用有限的土地资源，成为人类亟待解决的问题。

土地资源的利用要求在保障现有土地现状的同时，可以对未利用土地进行开发整治，增加可利用土地面积；可以利用现有土地，科学合理地进行建设使用；可以对灾毁地、废弃矿山等污损土地进行综合整治利用；还可以对土地进行高标准建设，以提高土地的利用效率，增加土地产值。实现上述目的要依靠土地工程，而正确的实践需要科学的理论做指导，但以往有关的土地学科多偏向于管理和经济学方向，对于工程的研究未引起应有的重视。土地工程经过多年的工程实践和不断的科学探索，逐渐形成了比较完善的理论。“从实践中来，到实践中去”，土地工程理论在指导工程实践的同时，也不断在实践中验证、完善和发展。

第一节　土地工程的提出

一、土地与土地资源

（一）土地与土地资源的含义

土地是人类赖以生存和发展的重要资源基础。古籍《说文解字》中对土地做出了如下诠释：“土者，吐也，吐生万物”；《管子·水地》中将土地定义为：“地者，万物之本原，诸生之根菀也。”关于土地的概念一直是学者们争论不休的焦点和难点，但同时它又是不少新兴学科的突破口与试金石，这是由土地本身的复杂多样性决定的，同时也是土地的内涵不断深化和拓展的结果（黄贤金和张安录，2008）。

目前，不同学科的学者对土地有不同的认知（王秋兵，2003；王万茂，

2003；叶剑平，2005）。从地学角度来看，土地是地球表面的某一区域，它的性质包括这一区域之上和之下组成生物圈的气候、土壤、地形、地质、水文、动植物的特性以及人类过去和当前活动的结果，它的性质对土地当前和未来的利用具有重要的影响。从生态学角度来看，土地是一个由气候、地貌、岩石、土壤、植被、水文以及人类活动种种结果组成的生态系统，同时土地又是整个地球更大系统的自然环境要素。从经济学角度来看，土地是指大自然为了帮助人类，在陆地、海洋、空气、光和热各方面所赠予的物质和力量，强调大自然所赋予的东西，马克思认为“土地是一切生产和一切存在的源泉”。从法学角度来看，土地不仅包括地面或土壤，而且包括附着于土地的任何东西，不管是自然生长的（如树、草和木），还是人工建造的（如房屋和其他建筑物），它所包括的范围向上或向下都是无限度的，以至可以包括地上或地下的每样东西。

1972 年，联合国粮食及农业组织（Food and Agriculture Organization of the United Nations，FAO）在荷兰召开土地评价专家会议，把土地定义为包括地球特定的地域表面及其以上和以下的大气、土壤及基础地质、水文和植物。它还包括这一地域范围内过去和现在的人类活动的种种结果，以及动物就它们对目前和未来人类利用土地所施加的重要影响。1976 年，FAO 发表《土地评价纲要》进一步指出：土地是地表的一个区域，其特点包括该区域垂直向上和向下的生物圈的全部合理稳定的或可预测的周期性属性，包括大气、土壤和下伏地质、生物圈、植物界和动物界的属性，以及过去和现在的人类活动的结果；考虑这些属性和结果的原则是它们对于人类对土地目前和未来利用施加重要的影响。目前，FAO 对于土地的定义已被广泛接受（王秋兵，2003；叶剑平，2005）。

《辞海》中将“资源”定义为“资财的来源”，那么土地资源即为在当前和可预见的将来技术条件下能为人类所利用的土地。土地资源是人类赖以生存和繁衍的第一资源，是各种资源之首。自然界几乎不存在对人类绝对无用的土地，也就是说，几乎所有的土地都是土地资源（王秋兵，2003；王万茂，2003）。

（二）土地的特性

土地是自然产物，同时又与人类活动紧密相关。认识土地的特性，对综合利用土地、提高土地利用效率和产值、促进土地的可持续利用具有重要意义。一般认为土地具有如下特性（王秋兵，2003；王万茂，2003）。

1. 自然性和社会性

土地具有自然性，是自然产物，其产生和存在是不以人类的意志为转移的，人类劳动可以影响土地利用，但人类绝对不能凭空创造出新的土地。古今中外，沧海桑田，水陆变迁，仅是土地形态和利用方式的改变，并非新土地的创造。同时，土地又具有社会性，包括土地的利用、转移及管理等过程发生的各种社会关系。

2. 资源性和资产性

土地的资源性是指土地是一种资源，即土地作为生产要素和环境要素，是人类生产、生活和生存的物质基础和来源，可以为人类社会提供多种产品和服务。同时，以自然状态存在的土地物质实体具有能为人类所用、并能给利用者带来经济效益或其本身具有未来经济效益的功能，即土地具有资产性。

3. 有限性和可持续性

地球表面总面积约为5.1亿km^2，其中陆地面积仅占地球总面积的29.2%。列宁曾指出："土地有限是一个普遍现象"。人类可以围湖或填海造地，改良土地的生产性能，改变土地的利用方式，但这只是对地球表层土地形态的改变，而不能增加土地的总量。因此，人类必须充分合理地利用有限的土地。同时，土地利用具有可持续性，不仅指通过合理利用，土地可持续种植农作物或经济作物，也指通过人类劳动连续累积的投入凝结，土地可实现其自然增值，以及土地利用方式改变的连续性。在人类历史上，人类利用土地的方式几经更迭，但至今仍在周而复始地使用土地。

4. 空间性和差异性

每块土地存在于特定的空间位置，属于不动产，其空间位置很大程度上决定了土地的价值。同时，由于土地位置的固定性和自然、人文环境条件的差异性，任何一块土地都是独一无二的。土地的空间差异性，通常决定土地的利用方式。

（三）土地对人类生存和发展的作用

土地是人类重要的生存资源之一。在人类社会的发展历程中，土地起到了重要的作用。土地不仅为人类提供了食物，同时也提供了居住场所，而伴随着人类的发展，原始状态的土地逐渐不能满足人类发展的需求，人类的进化史也是一部土地工程的发展史。

从原始社会人类刀耕火种、宜地而居开始，人类已经开始生活在土地上，并显现了土地工程的雏形。原始人类选择适宜的土地用于种植耕作，并逐渐开始对田块进行耕作整理，根据合适的地形搭建居所。随着原始生产力逐渐提高，人类逐渐稳定聚居，也出现了早期的"城市"，这些都是土地工程的表现。在奴隶社会，土地和奴隶一样，是属于奴隶主的私有财产，随着犁耕农业出现，人类开始进行田亩的选择、规划和整治；进入封建社会，随着铁器及牛耕的应用和推广，人类开始扩大耕地面积，兴修水利，改善灌溉，同时促进了城市建设的发展。历史上的改朝换代几乎全是为了争夺土地，伴随着朝代的更替，土地的利用方式也几经更迭。自鸦片战争至新中国成立，长期战乱导致中国土地开发利用基本处于停滞状态，土地利用率和生产率均不高（吴次芳和宋戈，2009）。中国部分时期耕地面积见表1-1。

表 1-1　中国部分时期耕地面积

历史阶段	年份	耕地面积/亿 m^2	历史阶段	年份	耕地面积/亿 m^2
秦朝	公元前 221	600	清朝	1766	5205
汉朝	2	1587	民国时期	1934	8200
唐朝	755	1407	新中国成立初期	1949	9787
宋朝	1100	2767	目前	2014	13 506
明朝	1579	3100			

总体而言，人类的生存和发展离不开土地，其主要作用如下（王万茂，2003；叶剑平，2005；黄贤金和张安录，2008）。

1. 生产作用

土地具有自然生产能力，万物土中生，具有肥力的土地是人类赖以生存的农作物吸取营养的主要源泉。土地是农作物正常生长发育不可缺少的水分、养分、空气和热量的供应者与调节者。土地既是劳动对象，同时也是一种劳动手段，土地自身在农业上是作为生产工具来发生作用的。

2. 资源作用

土地中蕴藏着丰富的自然资源，如煤、石油、天然气和铁等，这些都是人类社会经济发展所需要的重要资源基础。同时，矿区资源开采完毕以后的复垦利用也为人类提供了特殊的土地利用方式。

3. 资产作用

“劳动是财富之父，土地是财富之母”。土地可以作为财产使用和交换，国家、企业或个人等将其拥有的土地或土地产权视作财产变卖获取收益，而他人取得土地这种财产则需要付出一定的经济代价或成本。土地的使用可以为土地使用者带来一定的经济效益。土地的资产作用，使其成为最重要的不动产投资对象。

4. 承载作用

土地是一切自然物和人类社会活动的场所与空间，是人类进行房屋、道路等建设的地基。土地利用其自身系统功能，承载人类对土地的过度利用、污染乃至破坏。这就需要人类根据土地自然特征、生态环境要素等，综合评价土地资源的承载功能，减小生态压力。

5. 景观作用

土地作为一种环境资源，既没有在物质意义上利用土地，也没有在消耗意义上利用土地，其景观作用的土地价值在于舒适性和美观性。风景旅游地就是土地景观功能得以发挥的土地利用方式。

二、中国土地的现状和基本国情

（一）中国土地现状

截至2015年年底，中国实有耕地面积20.26亿亩①，其中含有难以稳定利用的耕地和根据国家政策需要逐步调整退耕的耕地，适宜稳定利用的耕地保有量18.65亿亩，基本农田保护面积在15.6亿亩以上，守住了18亿亩耕地红线。“十二五”期间，中国安排新增建设用地3925万亩，有力保障了城乡建设、产业发展、基础设施和民生改善等用地需求，满足了新型工业化、信息化、城镇化和农业现代化发展要求；推广应用节地技术和节地模式，逐步形成节约用地激励机制；开展节约集约用地专项督察，清理出批而未供土地1300多万亩，加快闲置土地处置；加强矿业权有偿使用制度建设，扩大了矿业权竞争性出让范围。历史遗留矿山地质环境治理恢复效果明显，治理恢复矿山占用破坏土地1215万亩。累计建成国家地质公园187个，世界地质公园33个。通过这组数据可以看出，中国耕地总量基本稳定，个别省份补充耕地困难；建设用地保障有力，用地供需矛盾依然突出；批而未用土地清理效果明显，土地利用仍有挖潜空间；规范用地水平不断提高，村镇用地未批先建情况不容忽视。

（二）中国土地基本国情

中国土地资源的特点是总量大、人均少、禀赋差，优质耕地仅占全国耕地的1/3，主要体现在以下五个方面（朱道林，2007）。

1. 总量大，人均占有量少

中国土地总面积为960万km^2，居世界第3位。但由于人口众多，人均土地面积不到世界平均面积的1/3。其中，人均占有耕地相当于世界平均数的40％，人均林地相当于世界平均数的43％，人均草地相当于世界平均数的35％。

2. 类型多样，山地多于平原

在中国各种土地类型中，山地多于平原，其中山地面积占土地总面积的33％，平原、盆地面积占31％。

3. 土地资源的地区分布不平衡，东西差异较大

中国平原、丘陵主要分布于东部，山地、高原主要分布于西部。中国绝大部分耕地和内陆水域分布在东南部地区；一半以上的林地集中于东北部和西南部地区；86％以上的草地分布在西北部干旱半干旱地区。

4. 难以利用的土地面积大，后备资源潜力不足

国内难以利用的沙漠、戈壁、冰川及永久积雪、石山、裸地等面积约占中国

---

① 亩为非法定计量单位，1亩≈666.7m^2。

土地总面积的 1/3。中国有悠久的土地开发历史，绝大部分宜垦土地早已耕种，土地后备资源十分有限，且质量较好的宜垦荒地资源日益减少。

5. 水土资源不平衡，空间差异明显

长江、珠江、浙、闽、台及西南诸河流域的水量占中国总水量的 82.3%，而这些地区的耕地仅占中国耕地的 36%，黄河、淮河及其他北方诸河流域水量约占中国总水量的 17%，而耕地却占中国耕地的 63.7%。中国的土地利用受水土资源不平衡影响严重。

三、土地工程的提出背景

近年来，随着人口增加、工业化和城镇化进程的不断加快，土地需求量迅速扩大，加上风沙侵蚀和水灾毁坏等因素影响，土地利用面临严峻考验。20 世纪 80 年代初，世界人口为 40 亿时，人类与土地等资源之间的需求基本平衡；1999 年，世界人口达到 60 亿时，需求已超过供给量的 20%，并产生明显的“生态破产”；尤其是近几十年，人类对土地的过度开发和利用，造成植被破坏、土地资源退化，如水土流失、沙化、盐碱化、重金属污染等，已进一步影响到大气圈、水圈和生物圈等，对生态系统形成威胁（吴次芳和宋戈，2009）。

统计显示，1986～1996 年中国耕地每年净减少近 50 万 hm^2，同期城市人口增长 59.7%，城市用地却增长 106.8%。1997 年中国政府对建设新占用耕地采取冻结措施，1997～1999 年每年仍然净减少耕地 27.3 万 hm^2。2000～2011 年中国耕地面积变化见图 1-1。1996 年中国国家土地管理局就正式提出了耕地总量动态平衡的目标，然而要保持耕地占补平衡，出路只有两条：一是开垦宜农荒地；二是开展土地整理（胡振琪，2007）。

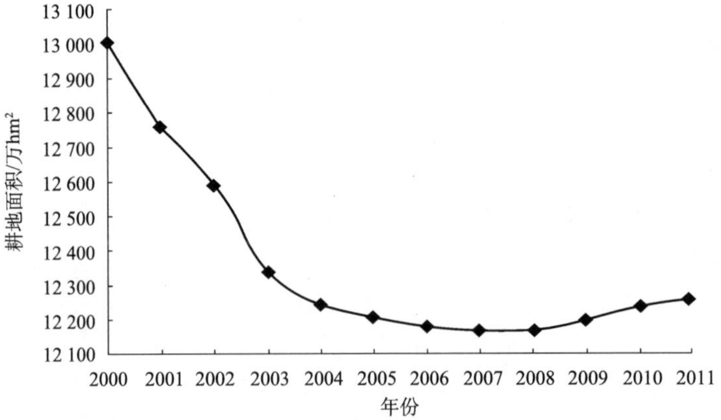

图 1-1 2000～2011 年中国耕地面积变化

目前，土地的综合整治包括：①对未利用地的开发利用，如根据需求和现状将未利用地改良为农地或建设用地。②对已利用地的综合整治，提高土地利用效率和土地产值，如对农地的改良、配套，进行集约化利用，建设高标准农田。③对现状土地进行土地市场一级开发支持经济建设，对污染、灾毁及破损土地的整治利用等。

根据《中国土地开发整理规划（2001—2010年）》，为实现规划期内土地整治目标，共需投资3330亿元。仅“十一五”期间，中国各级财政投入到土地整治的资金总数已达5864亿元，其中涉及农田整治的资金数为3274亿元，涉及村庄整治的资金总数为2590亿元。根据2011年中国国土资源公报，2011年全年共1.08万个土地整治项目通过验收，项目总规模73.79万hm^2，新增农用地23.91万hm^2，新增耕地23.37万hm^2，全年中国政府累计下达土地整治资金457.1亿元。根据《中国土地整治规划（2011—2015年）》，计划完成2666.7万hm^2（4亿亩）高标准基本农田建设任务，估计总投资约6000亿元，同时中国土地一级开发投资规模可达万亿。耗资如此巨大的财政投入，急需一门科学合理的理论学科用于指导工程实践。相比水利方面，2011年度中国政府在水利建设投入597.5亿元，目前水利工程已发展为一级学科，足够国家水利建设技术支撑。相比之下，土地工程学科理论建设严重滞后于工程实践，此门学科的建立和发展迫在眉睫。

第二节 土地工程的内涵

一、土地工程的定义

土地工程是运用工程手段解决土地问题，把未利用土地变为可利用土地或把已利用土地进行高效利用，能动协调人地关系和谐发展的过程。土地工程能够合理分配土地资源和组织土地利用，从宏观到微观，从全局到局部，保持较为合理的土地利用结构，以获得最大的功能效益。土地工程的核心任务是土体有机重构，增加土地利用率及范围，进而提高土地生产力。

目前，世界上对土地工程的探索多数集中在土地整理实践，包括进行有组织、有规划的归并地块、调整权属，改善农业生产条件，解决城市发展用地，为基础设施建设提供土地等。上述内容均未能将土地工程作为一门学科进行全面的、系统的、从理论到实践的、从机理到应用的研究，导致在土地资源有限的情况下，难以进一步拓展土地利用空间，提高土地生产效率，抑制了社会经济的发展。这就要求必须建立土地工程学这一学科。土地工程学是一门独立的学科，区别于水利工程、林业工程、交通运输工程、土木建筑工程、环境科学技术、地理学和测绘学等，它能真正解决土地问题。这就促使在一定区域内，在合理统筹规划设计的指导下，运用综合的土地工程手段解决区域土地问题，这就催生了土地工程学。土地工程学是指从事土地工程这一区间（或领域）工程技术的研究，并将其中规律总结形成理论体系，再用于规范指导人类科学使用土地的学科。

二、土地工程的特点

土地工程需要通过工程措施和非工程措施才能发挥效能，以提高人类对土地的修复和治理等能力，提高土地利用效率，保障土地资源的可持续利用。土地工程措施主要包括主体工程技术（土体有机重构）和配套工程（灌排、道路和水利等）；非工程措施主要包括土地政策措施、土地经济措施、土地管理措施、工程技术管理措施、工程质量管理措施和工程预算及成本控制等。土地工程与其他工程相比，具有如下八个特点。

（1）很强的系统性。土地工程和国民经济的其他部分是紧密相关的。土地工程规划设计必须从全局出发，系统地、综合地进行分析研究，才能得到最为经济合理的优化方案。

（2）对环境有较大影响。土地工程不仅通过其建设任务对所在地区的经济和社会产生影响，而且对江河、湖泊以及附近地区的生态环境、自然景观，甚至对区域气候都将产生不同程度的影响。这种影响有利有弊，这就要求土地工程前期的项目踏勘和可行性研究对这种影响进行充分估计，同时在规划设计和施工过程中趋利避害，尽力消除消极影响。

（3）工作条件复杂。不同地区的地质条件和自然环境迥异，土地类型多样。土地利用的复杂性，导致土地工程的工作条件复杂多变，工作内容和工作程序多种多样。

（4）一般规模大，技术复杂，工期较长，投资多，兴建时必须按照基本建设程序和有关标准进行。

（5）公众参与性强。土地工程实施需要广大农民、城市居民的参与。土地工程遍及全国各地，与所有人民群众的生产、生活都有密切关系，是一项群众性的事业。

（6）土地工程项目点多、面广、量大。仅中国 2011 年的土地整治项目就有 1.08 万项通过验收，项目总规模 73.79 万 hm^2，新增农用地 23.91 万 hm^2，新增耕地 23.37 万 hm^2。

（7）土地工程类型多，涉及内容广，项目工程的实施目的与施工内容及方法存在较大的差异性。其主要项目类型有：①以增加耕地面积为目的的新增耕地项目。②以提高土地利用效率为目的的高标准农田建设项目、新农村建设项目和土地综合整治项目。③以改善环境为目的的综合整治项目、治污治损项目和土地复垦项目。④以服务城市建设为目的的土地征迁项目、城中村改造项目及市政配套项目等。

(8) 建设项目投资来源渠道多，建设资金构成成分相对复杂。从投资来源上，既有各级政府的投入，也有工程管理单位和受益区农户的自筹投入；从资金构成上，不同类别、不同地区的建设项目，在投资结构构成上差异性也较大，主要表现在建设项目投资安排中中国政府投资的比例、地方配套的比例以及有关的投资政策要求各不相同等。

三、土地工程的研究对象和研究方向

土地工程的研究对象是土地问题，实施对象是土地。这里所说的土地既是自然地域综合体，又是自然经济综合体；既是资源，又是资产。

在以往的土地科学研究中，将土地类型按照土地利用方式分为非农业土地和农业土地，按照土地利用程度分为高标准利用土地和低标准利用土地，按照土地利用时间分为历史土地、现状土地和未来土地，按照土地健康状况分为污损土地和可利用土地。根据土地工程的核心任务，土地工程的研究分为以下四个方向。

（一）非农用地转化为农业用地工程

非农用地包括荒地、荒坡、废弃宅基地和废弃矿山等，利用土地工程，通过开垦、整理和复垦等多种方式，增加农业用地面积，确保为粮食安全提供充足的土地资源。国以民为本，民以食为天。土地是粮食安全的决定因素之一，粮食安全又是经济可持续发展、经济发展方式不断升级的基础。在现代科技条件下，粮食安全归根到底是耕地问题，是耕地的数量和质量问题。保证耕地数量是确保粮食安全的根本，土地工程则是保证耕地数量的唯一手段。

（二）建设用地整备工程

目前在中国建设使用土地存在两方面的问题：一方面为了发展经济，盲目扩大开发建设用地，导致过度开发，耕地面积不断减少，建设用地利用率低；另一方面，建设用地粗放式开发，欠缺科学的技术方法，不能突破地区的限制因素来加大建设用地开发力度，影响建设后期的社会环境和生态环境，制约了社会经济的发展。

建设用地开发的问题也是土地工程研究和拟解决的重点问题，通过合理的土地规划和有效的土地工程技术方法生产出“成品”土地，从而增加建设用地的开发程度，便于土地节约化高效利用，减少占用耕地面积。建设用地不仅仅是由耕地开发而来，还有部分建设用地由其他土地开发形成，如前期的垃圾填埋区域、干涸或未干涸的水域等，通过科学合理地规划，采用科学有效的工程技术，可整治成为建设用地，支持经济建设，减少耕地占用。

（三）污损土地土体有机重构工程

污损土地指的是污染土地或受到其他损害的土地。由于污染、塌陷、沉降等多种自然或人为原因产生的对土地资源的损害，分为天然污损土地和人为污损土地。污损土地是自然界和不合理的人类活动留下的土地“伤疤”，危害生态安全，影响经济增长。同时，污损土地又是经济发展潜在的宝贵土地资源。

（四）低标准土地提升工程

土地工程的目的是提高土地利用效率和土地生产力。在生产力水平由低到高的漫长的人类发展过程中，土地政策的核心问题是提高“地力”。只有不断提高地力，人类对土地的利用能力才能不断提高，才能依靠土地不断创造财富。因此，土地工程是解决土地政策核心问题的有力措施。如何有效利用日益紧缺的土地资源，保证低标准农用地及低标准建设用地的高效和可持续发展，是摆在人类面前的一个重要问题，也成为土地政策和土地工程的重要问题。

（五）土地工程信息化研究

随着土地整治工程的深入发展，土地工程信息化成为全面提高国土资源整治、管理、保护和高效利用的有效途径和重要手段。土地工程信息化是一个涉及土地利用、农田水利工程、土壤、计算机科学和系统科学等交叉学科的前沿性研究，在重大土地工程建设仿真、质量实时在线监控、智能控制和土地工程信息服务综合集成平台建设四个方面均是要解决的关键科学问题，其重点集中在遥感技术与无线传感网络的土地工程在线监测研究、基于 3S（RS，GIS，GPS）与大数据融合技术的土地工程建设与安全仿真研究以及基于物联网的现代农场智能控制研究和土地工程信息服务综合集成研究与应用。

四、土地工程的核心任务

长期以来，土地工程在集成土地平整、水利、交通道路、林业和配电等配套工程之外，也一直在坚持针对不适宜农作物生长的土层进行改造，并针对性开展了诸多工程项目，取得了许多瞩目的成绩。其典型工程类型包括把沙化土地和盐碱化土地等未利用地、退化土地变成可利用农用地和建设用地，把污染土地整治为可供生产和生活的土地，把低效利用土地改造为高效利用土地等。总结这些工程的核心，其实都是对土地质量的整治、对土层重构的新构建和对土质环境质量的改造，目的在于使土体满足有机生命体参与的需求，总体而言，即为土体有机重构。总之，土体有机重构就是将一定深度的土体作为研究对象，通过对构成土体的材料、结构和生物营养等方面进行研究，以置换、复配和增减等技术手段，对退化型、污染型、损毁型和低效型等缺陷土体或未利用土体进行再生或重新构建，为承载有机生命体提供必要条件。

土体有机重构的服务对象是有机生命体，其研究范围主要界定于地表到第一层潜水层以上，纵向跨度从几厘米到数百米，以建设生命系统为目标，保证土体结构的长期安全性和稳定性，实施系统整体的力学重构、颗粒重构、剖面重构、生化重构、生物营养保障、生态环境和美学设计等。力学重构注重对土体强度特性、变形特性、渗透特性、徐变、梯田稳定和水田渗流等展开研究；颗粒重构则是以达到构成土体颗粒的最佳比例为目的，使土体的结构、孔隙和持水性等维持在最优状态；剖面重构一般指采取工程手段，利用物理、化学和生物等措施优化土体剖面构型，构建理想农用地土体剖面构型和达到良好开工条件的非农用地建设土体层级构造；生化重构则是利用生物或化学的手段改变土体的性质，旨在去除土体中的污染物质、放射性物质并减少有毒物质的积累，最终保证土地安全健康，达到改善环境的目的；生物营养保障主要是针对农用地，依据普探结果和目标作物，考虑原有土体和外源土体养分状况，进而对土体养分综合调控；生态环境与美学设计的目的则是实现土地工程设计的人地和谐、生态良好以及田、水、路、林等空间设计具有整体美感的目标。只有对土体结构进行全面系统的工程改造，在夯实土地这一承载万物生命基础的前提下，才能保证其配套工程持续发挥作用。

第三节　土地工程的学科体系

土地是人类赖以生存的重要资源，是影响国家发展和安全的基础性自然资源、战略性经济资源和公共性社会资源；土地工程是人类在土地利用中不断建设土地和重新配置土地的过程。纵观各国、各地经济建设和社会发展的过程，就是不断实施土地工程的过程，并把土地工程作为实现政治战略、社会制度和经济基础的重要手段。因此，土地工程原有的知识体系已经不能满足工程实践的需要，明确土地工程的学科组成，成为夯实土地工程未来发展基础的关键因素，加快土地工程学科体系的建设是在中国特殊土地国情下解决土地工程问题的必要选择。

一、学科体系构建

对土地工程而言，学科体系的构建有其内在逻辑线索，其基本脉络是以政策为导向，以自然为基础，以技术为手段，以经济和生态为目的。土地工程学科体系由众多学科组成，是一门用于解决土地问题的学科体系，它是由自然科学、技术科学、社会科学体系中研究土地的众多学科组成的学科群。围绕土地工程学科的研究对象、内容及性质，根据土地学科各分支学科研究范围和抽象程度不同，在分析、研究有关土地学科组成的建议基础上，可将土地工程学科体系由高向低分别为土地工程、土地工程子学科及其下属学科，每一层次的学科都是对其下层学科的概括和综合。每一研究方面形成一门土地工程子学科，又包括众多研究方向，从而形成众多土地工程具体学科，构成了土地工程学科体系（图 1-2）。

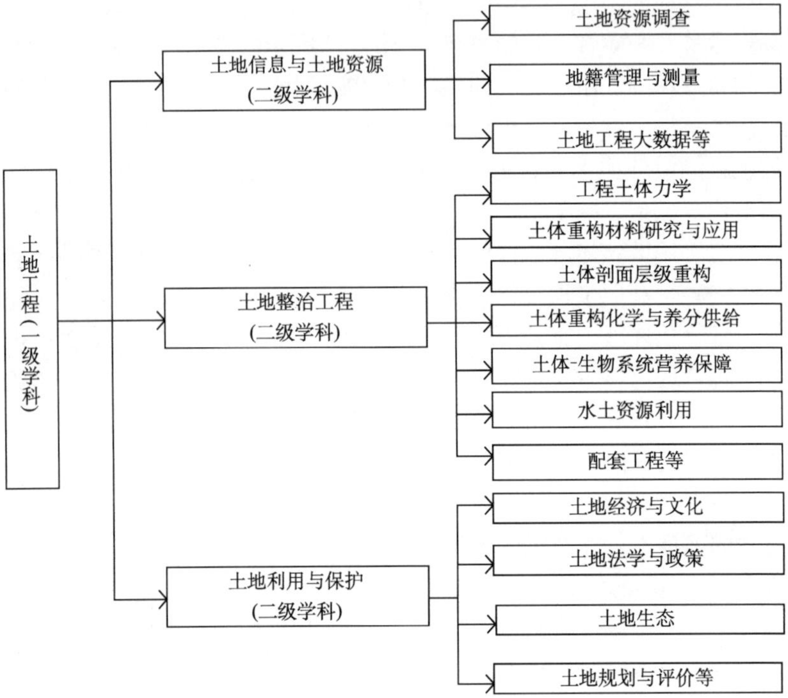

图 1-2　土地工程学科体系

土地工程的三个子学科，不仅表明土地工程所研究的领域，也反映了土地工程的综合性和应用性。随着土地工程的发展，它的研究领域也随之拓展。土地工程的子学科都具有各自的研究对象，既相互独立，但又相互联系，从不同方面研究土地工程，形成一个完整的学科群，能够更好地运用工程手段解决土地问题。

二、土地工程学科发展

面对中国资源消耗、生态退化和环境污染加剧的严峻形势，树立尊重自然、顺应自然和保护自然的生态文明理念，是人类文明发展理念、道路与模式的重大进步和全新选择。土地资源是人类生存与发展的重要物质基础，土地质量直接影响着各种生命体的生存状态和发展能力，营造和保护健康、洁净的土地，是实现人类永续发展和建设生态文明的重要保障。只有加快土地工程研究，建立健全学科体系，促进技术研发，不断完善行业勘察、设计、监理、建设、管理、人才培养等工程、管理和技术服务体系，为土地工程的建设保驾护航，才是唯一可行之举。因此，土地工程学科建设及研究工作必须常抓不懈。

（一）土地工程学科的隶属问题

在中国现行的“学科分类与代码”中有水利工程和农业工程，却没有与土地工程相匹配的一级学科，仅有的“土地资源管理”却归于“公共管理”一级学科之下，为二级学科。对土地工程进行科学的定义，指出土地工程不仅仅是工程建设项目，而且是集科学理论、工程技术与工程实施管理为一体的复杂学科体系。鉴于其工程性强，归于管理学之下已不利用该学科的发展，只有将“土地工程”设置为一级学科才能解决其发展问题，这也是今后该学科建设为之努力的目标。

（二）土地工程分支学科的设置问题

土地特性的多重性，决定了土地工程研究的多学科性。本书将土地工程分成土地信息与土地资源、土地整治工程和土地利用与保护三个子学科。在土地信息与土地资源、土地利用与保护学科研究中，不但吸收借鉴了前人大量的研究，而且还结合土地整治工程实践讨论了学科的研究方向和研究内容。在土地整治工程研究中综合农业、建设两大方面和未利用、利用、污损三种状态，将土地整治工程归结为：工程土体力学、土体重构材料研究与应用、土体剖面层级重构、土体重构化学与养分供给、土体-生物系统营养保障、水土资源利用和配套工程七个范畴。但在更进一步学科体系设置中，可以按不同对象和用途设置再细化。

未来经济社会和生态环境可持续发展需走上生态文明、循环发展和低碳发展的快车道。土地数量的有限性与土地需求的增长性是土地工程科学研究的永恒主题。土地供需平衡是暂时的，而土地供需失衡则是永久的。与人口、资源、环境、发展相结合，综合研究资源可持续利用应当成为未来时期内土地工程研究的主攻方向；构建健康的、有机的和安全的土体是未来土地工程研究的核心任务；保障发展、保护资源和实现生态文明是土地工程科学研究的终极目标。可喜的是经过作者多年的呼吁和研究，目前，研究土地工程、建立健全土地工程学的重要性已经引起越来越多的专家学者关注，随着中国土地工程项目的全面建设，土地工程技术逐步成熟，将土地工程学成为一级学科将指日可待。

中国每年就有 4000 亿以上规模的土地工程项目，这种规模在未来几十年内还在不断增长，这些项目需要一门学科进行支持。如果能够认识到建立这样一门学科有助于指导中国及全球人类对土地科学化利用、实现土地价值的重要性，那么不仅对中国从事土地工程建设的企事业及个人能给予指导，而且对全人类科学使用土地也是一个很大的贡献。它的建立标志着土地工程这一古老而新生的事业从此告别散乱、盲目，迈入系统、科学和有技术支撑的时代。

第四节　土地工程的研究进展

不同历史时期、不同国家对土地工程方面的研究和实践具有不同的称谓，如土地整理开发、土地复垦、土地整治等。严格意义上来说，不同的称谓所指代的意义不同，或者说具体的工程内容有所联系和差别，但是在这里统称为“土地工程”。1886年，巴伐利亚（现属德国）国王路德维希二世签署的第一部土地整理法律中提出了“土地整理”概念，这是土地工程相关概念的首次提出。

一、国外土地工程研究进展

（一）德国

德国的土地工程历史悠久，始于13世纪。最初只是局部的，如对河流进行改造等。到16世纪，开始进行如合并农地、改造河流、迁移农庄等工作。1886年，德国制定第一部土地整理法，为提高农业生产力，进行了合并分散的田块及调整田间道路。从整体看，20世纪德国的土地整理的目的主要是小块并大块，以改善农业的生产经营条件。1918年德国颁布了农地整理法，以保证农业生产用地和提供建筑用地。从20世纪30年代起，随着高速公路及公共建设事业的发展，需要通过土地整理来准备土地及规则地块。1949年德意志联邦共和国成立后，于1953年7月14日颁布了联邦《土地整理法》。随着历史的发展，土地整理的目标逐渐提高，内容不断增加。1972年明确提出土地整理的内容，增加了村镇改造、自然保护和景观保护。从20世纪80年代开始，土地整理研究范围逐步扩大，越来越多的研究集中在乡镇如何通过土地整理来实施其发展计划。进入20世纪90年代，土地整理研究的根本目的是改善乡村生产条件，如通过田块调整、村庄改造和基础设施建设，自然资源和人文景观的合理规划，在克服和减轻土地利用中的结构性障碍，降低农林经济的生产费用和劳动消耗的同时，协调农业利益与自然保护和景观保持的要求，改善乡村的生存条件和景观环境。在技术研究方面，德国巴伐利亚州现已普遍应用计算机数据处理技术，建立了土地整理信息系统，将土地整理的各种数据、图件和权属状况等资料储存于系统中，并广泛应用于国民经济的各个部门。通过土地整理，改善经济条件、居住条件、保护环境、保护景观，做到经济效益、社会效益、生态效益三者统一，其目的不再是仅仅为了提高农业产量（胡振琪，2007）。

（二）俄罗斯

俄罗斯的土地工程措施可追溯到15世纪，莫斯科王国时代（15～17世纪）

按照职位分配土地；1765 年开始全国土地资源调查与划界；1789 年，为了适应当时土地整理工作的需要，建立了世界上最早的土地整理大学，即现在的俄罗斯国立莫斯科土地管理大学，培养了大批的土地整理人才；19 世纪上叶，俄罗斯实行了土地特别丈量，促进市场上土地“周转”的发展和地主经济的集约化；在 1861 年改革的基础上实行的土地整理，主要目的是由国家掠夺农民的土地，渔利于地主；1905 年革命以后，实行了斯托雷平土地整理。苏维埃政权时期，1917～1920 年，土地整理的主要任务是把没收来的地主、官僚和寺院的土地转交劳动农民使用；1921～1927 年，在 175 亿 hm^2 以上的土地上进行了土地整理工作，消灭地块零散和土地遥远现象，同时也为集体农庄和苏维埃农庄划拨土地。到 1932 年，苏联重要农业区的集体化基本形成。1932～1937 年，进行了大量的苏维埃农庄土地整理工作。第二次世界大战后，1946～1950 年，土地整理的任务是组织农用土地，以施行正确的草田轮栽制。为实现苏联欧洲部分草原区和森林草原区斯大林改造自然计划，要在广大土地面积上进行土地整理。之后又进行了合并小集体农庄的大量的土地整理工作（叶艳姝，2002；胡振琪，2007）。1996 年 12 月，在莫斯科通过成立“俄罗斯及独联体国家土地关系与土地整理问题国际研究学会”，提出了统一进行科学研究和判定土地利用与土地整理的理论与标准，发展和完善现代土地整理理论和在市场经济条件下的土地整理规划理论，研究景观的、生态的土地整理设计理论和技术方法。

（三）澳大利亚

澳大利亚的土地工程研究重点是因矿产资源开采引起的土地复垦问题。其研究具有以下特点：重视多学科联合攻关，成立矿山复垦研究中心，深入开展土地复垦战略、技术标准等综合研究；重视土地复垦整治的实验研究，建立从事土地复垦整治研究的实验室，在土地复垦整治的计算机模拟方面取得了大量处于世界先进水平的科研成果；科研与工程施工紧密结合，出现了许多兼营或专营的土地复垦整治工程公司；重视土地生态系统重建研究，研究和工程技术人员通过区域水资源体系，地表水和地下水运行规律，揭示控制地貌恢复层和生态系统重建后的有效性和稳定性（高明秀，2008）。

（四）荷兰

荷兰是土地工程开展较早的国家之一，由于荷兰地势低洼，也是世界上围海造地最多的国家之一。从 20 世纪初，荷兰就开始了较大规模的土地整理，一直贯穿了 20 世纪荷兰农业的发展历史。1924 年荷兰出台了第一部土地整理有关法案；随着 1935 年土地整理服务局的建立，在 1938 年出台了第二部土地整理法案；1954 年国家出台新的土地整理法案；1985 年，国家颁布新的土地整理法律，即《农村地区土地开发法》。第二次世界大战以后，特别是 20 世纪 60 年代和 70 年代早期，荷兰的土地整理作为农业结构调整和扩大农用地面积的一种手段，被政府重视和推广。土地整理项目越来越注重“农村地区综合发展”。20 世纪 70 年代以后，人们开始重视“土地整理项目以及农村发展项目中怎样处理农业、土地景观、自然资源保护以及户外休闲娱乐区域之间的关系”，形成“逐渐淡化以提高土地生产力为主要目的的土地整理和逐渐加强以综合土地利用为目的的农村开发”的趋势。1985 年颁布的《农村地区土地开发法》，根据项目区的不同特点和项目的主要目的，设计与之相适应的土地整理的手段和方式。荷兰土地整理演变成从最初的单纯以农业为目的，发展成为以生态环境为重点的综合社区发展的手段（高明秀，2008）。

（五）日本

在日本，土地工程称为“土地整备、农田整备、田地整备”等。日本于明治三十二年制定了耕地整理法，并于明治三十三年开始实施。明治四十二年四月、大正三年三月、大正八年四月及昭和六年等多次修改耕地整理法。日本的土地整理研究，主要集中在土地的交换、分割合并、土地的开垦、地类转换及其区划形式内容的变更、排水造田、填海造田，通过对道路、堤塘、畦畔、沟渠、蓄水池等改造以达到增进土地在农业上应用的目的，尤其是在换地处分、耕地整理的地租分配和耕地整理登记方面有较深入的分析研究（高明秀，2008）。

（六）其他国家

1705 年法国开始实施土地工程，1919 年颁布土地调整法，作为土地整理和产权调整的法律依据。在韩国，土地整理称为土地调整，是指根据利用基础设施建设能带来相邻地段地价增值的原理，对土地利用方式与土地收益进行调整的一种措施。此外，埃及、印度、匈牙利、赞比亚等发展中国家，也纷纷根据农业发展需要，开展不同类型的土地工程研究。例如，印度在全国范围内，普遍根据土地利用特点、土壤内部结构、外部特征和环境条件，进行以防治土地退化为重点的土地整理与整治相结合的综合性研究，在土地保护方面取得了明显的效果（高明秀，2008）。

二、中国土地工程研究进展

中国土地工程的历史可追溯到大禹“平治水土”的时候，《楚辞·天间》注云：“言禹平治水地，万民皆得耕种黑黍于灌蒲之地，尽力良田也”。公元前 1066 年西周时期的井田制度，可以说是中国古代早期的土地工程指导。战国时，秦孝公实行商鞅变法，“废井田，开阡陌，任其所耕，不限多少”，鼓励开发土地。土地开发的理论也有了发展。《荀子·王制》一书提出了土地考察、开发、利用、治理的原则和要求。汉高祖刘邦建立西汉政权后，多次发布“方今之务在于力农”的诏令；汉文帝时期施行屯田戍边；唐朝贞观、开元时期，全国军垦屯田 500 多万亩。宋、元时期，土地开发范围急速扩大，出现了“田尽而地，地尽而山”，开始向山区进军，建造梯田，围垦江、河、湖、海滩地兴造农田。明初，明太祖采取了一系列措施，鼓励流亡农民回归故里，耕垦荒田，“垦成熟者，听为己业”，并令边境军士实行屯田。清末，中国耕地增加到 13 亿亩。中华民国时期，土地整理的雏形出现，其有力的佐证是《土地整理章程》《变更地籍整理章程》和《县行政区域整理办法大纲》等法规政策文件的颁布（胡振琪，2007；叶艳妹，2002；严金明等，1998）。

土地工程在理论和实践的真正发展是在新中国成立以后。新中国成立不久，向苏联派遣留学生学习土地整理，并按照苏联的模式与经验，进行了以土地整理为主要内容的试点，调整用地单位之间、水旱地之间的“插花”和“飞地”，使其集中管理；合理安排农、牧用地，扩大种植面积；调整渠道系统，兴建道路网，改善了土地利用环境条件。1950 年 6 月中国政府正式颁布了《中华人民共和国土地改革法》。1954～1958 年，中国处于农业合作化阶段，土地整理的重点是解决小农经济遗留下来的土地利用不合理现象和与农业合作化安排集体生产有关的迫切需要解决的土地问题，中国各省开展了农业社的土地整理试点工作。1958～1962 年，中国处在人民公社阶段，这个时期土地整理的主要内容包括合理安排农林牧副渔等各项用地，以适应水利化、园田化、机械化、电气化的要求和贯彻农业“八字宪法”的需要。1963～1966 年，中国处在第三个五年计划时期，土地整理的任务是继续巩固人民公社经济，为实现农村技术改造创造土地条件，广泛开展山水田林路综合治理，分期分批建设旱涝保收、高产稳产田和以规划方田、条田为中心内容的土地整理。1966～1976 年，土地整理事业处于停滞时期。1978 年～20 世纪 80 年代中期，中国农村土地整理开始以推行农村联产承包责任制为主线，土地利用方式与用地结构均发生很大变化。

1986 年～20 世纪 90 年代中期，随着国家土地管理局和各级土地管理机构的相继成立，中国开展了编制土地利用总体规划和基本农田保护规划。根据 1988 年中国国务院《土地复垦规定》的界定，土地复垦是对生产建设过程中因挖损、塌陷、压占等造成破坏的土地，采取整治措施，使其恢复可供利用状态的活动。其恢复后的土地，要因地制宜，可作为农、林、牧业用地，也可作为工副业用地，有的还可以作为房建、游览、娱乐用地，但应优先用于耕地。土地复垦包括工矿企业在生产建设过程中挖损、塌陷、压占等造成破坏的土地，也包括因自然灾害或人为因素造成损毁、荒芜、闲置的农田和其他成片土地。因此，土地复垦是对各种人为和自然原因导致破坏的土地，因地制宜地采取整治措施，使其恢复到可利用的期望状态的行动和过程（胡振琪，2007）。

从 20 世纪 90 年代中期以来，在中国政府“耕地总量动态平衡”战略目标的导向下，中国各地普遍开展了以增加耕地数量、改善农业生产条件为主要内容的乡村土地整理。1997 年 4 月 15 日颁发题为《中共中央国务院关于进一步加强土地管理切实保护耕地的通知》的 11 号文件，规定：按照土地利用总体规划的要求，通过对田、水、路、林、村进行综合整治，搞好土地建设，提高耕地质量，增加有效耕地面积，改善农业生产条件和环境，重点是农地整理。但广义而言，土地整理是指根据社会经济发展的需要，采取一定的手段，对土地利用方式、土地利用结构以及土地利用关系进行重新规划与调整，以改善土地利用条件和生态环境，提高土地利用效率，实现土地集约利用目标的一种行为。它既包括农地整理，也包括建设用地整理。1998 年，中国国土资源部土地整理中心成立。之后，各地土地行政主管部门也相继成立了土地整理机构。许多学者对土地整理的内涵、技术支持体系政策问题等开展了研究（胡振琪，2007；叶艳妹，2002）。

1998 年修订的《中华人民共和国土地管理法》（以下简称《土地管理法》）规定国家实行非农业建设占用耕地补偿制度，并鼓励土地整理，中国 20 世纪末开始大规模土地工程建设，当时称为“土地整理”。2003 年制定《全国土地开发整理规划》指导中国土地开发整理工作。随着中国土地开发整理工作的轰轰烈烈开展，土地工程研究也随之步入了高速发展的阶段。然而当时的土地工程主要通过开垦未利用地来补充耕地，因此称之为土地开发整理（张凤荣和徐艳，2012）。2005 年中国国土资源部在《关于加强和改进土地开发整理工作的通知》文件中要求土地开发整理工作要以提高农业综合生产能力为出发点，大力开展基本农田整理，促进补充耕地数量、质量、生态三者统一。

经历 1998 年大洪水和中国加入 WTO 推动了生态退耕和农业结构调整，土地变更调查中仍将“可调整”地类作为耕地对待，2006 年后中国政府批准项目一律以“土地整理”名义立项。2008 年首次以中国政府文件《中共中央关于推进农村改革发展若干重大问题的决定》提出，为加强农业基础设施建设，要大规模实施土地整治，“土地整治”逐渐取代“土地整理”。一般地，土地整理的内涵包括土地平整和道路沟渠等田间基础设施建设，以及田块权属调整；而土地整治一般指为改变土地利用限制性因素而采取的工程技术措施，如对水土流失、盐碱地、沙地、废弃宅基地和荒漠地等的治理。

2008 年中国“十一五”国家科技支撑计划立项了首个土地工程研究项目“土地整理关键技术集成与应用”，对“土地整理规划、设计技术、土地整理工程施工关键技术、土地整理质量与生态监测关键技术、土地整理实施信息化管理技术、东部基本农田优质精细型土地整理技术、中部粮食主产区增量经济型土地整理技术以及西部生态脆弱区保质生态型土地整理技术”等进行了研究，这也充分说明土地工程技术研究适应了时代发展的需要和趋势。

第五节 土地工程与土地可持续利用

随着人类的发展，土地减少和需求增大之间的矛盾日益突出，这对土地的可持续利用提出了严峻的挑战。土地可持续利用的思想是1990年在新德里由印度农业研究会（Indian Council of Agriculture Research，ICAR）、美国农业部（United States Department of Agriculture，USDA）和美国Rodale研究所共同组织的首次国际土地持续利用系统研讨会上正式提出的（张琦，2012）。

一、土地可持续利用的内涵

土地可持续利用思想的形成源于可持续发展理论，世界环境与发展委员会于1987年向联合国提出了一份著名报告——《我们共同的未来》中将“可持续发展”定义为：“既满足当代人的需求，又不对后代人满足其自身需求的能力构成危害的发展”（黄贤金和张安录，2008）。

1993年，联合国粮食及农业组织颁布了《持续土地管理评价纲要》，提出的土地可持续利用的概念、基本原则、评价标准和评价程序，成为指导全球研究的纲领性文件，在土地可持续利用研究上具有里程碑的意义。1999年联合国粮食及农业组织与联合国环境规划署（United Nations Environment Programme，UNEP）合作出版《可持续土地资源管理综合规划指南》，提出综合土地管理发展的本质以及一种建立在政府和公民相互合作关系基础上的土地资源可持续管理综合规划方法，将可持续发展的思想贯穿于整个规划过程，保证土地资源的可持续利用（刘彦随和郑伟元，2008）。

土地可持续利用是一项长期而艰巨的任务，土地利用方式的转变、土地资源的节约和集约利用是促进土地资源可持续利用的重要途径，土地利用的可持续性主要表现为土地资源利用中“数量”和“质量”的可持续性。从总体上看，土地可持续利用应该涵盖以下四方面内涵（王秋兵，2003；吴次芳和宋戈，2009；张琦，2012）。

（1）生产能力的可持续性：指保持特定地块的特定用途，如保持土地持久的作物生产力、保障粮食安全及农民收入。

（2）生态环境的可持续性：指保持特定地区的所有土地均处于可用状态，并长期保持其生产力和生态稳定性。

（3）存在时间和空间的可持续性：从时间上看，土地可持续利用不仅着眼于当前，更着眼于永久的未来；从空间上看，不是着眼于一部分人，而是着眼于全人类。

(4) 利用形式的可持续性：从与传统土地利用方式的比较来看，土地可持续利用更加强调土地利用的可持续性、协调性和公平性。土地可持续利用不仅包括相同利用方式的可持续利用，同时也包括不同利用类型的交替变换和重复利用，如历史上土地由农地变为建设用地，再由建设用地变为农地。

二、土地可持续利用影响因素

土地可持续利用的影响因素较多，主要表现为以下六方面（黄贤金和张安录，2008）。

(1) 自然因素。土地具有自然属性，因而利用土地必须先考虑适应自然条件与生态规律。人类可以采用科学合理的方法来改善自然条件，促进土地的可持续利用，这些自然因素包括气候条件和地形条件等。

(2) 生态环境因素。生态环境因素主要包括环境容量、承载力和生态系统等。一般而言，环境对外部影响有一定的反馈调节能力，在环境容量内不会因为人为活动影响而遭到破坏。土地资源环境容量用来表示土地资源开发利用所允许的程度，因此一个国家或地区的环境容量大小直接影响土地资源可持续利用的能力。

(3) 社会因素。土地可持续利用除受自然因素制约外，还受人口和劳动力等社会因素影响。人是土地利用的主体，人口的数量、质量、结构及其分布不仅决定了一定区域内的人地关系特征，而且对区域土地利用的变化方向具有重大的影响。

(4) 经济因素。经济因素中对土地可持续利用最直接的是土地利用的经济目的。从土地开发者的角度看，土地资源可持续利用的首要目标是追逐利润最大化。人类对土地资源的利用结构、利用方式和利用程度的最初动机源于利益的实现和利益的大小。同一种资源，在技术水平、经济发展状况和投入水平一定的前提下，人们更愿意选择资源利用回报率较高的利用方式。

(5) 技术因素。技术因素主要有现代科学技术发展和现代化管理水平、人才开发、技术培训与推广及物质技术装备条件等。一个国家或地区技术发展水平和应用程度直接影响土地资源开发利用的广度和深度。

(6) 制度因素。土地制度是人们利用土地的外在约束，与土地的可持续利用息息相关。同时，土地可持续利用要求土地制度必须处在一个不断变迁和协调的过程中，以适应土地利用情况的变化，因而土地制度建设是一个动态过程。

三、土地可持续利用中的土地工程原则和措施

（一）土地可持续利用的工程原则

1993 年 FAO 发表的《持续土地利用管理评价大纲》认为：土地可持续利用必

须同时满足以下五项指标：保持和提高生产力；降低生产风险；保护自然资源的潜力和防止土壤和水质的退化；经济上可行；社会上可以接受。具体而言，为实现土地可持续利用需要遵循以下六个原则（叶艳妹，2002；黄贤金和张安录，2008）。

（1）生产性原则：保持和加强生产服务，即保证土地资源的合理利用和加强生产服务，以提高其生产潜力。

（2）稳定性原则：减少生产风险程度，即改善土地生产的生态条件，避免资源退化、环境破坏和环境恶化，使土地生态系统保证生产的稳定性。

（3）保护性原则：保护土地资源潜力和防止土壤与水质的退化，既不能因生产或高产而破坏水土资源满足当前需要，也不能损害后代，影响其需要的发展。

（4）可行性原则：具有经济活力，能够为土地利用或经营者带来收益，确保经济发展的可持续性，即生产与经济要双向持续发展，没有经济效益的土地利用是不可能持续的。

（5）可承受性原则：土地利用不仅要解决温饱，让社会可以承受，同时也要逐步加强其生态环境保护，达到生产与生态的高度结合。

（6）公平性原则：土地可持续利用的公平性表现为人类在利用土地资源时要有公平的权利和机会。在空间上指世界不同国家和地区的人们在都能平等享用土地资源；在时间上指土地资源利用不仅要满足当代人需要，而且要着眼于长远的生存和发展。

（二）土地可持续利用的战略措施

为实现土地可持续利用，中国实施的战略措施包括以下八个方面（黄贤金和张安录，2008）：

（1）控制人口增长、缓解人地矛盾。贯彻计划生育这一基本国策，严格控制人口的增长，尤其是广大农村地区的人口增长。

（2）节约、集约利用土地，促进耕地总量动态平衡。首先，充分发挥土地利用总体规划对各行业用地规模的总量控制作用，集约利用土地；其次，开发后备荒地资源、复垦废弃地，增加可利用土地面积。

（3）推进公众参与，严格土地规划。土地利用规划是确保土地资源优化利用和可持续利用的基础性工作。土地利用规划或修编必须重视公众参与制度的建立，在编制规划的各个阶段广泛听取不同意见，保障人民群众参与规划编制的权利，增加规划的社会可接受性和可操作性。

（4）加强城乡土地市场管理，提高资源配置的市场化率。一方面，要明晰土地产权，在使用权上，确立土地使用权的主体地位，建立土地使用权与地价一致的用地制度和土地使用权流转制度；另一方面，完善国有土地有偿有限期使用制度及深化农村土地制度改革。

（5）加强土地资源价值核算，提高占用耕地的生态补偿标准。目前土地评估只强调土地的经济价值，而忽略土地资源的生态价值和社会价值。因此，应该建立健全土地价值和用途转移的真实价值核算体系，并提高占用耕地的门槛及生态补偿的标准，构建以确保国家粮食安全为基础的、充分发挥耕地生态价值的农用地保护目标。

（6）建立约束和调控机制，规范政府行为。改革土地管理体制，增加中央政府对全国土地管理的宏观调控力度，规范地方政府的行为，避免地方政府对土地利用上的短期行为。建立调控约束机制，合理确定土地收益在中央和地方之间的分配关系。建立一种促进少占或不占耕地的经济约束机制，使合理利用土地成为各级政府的自觉行为。

（7）加强生态环境建设，防止土地质量退化。采取综合措施如产权创新制度和各种经济诱导机制，调动广大农民的积极性，增加土地长期投入，治理土地退化，对荒漠化、沙化草原等进行科学改良，提高单位土地载畜能力和产出率。

（8）建立健全土地利用决策的技术支撑平台。加强土地利用动态监测和信息化管理，充分利用 3S 等现代科技手段，对土地利用进行动态监测，及时、准确地掌握土地利用动态变化情况，并逐步建立各级土地利用规划管理信息系统和土地资源可持续利用技术体系。

第六节　土地工程的研究意义

研究土地工程对增加土地面积，提高土地利用效率和产值，促进经济建设、社会稳定和生态和谐具有重要意义。具体而言，包括以下七个方面（胡振琪，2007）。

（1）土地工程是增加土地资源、解决人地矛盾的一种有效措施。随着中国城市建设的发展，耕地不断减少，人口不断增加，人地矛盾日益尖锐，耕地尤其不足，土地工程是增加土地资源的一项有效措施。通过工程实施，昔日荒废的土地，一样可以变成良田沃土。

（2）土地工程是合理利用土地，提高土地生产力的一项重要措施。土地工程是人类在土地利用中不断建设土地和重新配置土地的过程，纵观各国各地经济社会发展的过程，从某个角度说，就是土地利用和土地产出率提高的过程，也是实施土地工程的过程。世界许多国家和地区，根据自身的情况和特点都相继开展了土地工程活动，并把土地工程作为实现土地利用长远战略目标和促进土地合理利用、调整土地利用结构与土地关系的重要手段。

（3）土地工程是保障耕地占补平衡，促进社会经济发展的必然选择。随着中国经济建设的发展以及工业化、城市化进程加快，不可避免地还要占用部分土地，而宜耕后备资源的开发又受到数量少、质量差、开垦难度大和生态环境等诸多因素的限制，潜力十分有限。因此，要实现中央提出的耕地总量动态平衡的目标，解决当前土地利用中的突出问题，必须转变土地利用方式，走集约利用、内涵挖潜的路子。

(4) 土地工程也是中国实现农业现代化、加速城镇化进程，建设社会主义新农村的有效措施。农业离不开土地，高效农业园区建设和现代农业的发展，需要科学合理的土地工程实施。这不仅可以改变中低产田的面貌，还可以增加有效耕地面积，实现田成方、路成行、林成网、渠相连、旱能浇、涝能排、农田标准化、生产专业化、操作机械化和农艺规范化的现代化农业园区，有利于农村社会的长期稳定和全面发展。

(5) 土地工程是加速经济增长方式由粗放型转变为集约型的有效途径。就经济增长方式而言，土地工程加速了土地经营由粗放型转变为集约型，由数量的扩张转变为质量的提高。土地工程的过程是土地利用率提高的过程、土地利用集约化的过程。

(6) 土地工程是改善生态环境，提高人民生活质量的必要手段。由于土地破坏引发的环境问题严重，只有通过科学合理的土地工程，才能得以缓和、改善，甚至优于原先的自然状态。从一定意义上讲，土地工程扰乱了土地原有的生态系统，但是通过科学合理的土地工程实施，不论是对已破坏土地，还是未利用土地，都可以实现在增加土地面积、提高土地质量的同时，达到改善生态环境的目的，进而提高人民的生活质量。

(7) 土地工程是改善工农关系，保障农民的生产和生活，促进社会安定和谐的重要举措。由于土地破坏，使良田荒芜、耕地减少，严重影响工农业生产，加剧了工农用地矛盾和由此引发的工农纠纷。据不完全统计，许多城市工农矛盾的80%是由于土地纠纷引起的，企业大门被堵、道路被断的现象时有发生。只有通过土地工程，还田于民，才能缓解工农矛盾，减轻政府就业压力，并提供给农民就业机会，使农民安居乐业，促进区域健康、稳定的发展。

综上，土地工程的提出是历史发展的必然，顺应了社会、经济和时代发展的潮流，土地工程的实施有利于促进人类社会的和谐稳定发展。作为一门历史悠久而又新型的学科，它的提出将为指导土地工程实践提供坚实的理论基础，促进土地资源的可持续利用。后面内容将对土地工程的相关技术和工程实践，以及其他与土地工程相关的内容分别进行详细阐述。

第二章　土地工程基础

土地工程研究是一项庞大的、系统性很强的工作。土地工程学是一门新型的、独立的学科，在此学科的研究和发展过程中，通过实践与研究，不断丰富土地工程的理论体系。随着土地资源学、土壤学、景观生态学、生态学、工程地质学、水文地质学、水土保持学和可持续发展理论等多个学科知识的研究、理解和综合引入，进一步扩展了土地工程的理论基础和研究视野，不断地充实着土地工程技术体系。

第一节　土地工程的相关理论

一、土壤学

土壤不仅是人类赖以生存的物质基础和宝贵财富的源泉，还是人类最早开发利用的生产资料。从土壤学研究的对象和任务来看，可分为发生土壤学（pedology）和农业土壤学（edaphology）两个方面。发生土壤学认为，土壤是地壳表层岩石和矿物的风化产物（母质），是在气候、生物、地形等环境条件和实践因素综合作用下形成的一种特殊的自然体，主要研究土壤自然体发生、组成、形态、特征、演化、分类和分布规律。农业土壤学则主要研究土壤的物质组成、性质及其与植物生长的关系，通过耕作施肥管理来提高土壤肥力和生产力等内容。土壤肥力是土壤物理、化学和生物学性质的综合反映，是土壤的基本属性和质的特征，是土壤为植物生长提高营养条件和环境条件的能力。

土壤是人类生产和再生产的基础，必须关心土壤、拯救土壤、保护和管理好土壤资源，以满足人类世代生存的需要。保护土壤主要是保护土壤的生育和涵养功能，防治土壤退化，如荒漠化、石漠化、次生盐渍化、潜育化等（於忠祥，2007）。首先，土壤学是土地工程最重要的支撑理论。其次，土壤形成并演变的漫长历程警示人们：保护耕地首先是保护耕层土壤。再次，土地的养育和涵养功能源于土壤。因此，只有实施土壤保护、培肥与改良工程，才能提高土地生产能力。

二、经济学

最初的土地工程来源于人类对土地的需求，更多考虑的是经济效益。下面就从土地供求理论、投入-产出法原理、区位理论、地租地价理论和生态经济学理论等几个方面阐述土地工程的经济学原理。

1. 土地供求理论

土地供给是指自然界所能提供给人类社会生产和生活利用的土地数量，可以分为自然供给和经济供给两大类。土地的自然供给是指土地以其自然固有的天然特性，可供人类使用的部分，其数量相对稳定，不受人为因素和社会因素的影响。土地的经济供给是指在土地自然供给的基础上，土地供给的数量随着人类活动的影响和土地用途的转换、提高等而消长的现象。土地经济供给量受到自然供给量、人类利用土地的方式和技能、交通条件、土地利用的集约度、社会经济发展变化和工业与科学技术发展等多因素的影响。土地工程中的供求理论主要是采取土地工程措施来增加土地的经济供给，如扩大和保护土地利用面积、提高土地利用强度和集约利用水平、引导消费结构和利用新技术等。

2. 投入-产出法原理

投入-产出法又称投入产出分析，或称部门联系平衡法。它是通过编制投入-产出表，反映各个部门、各种产品在生产中的消耗构成及其总产品的分配构成，建立经济数学模型，对国民经济各部门间相互依存关系作数量分析的一种方法。在市场经济体制中，价值规律是支配一切商品供求关系的最一般规律。土地价格主要与其投资回报率关系密切，这就要求科学的衡量土地投入-产出。因此，运用土地投入-产出法原理，能够合理规划用地类型，根据不同行业投资回报率的不同，引导产业合理布局，提高土地收益率。

3. 区位理论

区位是指人类行为活动的空间。区位理论是关于人类活动特别是经济活动的空间分布及空间中各类要素相互关系的学说，是主要研究人类经济行为的空间区位选择及空间区位内经济活动优化组合的理论。区位理论主要有：农业区位理论、工业区位理论、中心地理论和城市空间结构理论。土地由于微观区位的不同，能产生不同的使用价值与价值表现，使得同类行业在不同区位上获得的经济收益相差很大，不同行业在同一位置的收益相差也很大。这样，区位优劣差异就成为衡量地租、地价水平的标尺，而地租、地价则是土地使用的指示器，调节着产业布局。

4. 地租地价理论

地租的本质是超额报酬或收益。地租通常是指土地所有者向土地使用者让渡土地使用权所获得的收入，是土地所有者凭借土地所有权不劳而获的收入，是土地所有权借以实现的经济形式。地价是指土地所有者向土地需求者让渡土地所有权所获得的收入的价格，是买卖土地的价格。土地利用的区位性决定了地租地价理论在土地布局、地产市场发展中的重要指导作用。级差地租是城市地租的主要形态，其产生的原因主要是距离生活区的远近、基础设施条件、交通通讯条件、人口密度等差异。以地租理论指导土地工程规划设计，可根据各产业自身利益要求，进行合理规划，对土地利用功能进行分区。

5. 生态经济学理论

土地工程不仅是自然技术问题和社会经济问题，而且是一个资源合理利用和环境保护的生态经济问题，同时承受着客观上存在的自然、经济和生态规律的制约。生态经济学理论认为：生态经济平衡以生态平衡为基础，是与经济平衡有机结合的一种平衡形式，它是生态平衡与经济平衡的矛盾统一体。从长远目标来看，生态目标和经济目标应该是统一的，失去生态与经济平衡的经济增长，只能是暂时的增长，最终必然导致经济失调和衰退，这正是可持续发展所强调的资源永续利用和环境不断优化观点所要避免的。生态经济平衡是经济社会最优化发展模式，是实现可持续发展的保障（罗明和龙华楼，2003）。

经济学的研究方法为土地工程的研究注入了多种新思路，如定性分析与定量分析、宏观分析与微观分析、静态分析与动态分析、实证分析与规范分析及系统论的分析方法。

三、生态学

生态学是研究生物与环境间相互关系的科学。生物包括动物、植物、微生物及人类本身，即不同的生物系统，而环境则指生物生活中的无机因素、生物因素和人类社会共同构成的生物系统。生物是呈等级组织存在的，由生物大分子-基因-细胞-个体-种群-生态系统-景观直到生物圈。

生态学理论揭示了土地整理必须遵循一个普遍的规律：为了保持生态平衡，实现自然界中物质与能量的良性和持久循环，必须把土壤保护作为出发点和归宿，增加系统负熵是土地工程研究必须遵循的准则。土地工程研究的根本宗旨是提高土地利用率和生产率，但必须要以土地可持续利用为基本前提，从生态学的观点来说，就是要把追求环境美学方面的效益放在突出位置。

生态学根据生态系统的结构层次分为个体生态学、种群生态学、群落生态学、景观生态学和生态系统生态学，其中景观生态学是与土地工程最为密切相关的学科。景观生态学的研究对象和内容可概括为三个基本方面：景观结构、景观功能和景观动态（Forman，1995）。可见，景观格局-过程-工程是景观生态学研究的核心内容，而土地工程是人类活动对生态系统干扰的过程，改变了可以作为生态系统景观格局特征主要标志的土地利用特征（傅伯杰，2001）。

四、工程地质学

工程地质学是研究人类工程建设活动与自然地质环境相互作用的一门地质科学。建筑物场地的地形、地貌和组成物质的成分、分布、厚度与工程特性，取决于地质作用。地质作用包括下列两种类型。

（1）内力地质作用。这类地质作用由地球自转产生的旋转能等引起，表现为岩浆活动、地壳运动和变质作用。

（2）外力地质作用。这类地质作用由太阳辐射能和地球重力位能引起，如昼夜和季节气温变化、雨雪、山洪、河流、冰川、风及生物等对母岩产生的风化、剥蚀、搬运与沉积作用。

工程地质学的基本任务是：评价工程建设地区的工程地质条件；预测和分析工程建设过程中及完成后工程地质条件可能发生的变化，以及可能出现的工程地质问题；选择最佳工程场地和克服不良地质现象应采取的工程措施，包括环境的保护与利用和地基处理等问题；提供工程规划、设计和施工所需的工程地质材料。

五、水土保持学

水土保持学是研究水土流失形式、发生原因和规律、水土保持基本原理，据以制定规划和运用综合措施，防治水土流失，保护、改良与合理利用水土资源，维护和提高土地生产力，充分发挥水土资源的生态效益、经济效益和社会效益，以改善农业生产条件，建立良好生态与环境的应用技术科学。水土保持不能只理解为水土保护、土壤保护，更不能等同于土壤侵蚀控制，其目的在于充分发挥山丘区和风沙区水土资源的生态效益、经济效益和社会效益，改善当地农业生态与环境，为发展山丘区、风沙区的生产和建设，整治国土，治理江河，减少水、旱、风沙灾害等服务。

水土保持学是近几十年才形成的一门应用性的基础理论研究，具有保护、改良与合理利用水土资源的明确目的。土地工程是一门应用性学科，与水土保持学的研究目的具有相同之处。土地工程研究中应充分运用水土保持学原理，在解决土地问题的同时，维护并提高水土资源的生产力，使之得到持续发展。同时，应运用水土保持原理保护、改良与合理利用水土资源，保护与增强土地的生产力，建设和协调生态环境，最大程度的满足人类生存和发展的需要。

六、可持续发展理论

可持续发展作为一种思想和发展战略，随着人们对于环境问题重要性的认识而提出。1987 年，世界环境与发展委员会在《我们共同的未来》报告中定义的“可持续发展”这一概念体现了三个重要的原则：一是公平原则，即当代人与后代人在分配有限资源方面的公平性；二是持续性原则，即人类经济和社会发展不能超越资源的环境承受力，以保持发展的持续性；三是共同性原则，即人类生活在同一个地球上，地球上的资源属于全人类共同所有。

土地工程是一项集约利用土地的重要措施，是人类利用土地发展到一定阶段的产物。从一定意义来讲，土地工程的产生是可持续发展的客观要求，土地工程可以在不增加土地面积的前提下获得巨大的土地利用效益，它的产生和应用正是为了达到土地资源的合理配置，立足于人类持续生存这个核心基础保持和提高生产力，不仅使现有数量土地在生态界限内的生产力达到最大，同时也为后代创造良好的土地生态环境。实施土地工程能改善土地生态环境，提高土地利用的生态效益，是实现可持续发展的有效措施。

协调土地供给和土地需求是土地资源可持续利用的永恒主题，也是城市土地管理的重要内容。土地工程作为实现土地资源可持续利用的具体措施和手段，必须遵循可持续发展的基本原理，坚持以不破坏土地生态系统为基本前提，在土地生态环境容许限度内进行土地工程。立足于人类的持续生存这个核心开展工程，可以把土地资源的开发利用、整治和保护等措施有机结合，对土地利用状况进行综合整治，达到土地资源的永续利用。

第二节　土地工程的基础理论

土地工程学科体系用于解决土地问题，是由自然科学、技术科学、社会科学体系中研究土地的众多学科组成的学科群。由于土地具有资源属性、资产属性、生态属性、工程属性和社会属性等多方面属性，就形成了土地资源学、土地生态学、土地经济学、土地管理学和土地利用规划学等基础理论，用于科学指导土地工程实践，为土地利用、工程实施和土地管理提供理论依据。

一、土地资源学

在土地资源短缺的背景下，土地资源的研究受到了高度重视。土地资源是指在一定的技术经济条件下可以为人类利用的土地，包括可以利用而尚未利用的土地和已经利用的土地的总称。土地资源学是研究土地资源的形成与演变过程、分类与分布规律、数量与质量评价，以及土地资源的开发、利用、保护与管理的一门综合性学科。它侧重研究土地资源的禀赋与动态变化、质量与安全状况，以及土地资源可持续利用的战略与模式（刘彦随和杨子生，2008）。随着社会经济的发展、农业生产过剩和环保意识的提高，土地工程的内容不断调整和完善，由过去的单纯追求扩大耕地面积以全面提高人们生产、生活质量为目的向土地生态型转变（刘友兆和王永斌，2001）。同时，还要根据土地的自然地质条件，规划土地利用方式和工程实施方案，以保证土地的合理利用和开发以及土地资源的持续利用。

二、土地生态学

作为土地工程和生态学的结合点，土地生态学成为土地工程的基础理论之一。土地生态学的研究对象是土地生态系统，这在世界上已取得基本一致的看法。从世界上有关土地生态学研究项目和研究内容来看，重点是研究土地生态系统中矿、水物质循环、能量转化和生产力形成，以及时空变异性的相互关系。土地生态学是应用生态学的一般原理，研究土地生态系统的能量流、物质流和价值流等的相互作用和转化，并开展土地利用优化与调控的学科。土地生态学的任务为：一是揭示土地生态系统的能量流、物质流和价值流等的作用规律；二是应用生态学原理开展土地资源的合理利用（杨子生，2000）。土地生态学的研究内容归纳为五个方面：土地生态系统组成与结构，土地生态系统的功能，土地生态系统的分类和评价，土地生态系统的演替和控制，以及土地生态系统利用改造、保护和管理。

三、土地经济学

土地经济学以研究、阐述有关土地问题的经济规律作为学科的核心，是土地科学社会性和资源性的综合体现。土地经济学研究的核心问题在于以土地关系为基础的人与人之间的相互关系问题，包括土地利用和土地财产两个方面，至于哪方面在土地经济学中更重要则视不同学者的理解和所处时代在哪方面的土地问题更为突出而定。据此可以认为，土地经济学的研究对象为研究土地与人和因其产生的人与人的经济关系的总和及其内在规律。

从土地经济学的研究对象可以看出，土地经济问题即是由人地关系所引起的人与人之间的关系问题，它是土地学科的根本问题，同时也是土地学科的先导问题。这是因为，土地问题大致可以归为三类，即土地分配（产权）问题、土地利用（经济生产）问题和土地收益分享问题。而土地分配（产权）问题，又是这三个问题的前提。这可以从土地问题产生原因加以认识。

当今社会，土地作为一种资源用于市场交易，为更好地协调解决土地产权的分配问题，产生了土地估价。土地估价的产生有助于土地交易的顺利进行，有助于企业投资决策，有助于土地市场的完善，也有助于土地市场管理。估价人员依据土地估价的原则、理论和方法，在充分掌握土地市场交易资料的基础上，根据土地的经济和自然属性，按地产的质量、等级及其在现实经济活动中的一般收益状况，充分考虑社会经济发展、土地利用方式以及土地预期收益和土地利用政策等因素对土地收益的影响，综合评定出某块土地或多块土地在某一权利状态下某一时点的价格。

四、土地管理学

土地资源是整个人类的资源，为了保证整个人类利益的实现，必须从公共利益的角度出发，对土地资源开发与利用进行合理干预，这就是土地管理。土地管理是指国家为了保护和合理利用土地资源，满足国民经济不断发展的需要，运用行政、经济、法律和工程技术的综合性措施对全国城乡土地资源的利用过程，以及由此所产生的人与人之间的权属、利益关系进行计划、组织、协调和控制等方面的行政管理活动，其实质是国家行政权力在土地配置领域的运用和实现。土地管理的主要内容包括地籍管理、土地权属管理、土地市场管理、土地利用管理、土地监察管理、土地经济管理、土地工程项目管理、土地行政管理和土地信息管理等。

土地管理原则是指国土资源管理部门及其工作人员从事土地管理活动所必须遵循的基本行为规则和标准。土地管理原则取决于土地制度和土地管理的总目标。我国的土地管理是建立在社会主义土地公有制基础上的，是以充分合理利用土地，切实保护耕地为总目标。土地管理学是一门涉及范围广、跨度大、实践性和综合性很强的土地工程基础科学，它的发展依赖于诸多学科的共同发展，它源于土地管理实践，又直接指导土地管理实践，同时又只有在实践中才能不断补充和完善。

五、土地利用规划学

土地利用规划是土地工程的“龙头”，它是以土地资源合理利用为核心，以最佳综合效益为目标，依据土地自然地理特点、社会经济条件和发展用地需求，在时间上与空间上对研究区域内全部土地资源进行开发、利用、整治、保护所做出的具体部署与安排。因此，土地利用规划可以理解为人们为了改变并控制土地利用方向，优化土地利用结构和布局，提高土地产出率，根据社会发展要求和当地自然、经济、社会条件，对一定区域范围内的土地利用，进行空间上的优化组合并在时间上予以实现的统筹安排。土地利用规划在土地工程中起指导土地工程规划的编制、指导土地工程的实施、协调跨区域间土地工程活动、指导土地工程规划方案的设计、审查和批准土地工程项目等作用。

1. 指导土地工程规划的编制

土地利用规划按作用与服务功能的差异，可分为土地利用总体规划、土地利用专项规划和土地利用详细规划。

(1) 土地利用总体规划是以一定地域范围内全部土地的开发、利用、整治、保护所作的总体的、战略的部署和安排。它具有总体性、综合性、宏观指导性和行政控制性，主要解决跨部门、跨行业的土地利用问题，是土地利用管理与土地利用规划的“龙头”。

(2) 土地利用专项规划是在土地利用总体规划的控制下，针对土地开发、利用、整治和保护的某一专门问题而进行的规划。中国目前的土地利用专项规划主要是为改善和保护土地的生态环境、提高土地利用率和产出率而编制的。

(3) 土地利用详细规划是在总体规划或土地利用专项规划的控制和指导下，直接对某一地段或某一土地使用单位的土地利用及其配套设施做出具体安排，它是土地利用总体规划或土地利用专项规划的深入与细化。

2. 指导土地工程的实施

土地工程必须强化土地利用总体规划，一是在一定区域开展土地工程以统一规划作指导，综合开发利用，以实现土地利用最佳宏观效益；二是具体实施土地工程要有详细的、科学的规划设计为依据。在我国现阶段应加强土地利用总体规划实施力度，因为土地利用总体规划是土地利用的宏观性控制规划，它从土地资源的基本属性出发，从追求全社会利用土地资源的宏观效果出发，制定了土地利用的方向和政策。

3. 协调跨区域的土地工程活动

土地工程有跨越行政界线在更广泛的范围内进行的特性，如风沙区整治、流域治理、盐碱地改造等。这样大范围的土地工程，必须由上一级土地利用总体规划来协调，通过土地工程规划具体落实。例如，跨县域范围的土地工程，必须由市级土地利用总体规划来协调，并通过市级土地规划和县级土地规划具体落实。

4. 指导土地工程规划方案的设计

设计土地工程专项规划方案，必须根据土地利用规划的原则要求，选定单元，并广泛征求土地整理参与者的意见，修改完善规划方案，最后才能提交给有资质的单位组织专家评审。

5. 审查和批准土地工程项目

土地工程项目的确定必须符合土地利用总体规划和专项规划。例如，属于耕地整理的，必须符合耕地、基本农田保护区、水利和农村道路等专项规划；属于农村居民点整理的，必须符合村镇规划等。

土地工程的基础理论还包括数学基础和力学基础。其中数学基础以土地工程勘查、设计、施工流程中所涉及的一切数学原理为指导，为土地工程设计提供基本数学方法，其中涵盖样本调查与统计、工程制图与数学建模等。而力学基础，一般是所有工程实施要素的出发点，是土地工程结构的连接因子，在土地工程设计应充分考虑土体的强度、变形以及渗透问题，针对土体沉降和土体渗透性进行模拟和监测。

第三节　土地工程的相关技术

土地工程相关技术主要是指在土地综合整治施工中涉及的各种施工技术基础理论，针对土地工程实施对象的不同，可分为主体工程技术和配套工程技术。主体工程技术包括：土体剖面的层级重构、土体颗粒改良、土体生物化学重构、生物营养保障、土地工程水分调控、土地工程生态环境规划和土地工程的美学设计；配套工程则主要包括灌排、道路（桥梁）和电力等一些相关工程。

一、主体工程技术

（一）土体剖面的层级重构

针对土体层级结构对土体有机重构效应的决定性作用，依据农用地和非农用地土体剖面构型类型差异，可通过客土改良、引洪漫淤、有机物料回填、机械改土、剖面重构等方法，从短期和长期时间尺度上，造出具有土质疏松多孔表土层，中间水分、养分丰富“营养层”和底层紧实“保水保肥”粘垫层的理想农用地土体剖面构型或者达到良好开工条件的非农用地建设土体层级构造。

（二）土体颗粒改良

为满足土体结构性和对其长期持续利用的需求，综合土体力学和物理特性要求，可通过客土、土层混合、引洪淤积等物理方法和改良剂施用等化学方法，以及精耕细作、增施有机肥、微生物改良、植物修复等生物方法，对土体颗粒级配进行改良重构，以达到农用地或非农用地的要求。

（三）土体生物化学重构

针对土体有机重构对于土体酸碱性最适合有害物质含量最低的需求，可从生物和化学的角度，对过酸或过碱性土体、化学污染的土体采用化学和微生物的手段进行重构，将其构建至农用地和建设用地适宜的范围，为目标生命体提供洁净土体。

（四）生物营养保障

为使土体质量能控制在植物、微生物、动物等各类目标生命体营养需求范围内，促进土体产能可持续提升，生态系统调节功能不断完善，人居环境持续改善，可通过植物需肥诊断、土体养分诊断和土体养分调控技术，对土体养分和生物营养保障进行提升改良，以满足生命体的生长需求，保证土体养分良性循环。

(五) 土地工程水分调控

综合土地工程水量的供需要求和用水质量，根据土地工程项目的因地制宜性，可通过水源调节、输水、灌溉、排水工程的综合设计，利用一切可利用之水，满足农田耗水需求、人居耗水需求，实现土地工程水资源的供需平衡，最大限度地利用水资源。

(六) 土地工程生态环境规划

在遵循自然规律、把生态化建设作为土地工程的考量目标之一的基础上，综合土地工程可对土壤、水文、气候、生物、人类生活等生态环境造成的影响预评价，可在土地工程中实施生态安全格局构建、植被重建与生物多样性保护、人居环境建设、可持续发展设计和耕地生态景观功能延伸。

(七) 土地工程的美学设计

以拓展土地工程美学功能为目标，整体分析土地工程与美学的关系和土地存在的问题，完整展现土地美学价值，对土地工程的结构美、形式美、功能美、意境美进行整体设计，提出土地工程美学设计的目标、方法、美学模型、创新思维和美学原则，制定土地工程所涉及的美学指标及评价分级，从而减少人类对土地资源的破坏，实现土地资源的可持续利用。

二、配套工程技术

配套工程主要有灌溉、道路（桥梁）、电力工程等，不同类型的土地工程，对其配套工程的要求是不一样的，在此对一般配套工程所包含的设计依据、技术理论和计算方法进行简单介绍。

(一) 灌排技术基础

1. 作物需水量的计算

作物需水量的计算大致有两类：一类是直接计算出作物需水量；另一类是通过计算参照作物需水量来计算实际作物需水量。

1) 直接计算作物需水量的方法

直接计算作物需水量的方法有以水面蒸发为参数的需水系数法（简称“α 值法”或称蒸发皿法）和以产量为参数的需水系数法（简称“K 值法”）。虽然这两种方法缺乏充分理论依据，但因水面蒸发量容易获得、方法简便，目前仍有采用。一般来说 α 值法适用于水稻，K 值法适用于旱作。

(1) α 值法计算公式：

$$\mathrm{ET}=\alpha E_0 \tag{2-1}$$

式中，ET 是作物需水量（mm）；E_0 是与 ET 同时段的水面蒸发量（mm），E_0 一般是采用 80cm 口径蒸发皿的蒸发值；α 是需水系数或蒸发系数，为需水量与水面蒸发量之比值。

(2) K 值法计算公式：

$$\mathrm{ET}=KY \tag{2-2}$$

式中，ET 是作物需水量（m^3/亩）；Y 是作物单位面积产量（kg/亩）；K 是以产量为指标的需水系数。

2）通过计算参照作物需水量计算实际作物需水量的方法

通过计算参照作物需水量 ET_0，然后再根据作物系数 k_c 对 ET_0 进行修正，从而计算作物的实际需水量 ET。不同作物不同生育时段的 k_c 值可通过查阅资料获取。

$$\mathrm{ET}_0=\frac{0.408\Delta(R_n-G)+r\dfrac{900}{T+273}U_2(e_s-e_a)}{\Delta+r(1+0.34U_2)} \tag{2-3}$$

$$\mathrm{ET}=k_c\times\mathrm{ET}_0 \tag{2-4}$$

式中，ET_0 为可能蒸散量（mm/d）；R_n 为地表净辐射［MJ/(m^2·d)］；G 为土壤热通量［MJ/(m^2·d)］；T 为 2m 高处日平均气温（℃）；U_2 为 2m 高处风速（m/s）；e_s 为饱和水气压（kPa）；e_a 为实际水气压（kPa）；Δ 为饱和水气压曲线斜率（kPa/℃）；r 为干湿表常数（kPa/℃）。

2. 灌溉用水量的计算

灌区灌溉用水量的制定可为土地工程中的取水工程规划提供依据。灌溉用水量的计算方法有直接法和间接法两种。直接法适用于小型灌区，间接法适用于大中型灌区。

1）直接法

直接利用各种作物的灌溉制度来计算，一般以旬为时段来计算。若有 k 种作物，则某时段的灌溉用水量为

$$W_i=\frac{\sum_{j=1}^{K}m_{ij}A_j}{\eta_{水}} \tag{2-5}$$

式中，W_i 是第 i 时段灌区用水量；m_{ij} 是第 i 时段第 j 种作物的灌水定额；A_j 是第 j 种作物的种植面积；$\eta_{水}$ 是灌溉水利用系数。

$$\eta_{水}=\frac{W_{净}}{W_{毛}}=\frac{W_{净}}{W_{毛}+W_{损}} \tag{2-6}$$

式中，$\eta_{水}$ 是灌溉水利用系数；$W_{净}$ 是净灌溉用水量，$W_{毛}$ 是水源供给的总灌溉量，称为毛灌溉用水量；$W_{损}$ 是通过渠道渗漏等损失的水量。

全生育期或全年用水量：

$$W = \sum_{i=1}^{n} W_i \tag{2-7}$$

2）间接法

利用综合灌水定额来计算。任何时段内全灌区的综合灌水定额是该时段内各种作物灌水定额的面积加权平均值。

$$m_{综i} = \alpha_1 m_{i1} + \alpha_2 m_{i2} + \cdots + \alpha_n m_{in} = \sum_{j=1}^{k} \alpha_j m_{ij} \tag{2-8}$$

式中，α_1，α_2，α_3，…，α_n 是各种作物的种植比（之和为 1）；m_{i1}，m_{i2}，m_{i3}，…，m_{in}是第 i 时段各种作物的灌水定额。

某时段的灌溉用水量 W_i：

$$W_i = \frac{m_{综i} A}{\eta_{水}} \tag{2-9}$$

式中，$m_{综i}$是衡量全灌区用水状况的一个综合指标；A 为灌溉面积；$\eta_{水}$ 是灌溉水利用系数。

若全灌区种植比例相似，则可用综合灌水定额方便地计算出某一局部的灌溉用水量。在供水水源有限的情况下，可用综合灌水定额计算保灌面积。

3. *灌溉用水流量的计算*

灌溉用水流量可为渠道、管道、引水闸等的规划设计提供依据。灌溉用水流量的计算方法有直接法和间接法两种。直接法适用于小型灌区，间接法适用于大中型灌区。

1）直接法

直接根据灌溉制度或灌溉用水量计算。

$$Q_i = \frac{W_i}{3600Tt} = \frac{\sum_{j=1}^{k} m_{ij} A_j}{3600Tt\eta_{水}} \tag{2-10}$$

式中，Q_i 是第 i 时段的灌水流量；W_i 是第 i 时段灌区用水量；T 是该时段内天数；t 是 1 天灌水时数，自流为 24h，提灌为 18～22h；m_{ij} 是第 i 时段第 j 种作物的灌水定额；A_j 是第 j 种作物的种植面积；$\eta_{水}$ 是灌溉水利用系数。

2）间接法

首先要计算灌水模数。灌水模数［灌水率，用 q 表示，$m^3/(s·万亩)$］是指灌区单位面积上所需的灌溉净流量。第 i 次灌水第 j 种作物的灌水模数 q_{ij} 为

$$q_{ij}=\frac{\dfrac{m_{ij}A_j\times10^4}{3600T_{ij}t}}{A}=\frac{m_{ij}A_j\times10^4}{3600T_{ij}tA}=\frac{\alpha_j m_{ij}}{0.36T_{ij}t} \tag{2-11}$$

式中，q_{ij}是第i时段j作物的灌水量；m_{ij}是第i时段第j种作物的灌水定额；A_j是第j种作物的种植面积；T_{ij}是第i时段j作物的灌水天数；t是1天灌水时数；A是灌溉面积；α_j是第j种作物的种植比例。

由式（2-11）可知，若T短，则对作物有利（灌水及时），但流量大，工程大；若T长，则对作物不利，但流量小，工程小。因此，应慎重选定T。灌区的灌水延续时间可查阅相关资料参考。

灌水模数计算完成后，设计流量$Q_{设}$可由设计灌水模数计算$Q_{设}$。

根据设计灌水模数计算设计流量：

$$Q_{设}=\frac{q_{设}A}{\eta_{水}} \tag{2-12}$$

式中，$Q_{设}$是设计流量；$q_{设}$是设计灌水模数；A是灌溉面积；$\eta_{水}$是灌溉水利用系数。

4. 引水灌溉工程的可供水量计算

平原引水灌溉工程主要包括地表水引水工程［如小型水利工程（塘堰、小型河坝、小型水库等）］和地下水引水工程（主要是农用机井）。取水原则为能用地表水尽量使用地表水，地表水不能满足需要时取用地下水。

1）地表引水水利计算

（1）塘堰供水量估算。塘堰供水量估算指塘堰全年能供作物灌溉的总水量。可通过复蓄次数法、抗旱天数法和径流系数法来计算。

① 复蓄次数法。年内塘堰能重复蓄满的次数（即年供水量/塘堰有效容积）用N表示，降水频率用P表示。一般地，平水年（$P=50\%$），$N=2.0$；中等干旱年（$P=75\%$），$N=1.5$；大旱年（$P=90\%$），$N=1.0$。塘堰供水量（W；万m^3）：

$$W=NV \tag{2-13}$$

式中，V是塘堰有效容积（万m^3）。

② 抗旱天数法。塘堰实际能达到的抗旱天数也能反映塘堰的供水能力大小。

$$W=etA \tag{2-14}$$

式中，e是作物耗水强度［m^3/（d·亩）］；t是抗旱天数（d）；A是灌溉面积（万亩）。

③ 径流系数法。该方法利用径流系数和降水资料估算塘堰供水量。

$$W=0.1\alpha PF\eta \tag{2-15}$$

式中，α是年径流系数，可查水文手册，一般为0.2～0.6；P是年降水量

(mm)；F 是集水面积（km^2）；η 是塘堰蓄水系数，考虑蒸发、渗漏、弃水等，取值为 0.5～0.7。

(2) 小型河坝供水量估算。山丘区小型河道上的有坝取水称为小型河坝。可利用径流系数和降水资料估算小型河坝供水量 W。

$$W = 0.1\alpha PF\eta \tag{2-16}$$

式中，α 是径流系数；P 是降水量（mm）；F 是集水面积（km^2）；η 是径流利用率。

(3) 小型水库供水量估算。① 有降水资料和径流系数地区。先选设计代表年，查取设计代表年各月降水量。

$$W = 0.1\alpha P_{月} F \tag{2-17}$$

式中，α、F 意义同式（2-15）；$P_{月}$ 为月降水量（mm）。径流系数的取值可查阅资料参考。

② 无资料地区。查水文手册或水文图集，得到多年平均的径流深。可供水量则为来水量减去来水损失，来水损失包括弃水、蒸发、渗漏。弃水，对已建小型水库，如果有实测资料则对实测资料进行分析，从而得各种年份的弃水量；如果缺乏实测资料，则可用汛期来水量乘以某一百分数来估算弃水量（只有汛期存在弃水）。蒸发，可根据水面蒸发资料进行估算。渗漏，可按各月蓄水量乘以某一损失系数来估算。损失系数：①若库盆地质条件良好，则取 0.1%～1.0%（或取渗漏深 0.3～0.5m/年）；②若库盆地质条件中等，则取 1.0%～2.0%（或取渗漏深 0.5～1.0m/年）；③若库盆地质条件较差，则取 2.0%～3.0%（或取渗漏深1.0～2.0m/年）。

月可供水量＝月来水量－月弃水－月蒸发－月渗漏

2) 地下水可开采量计算

地下水可采量的计算方法很多，主要有以下六种。

(1) 浅层地下水开发利用程度适用于有地下水开采量与地下水位动态观测资料的地区，可采用可开采系数法，即根据水文地质条件和地下水开采技术水平确定该地区的可开采系数，其值小于以多年平均地下水补给量与可开采系数的乘积，作为该地区地下水多年平均可开采系数。

(2) 浅层地下水开发利用程度较高，开采量调查统计较准，多年开采后未造成水位持续下降和水质恶化等不良后果的地区，可采用实际开采量调查法，即将统计的多年平均实际开采量作为该地区地下水多年平均可开采量。

(3) 具有包括丰平枯水年份的较长系列不少于年降水量等有关资料的地区，可采用多年调节计算法，即根据开采平均用水要求和地下水补给量，通过多年调节均衡计算分析地下水多年的补给与消耗均衡关系，以及地下水位的逐年变化确定可开采量及相应的开采深度。

(4) 缺乏地下水实际开采量和地下水动态资料的地区，可采用类比法，即根据水文和水文地质条件相似地区的地下水可开采模数类比估算地下水可开采量。

(5) 区域几何形状和水文地质条件比较复杂的地区，可采用模拟模型计算法，即采用模拟模型计算地下水可开采量。

(6) 目前比较常用的地下水可开采量计算方法为水量均衡法，即把赋存地下水的均衡区看做地下水库，利用库容的调节作用进行均衡分析（也称调节分析），以便确定可以取出又有补给保证的开采量。这种方法，原则上可适用于任何水文地质条件和开采条件。此法特点：可做区域资源评价，也可用于局部资源评价；适用于山区基岩裂隙水，更适合于平原区的孔隙水；可用于水区，也可用于承压水区等。但因为均衡要素不易测准，所以目前主要用于平原潜水区。地下水均衡计算采用以下公式计算：

$$W_a - W_b = \mu \Delta h F \tag{2-18}$$

式中，W_a 为地下水各项补给量的总和（m^3）；W_b 为地下水各项排泄量的总和（m^3）；μ 为给水度，随岩性和水位的变化而不同；Δh 为计算时段始末地下水埋深差值（m）；F 为均衡区的计算面积（m^2）。

将地下水可开采量纳入排泄量计算，可得地下水开采量：

$$W_{可} = W_b - E_1 - Q_{排} - Q_{区} - Q_{越} \tag{2-19}$$

式中，$W_{可}$ 为均衡区内地下水可开采量（m^3）；E_1 为均衡区内潜水蒸发量（m^3）；$Q_{排}$ 为河渠湖库排泄量（m^3）；$Q_{区}$ 为区外侧向排泄量（m^3）；$Q_{越}$ 为越流排泄量（m^3）。

5. 管道输水水头损失计算

水在管道内流动产生的机械性能损失称作管道水头损失，按其起因可分为沿程水头损失和局部水头损失，两者的和为管道水头损失。

1) 管道沿程水头损失

$$h_f = f \frac{LQ^m}{D^b} \tag{2-20}$$

式中，h_f 是沿程水头损失（m）；f 是摩阻系数；L 是管长（m）；Q 是流量(L/h)；m 是流量指数；D 是管道内径（mm）；b 是管径指数。

2) 管道局部水头损失

$$H_{局} = \zeta \frac{V^2}{2g} \tag{2-21}$$

式中，$H_{局}$ 是局部阻力损失（m）；ζ 是局部阻力系数；V 是流速（m/s）；g 是重力加速度，$9.8m/s^2$。

6. 排涝流量的计算

设计排涝流量是排除在某一排涝设计标准下的暴雨产生的地面径流的排水流

量。设计排涝流量可通过地区排涝经验公式法和平均排除法来计算排涝模数。排涝模数是排涝区单位面积（km^2）的上排涝流量［$m^3/(s\cdot km^2)$］。

1）地区排涝经验公式法

$$q=KR^mF^n \tag{2-22}$$

式中，q 是某一地区的排涝流量；R 是设计净雨（mm）；K 是综合系数；F 是区域排涝面积；m 是峰量指数；n 是递减指数；K、m 和 n 都可通过查阅相关资料获取。

排涝流量 Q：

$$Q=qF \tag{2-23}$$

式中，q、F 意义同式（2-22）。

本方法适用于地区性骨干排涝河道。

2）平均排除法

本方法是以排涝历时内的平均排流量作为设计排涝流量。本方法适用于规模较小的排水沟道。

$$Q=\frac{RF}{3.6Tt} \tag{2-24}$$

$$q=\frac{R}{3.6Tt} \tag{2-25}$$

式中，T 是排涝历时（d）；t 是排水时间（h），一般自排 $t=24$h，抽排 $t=20\sim22$h；Q、q、R、F 意义同式（2-22）和式（2-23）。

自排时，上述公式简化为

$$Q=\frac{RF}{86.4Tt} \tag{2-26}$$

$$q=\frac{R}{86.4Tt} \tag{2-27}$$

水田：

$$q=P-h_{田蓄}-E \tag{2-28}$$

旱田：

$$q=\alpha P \tag{2-29}$$

式中，P 是设计暴雨量（mm）；$h_{田蓄}$是水田滞蓄水深（mm），由水稻耐淹水深确定；E 是历时为 t 的水田田间腾发量（mm）；α 是径流系数。

7. 排渍流量的计算

排渍流量是雨后地下水位回落至控制要求的深度时地下水的排水流量。计算排渍流量也需要先计算排渍模数。排渍模数可通过采用当地或邻近地区实测资料、采用《灌排设计规范》中的公式计算和采用《水工手册》排渍模数经验数据。

$$q_h = \frac{10^3 \mu H}{86.4T} \tag{2-30}$$

式中，q_h 是设计排渍模数 $[m^3/(s \cdot km^2)]$；μ 是土壤给水度（释放水量与土壤体积的比值）；H 是地下水位设计降低深度（m）；T 是排渍历时（h）。

排渍流量：

$$Q_{渍} = q_h F \tag{2-31}$$

式中，$Q_{渍}$ 为排渍流量；q_h 是设计排渍模数；F 是排涝面积。

（二）道路（桥梁）技术基础

1. 路面弯道加宽计算

车辆在弯道行驶时，需要的路面宽度比直道要宽些，因此弯道路面应适当加宽。一般路面所需加宽度的计算公式如下：

$$W = \frac{L^2}{2R} \tag{2-32}$$

式中，W 是单车道路面所需的加宽度（m）；L 是车辆前挡板至后轴的距离（m）；R 是平曲线半径（m）。

2. 漫水桥桥高计算

由于漫水桥具有一定的阻水性，桥面设计不宜过高，否则上游沙石沉积抬高河床将成为“拦河坝”。有些漫水桥五桥台，桥下采用涵管过水，此类桥要求涵管尽量顺水流方向埋设，且应验算涵管是否满足设计过水流量。

1）确定漫水桥桥高的经验公式

$$H = K_1 H_0 \tag{2-33}$$

式中，H 是漫水桥桥面高度（m），桥上有纵坡时为桥面平均高度；H_0 是滩槽平均高差（m），即河滩平均标高和河槽平均标高的差值；K_1 是综合影响系数，山区丘陵地带的河流 K_1 取 0.7～1.0，平原地带的河流 K_1 取 1.0～1.2。

2）漫水桥桥孔长度的经验公式

$$L = K_2 \frac{H}{H_0} B \tag{2-34}$$

式中，L 是漫水桥桥孔总长（包括桥墩宽度在内）（m）；B 是桥位处的河槽宽度（m）；H、H_0 意义同式（2-33）；K_2 是长度压缩系数，山区丘陵地带的河流 K_2 取 0.3～0.5，平原地带的河流 K_2 取 0.25～0.45。

3. 拱桥拱圈厚度计算

中小跨径等截面拱圈厚度的估算公式：

$$d = mK \sqrt[8]{L_0} \tag{2-35}$$

式中，d 是拱圈的厚度（cm）；m 是系数，一般取 4.5～6.6，矢跨比越小，则

m 值越大；L_0 是拱圈的净跨；K 为荷载系数，对于汽-10 级为 1、汽-15 级为 1.1、汽-20 级为 1.2。

4. 桥梁孔径计算

为了缩短桥梁的跨径，在梯形断面渠道中可采用矩形桥孔，其孔径可按淹没宽顶堰计算。对于灌溉渠道，其孔径宜选用接近渠道过水断面的平均宽度，即

$$B=\frac{Q}{\varphi h_1\sqrt{2gZ}} \tag{2-36}$$

式中，B 是桥梁孔径（m）；Z 是桥孔上游水位的壅高，一般限制在 0.03～0.1m 内；φ 流速系数（包括侧收缩在内），对于一般以八字墙、扭曲面衔接的进出口，其值可取0.84～0.85；h_1 是桥孔内水深（m）；Q 是桥下过水量（m^3/s）；g 是重力加速度，$9.8m/s^2$。

（三）电力工程技术基础

1. 电压损失计算

架空线路导线截面选择决定着输电过程中电压和电能的损耗，选择导线截面意义重大，电压损失和电压损失百分数计算公式如下，且电压损失百分数不能超过允许范围（7%）。

$$\Delta U=\Delta U_0 PL \tag{2-37}$$

$$\Delta U_0\%=\frac{\Delta U}{U_e}\times 100\% \tag{2-38}$$

式中，ΔU 是线路损失系数；P 是输送的有功功率（kW）；L 是线路长度（km）；ΔU_0 是电压损失系数；U_e 是输电电压（V）。

2. 导线截面计算

根据给定线路传送功率、输送距离和允许的电压损失，所需导线截面计算公式为

$$S=\frac{PL}{C\Delta U\%} \tag{2-39}$$

式中，S 是导线截面（mm^2）；P 是输送的有功功率（kW）；L 是线路长度（km）；C 是电压损失系数；$\Delta U\%$是电压损失百分数的数值。

导线截面计算后还需考虑导线截面机械强度和导线允许载流量是否符合规定。

3. 绝缘子安全系数计算

绝缘子是保障输电电流绝缘水平的重要元件。绝缘子安全系数计算公式为

$$K_c=\frac{T_{cp}}{T_{cmax}} \tag{2-40}$$

式中，K_c 是绝缘子安全系数，针式取 2.5，悬式取 2.0；T_{cp} 是绝缘子的破坏载荷，针式为铁脚抗弯破坏载荷（N），悬式为电试验的实验载荷（N）；T_{cmax} 是绝缘子最大使用载荷（N），针式按机械强度校验时，因为铁脚抗弯强度小于瓷抗弯破坏载荷，所以应满足铁脚抗弯强度要求。

4. 配电变压器容量的计算

配电变压器容量的大小决定配电网能否达到经济运行。容量偏大，配电网损耗增大；容量偏小，变压器长期处于过载状态，需相对增大损耗，且缩短变压器寿命。确定变压器容量的大小的关键是计算线路的负荷。负荷的计算方法有需用系数法、二项式系数法和利用系数法。

1）需用系数法

$$P = Q/\cos\varphi \tag{2-41}$$

式中，P 是变压器计算容量（kVA）；Q 是动力设备的功率（kW）；$\cos\varphi$ 是功率因数，一般取 0.9。

2）二项式系数法

对于用电设备种类少，配电较简单的配电变压器，其容量可以根据用电动力设备和照明用电的数值，采用经验公式计算：

$$S_N = 1.25\left(\sum P + S_M\right) \tag{2-42}$$

式中，S_N 是变压器计算容量（kVA）；$\sum P$ 是各动力设备组的总功率（kW）；S_M 是照明电器的总负荷（kW）。

3）利用系数法

配电变压器容量的选择也可以用最大负荷计算法：

$$S_N = \frac{K_S \sum P_L}{\eta\cos\varphi} \tag{2-43}$$

式中，S_N 是变压器的额定容量（kVA）；P_L 是计划年限内负荷功率（kW）；K_S 是同时率，是同一时间内用电的实际负荷容量之和占总装机容量的比值，对于地动力用电为主的变压器，K_S 取 0.6～0.8，以生活、照明用电为主时，K_S 取 0.5～0.7；$\cos\varphi$ 是功率因数，取 0.8；η 是变压器效率，一般为 0.8～0.9。

第三章　土地工程的实验与试验

土地工程技术是土地工程科学合理实施的必要基础，而土地工程的实验与试验即为工程技术研发而服务，为土地工程实践提供理论指导和技术支撑，进而提高土地利用效率，促进土地有效利用和可持续利用。通常土地工程技术研究以与土地工程相关的水土理化性质为载体，通过对比和分析，研究获取土地工程技术。土地工程技术研究是土地工程研究的重要内容，与其他学科相似，土地工程技术研究的方法包括室内实验研究方法、室外试验以及模型模拟实验方法等。

第一节　室内实验研究方法

水土理化性质是进行土地工程研究的基础资料，通常这些性质是通过室内实验分析获取的。根据获取指标种类的不同，将室内实验方法分为基础实验方法和工程实验方法。基础实验方法指水土的基础理化性质实验，而工程实验方法是指与土地工程相关的岩土力学或工程力学等指标测定的实验方法。

一、基础实验方法

总体而言，基础实验获取的水土性质指标分为物理性质指标和化学性质指标。以下分别从获取水土性质测定的实验方法、使用的主要仪器以及实验依据的标准或规范进行说明。

（一）水土物理性质测定的实验方法

水的物理性质测定主要是水质感官和酸碱度测定。土的物理性质就是研究三相的质量与体积间的相互比例关系以及固、液两相相互作用表现出来的性质，可分为两类：一类是必须通过实验测定的，如含水量和密度等；另一类是可以根据实验测定的指标换算的，如孔隙比、孔隙率和饱和度等。水土物理性质测定实验方法分别见表 3-1 和表 3-2。

表 3-1　水的物理性质测定实验方法

指标名称	实验方法	主要仪器名称	依据的标准名称
水温	温度计法	温度计	GB 13195—1991
pH	玻璃电极法	pH 计	GB 6920—1986

续表

指标名称	实验方法	主要仪器名称	依据的标准名称
电导率	电导电极法	电导率仪	《水和废水监测分析方法》—2002*
可溶盐总量	蒸干法	水浴锅、烘箱、天平	HJ/T 51—1999
色度	铂钴比色法和稀释倍数法	具塞比色管	GB 11903—1989
浊度	分光光度法和目视比浊法	具塞比色管	GB 13200—1991
臭	臭阈值法	水浴锅、锥形瓶	《水和废水监测分析方法》—2002
透明度	铅字法、塞氏盘法	透明度计、塞氏圆盘	《水和废水监测分析方法》—2002

注：*国家环境保护总局、水和废水监测分析方法编委会．2002．水和废水监测分析方法．第四版．北京：中国环境科学出版社．

表 3-2　土的物理性质测定实验方法

指标名称	实验方法	主要仪器名称	依据的标准名称
容重	环刀法	天平、环刀	NY/T 1121.4—2006
密度	密度瓶法	天平、密度瓶	LY/T 1224—1999
孔隙度	计算法	—	《土壤理化分析与剖面描述》—1996*
含水量	烘干法	天平、烘箱	《土壤理化分析与剖面描述》—1996
粒径分布	激光粒度分析仪法	激光粒度分析仪	激光粒度分析仪测定
水稳性大团聚体组成	湿筛法	土壤团聚体分析仪	NY/T 1121.19—2008
微团聚体组成	激光粒度分析仪法	激光粒径分析仪	NY/T 1121.20—2008
水分特征曲线	离心机法	离心机	《土壤理化分析与剖面描述》—1996
电导率	电导率仪法	电导率仪法	电导率仪测定
pH	离子电极法	pH 计	NY/T 1121.2—2006
水溶性盐总量	残渣烘干重量法	烘箱	NY/T 1121.16—2006

注：*刘光崧．1996．土壤理化分析与剖面描述．北京：中国标准出版社．

（二）水土化学性质测定的实验方法

水土化学性质主要指通过酸碱中和、氧化还原、沉淀等化学反应、生物化学反应及物理化学的原理测定的化学指标。水质化学测定主要是水中离子的测定。土壤化学性质测定可分为两个部分：①与土壤发生学有关的方面，多研究土壤中的化学元素组成、迁移、积累等特点；常测定的项目有黏粒的矿物组成、全量分析、碳酸钙含量、盐分测定等。②与土壤肥力有关的方面，多研究植物生长发育的各种土壤化学性质，如各种养分的形态和含量、土壤交换性能等。水土化学性质测定实验方法见表 3-3 和表 3-4。

表 3-3　水的化学性质测定实验方法

指标名称	实验方法	主要仪器名称	依据的标准名称
溶解氧	溶解氧测定仪法	溶解氧测定仪	HJ 506—2009
总硬度	EDTA 滴定法	滴定管	GB/T 6909—2008
化学需氧量	化学需氧量仪法	HJ/T 399—2007	GB/T 50123—1999
五日生化需氧量	稀释与接种法	HJ 505—2009	GB/T 50123—1999
碳酸根	双指示剂-中和滴定法	滴定管	《水和废水监测分析方法》—2002
重碳酸根	双指示剂-中和滴定法	滴定管	《水和废水监测分析方法》—2002
硫酸根	EDTA 络合滴定法	滴定管	《土壤农化分析》(第三版) —2000*
硫酸盐	全自动间断化学分析仪法	全自动间断化学分析仪	仪器使用指导说明书
氯化物	硝酸银滴定法	滴定管	GB/T 11896—1989
钾	火焰原子吸收分光光度法	火焰原子吸收分光光度计	GB 11904—1989
钠	火焰原子吸收分光光度法	火焰原子吸收分光光度计	GB 11904—1989
钙	EDTA 滴定法	滴定管	GB 7476—1987
钙和镁总量	EDTA 滴定法	滴定管	GB 7477—1987
镍	ICP-MS 法	ICP-MS	ICP-MS 测定
镉	ICP-MS 法	ICP-MS	ICP-MS 测定
铬	ICP-MS 法	ICP-MS	ICP-MS 测定
铜	ICP-MS 法	ICP-MS	ICP-MS 测定
锌	ICP-MS 法	ICP-MS	ICP-MS 测定
铅	ICP-MS 法	ICP-MS	ICP-MS 测定
汞	ICP-MS 法	ICP-MS	ICP-MS 测定
砷	ICP-MS 法	ICP-MS	ICP-MS 测定
铁	ICP-MS 法	ICP-MS	ICP-MS 测定
铝	ICP-MS 法	ICP-MS	ICP-MS 测定
锰	ICP-MS 法	ICP-MS	ICP-MS 测定
硒	ICP-MS 法	ICP-MS	ICP-MS 测定
氨氮	全自动间断化学分析仪法	全自动间断化学分析仪	仪器使用指导说明书
硝氮	全自动间断化学分析仪法	全自动间断化学分析仪	仪器使用指导说明书

注：* 鲍士旦. 2000. 土壤农化分析 . 第三版 . 北京：中国农业出版社.

表 3-4　土的化学性质测定实验方法

指标名称	实验方法	主要仪器名称	依据的标准名称
有机质	重铬酸钾外加热法	油浴锅/滴定管	NY/T 1121.6—2006
全氮	全自动间断化学分析仪法	全自动间断化学分析仪	仪器使用指导说明书

续表

指标名称	实验方法	主要仪器名称	依据的标准名称
硝态氮	全自动间断化学分析仪法	全自动间断化学分析仪	仪器使用指导说明书
铵态氮	全自动间断化学分析仪法	全自动间断化学分析仪	仪器使用指导说明书
全磷	NaOH 熔融-钼锑抗分光光度法	分光光度计	HJ 632—2011
速效磷	$NaHCO_3$ 法（中性、碱性土壤） NH_4F-HCl 分光光度法（酸性土壤）	分光光度计	《土壤农化分析》—2000
有效磷	钼锑抗比色法（酸性土壤） 联合浸提-比色法（酸性土壤） 联合浸提-比色法（中性、石灰性土壤）	分光光度计	NY/T 1121.7—2006 NY/T 1849—2010 NY/T 1848—2010
有机磷	1/2 H_2SO_4 熔融-钼锑抗比色法	分光光度计	《土壤农化分析》—2000
全钾	NaOH 熔融-火焰光度法 氢氟酸消解-火焰光度法	火焰光度计	《土壤农化分析》—2000 NY/T 87—1988
速效钾	联合浸提-比色法（酸性土壤） 联合浸提-比色法（中性、石灰性土壤） NH_4OAc 浸提-火焰光度法	分光光度计/火焰光度计	NY/T 1849—2010 NY/T 1848—2010 NY/T 889—2004
有效钾	HNO_3 溶液浸取-火焰光度法	火焰光度计	《土壤农化分析》—2000
缓效钾	热 HNO_3 浸提-火焰光度法	火焰光度计	NY/T 889—2004
有效硫	全自动间断化学分析仪法	全自动间断化学分析仪	NY/T 1121.14—2006
镍	ICP-MS 法	ICP-MS	ICP-MS 测定
镉	ICP-MS 法	ICP-MS	ICP-MS 测定
铬	ICP-MS 法	ICP-MS	ICP-MS 测定
铜	ICP-MS 法	ICP-MS	ICP-MS 测定
锌	ICP-MS 法	ICP-MS	ICP-MS 测定
铅	ICP-MS 法	ICP-MS	ICP-MS 测定
汞	ICP-MS 法	ICP-MS	ICP-MS 测定
砷	ICP-MS 法	ICP-MS	ICP-MS 测定
交换性钾	NH_4OAc 交换-火焰光度法	火焰光度计	LY/T 1246—1999
交换性钠	NH_4OAc 交换-火焰光度法	火焰光度计	LY/T 1246—1999
全钠	HF-$HClO_4$ 消解-火焰光度法	火焰光度计	NY/T 296—1995
碳酸根	双指示剂-中和滴定法	滴定管	《土壤农化分析》—2000
重碳酸根	双指示剂-中和滴定法	滴定管	《土壤农化分析》—2000
氯离子	硝酸银滴定法	滴定管	NY/T 1121.17—2006
硫酸根	硫酸钡滴定 EDTA 间接络合滴定法	滴定管	NY/T 1121.18—2006

续表

指标名称	实验方法	主要仪器名称	依据的标准名称
钙	EDTA 滴定法	滴定管	《土壤农化分析》—2000
镁	EDTA 滴定法	滴定管	《土壤农化分析》—2000
钙和镁含量	EDTA 滴定法	滴定管	《土壤农化分析》—2000
水溶性硫酸盐	全自动间断化学分析仪法	全自动间断化学分析仪	仪器使用指导说明书

二、工程实验方法

土地工程除了与水土的基本理化性质相关外，与土的岩土力学或工程力学等特性也密切相关，后者通常通过工程实验方法进行测定获取。工程实验的目的是为了获取土的物理指标和力学性质指标，其数据准确程度对土工施工质量以及结构安全非常重要。土的工程特性也包括物理性质、水理性质和力学性质，如干密度、干湿状况、孔隙特征、与水相互作用表现出的性质及外力作用下表现出的变形和强度特征等。为科学测定土力学方面特性，需要规范而统一的实验方法为工程设计和施工提供可靠的参数性质。GB/T 50123—1999 适用于工业和民用建筑、水利、交通等各类工程的地基土及填筑土料的基本工程性质实验，其工程实验方法见表 3-5。

表 3-5　工程实验的测试指标

试验名称	试验方法	主要仪器名称	依据的标准名称
含水量试验	—	电热烘箱	GB/T 50123—1999
密度试验	环刀法/蜡封法/灌水法	环刀/蜡封设备/储水筒	GB/T 50123—1999
土粒密度试验	密度瓶法/浮称法/虹吸筒法	密度瓶/浮秤天平/虹吸筒装置	GB/T 50123—1999
颗粒分析试验	筛析法/密度计法/移液管法	分析筛/密度计/移液管	GB/T 50123—1999
界限含水量试验	液、塑限联合测定法/碟式仪液限试验/滚搓法塑限试验/收缩皿法缩限试验	液塑限联合测定仪/碟式液限仪/毛玻璃板/收缩皿	GB/T 50123—1999
砂的相对密度试验	漏斗法/量筒法/振动锤击法	长颈漏斗/量筒/振动叉	GB/T 50123—1999
击实试验	击实仪	击实仪	GB/T 50123—1999
承载比试验	—	试样筒、击锤和导筒	GB/T 50123—1999
回弹模量试验	杠杆压力仪法/强度仪法	杠杆压力仪/路面材料强度仪	GB/T 50123—1999

续表

试验名称	试验方法	主要仪器名称	依据的标准名称
渗透试验	常水头渗透试验/变水头渗透试验	常水头渗透仪装置/变水头装置	GB/T 50123—1999
固结试验	标准固结试验/应变控制连续加荷固结试验	固结容器	GB/T 50123—1999
黄土湿陷试验	湿陷系数试验/自重湿陷系数试验/溶滤变形系数试验/湿陷起始压力试验	—	GB/T 50123—1999
三轴压缩试验	应变控制式三轴仪	应变控制式三轴仪	GB/T 50123—1999
无侧限抗压强度试验	应变控制式无侧限压缩仪	应变控制式无侧限压缩仪	GB/T 50123—1999
直接剪切试验	慢剪试验/固结快剪试验/快剪试验/砂类土的直剪试验	应变控制式直剪仪	GB/T 50123—1999
反复直剪强度试验	应变控制式反复直剪仪	应变控制式反复直剪仪	GB/T 50123—1999
自由膨胀率试验	—	量样装置	GB/T 50123—1999
膨胀率试验	有荷载膨胀率试验/无荷载膨胀率试验	固结仪	GB/T 50123—1999
膨胀力试验	—	固结仪	GB/T 50123—1999
收缩试验	—	收缩仪	GB/T 50123—1999
冻土密度试验	浮称法/联合测定法/环刀法/充砂法	天平/排液筒/环刀/测筒	GB/T 50123—1999
冻结温度试验	—	冻结温度试验装置	GB/T 50123—1999
未冻含水量试验	—	冻结温度试验装置	GB/T 50123—1999
冻土导热系数试验	—	导热系数试验装置	GB/T 50123—1999
冻胀量试验	—	冻胀量试验装置	GB/T 50123—1999
冻土融化压缩试验	室内冻土融化压缩试验/现场冻土融化压缩试验	融化压缩仪/内热式传压钢板	GB/T 50123—1999
土的离心含水当量试验	—	离心机	GB/T 50123—1999

第二节　室外试验及模型模拟实验方法

一、室外试验方法

（一）试验设计

试验设计属于一般研究方法中的科学试验方法的范畴，是由试验方法与数学方法，特别是统计方法相互交叉而形成的一门科学。试验设计自 20 世纪 20 年代问世至今，其发展大致经历了三个阶段：早期的单因素和多因素方差分析、传统的正交试验和近代的调优设计。

科学试验主要步骤大致可分为三个阶段：①试验设计阶段，主要包括选题、设计试验方案、准备试验材料和环境。②试验实施阶段，主要包括按照计划进行试验，准确进行试验操作，保证试验的一致性，观察试验结果，收集数据。③试验分析阶段，主要有检查核对试验数据、进行统计分析、解释试验结果、做出科学结论、总结试验，为今后的研究及生产提供科学依据（杨德，2002）。

试验设计的主要内容包括以下五个方面：①明确试验目的：首先提出研究的问题，确定研究的对象和目标，然后分析问题的因果关系，并推测问题的解决方法。②初拟试验计划：根据试验需解决的问题及途径，确定试验类型、试验单元、抽样单元、测量单元，初步拟定试验方案。③挑选试验设计：根据试验的处理因子、干扰因子等条件，挑选精度较高的试验设计。④计划抽样分析：根据试验设计，确定具体的抽样和观察方法以及数据分析方法。⑤制订试验计划及实施方案：制订试验技术和实施方案时，需要做到严密、细致、周到，并要有利于操作人员使用。

（二）试验监测

试验设计完成后，需要对试验进行监测，以收集试验数据，进行试验分析。不同的专业学科的试验监测方式多样，一般来说，根据监测位置分为原位监测和异位监测，原位监测即在试验场原地进行数据获取，异位监测主要是指将试验小区的采集样品带回实验室监测。根据监测周期可以分为周期性监测和实时监测，周期性监测即指固定测定周期进行数据采集，如以一个周为一个周期；而实时监测是指对试验进行实时的数据测定。严格来说，实时监测是周期非常小的自动化周期监测，往往可以设定自动采集数据的周期以分，乃至秒为单位。土地工程中几种原位监测常用的方法简述如下。

(1) 便携式仪器原位测定。越来越多的水土性质可以通过便携式仪器进行原位测定，如采用便携式盐分计和 pH 计对盐碱土进行原位监测。为了不破坏试验体的完整性，无创式测定也成为原位测定的新潮流。例如，利用电磁感应仪，只需在地表测定大地的表观电导率即可反映土地的盐碱状况。

(2) 采集样品现场测定。对于必需样品要测定的指标（如土地的肥力状况），将养分速测仪器带至试验场地，在现场采集样品，使用养分速测仪测定，快速获取试验数据。

(3) 实时在线监测。实时在线监测相对成本较高，但能自动获取连续时段的监测数据。对于土地工程方面的试验，一般可以先将监测探头置于土中，然后通过有线或无线的方式与数据采集器及计算机连接，实现数据的自动采集。

二、模型模拟实验方法

（一）物理模型模拟方法

物理模型模拟方法是以模型与原型之间的相似为基础的一种模拟实验方法，其理论基础是相似理论，借助与原型相似的物质模型，间接地研究客体原型的一种特殊研究方法。

因为土地工程一般投资比较大，所以实施方案的确定需要科学合理，在达到工程目的的同时应避免资金和资源的浪费。制订科学的土地工程技术方案，除了需要进行大量的实验或试验外，还需要参照土地工程项目区实际的地形、地貌及土地性质等概况，通过按比例缩小模拟项目区，建立模型，将拟定的土地工程技术在模型上加以实施，以试验土地工程技术效果。

以中国华阳白龙涧旧河道荒石滩地整治工程项目为例，为研究旧河道荒石滩地整治中最优化客土厚度及其稳定性，建立河道与田块 1∶100 比例的水工物理模型，在旧河道已有沙砾地层上进行不同客土厚度、不同作物种植试验分析，根据作物的生长和产量，确定科学合理的土层厚度。

该模型试验装置分为模拟河道、灌溉渠、试验田和观测通道 4 个部分（图3-1）。建立一个人工模拟河道，布设 6 块试验田，每块试验田面积为 2m×4m，共占地 $48m^2$（图 3-2）。根据立地条件，考虑光照、微地形等因素的均一性，6 块田采取自东向西“一”字形布设。通常土壤耕作层深度为 30～40cm，因此试验田设计将覆黄土厚度分别设为 30cm、40cm、50cm、60cm、80cm 和 100cm（图 3-3），模拟实地条件，客土以下分别用 170cm、160cm、150cm、140cm、120cm、

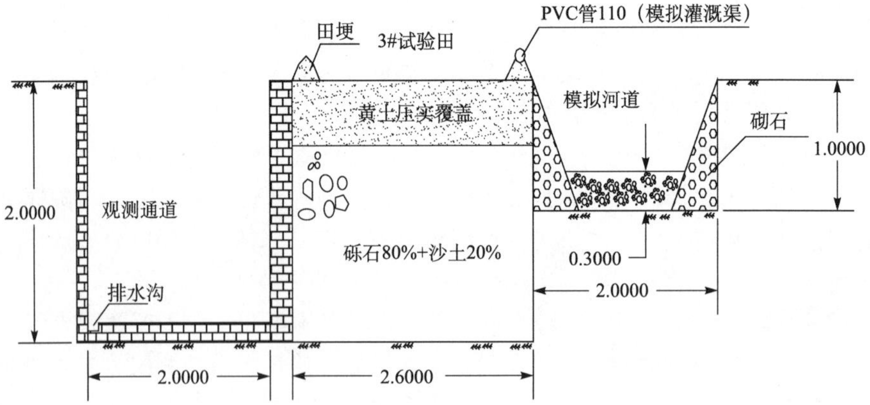

图 3-1　模型纵断面示意图

图中数据未标单位处的单位为 m

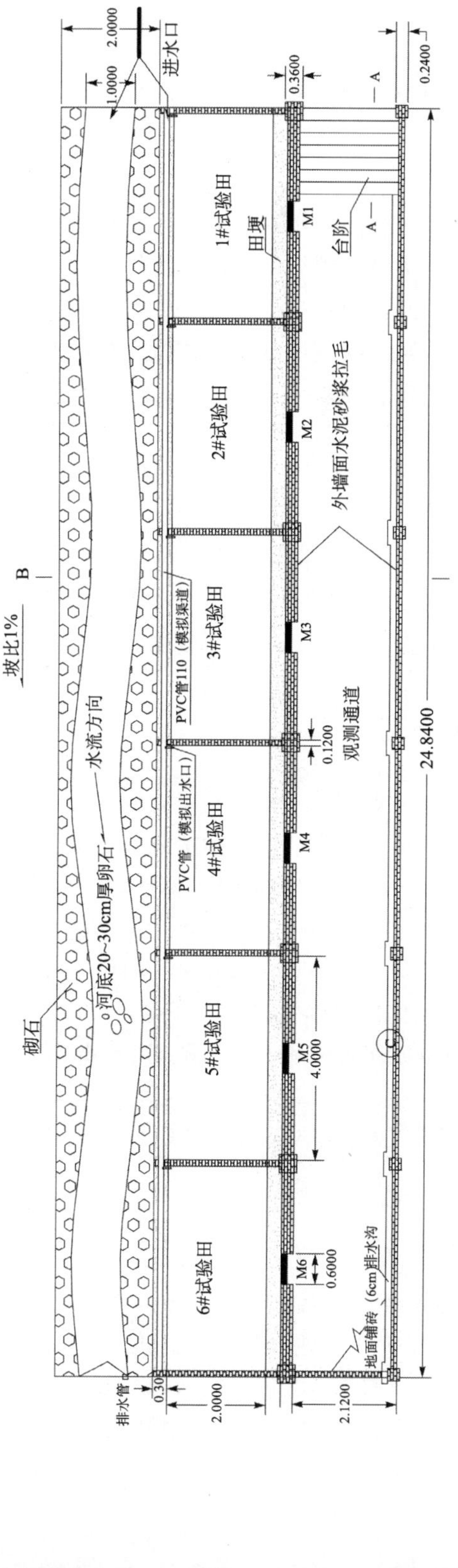

图 3-2　模型俯瞰图
图中数据未标单位处的单位为m

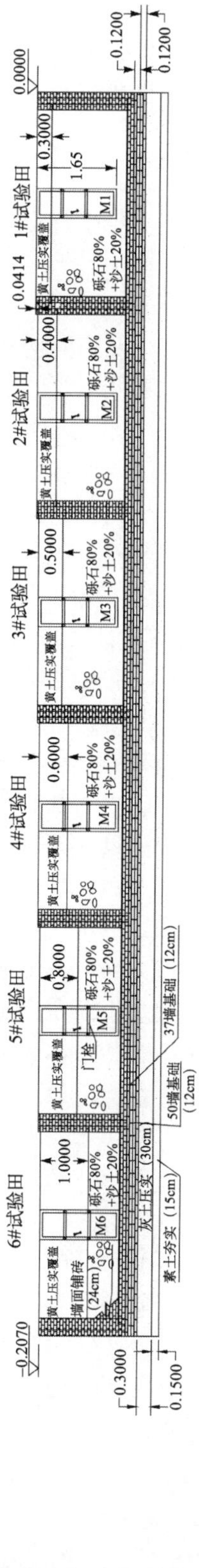

图 3-3　模型纵断面图
图中数据未标单位处的单位为m

100cm砾石（80%）和沙土（20%）填装。所有砾石及土壤均采自白龙洞项目区，通过种植小麦、玉米等作物，监测土层沉降深度和速度，以及作物产量和土层的养分等理化性质，对比分析得出最优土层厚度。

（二）建模方法

数学建模方法是指将土地工程中的成本、产出和效益等因素通过数学建模进行量化研究，进而指导土地工程实践的方法。以城市土地集约化利用为例，在城市土地配置过程中，政府不仅应该注重经济单项指标，更应考虑生态、社会、经济三方面因素在一定空间内和可预见的较长时间内的变化和稳定性。调整和转变一定区域内土地利用系统的结构及产生的功能效益，以实现土地生产力的持续增长和稳定，保证土地资源潜力和防止土地退化，同时追求良好的经济效益、社会效益、生态效益。下面选取中国西安浐灞生态区建设土地工程中水土资源耦合配置为例，阐述本研究方法。

西安浐灞生态区与浐灞流域其他生态区相互协调发展，水土资源优化配置一般遵循环境、社会、经济三者效益统一原则，实现本流域水土资源的全局优化。充分利用生态区原有的自然资源，做到“旱涝保收”，同时兼顾节约，避免浪费，提高水资源利用率，使得供给和需求达到动态平衡。在遵循上述原则基础上，水土资源耦合优化配置研究主要有以下步骤。

1. 目标函数的建立

目标函数的确立，既要考虑各目标具有可度量性，又要避免各目标之间的相关重复。通过分析景观健康评价指标体系，在各项指标中选取出比较切合水土资源利用方面的重要因子作为优化的目标函数，分别从景观健康评价中的社会价值、生态环境和经济价值三方面来入手。

在社会价值方面，从湿地人类活动强度变化和水资源量度的角度考虑；在经济价值方面，把水土面积配比经济最大化作为优化目标；在生态环境价值方面，将植被覆盖率指标和水体最小污染量排放作为优化目标。系统总体发展目标用综合效益最大来衡量，一般形式如下：

$$\begin{cases} Z=\max F(x)=\max\{f_1(x),\ f_2(x),\ f_3(x)\} \\ G(x)\leqslant 0 \\ x\geqslant 0 \end{cases} \tag{3-1}$$

式中，x为决策变量；$F(x)$为综合效益系数；$f_1(x)$、$f_2(x)$、$f_3(x)$分别为社会效益、经济效益和生态效益目标；$G(x)$为约束条件集。

目标1（社会效益）：社会价值的评价从湿地人类活动强度变化指标和水资源度量的角度来考虑。当描述湿地人类活动强度变化时，认为广运潭湿地公园处在浐灞河生态区之内，公园的主要活动人群为浐灞河生态区和周边的住宅户。随着该生态区的不断完善，会吸引生态区之外越来越多的居民和旅游者前来参观游玩，因此其湿地人类活动强度变化是逐步增长的。

而从各水平年水资源度量的角度考虑，可认为缺水量大小和缺水程度直接影响社会的发展和安定，是社会效益的一个侧面反映。本研究区为生态湿地公园，因此其用水量由生态区循环水量来度量，要求生态循环水量必须小于水资源总量。循环水量由湖面蒸发用水量、湖区渗漏水量、湖区绿地灌溉水量和道路喷洒用水量组成。函数如下：

$$f_1(x) = -\min[AxE \times 10^{-3} + kA_{底}\,\Delta H/L + A_{绿}\,q_{灌溉} + A_{道路}q_{喷洒} - Q] \tag{3-2}$$

式中，$AxE\times10^{-3}$为湖面蒸发用水量（m^3），其中 A 为广运潭公园面积（m^2），x 为水域面积占公园总面积的比例（%），E 为水面蒸发量（mm）；$kA_{底}\,\Delta H/L$ 为湖区渗透水量（m^3），其中 k 为渗透系数（m/d），$A_{底}$ 为湖底面积（m^2），ΔH 为人工湖水面至地下潜水位的水头差（m），L 为渗透距离（m）；$A_{绿}\,q_{灌溉}$ 为绿地灌溉用水量（m^3），其中 $A_{绿}$ 为绿地面积（m^2），$q_{灌溉}$ 为绿地灌溉定额（m^3/亩）；$A_{道路}\,q_{喷洒}$ 为道路喷洒用水量（m^3），其中 $A_{道路}$ 为道路面积（m^2），按规划取道路面积占园地总面积的 6.34%，$q_{喷洒}$ 为道路喷洒用水定额［m^3/(m^2·次)］；Q 为研究区水资源总量（m^3）。

目标 2（经济效益）：项目研究区为水土资源结合的典型项目，因此要充分考虑水资源和土地资源结合后的经济效益。由于浐灞河生态区为景观居住小区，故经济效益主要考虑由于水资源的参与而对土地资源价值的提升，最终将其体现在土地价格上，其中也将水资源的建设维护费用考虑进去。

$$f_2(x) = \max\left[A(1-x)cdP\left(1+\frac{x-\hat{x}}{\hat{x}}\right) - AxF\right] \tag{3-3}$$

式中，c 为公园单位面积人口承载量（人/m^2）；d 为人均住房面积（m^2）；$\hat{x}$ 为区域内水域面积标准系数；P 为研究区土地面积价格（元/m^2）；F 为研究区水域建设及维护费用；其他符号意义同式（3-2）。

目标 3（生态环境效益）：生态环境价值也是从两个方面进行优化，各水平年用水体中重要污染物最少排放量和植被覆盖率。

$$f_3(x) = -\min[Axs_1] \tag{3-4}$$

$$f_4(x) = \max\frac{A(1-x) - kA(1-x)}{A} \times 100\% \tag{3-5}$$

式中，s_1 为研究区水体污染物排放量，一般用化学需氧量 COD、生化需氧量 BOD 等水质指标来表示（mg/L）；k 为湿地公园设计规划中的道路比例；其他符号意义同式（3-2）。

2. 约束方程的建立

(1) 生态区水域面积约束：$0 \leqslant xA \leqslant A$。

(2) 水源供水能力约束：$\sum Q_i \leqslant Q$。

(3) 排水系统的排放量约束：$s_1 \leqslant S_1$。以居民生活污水达标排放为例，式中 s_1 为用户排放污染物的浓度，S_1 为生活污染物达标排放规定的浓度。

(4) 非负约束：$\hat{x} > 0$。

3. 模型求解

本求解方法将多目标遗传算法引入到模型配置中来，利用遗传算法的内在并行机制及其全局优化的特性，提出了基于多目标遗传算法的水土资源优化配置方法，较好地解决了复杂水土资源系统的优化配置问题。

(三) 计算机模拟方法

在土地工程中，计算机模拟方法是利用计算机根据实际土地项目现状建立模型，根据土地工程技术设定变量值或条件，以预测土地工程发展的研究方法。计算机模拟虽然与实际情况有所差异，但其成本较低，而且通过设定不同的条件，多次试验不同的土地工程方案，有利于对土地工程技术进行快速验证。关于计算机技术在土地工程中的应用，将在第十三章进一步详细阐述。

第三节 样本采集与施工试验方法

工程技术是土地工程研究的关键内容，前两节阐述的实验和试验模拟方法主要是为土地工程技术的研发服务。土地工程技术的最终目的是应用于工程实施，并在施工中进行检验及改进。

一、样本采集

样本采集是实验和试验的基础，通过样本分析实验和试验结果，进而探索出新的土地工程技术。在土地工程领域，样本采集主要包括土样采集、水样采集、植物样本采集和相关指标样本采集。

(一) 土样采集

土样采集是指采集土壤样品的方法，包括采样点的布设和取样技术。土壤样品的采集是土样测试的一个重要环节，采集有代表性的样品，是如实反映客观情况的先决条件。

1. 采样点的布设

由于土壤的不均一性，一般采集混合土样，采集样品必须按照一定采样路线和“随机”多点混合的原则。混合样品的采样点数常常是人为确定，一般是5～10点或10～20点，视土壤差异和面积大小而定，但不宜少于5点。常用的采样点布设有以下几种方式：对角线、梅花形、棋盘式和蛇形。

2. 取样方法

根据分析目的不同，土样采集分为不同的取样方法。为指导农业生产服务的，一般分层采集土样，其中用于研究土地肥力的，多采集耕作层；用于研究不同深度土样理化性质的，需进行剖面采样；而为道路建设等工程服务的，需要进行土工试样的制备。

采集耕层土壤，一般采集0～15cm或0～20cm，也可适当地采集底土15～30cm或20～40cm的混合样品。取混合样1～2kg，如数量太多，可用四分法将多余土壤弃去。将所采土样装入布袋或聚乙烯塑料袋，内外均应附标签，标明采样编号、名称、采样深度、采样地点、日期和采集人。剖面土样的采集方法，一般可在主要剖面观察和记载后进行。必须指出，土壤剖面按层次采样时，必须自下而上（这与剖面观察和记载恰巧相反）分层采取，以免采取时上层样品对下层土壤的污染。为了使样品更明显地反映各层次的特点，通常是在各层次最典型的中部取样（较薄土层可全层采集），这样可克服层次间的过渡现象，从而增加样品的典型性或代表性。

对于土工试样的制备，参照土工试验方法标准（GB/T 50123—1999）。

样品采集中有以下几点需要注意：采样地点应避免田边、路边、沟边和特殊地形部位以及堆过肥料的地方；测定土壤微量元素的土样采集，采样工具要用不锈钢土钻、土刀、塑料布、塑料袋等，忌用报纸包土样，以防污染；用作化学分析（除重金属分析）的土壤样品可用土钻采样，用作容重测定的土壤样品，应用环刀法采样。

3. 特殊土样采集

1）土壤盐分动态样品的采集

盐分的差异性是有关盐碱土的重要资料，土壤盐分分析不仅要了解土壤中盐分的多少，而且要了解盐分的变化情况。在这样的情况下，就不能采用混合样品。

盐碱土中盐分由于淋洗作用和蒸发作用，垂直方向变化明显，土壤剖面中的盐分季节性变化大，而且不同类型的盐土其盐分在剖面中的分布存在差异。例如，南方滨海盐土，底土含盐分较重，而内陆次生盐渍土，盐分一般都积聚在表层。

根据盐分在土壤剖面中的变化规律，应分层采取土样。分层采集土样，不必按发生层次采样，而自地表起每隔10cm或20cm采集一个样品，即在该取样层内，自上到下，整层地均匀地取土。研究盐分在土壤剖面中分布的特点时，则多用“点取”，即在该取样层的中部位置取土。根据盐碱土采样的特点，应特别重视采样的时间和深度，因为盐分上下移动受不同时间的淋溶与蒸发作用的影响很大。虽然土壤养分分析的采样也要考虑采样季节和时间，但其影响远不如对盐碱土的影响那样大。

2）养分动态土样的采集

为研究土壤养分的动态而进行土壤采样时，可根据研究的要求进行布点采样。例如，为研究过磷酸钙在土壤中的移动性，则不适用常规的样点布设和采样方法。如果过磷酸钙是以条状集中施肥的，为研究其水平移动距离，则应以施肥沟为中心，在沟的一侧或左右两侧按水平方向每隔一定距离，将同一深度所取的相应同位置土样进行多点混合。同样，在研究其垂直方向的移动时，应以施肥层为起点，向下每隔一定距离作为样点，以相同深度土样组成混合土样。

（二）水样采集

1. 地表水采样方法

根据采样器原理可分为自动采样、半自动采样与手工采样。

根据水样采集形式可分为瞬时采样和混合采样，其中混合采样又可分为时间积分采样、深度积分采样和面积积分采样三种。时间积分采样适用于采集一定时间内某一特定深度的混合水样；深度积分采样适用于采集某特定断面垂线表层和底层之间，或沿垂线不同深度的混合水样；面积积分采样适用于采集横断面上各采样点的混合水样。

根据采样位置及季节可分为涉水采样、桥梁采样、船只采样、缆道采样和冰上采样五种。

2. 地下水采样方法

地下水采样较常用的采样方法有井（泉）口采样、钻井采样、抽取采样和深度采样四种。

井口采样时直接用采样瓶，从井口水龙头或生产井排液管中采集水样，也可以从距配水系统最近的水龙头或井口储水箱中采样。钻井采样适用于了解劣质地下水所处的水平位置和研究含水层内地下水水质沿垂向变化情况。通常在钻挖测井过程中用抓斗式采样器或气提泵采集样品。抽取采样适用于地下水质在竖直方向是均匀的地方，或所要求的是近似平均成分的垂直混合样品，采样时直接通过一根安放于测井内的管子抽吸水样或经采样瓶虹吸抽取，也可以通过气动法压缩气体（一般用氮气）将水柱从测井内推至地面。深度采样适用于样品的来源是已知的情况和不稳定性分析参数的采样，采样时将深水采样器放至井中，让它在指定深度灌满水，然后将采样器提至地面，并将水样转入采样瓶中。

3. 采样要求

地表水采样时，采样应在自然水流状态下进行，尽量不扰动水流与底部沉积物，以保证样品代表性。污水流入河流后，应在充分混合的地点以及流入前的地点采样。采样时，采样器或采样瓶应用采样的水冲洗 3～4 次，再正式采集样品。采样时间应选择采样前连续 3 天无降雨，水质较稳定的时期（特殊需要除外）。应采集足够体积的水样用于复制水样和质量控制检验；每个水样均应按样品保存方法保存。

地下水采样时，采样方法应使采集水样的组成能正确反映出地下水的时空变化，保证在含水层采集样品的代表性。采样前应彻底清洗井口或井管，清除因井口玷污或井管腐蚀而被污染的滞水。采样时应该用采样的水将采样器或采样瓶冲洗 3～4 次，再正式采集样品；采样过程中应尽量避免样品与大气发生接触，以防止样品发生变化。从抽水井中取样时，应先开动水泵，将停滞在抽水管内的水抽出，并使新鲜水达到停滞水的 3 倍以上体积之后再取样。用于示踪试验或挥发性有机物质的分析时，一般不宜利用提水桶或取样器进行取样。取样时要注意井中滤水管的位置与取水段层位一致。为取样专门开凿钻井时，应尽量不要用水冲洗钻孔，并待停钻且井内水位稳定后再进行取样。如果钻孔用水冲洗过，必须先抽水，然后再取样。深井、定深和分层取样，应采用专门器具。取平行水样时，必须在相同条件下同时采集，容器材料也应相同。采集的每个样品，均应在现场立即用石蜡封好瓶口，并贴上标签。标签上应注明样品编号、采样日期、水源种类、岩性、浊度、水温、气温及加入的保护剂量和测定要求等。样品采集后应根据分析参数的特性，严格按分析方法要求进行保存；为避免样品间的交叉污染，应将样品进行隔离放置。

（三）植物样本采集

土地作为植物的生长载体，植物的长势、性状与土地密切相关，为研究土地的理化性状，常常通过植物样本分析进行间接反映。植物的采样结果是否有价值，首先取决于植物样本采集技术。

一般种子样品可用混合取样法，把代表一定面积的收获物先经脱粒，然后在木板或牛皮纸上铺成均匀的一层，利用四分法选取样本。如果直接从田里采取植株样品，则在生长均一的情况下，可按对角线或沿平行的直线等距离采样。如果植株长势不均匀，则应根据生长的强弱，按比例采取大约 5 个点的样品混合。每个样点取的植株数随植物的种类和采样的时间有所不同。小麦等密植型作物或其他作物幼苗，可按面积采取或采取样品束。选取甘薯、马铃薯、甜菜、萝卜等块根、块茎的平均样品时，必须注意到大、中、小三类样品的比例。一般蔬菜样品也按对角线法采取。番茄样品应选择簇位相同、成熟程度一致的果实，取果实的

1/4 组成平均样品。采取苹果、梨、桃和柑橘等水果的平均样品时，一般选 1～3 株果树为代表，从植株的全部收获物中选取大、中、小果实以及向阳、背阴部分的果实混合成平均样品。葡萄等浆果，采样时可在不同地点的 5～10 株植物上的各个部位包括向阳、背阴以及上、下各部位采样。

植物样品采集的另一种方法是按植物生育期取样。在幼苗期取样，因为植株较小，所以采取的株数就比较多，尽管各种作物有所不同，总的原则是所取样品的干重应当是分析用的 2 倍。植株逐渐长大，每次采取的株数也相应减少，但绝不能采单株作样品。在各个生育期取样时，都应作观察记录。取样地点一般在边行区，取样点的四周不应有缺株现象。取样后，按分析目的分成各个部分（如根、茎、叶、穗等），然后捆好，附上标签，分别装入样品袋。瓜果、蔬菜取回后因水分较多，容易霉烂，可在冰箱中冷藏，或用干燥灭菌，或用酒精处理或烘干，以供分析之用。

（四）相关指标样本采集

土地工程中各相关指标，包括经济因子、社会因子和生态因子。指标因子的获取通常通过指标样本的采集，其最常用的采集方法为统计调查。

统计调查在土地工程可行性研究和工程设计的资料收集阶段具有重要的作用，是获取基础资料的重要方法。统计调查是根据调查的目的与要求，运用科学的调查方法，有计划、有组织地搜集数据信息资料的统计工作过程。统计调查常用的方式有普查、抽样调查和统计报表等。

普查是为特定目的而专门组织的一次性全面调查，对统计总体的全部单位进行调查以搜集统计资料的工作。普查资料常被用来说明现象在一定时点上的全面情况，是一种全面调查，具有范围全面、详尽、系统的优点，它是一次性的专门调查，因为普查的工作量大，耗资也多，时间周期较长，所以一般不宜经常举行。抽样调查是指从研究对象的总体中抽取一部分单位作为样本进行调查，据此推断有关总体的数字特征，是市场调查中最常用的调查方式，它的特点是经济性好、实效性强、适应面广、准确性高。统计报表是按统一规定的表格形式，统一的报送程序和报表时间，自下而上提供基础统计资料，是一种具有法律性质的报表制度。统计资料的搜集，不能只使用一种调查方法，而应该根据调查对象特点和调查机构条件，灵活地选用不同调查方法组成调查方法体系。同样以中国西安浐灞生态区建设土地工程中水土耦合配置为例，对需要采集的相关指标样本进行阐述。

浐灞生态区建设中水土耦合配置分别从社会价值、经济价值和生态价值三方面考虑，选取优化指标。在社会价值方面，从湿地人类活动强度变化和水资源量度的角度考虑，主要包括人类活动强度变化指标和水资源度量指标，其中水资源度量方面包括缺水量大小、缺水程度、生态区循环水量、湖面蒸发用水量、湖区渗漏水量、湖区绿地灌溉水量、道路喷洒用水量等指标。在经济价值方面，把水土面积配比经济最大化作为优化目标，主要包括土地价格以及水资源的建设维护费等指标。在生态价值方面，将植被覆盖率指标和水体最小污染量排放作为优化目标。

二、土地工程施工试验方法

"实践是检验真理的唯一标准"，通过室内实验、田间试验等研究出的工程技术只有在工程实践中得到应用验证，才能说明这是一项实用、科学而合理的工程技术，才能进行大面积的示范和推广应用。因此，在经过实验分析和田间试验研究，总结出工程技术后，通过小规模的工程实践进行试用也是需要的。对试用效果进行分析验证后，才能进行大面积的推广应用。在工程项目区小范围内试用土地工程技术以验证技术效益的过程，称之为土地工程施工试验。现以中国毛乌素沙地砒砂岩与沙复配成土技术的施工试验为例，对土地工程施工试验简述如下。

中国毛乌素沙地广泛分布着砒砂岩和沙，砒砂岩无水坚硬如石，遇水则松软如泥，沙子结构松散、漏水漏肥，因此砒砂岩和沙并称"两害"。砒砂岩与沙复配成土技术研究是以毛乌素沙地土地整治为目标，将制约该区域的"两害"作为研究对象，破解同类地区土地整治的技术难题，使沙地成为耕地开发的重要后备资源。通过开展室内实验和田间试验，进行实证分析：首次发现了砒砂岩与沙两种物质结构在成土中的互补性，获取了适宜不同农作物生长需求的砒砂岩与沙组合配方；提出了在生态脆弱区水土耦合高效利用模式；形成了系统完整的砒砂岩与沙复配成土的技术体系。为进行施工试验，结合工程要求，选取地理位置、气候、水文等条件具有代表性的中国榆林市定边县北园子以及榆阳区小纪汗乡大纪汗村作为示范工程项目点。应用总结出的砒砂岩与沙复配成土技术，在综合考虑技术效果以及工程成本的基础上，在项目区按砒砂岩：沙为1：2的比例进行沙地整治，其中北园子治理规模100.01hm^2，大纪汗土地开发项目一期161.29hm^2。经过技术应用后，显著提高了沙地的保水保肥能力，提高了土地生产力，并在充分利用成土新技术的基础上，结合现代土地整治工程技术，创新性实施了标准化、规模化的成土造地工程，实现了砒砂岩与沙复配成土技术由小范围田间试验向毛乌素沙地大规模示范的转移，实现了沙地的资源化利用，形成了毛乌素沙地节水高效的高标准农田建设与现代化经营为一体的土地综合整治新模式。

第四章　土地信息与土地资源

土地作为人类活动赖以生存的基础和一种重要的自然资源，在利用、开发和保护等活动中反映出大量的纷繁信息。土地信息贯穿于整个土地资源管理的全过程，记载了人类活动和土地变化的全过程。土地资源是指已被人类所利用和可预见的未来能被人类利用的土地。人们对土地资源的利用会改变土地信息。研究和掌握土地信息与资源是开展土地资源调查、评价的基础，为提升土地质量、利用率和产能提供基础，为开展土地工程提供重要依据。

第一节　土地信息

信息是一个抽象的概念，它是自然界和人类社会中一切事物的表征。信息具有物质性，但不是物质本身，它的存在绝不能离开作为其载体的物质。信息又是表象事物特征的一种普遍形式。把事物发出的消息、情报、指令、数据和信号中所包含的内容抽取出来就组成了信息。

土地信息是通过研究、调查或其他途径获得的并经过处理成为对决策者有意义的、有关土地资源和资产的数据信息，是土地资源、土地设施、地籍和社会经济等信息的集合。土地信息的特点是精确性、一致性、现势性、法律性和权威性。土地信息多属空间信息，具有种类繁多、数量巨大、应用广泛、管理复杂的特点。土地信息一般包括以下四大类：土地资源信息、土地设施信息、地籍信息和社会经济信息。

一、土地资源信息

（一）气候

气候是土地资源信息中重要信息之一，主要指地球表面至10～12km的对流层，即与地球表面产生直接水热交换的大气层。大气层中对土地资源性质和利用造成影响的信息很多，主要有光、温、水、风等。无论任何土地，气候都是决定土地利用的前提条件，没有适宜的光、温、水、风，人类将无法居住，作物也不能生长。

1. 光照资源

太阳辐射是由太阳发射的电磁短波辐射，部分地穿透大气层到达地球表面，其中一部分被地球表面吸收变为长波辐射，它是地球表面一切过程的能量基础。影响土地资源利用的光照指标主要有光照强度和光照长度。目前，中国多以日照时数表示光照指标，与地表植物的生长发育具有密切的关系，日照时数随地理位置、季节、空气状况等因素的变化而变化。日照时数的地区差异为植物的区域分布奠定了基础。

光照长度（日长）是反映一个地区从日出至日落之间可能的日照时数。日长随季节和纬度不同而变化。光照资源对农作物影响的同时，对工业、第三产业、城市用地也有重要的影响。良好的光照是保证人们正常工作、生活和学习的必要条件，直接影响劳动生产率的高低、质量好坏、节能、区域环境等。因此，科学合理的应用光照资源，对土地工程规划、设计和建设具有重大指导意义。

2. 热量资源

依热量资源的地带分布将地球划分为寒带、温带和热带。这种热量地带与土地资源的生产潜力关系密切，所以在中国的土地资源评价中，首先考虑的就是热量的地带规律。不同温度带有着相应不同的自然景观、土地类型以及土地利用特征。各气候带的具体温度指标和植物、农业利用特征可参照表 4-1。

表 4-1　中国温度带的划分

气候区域	气候带和亚带	温度指标			主要植被和土壤	农业利用特征
		≥10℃积温/(℃·日)	最冷月气温/℃	年平均极端最低气温/℃		
东部季风区域	温带	<4500	<0	<−10	—	有“死”冬
	寒温带	<1700	<−30	<−45	针叶林；漂灰土	一季极早熟作物
	中温带	1700～3500	−30～−10	45～−25	针阔混交林，暗棕	一年一熟，春麦、玉米为主
	暖温带	3500～4500	−10～0	−25～−10	落叶阔叶林；棕壤	两年三熟或一年两熟，冬麦、玉米为主，苹果、梨
	亚热带	4500～8000	0～15	−10～5	—	冷季种喜凉植物，热季种喜温植物
	北亚热带	4500～5300	0～5	−10～−5	常绿落叶阔叶林；黄棕壤	稻麦两熟，茶、竹
	中亚热带	5300～6500	5～10	−5～0	常绿阔叶林；黄壤、红壤	双季稻两年五熟，柑橘、油茶
	南亚热带	6500～8000	10～15	0～5	季风常绿阔叶林；赤红壤	双季稻一年三熟，龙眼、荔枝
	热带	>8000	>15	>5	—	喜温植物全年都能成长

续表

气候区域	气候带和亚带	温度指标			主要植被和土壤	农业利用特征
		≥10℃积温/(℃·日)	最冷月气温/℃	年平均极端最低气温/℃		
东部季风区域	边缘热带	8000～8500	15～18	5～8	半常绿季雨林；砖红壤性土	喜温植物一年三熟，咖啡
	中热带	>8500	>18	>8	季雨林；砖红壤性土	木本作物为主，橡胶
	赤道热带	>9000	>25	>20	珊瑚岛常绿林；磷质石灰土	可种热带植物
西北干旱区域	干旱中温带	<4000	<−10	<−20	草原与荒漠；棕钙土	一年一熟，可种冬麦和棉花
	干旱暖温带	>4000	>−10	>−20	灌丛与荒漠；棕漠土	两年三熟或一年两熟
青藏高寒区域		≥0℃积温/(℃·日)	最暖月气温/℃			
	高原寒带	<500	<6	—	高寒荒漠；高山荒漠土	“无人区”
	高原亚寒带	500～1500	6～10	—	高寒草原；高山草原土	只有牧业
	高原温带	1500～3000	10～18	—	山地针叶林；山地森林土	有农、林业

在土地利用方面，气候热量的指标主要有：①≥0℃与≥10℃的温度及其积温（表4-2）；②温差（日温差、年温差）；③无霜期、生长期与作物越冬温度等（表4-3）。

表4-2　不同积温与作物种植制度的适宜性

≥0℃的积温/(℃·日)	≥10℃的积温/(℃·日)	种植制度及适宜的作物
2500～3000	2800	一年一熟，如春麦、莜麦、杏子、马铃薯等
4500	4000	三年两熟，冬麦－玉米
4700～4800	4200	两年三熟或一年两熟，可种花生、甘薯
4500～5500	5000	一年两熟，小麦－水稻
5700～6100	5500	一年三熟，小麦－水稻－水稻
8000	>7000	一年三熟，甘蔗－水稻－水稻

表 4-3　主要作物越冬温度

作物	最低越冬平均温度/℃	中国分布大致北界位置
冬小麦，苹果，梨	－22～24	辽宁南部，华北长城附近
葡萄	－20	河北宣化
油桐	－8～－10	秦岭南坡
茶、油菜	－8	秦岭南坡，淮南
柑橘	－5	秦岭南麓、太湖、浙西
香蕉、菠萝、荔枝	0	秦岭南麓（福州－梧州－蒙自）
橡胶、椰子、咖啡、剑麻	2	闽南沿海、台湾中部、广东和广西南部、西双版纳、滇西南
油棕、可可、胡椒	＞2	海南岛、西双版纳

3. 降水资源

降水是指大气落到地面液态或固态水，包括雨、雪、冰雹等。水是土地资源及其生产潜力中最重要的信息之一。降水不仅决定土地资源的水文条件，还直接影响地下水的成分、数量和分布。对农业来说，降水是土壤水分与作物需水量的来源，是发展农业的基础条件；对工业来说，降水对露天生产企业作用明显，同时对干湿度要求敏感的工业项目有影响。在建设用地方面，降水对居住环境、排水措施与设施、洪涝灾害防治工程、建筑风格、建筑雨雪负荷、雨水渗漏等的影响不可忽视。

4. 风力资源

风是土地形成、演化的重要营力，是继光、温、水之后的气候信息之一，对农业生产、城市建设均有不可忽视的作用。对农业来说，除风灾外，正常条件下，风力资源对作物呼吸、土壤呼吸、光合作用、田间散热、作物散热、花粉传播等有很大的作用；对城市规划与建筑来说，主要在防风、通风工程的抗风设计；从控制空气污染角度来说，对城市用地的功能分区、防护带的配置等也有影响。因此，研究和监测风向、风速和风向频率可全面指导土地工程区域规划、用风、防风、通风设计等。

（二）水资源

从广义上讲，水资源包括地表水和地下水两个方面。它既是土地资源的重要组成因素，又与土地资源利用及开发紧密相关。水作为自然环境重要的外营力，制约着土地资源的利用，是农用地信息的重要组成部分。

1. 地表水

地表水是指存在于河流、湖泊、冰川和沼泽等水体的水分，也称陆地水。除了气候极端寒冷或极端干旱的地区以外，几乎到处可见到地表水。地表流水是促使地壳变化、发展的一个强有力的地质动力。河流是地面流水不断汇集的结果。

2. 地下水

地下水是水资源的重要组成部分，地下水包括上层滞水、潜水和承压水。地下水对农用地质量的影响主要从水量、水质和埋深几个方面来进行评价，它直接决定着地下水供给的保证率、使用范围与开发成本。上层滞水是包气带中局部有隔水层，下渗的重力水在局部隔水层上聚集形成的水，它是植物可直接利用的水源。潜水是埋藏在地表以下、第一个稳定隔水层以上具有自由水面的重力水。承压水是指充满于两个稳定的隔水层之间的含水层中的地下水（图 4-1）。

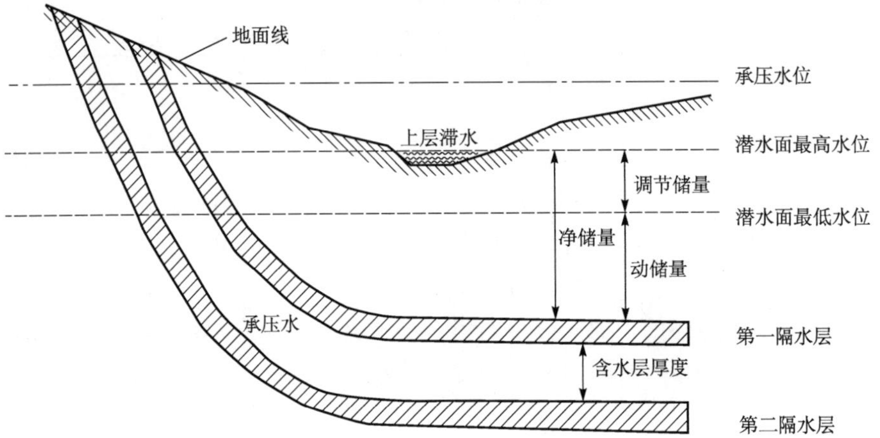

图 4-1 地下水类型图

地表水和地下水均对农用地质量存在较大影响。

对农业土地来说，水资源的影响主要有：①水分是土壤肥力的重要因素之一；②充足的水源是农业现代化生产的保障；③水分状况直接决定土地的开发利用程度；④水土流失、水灾对土地的破坏。

对城市土地来说，水资源的影响主要有：①城市的选址，近江、沿江、沿海是城市建设的首选位置；②用地布置，工业企业布置在河流的下游，居住、水源地布置在上游；③市政防洪工程建设标准；④地下水埋深对建筑物地基稳定性等。

（三）地形地貌

在中小范围内土地利用往往受地形地貌条件的约束，不同的地形地貌类型，直接决定了土地资源的质量。

1. 海拔高度

对农业来说，随着海拔高度升高，积温减少，生长期缩短，土地利用强度下降。对其他用地的影响，主要表现为随海拔高度升高，自然环境恶化可能性大，人类活动减少。据萨迪斯对人类聚居学的研究，海拔3000m以上地区不宜人类居住，1000～3000m可以居住，绝大多数人居住在500m以下地区。

2. 地面坡度

地面坡度对土地特性及利用的影响主要表现在水土流失、农田水利化和机械化以及城镇建设与交通布局上。

对建设高标准农田来说，地形起伏较大，农田平整工程土石方量明显增大，1～2m范围内可以平整，大于则要考虑修筑台田或梯田；农田自流灌区减少，提灌、喷灌增加，水利成本增加；机耕程度减小，人力成本增加。除坡度外，坡形、坡向对土地性质和利用也有较大影响，详见表4-4和表4-5。

表4-4　坡度对与农业利用的影响

坡度/（°）	坡度类型	农业利用及对应措施
≤3	急缓坡	条件较好，同一般农用地
3～7	缓坡	适宜农用，一般可机械化耕作
8～15	中坡	适宜农用，但必须采用工程水保措施
16～25	微陡坡	可以用于农业或林业，但必须具有工程与林业水保措施
26～35	陡坡	易产生滑坡等重力侵蚀，不宜农业
>35	极陡坡	极易产生崩塌、滑坡等

表4-5　坡度对城镇土地利用的影响

土地类型	坡度/（°）	对土地利用的影响及对应措施
急平地	≤0.3	地势对于低平，排水不良，需采取机械提升措施排水
平坡	0.4～2	是城市建设的理想坡度，各项建筑、道路可自由布置
平坡地	2.1～5	铁路需要有坡降，工厂及大型公共建筑布置不受地形限制，但需要适当平整土地
缓坡地	5.1～10	建筑群及主要道路宜平行等高线布置，次要道路不受坡度限制，无须设人行梯道
中坡地	10.1～25	建筑群布置受一定限制，宜采取阶梯式布置，车道不宜垂直等高线，一般设人行梯道
陡坡地	25.1～50	坡度过陡，除供园林绿化外，不宜作建筑用地，道路需要与等高线锐角斜交布置，应设人行梯道

对于建设用地来说，地势平坦，排水好，工程量少，节约投资；坡度过小，排水不畅，就需增加提排水工程措施。但坡度超过一定限度，就需采取适当的工程措施，如挖土填方、场地平整、修建护坡工程等，投资必然增加。

（四）土壤

土壤是土体有机重构的重要材料。一般地，土壤是指陆地上能生长植物的疏松表层。它既是在生物、气候、地形、母质、时间五大成土因素综合作用下形成的一个独立的历史自然综合体，也是地理环境统一体中的一个组成要素。土壤是由固相（包括矿物质、有机质和活的生物有机体）、液相（土壤水分或溶液）和气相（土壤空气）等三相物质成分组成的。土壤对植物和动物来说都是重要的生态因子。植物的根系与土壤有着极大的接触面，在植物和土壤之间进行着频繁的物质交换，彼此有着强烈影响，因此通过控制土壤因素就可影响植物的生长和产量。生态系统中的很多重要过程都是在土壤中进行的，特别是分解和固氮过程。生物遗体只有通过分解过程才能转化为腐殖质和矿化为可被植物再利用的营养物质，而固氮过程则是土壤氮肥的主要来源。这两个过程都是整个生物圈物质循环所不可缺少的过程，这也是实现土体有机重构中生物营养保障的重要环节。

土地的性状对土地资源的使用存在较大的影响。土壤质地对土壤的耕性、孔隙性、保蓄性、供给性和通透性均有影响，对土地的保肥、供肥性和土壤的耕性影响极大；土壤团聚体影响土壤孔隙的数量、大小及其分配情况，从而影响着土壤与外界水分、养分、空气和热量的交换，影响土壤中物质和能量的迁移转化；土层厚度尤其是耕作层的厚度，对向农作物提供水、肥、气、热有很大的影响，关系到植物的扎根条件及保水、保肥的能力；土壤剖面构型可清楚地反映土地的综合特征，为土地资源的利用提供重要保障。总而言之，土壤质地、结构、剖面构型都是决定土体有机重构的重要影响因素，是实现土体安全、健康及可持续发展的保障。

（五）植被

植被是指一定地区内植物群落的总体，它包括森林、草原或草地及农田栽培作物。植被中各种植物是地球上第一性生产力的缔造者，它们通过光合作用将地表上的光能及无机物质转化成化学能储存在所有的有机物质中，变成可供动物与人类可以食用和利用的产品，是土地资源生产力的代表。因此，植被作为土地重要的构成因素，既是土地资源质量的代表，又是其综合特征的反映，并可指示出土地演替的方向。

植被对于农村土地利用来说，重在提高生物产量，保护土壤肥力，使土地生产力不断提高；对于城市土地利用来说，重在发挥植被的生态功能，使其有助于环境污染的净化，并可对环境质量进行监测。大力进行城市绿化，建立起完整的绿地系统，不仅能起到美化环境的作用，而且具有改善城市小气候，净化空气和有益于人体健康等方面的能力。

二、土地设施信息

土地设施是指通过人类建设，可以在土地利用、开发、保护和建设中为土地使用者提供公共服务的设施总称。设施与土地成为一体，是土地价值、产能增值的具体物化设施，具有先行性、基础性、不可贸易型和不可分性。

土地利用类型不同，其设施信息也不同，以下从农村农业用地和城市建设用地两类进行划分。

（一）农村农业用地公共设施信息

农村农业用地的设施信息主要包括交通邮电、农田水利、供水供电、商业服务、园林绿化、教育、文化、卫生事业等生产和生活服务设施。它们是农村中各项事业发展的基础，也是农村土地利用的重要组成部分，必须与农村经济的发展相互协调。这些设施具体可分为农业生产性基础设施、农村生活基础设施、生态环境建设和农村社会发展基础设施四个大类。

（二）城市建设土地公共设施信息

城市建设土地公共设施不同于农村公共设施。城市土地基础设施是指为城市土地再次开发和利用可直接提供共同条件和公共服务的工程设施，是城市土地顺利进行各种经济活动和其他社会活动所必须具备的工程性基础设施和社会性基础设施的总称。它对生产单位尤为重要，是其达到经济效益、环境效益和社会效益的必要条件之一。城市土地基础设施主要包括以下四项。

(1) 七通一平：一般包括道路、供电、供水、通信、排水、通气、供暖和场地是否平整等。

(2) 交通设施：主要有区域的交通类型、对外联系方式及方便程度、整体性交通结构、道路状况及等级、公共交通状况及路网密度等。

(3) 基础设施：指幼儿园、学校、公园、医院等设施的等级、结构、保证率、齐备程度及距离等。

(4) 地上附着物：包括在土地上建造的一切建筑物（如平房、楼房及附属房屋等），构筑物（如水塔、水井、桥梁等）及地上定着物（如花草树木、铺设的电缆等）。

三、地籍信息

（一）土地分类

土地分类是土地资源评价、土地资产评估和土地利用规划研究的基础和前期性工作。土地分类是土地类型的划分，其理论是建立在类型学基础上。其分类单位是从区域土地个体单位所具有的相似属性中归纳出来的，具有抽象性和概括性。土地的分类单位级别越低，分类标志的共同性或相似性则越多，级别越高则共同性越少。

1. 土地分类的分歧

目前世界上有关学者，在土地分类问题上持有的观点不同，在方法论方面还存有一定的分歧。由于分类应用目的不同，故在分类系统的建立上，形成了不同的分类系统。有两大类分类系统较有代表性：一类是在应用的基础上建立起来的分类系统，即应用性分类系统。另一类是建立在理论研究基础上的分类系统，理论性强是其特点，如土地类型分类，称之为基础理论分类系统或土地自然分类系统。它包括两种，一种是从景观学理论角度出发所建立的多序列分类系统；另一种是单系列的分类系统。

土地类型较多强调的是土地的自然属性，它与土地利用类型（如耕地、林地、草地等）在概念上是有区别的。1985 年中国科学院地理所主持制定了“中国 1∶100 万土地类型图分类系统”，该系统是典型的系统分类，是对中国土地分类研究的一次总结，具有开创意义。它把土地类型分为 3 个级别：土地纲—土地类—土地型。这一分类系统符合中国地域辽阔、自然条件复杂、土地类型多样的基本国情，便于在生产实践中掌握和应用，方法简便易行，易于操作，代表了一种讲究实用的研究方向。

2. 土地利用的分类

土地利用分类是为完成土地资源调查或进行统一的科学土地管理，从土地利用现状出发，根据土地用途、土地利用方式、土地利用的地域分异规律等，按一定的层次等级体系将一个国家或地区的土地利用情况划分成为若干个不同的土地利用类别。土地利用分类是区分土地利用空间地域组成单元的过程，表现了人类对土地利用、改造的方式和成果，这种空间地域单元就是土地利用的地域组合单位，反映土地的利用形式、用途和功能。

中国农业、林业、国土、规划、城建等各部门拟定的各门类土地利用专项调查分类，其中影响深刻、广泛的分类体系主要有：中国农业区划委员会在 1981 年第 2 次中国土壤普查时制订了用于农业区划服务和资源调查的土地利用分类方案，共分为 11 个大类，48 个二级类；1984 年重新公布的中国土地利用详细调查分类方案，将大类从 11 个压缩为 8 个，二级类型由 48 个压缩为 46 个；1983 年中国科学院地理研究所制定了一个采用 3 个层次划分的土地利用分类系统，其中分大类 10 个，二级类 42 个，三级 35 个类；1989 年原中国国家土地管理局发布依据土地利用用途进行划分的《城镇地籍调查规程》，把城镇用地划分为工业仓储、商业金融、市政等 10 个一级地类，另外细分出 24 个二级地类，于 1993 年再次进行了修订；1998 年修订的《中华人民共和国土地管理法》根据土地用途把土地分类为建设用地、农用地和未利用地 3 个一级类，12 个二级类；2001 年中国国土资源部发布了《土地分类》试行，该分类体系采用三级分类体系，其中分为 3 个一级地类，15 个二级地类，71 个三级地类。

3. 土地分类的标准

中国国土资源部 2007 年发布《土地利用现状分类（GB/T 21010—2007）》，采用二级分类体系，一级类有 12 个，二级类有 57 个，严格按照管理需要和分类学的要求，对土地利用现状类型进行了归纳和划分：一是按照类型的唯一性进行划分，严格区分“土地利用类型”和“土地所在的区域”，“土地利用类型”的确定并不依赖于“土地所在的区域”；二是按照土地利用方式、土地用途、覆盖特征和经营特点 4 个主要指标进行土地分类，采用的是单一的分类指标进行各级土地类别的划分，其中主要按土地用途来划分一级类，按经营特点、覆盖特征和利用方式续分了二级类；三是按照统一的土地划分指标，同时划分城乡土地，体现了城乡一体化发展的原则，实现了中国第一次土地利用分类的“全覆盖”。该标准的出台，是中国土地管理的一次历史性突破，是城乡统筹发展以及国家宏观调控等对土地管理工作的必然要求，意味着土地利用现状分类标准从过去的行业标准上升到了国家标准。

（二）土地权属

土地权属是指土地产权的归属，是存在于土地之中的排他性完全权利。它包括土地所有权、土地使用权、土地租赁权、土地抵押权、土地继承权、地役权和他项权利。土地权利的主体是集体土地所有者、国有土地使用者、集体土地使用者和土地他项权利者。土地权利的客体是土地权属的界址、土地权属面积、土地用途、土地使用条件、土地等级和价格等。土地所有权人和使用权人享有的土地权利受法律保障。当国有土地使用权、集体土地所有权、集体土地使用权、他项权利等土地权利变更时，必须由土地权利主体提出申请，经过权属审核后进行变更登记，颁发证书，否则不具有法律效力。土地权利可能因主体违反法律规定被剥夺，也可能由于某种原因造成结束或停止。土地权利人可以放弃其拥有的各项土地权利。土地权利可以通过划拨、租赁、交换等各种形式转移。确定土地权属性质，必须查清土地的权属来源，即土地所有者或使用者最初取得土地的方式。

目前，中国土地权属单位主要有以下几种：①乡、村集体经济组织。②依法直接从国家取得国有土地使用权的单位和个人。③使用集体土地进行非农建设的单位和个人。④跨地区国有工程设施一般以业务主管机关为土地登记单位。非法占用、买卖、租赁土地形成的用地单位，均不能成为土地权属单位。

土地权属变更一般有以下几种情形：①依法征用或划拨土地，依法有偿出让、转让土地。②新建、扩建、改建、买卖、继承、赠送、交换、分割地上建筑物或其他附属物。③依法增减、交换、调整土地或分割、合并土地。④机构调整、企业兼并；土地使用权的收回。土地权属单位即“土地登记单位”，指土地所有权、使用权和拥有他项权利的单位或个人。土地权属调查是针对土地所有权人或使用权人（法人、自然人）的申请，对土地位置、界址、使用情况进行的实地核定、调查和勘察丈量。通过对宗地权属及其权利所及的界限的调查，在现场标定宗地界址位置，绘制宗地草图，调查用途，填写地籍调查表，为地籍测量提供工作草图和依据。

（三）土地形状和面积

形状规则方正的土地便于利用和规划设计，其质量大于同等条件形状不规则的土地。面积适中的土地可以面向更多的用户，过大或过小的面积都将在一定程度上限制土地的使用。但不同的经营活动对土地面积需求不同，所以合适的面积大小没有固定不变的指标。

（四）坐落位置

地块的坐落位置即区位。区位一方面指该事物的位置，另一方面指该事物与其他事物的空间联系。生产活动和城市的形成和发展实际是综合了自然和社会经济两大要素的结果。其构成因素主要包括自然资源、地理位置，以及社会、经济、科技、管理、政治、文化、教育、旅游等。一个地区的区位优势主要由自然资源、劳力、工业聚集、地理位置、交通等决定。同时区位优势也是一个发展的概念，随着有关条件的变化而变化。

四、社会经济信息

社会信息是指社会上各种事物，包括社会制度、社会群体、社会交往、道德规范、国家法律、社会舆论、风俗习惯等。它们的存在和作用是强有力地影响着人们态度的形成和改变。经济信息是指影响企业营销活动的一个国家或地区的宏观经济状况，主要包括经济发展状况、经济结构、居民收入、消费者结构等方面的情况。

土地社会经济信息一般包括：行政信息、人口信息、经济发展水平、土地等级和地价。

（一）行政信息

影响土地资源的行政因素有土地制度、住房制度、城市规划、地价政策、税收政策、交通管制和行政隶属变更等。近几年，中国政府十分重视生态环境的保护与建设，积极实施退耕还林和还草，重建和恢复生态环境，提高区域生态承载力，这都带来了土地资源的空间调整。

（二）人口信息

人口信息包括人口密度、人口素质、家庭人口构成等。人口作为一个独特的因素，对土地资源变化有重大影响，是人类社会经济因素中最主要因素，也是最具活力的土地资源变化的驱动力之一。由于人口的迅速增加，对土地与生态环境产生极大压力，使土地资源结构不断发生变化。人类通过改变土地资源的利用类型与结构，增强对土地这个自然综合体的干预程度，来满足人类对生存环境的需求。人口因素对土地资源变化的影响，主要体现在人口对土地资源空间分异及时间变化上。

（三）经济发展水平

经济信息一般包括经济发展状况、储蓄和投资水平、财政收支与金融状况、居民收入和消费水平、物价变动、商服繁华度和利率水平等。在社会经济发展水平较低的地区，经济基本处于传统的自然经济状态，土地产品商品率低，工商业不发达，土地资源利用的目的是为了获取土地的直接物质产出，人口自然增长和土地质量的下降往往造成农用土地面积的不断扩张。在市场经济得到充分发展的地区，土地利用的集约化程度较高，人们开发利用土地主要是为了市场交换。土地产品或服务的市场供求状况和比较效益是影响土地资源变化的主导因素。在经济增长和城市化发展较快的地区，由于比较经济利益驱动，耕地被非农产业占用的现象比较普遍。

在一定的经济背景下，保证一定的农业用地和基本的食物供给，直接关系着国家或集体的生存安全。因此，政府的农业和土地保护政策构成了土地利用变化的重要影响因素。在耕地稀缺地区和重要粮食产地，耕地的保护受到政府的高度重视。

（四）土地等级和地价

每个地方国土资源部门根据土地的自然和经济属性，对土地划分等级，并根据等级确定各类不同性质用地（商业用地、住宅用地、综合用地、工业用地）的出让基准地价。一级为最高，等级越高，价格越贵。基准地价是指在城市规划区范围内，在现状利用和规划利用条件下，不同级别的土地或土地条件相当的均值地域，按照商业、住宅、工业等用途分别评估确定的某一时点上的一定年期的完整土地使用权区域平均价格，基准地价具有全域性、分用途、平均性、有限期、时效性等特点。

地块所处的土地等级和地块价格对土地利用、流动有引导作用，也是国家征收土地使用税的依据。了解地价规律，是政府调整和实现土地合理和有效利用的一个重要尺度，地价及其变动对土地利用有重要的引导作用。由于土地在空间和位置上存在差异，那么所产生的价值也是不同的。因此，要使得土地价值得到最大体现的前提下实现最为合理的土地利用格局，就更应该搞清楚地价的时间和空间变化，以地价作为重要的参考因素来达到土地利用的最有效方式。

第二节　土地资源与调查

一、土地资源的概念

土地资源是指在一定技术条件和一定时间内，能直接为人类用于生产和生活所利用的土地。因为人类在利用土地资源的过程中也包括了对土地的改造，所以土地资源既包含了其资源的自然属性，也包含了人类利用、改造的经济属性。在某些情况下，可以将土地与土地资源同等看待，但土地资源可以具有明显的土地利用的概念，如农用地、交通用地等。

自然界中气候资源、水资源、生物资源、土地资源、矿产资源是相互联系的一个整体，其中任何一种资源的变化都将对其他资源产生影响，如气候资源、水资源的变化都对生物资源、矿产资源产生一定的影响。

二、土地资源的特性

（一）土地信息的总体叠加性

土地是由气候、土壤、水文、地形、地质、生物以及人类活动的结果所组成的综合体。土地资源是研究组成土地资源各信息的总体叠加，既不是研究各信息的个别关系，也不是研究信息之间的彼此联系，它的研究对象是土地信息组合及其对土地资源利用的影响。

（二）空间的立体性和时间的变异性

土地是一个一定区域内土地组成信息的垂直空间的总体，不是其组成的某一信息。土地的时间变化又与空间位置紧密联系，因为处于不同空间位置的土地，它的能量与物质的变化状况是不相同的。因此，土地资源是一个随时间单位不断变化的空间复合体。

（三）土地资源的再生性与非再生性

资源一般可分为再生资源和非再生资源：再生资源（如植被、降水等）随季节变化而重复使用；而非再生资源（如矿产、岩石等）仅供一次性使用。但土地资源既是再生性的，又是非再生性的，如它在农业生产领域是再生性的，而在非农业生产领域则是非再生性的。即使是在农业利用领域，土地的承载力也有一定的承受度，超过某一阈值时，即被破坏，无法恢复。

（四）土地资源面积有限性和位置不可移动性

由于受地球表面陆地部分的空间限制，土地资源的面积是有限的，地球表面局部地区虽因灾变过程会出现极小量的陆地变化，但海陆变化是一个漫长的地质历史过程，对人类社会来说，这种变化几乎等于是一个恒定的概念，地球只有一个，土地面积是有限的。不可以任意扩展，它的位置不可能随意移动。

（五）多用途性

土地既是农业生产资料，又是人类活动的空间，也可作为农用，又可作为城建、交通、国防、旅游等非农业利用。

（六）土地资源的资产性与增值性

土地和阳光、空气等自然资源不一样，它可以被个人垄断，可以变为资产。它和房屋相同，可以变成人们的“固定资产”。由于对它的占有而影响国计民生，所以对土地的资产所有制形式就成为了决定社会制度的基础。无论在哪个社会制度，它作为资产由于人们在其上的创造性劳动而产生的增值，可以包括对该地块劳动产生的增值和该地块利用方式改变产生的增值。

三、土地资源的分类

土地资源类型的划分种类较多，目前常用的主要按土地资源的成因形态划分、按土地资源的生产潜力划分和按土地资源的利用现状划分。

（一）按土地资源的成因形态划分

土地资源类型有其自身的发生发展过程。在实际的土地资源类型划分中，在考虑综合因素对土地资源影响的基础上，通常突出某一因素的地位。例如，中国四川盆地丘陵区土地资源类型按地表形态与丘谷间的相对高差分为缓丘平坝、浅丘、中丘和高丘。因此，按地形土地资源可分为高原、山地、丘陵、平原、盆地。这种分类展示了土地利用的自然基础。一般而言，山地宜发展林牧业，平原、盆地宜发展耕作业。

（二）按土地资源的生产潜力划分

土地资源生产潜力是土地资源在一定的利用条件下，该种用途所要求的全部条件均最适宜时所能达到的生产力。同一土地资源在不同的利用条件下，其生产潜力是不相同的。中国关于土地生产潜力的划分在 1∶100 万中国土地资源的制图时，根据水热条件的差异，将全国土地分为 9 个潜力区，如中国华南区、四川盆地-长江中下游区等。在同一区内有相近的生产潜力，包括适宜的作物种类、熟制和产量水平。

（三）按土地资源的利用现状划分

由于中国自然条件复杂，土地资源类型多样，经过几千年的开发利用，逐步形成了现今的各种多样的土地利用现状。土地利用现状深刻反映了土地资源的自然属性与经济特性。人类为了自身的生存和发展，向土地资源的索取是多方面的，随着社会的发展，对土地资源的利用也形成了多种形式。中国国土资源部 2007 年发布《土地利用现状分类（GB/T 21010—2007）》，采用二级分类体系，一级类有 12 个，二级类有 57 个，严格按照管理需要和分类学的要求，对土地利用现状类型进行了归纳和划分。

四、土地资源调查

土地资源调查是一项综合性的工程，是运用土地资源学知识，借助测绘制图等手段，查清各类土地资源的数量、质量、空间分布状况等各类土地信息，以及它们之间发生的规律和相互关系，为综合农业区划、区域土地资源评价、国民经济发展长远规划，以及土地资源的科学管理等服务。土地资源调查工程的重点是土地信息，其目的是为合理调整土地利用结构和生产布局、制订专业区划和规划提供科学依据，并为进行科学的土地资源管理创造条件。

（一）土地资源调查的一般方法

土地资源调查方法主要包括以地形图、航片为底图的常规野外测绘填图方法和遥感调查方法两类。根据调查的内容、所要求的精度、比例尺及技术要求等的不同，土地资源调查可采用不同的方法。

（二）土地资源调查的一般工作程序

土地资源调查的一般工作程序包括准备工作、外业调绘、内业工作和检查验收四个阶段。

1. 准备工作

1）组织专业队伍

土地资源调查是一项综合性很强的科学工作，涉及地学、土壤学、农学、测绘学、土地管理等多门学科，要求调查人员具备多学科的知识和科学素质。因此，建立一支综合性的专业队伍是整个土地资源调查过程的关键。除此之外，还要配备熟悉遥感、GIS、计算机操作等技术支持系统的工作人员。队伍组建后，要进行技术培训和专业协调，并制订统一的规范，使不同专业的人员能够在整个调查工作中统一认识，协同工作。

2）制订工作计划

应根据调查任务要求，初步拟订总的工作计划，其内容一般包括调查的项目、内容、精度要求、工作阶段的划分和时间的安排等。总工作计划提出后，应由全队讨论补充，分解任务。各作业组根据总体计划研究制订小组的工作安排和具体工作方法、进度、质量要求等，签订合同书。通过层层落实，使每个成员明确各自所承担的工作任务与具体要求，职责分明，以保证调查工作的顺利进行。

3）调查资料准备

资料准备的主要任务是收集、整理和分析调查地区有关的各种专业图件、统计数据、文字资料和遥感资料等。首先要准备工作底图，它是外业工作的最基础图件。过去常规调查均采用地形图，现代调查方法则采用遥感图件，如像片平面图、航片、卫片等。但地形图是必需的基础图件，是重要的地理基础依据，同时还作为土地资源调查最后成图的底图。在收集地形图时，要了解其测绘的精度、印刷出版时间等。其次是收集专业调查资料，包括调查区行政区划、地质、地貌、土壤、气候、水资源、农作物布局等各类专业图件和资料。这些都是土地资源调查的重要参考资料，阅读和分析这些资料，对了解调查区土地资源各信息的特点、土地资源特点及其利用、改良有重要作用。另外，还要收集了解调查区的人口、劳力、农林牧副渔各业的历史和现状、经营方式、各业产值、土地利用中存在的问题和经验。

4）工具、材料准备

调查前要准备好调查必需的仪器、工具和设备，包括必要的测绘仪器、转绘仪器、面积量算仪器、绘图工具和材料等；印刷各种外业调查手簿、权属界线协议书和各种表格；准备必要的生活、交通和劳动用品等。

2. 外业调绘

1）路线勘察

在调查区确定有代表性的勘察路线，要求以最短的路线，了解最多的土地类型。通过路线勘察，了解调查区土地资源的类型、特点、分布等各类信息，如当地存在的各种地类、行政权属界线、利用状况等。在利用遥感影像进行路线勘察时，要充分注意各种土地类型与遥感影像的解译标志之间的关系，如色调、形状、纹理、图形等影像标志所反映的调查地区的一些土地类型，并掌握这些规律，建立各地类解译标志，以便于室内解译。

2）制定工作分类系统

在路线勘察、专业资料分析基础上，制定调查区地类调绘的工作分类系统及其相应的遥感影像解译标志，并系统编码，以作为野外调绘填图的基础。

3）室内预判

室内预判是利用遥感影像进行土地资源调查的特殊工序，主要是利用路线勘察已了解到的各土地类型和土地利用等不同地物在遥感影像上的解译标志，在正式外业工作之前充分利用遥感影像所提供的大量信息而进行尽可能的专业解译，在遥感图像上蒙以透明聚酯薄膜，在薄膜上解译勾绘各土地类型界线，形成解译草图，待野外工作中予以验证、修改，以大大减少外业工作量。

4）地类调绘

地类调绘是在野外将各地类的界线调绘于工作底图上，这是整个土地资源调查工作的核心。要根据外业规程，边调绘边检查，不得遗漏，应用航片作为调绘底图，调绘前要首先确定作业面积和调绘路线。在调绘过程中，站立点的选择是关系到调绘效果的关键，站立点要选在地势高、视野广、前后两次停顿所画地物能联系起来的明显地物点上。调绘时由远及近、由总貌到局部，先从底图上最明显的地物标志去找实地相应的地物，然后再逐步扩展。对于土地类型等综合性调查，抓住一些地形特征线（如山脊线、沟谷线、洪积扇扇缘线和坡角线等），往往会给土地类型界线的确定找到有效依据。

5）补测

当调查地区的新增地物和地类边界与所采用的遥感影像或地形图相比变化较大时，则需要进行补测。当变化范围超过三分之一以上时，则需要重测或重摄。补测可在航片上也可在工作底图上进行。在具有近期大比例尺地形图或像片平面图和影像图的条件下，最好直接补测在这些图上。通常外业补测与外业调绘结合进行。

6）样区调绘验证

如果是应用遥感影像进行土地资源调查与制图的外业工序，那么选择一些样区来验证遥感判读和调绘的结果是很有必要的。它是在室内地类判读调绘完成的基础上，选择一些有代表性的样区，根据验证统计的要求，在野外验证预判地类判对率及其界线勾绘的精度。如果达到制图精度要求，则验证合格；反之，则要修改。要计算判对率及其界线勾绘的精度，并要总结错判的原因。对一些疑难影像也要实地验证，因为在室内判读时，难免有个别影像解译不出来，所以对这些疑难影像也要进行实地调查。最后，要将这些实际地类与界线调绘都固定并叠加于遥感影像上的透明聚酯薄膜上。

3. 内业工作

内业工作是对野外工作成果进行技术处理和整理的阶段，包括转绘、面积量算、图幅编制和成果整理等。

1）转绘工作

由于航空像片为中心投影，存在由于投影面倾斜、地形起伏等产生的各类误差，因此需要将像片上的专题内容转绘到相应地形图上，以消除误差。外业调绘整饰完毕的专业图，都要转绘到地理底图上，方可进行面积量算和编图。用地形图和像片平面图做调绘底图完成的专业图可直接转绘到聚酯薄膜地理底图上。卫片可看做近垂直投影，以其为底图调绘的专业图也可直接转绘到地理底图上。由于地理底图去掉了原地形图上的一些与专业图无关的地图要素，使用单张航片调绘的专业图在转绘时存在地物点对应和几何纠正的困难。因此，用单张航片调绘专业图时，一般要先纠正并转绘到同比例尺的地形图上，然后再转绘到地理底图上。

2）量算面积

量算面积以图幅为基本控制，分幅进行量算，按面积比例平差自下而上逐级进行汇总的原则，量算各地类面积。面积量算的方法很多。每一种方法都有它的使用条件、方法、步骤和可能达到的精度。目前通常采用的方法有解析法、图解法、方格法、网点板法、平行线法、求积圆盘法、求积仪法、沙维奇法和光电测积仪法等。可视工作需要、人员和仪器设备等实际条件综合考虑，加以选择。

3）编图与图面整饰

编图与图面整饰对转绘后图件的图面注记和线划做进一步的校核与清绘，达到无一遗漏和错误以及图面整洁美观的目的，包括分幅图的拼接、绘图以及图面设计等，形成编绘原图。

4）成果整理

成果整理包括原图的复制出版和编写调查报告。

一般来说，编绘原图满足不了印刷要求。因此，一般都须绘制出版原图。出版原图也叫印刷原图或清绘原图，是对编绘原图进行工艺再加工的过程。目前多采用计算机制图软件进行图件的编辑和整饰，并进行喷墨输出。大批量的图件可通过印刷手段进行复制。

土地资源调查成果集中体现在调查报告中。调查报告的主要内容包括调查区域的自然地理特征及社会经济概况、调查所采用的工作底图及工作过程、各类土地的数量、质量与分布及土地开发利用意见等。

4. 检查验收

土地资源调查的最后一道工序是检查验收。验收的标准要对照技术规程和精度要求，达到的即为合格。检查验收的内容有：①外业调绘和补测地物为重点检查对象，包括各种地类的判别、地类界线、精度、线状地物量测、新增地物的补测、外业调查手簿等。②内业工作着重检查转绘精度、面积量算精度、成图质量等。

（三）土地资源信息调查

土地资源是由地球表面一定立体空间的气候、土壤、水、生物、地质、地貌等自然信息构成的自然地理综合体，同时还包括过去和现在人类活动对其的影响结果，因此它具有自然和社会经济的双重属性。要充分认识土地这一历史、自然、地理综合体，应以土地资源信息的分析入手，从侧面到整体，从信息到系统，了解各构成信息与土地类型间的因果关系及对土地资源特性和生产力的影响，然后进行叠加，对区域土地管理的特征（如数量、质量、适宜性、生产潜力等）做出全面评价，在此基础上才能进一步研究土地类型、利用状况及存在问题，才能科学地提出区域土地资源合理利用与开发的意见及规划方案。

(1) 气候信息调查。收集、分析当地已有的光、热、水、气、其他及灾害性气象资料，有关气候图件（等值线图、分区图）及文字资料，对原资料进行统计、归类、比较，找出当地气候特征与变化规律，分析气候特征与土地资源的关系等。

(2) 水资源调查。收集地表水水位、流速、流量、季节变化、水质变化和地下水深度、流向、矿化度、水化学类型等水文与水文地质资料，野外调查河流、湖泊的大小及深度、水位、流量及季节性变化；调查饮水井水位的变化、深度；调查水利设施，如水库数量、容量，引水、提水、排水工程的完善程度；采集分析水样，进行水质分析，确定矿化度及盐分类型；分析地表水、地下水的关系；分析地表水、地下水与土壤盐渍化的关系；分析不同引水、排水与作物生长的关系及土地资源利用的关系；分析水资源的总量、人均占有量、利用率、潜在开采量、水资源质量，及其对土地生产潜力的影响。

(3) 地质、地貌调查。收集调查区的地质、地貌图及有关文字资料，对必要的路线进行补充调查，用仪器量测山、丘、谷的高度及相对高差，沟谷形状、宽度，平原的起伏情况，绘制断面图。将收集到的资料进行整理，综合分析调查区内地形变化，调查区内地形与土地类型分布的关系。

(4) 土壤资源调查。收集不同时期、不同比例尺的土壤图、土壤志、土壤理化性状分析数据等资料，并对这些资料进行分析研究，初步了解调查区的土壤资料，必要时做一些补充调查，特别是由于土壤改良、农田基本建设等措施，使土壤性状发生变化时，必须做一些外业补充调查。采样分析土壤理化性状、肥力状况、土壤分布、特性对土地资源分布、特性与利用的影响。

(5) 植被信息调查。调查备选区内能反映该区域特征的自然植物群落，了解农作物、森林、草地的主要品种、密度、生长状况及管理状况，调查主要农作物、经济作物所需条件与当地存在条件之间的关系，选择某些作物的优生区，为发展特产优势提供资料。

(四) 土地设施信息调查

土地设施信息调查包括搜集建筑物结构、面积、用途、各部分利用状况等；了解土地开发程度及公共设施的等级、结构、保证率、齐备程度和距离等；调查地上构筑物用途、功能、等级和利用状况等；调查区域的交通条件、类型，对外联系方式及方便程度，整体性交通结构、道路状况等；调查农田灌溉保证率、排水条件、田间道路条件、田块平整度和田间供电等信息。

(五) 土地地籍信息调查

土地地籍信息调查的任务是查清各种土地利用类型的面积及分布、土地的权属状况和利用现状。城镇和村庄的地籍信息调查，以权属为主，同时查清用途。在此基础上，按行政区逐级汇总出各乡、县、地、省和中国的土地总面积及土地分类面积。

查清土地利用类型、面积和分布，就是要查清村农民集体土地所有者，农、林、牧、渔场、机关、团体、部队、学校、厂矿等国有土地使用者等各土地权属单位的各类土地数量及分布，以利于各生产单位合理组织土地利用。土地权属调查是了解土地关系的重要途径，以便于协调和稳定土地关系。调查土地利用状况，便于分析、总结土地利用的经验和存在问题，提出合理利用土地的建议。

地籍信息调查是一个系统的工程，任务既繁琐又重要，不仅是土地管理各项业务的基础和产权管理的主要措施，也是土地使用制度改革的基础和巩固改革成果的法律手段。在进行地籍信息调查时应投入较多的人力、物力，充分认识地籍调查工作在当前和长远的土地使用制度改革和其他各项管理业务中的重要作用，为土地使用制度改革和土地利用奠定坚实的基础。

(六) 土地社会经济信息的调查

土地社会经济信息调查是针对人们从事社会活动和经济活动时产生和需要的

土地信息进行系统搜集的活动和过程，这种活动和过程有助于进行或改进人们的决策行为，纠正人们主观认知上存在的偏差，从而有利于人们找到合理利用土地资源的正确途径和手段。社会经济调查是政府、企业、非盈利组织、个人获得社会经济信息的主要工具，是随着市场经济的不断发展和完善而发展起来的。通过科学的调查方法，掌握准确的土地社会经济信息，已成为组织机构提高决策能力和管理水平、合理整合土地资源的关键因素。因此，做好土地社会经济信息调查工作已显得十分重要。

社会经济信息调查的内容包括调查居民点数量、性质及分布，人均居住用地和城镇人均占地等资料；收集水陆空、铁路、公路、港站等对外交通运输现状及问题等；了解工程设施方面的相关资料，如市政工程、公用事业现状资料、管网系统情况等；收集区域土地利用性质、用地结构、用地限制条件、区域交通管制等信息。

五、土地资源信息系统及动态监测

（一）土地资源信息系统

土地资源信息系统是在土地资源调查和研究的基础上，在计算机软件、硬件的支持下，将与土地有关的信息和参数，按照空间分布或地理坐标，以一定格式输入、存储、检索、显示和综合分析的技术系统。土地资源信息系统是地理信息系统的一种特殊类型，或者说是一种专题性的地理信息系统。

土地资源信息系统主要包括数据的输入、存储、处理、分析、信息显示与输出等。数据输入是数据的采集、核实、编码以及数据转换的全过程，其目的是建立一个土地资源数据库。数据的存储和处理，是将表示位置、土地组成信息及网络关系的数据予以结构化和有序化，以便计算机分析处理和用户理解。数据分析是通过建立数学模型，根据用户的意图对数据进行综合、分解和匹配。

总之，土地资源信息系统的结构主要由数据库、模型库和知识库组成。数据库用于存储数据，以便进行高效率的连续计算或分阶段计算。按上述方式构成的土地资源信息系统具有存储信息量大、运算处理速度快、综合分析能力强、成果精度高等特点，它是土地分类、评价及土地利用规划和管理强有力的技术手段。

（二）土地资源信息动态监测

土地资源动态监测是指运用遥感技术和土地调查等手段和计算机、监测仪等科学设备，以土地资源调查的数据和图件作为基础资料，对土地资源的时空动态变化进行全面系统地反映和分析的工作。土地资源动态监测的目的在于能及时地掌握土地资源及其时空动态变化状况，有效地利用土地资源，使其发挥最佳利用效益。

中国开展的土地资源动态监测主要是对耕地和建设用地等土地利用变化情况进行及时、直接和客观的定期监测，检查土地利用总体规划和年度用地计划执行情况，重点核查每年土地变更调查汇总数据，为国家宏观决策提供比较可靠、准确的依据，对违法或涉嫌违法的用地地区及其他特殊情况进行快速的日常监测，为违法用地查处和突发事件处理提供依据。

1. 土地资源信息动态监测的内容

依土地资源信息管理的目标和任务来看，土地资源动态监测的主要内容应涵盖以下几个方面。

1）土地资源信息状况监测

土地生产力受制于自然和社会经济两大因素，呈现出动态变化，尤其是资源信息对土地生产力的影响。土地资源信息监测的重点是土壤属性、地形、水文、气候水平等指标。环境影响土地利用，土地也是环境的一部分。对土地环境条件的监测也尤为重要。监测重点是考察环境条件的变化、环境污染对土地利用产生的影响，还要监测环境破坏造成的生态系统失衡，资源枯竭，危及人类生存的一系列环境问题。

2）土地设施信息监测

土地设施完备程度是影响土地使用效率的重要指标，此类信息的监测重点在于农用地灌排设施、田块平整度和田间供电、道路的变化情况；非农用地建筑物变化、土地开发程度及公共设施齐备程度、地上构筑物利用状况等信息。

3）地籍信息监测

地籍信息监测的重点是区域土地利用状况监测和土地利用规划与政策法规措施执行情况监测。通过土地利用状况的监测反映土地结构的变化，对土地利用方向的变化进行控制和引导。监测重点是耕地变化和建设用地扩展。土地资源信息监测是获取土地信息和反馈土地政策、检验土地管理措施执行结果的主渠道。

4）土地社会经济信息监测

通过土地社会经济信息监测，获取社会和土地经济运行的相关信息，可以为正确估计当前经济运行形势、预测未来时期经济运行的可能发展趋势、合理利用配置土地资源提供科学依据，以便进一步做出科学有效地调控决策。土地社会经济信息监测的重点是农村和城市中城市发展水平、土地投入额、土地产出额和土地利用效率等信息。

2. 土地资源动态监测的主要指标

1）土地资源信息监测指标

本项指标主要包含气候、植被、能量产投比、光能利用率等资源指标和环境质量达标程度、文物古迹与风景旅游资源、矿产资源分布等。

2）土地设施信息监测指标

本项指标主要包含单位面积渠道长度、土地平整度、单位面积道路长度、建筑密度、建筑高度、建筑类型、土地开发程度、道路通达程度、道路等级等指标信息。

3）地籍信息监测指标

本项指标包括土地利用结构与利用程度指标和土地利用规划与政策法规措施执行情况监测指标。

土地利用结构与利用程度指标包括土地利用率、土地农业利用率、土地生产率、复垦指数、复种指数、有效灌溉率、林地指数、园地指数、土地非农业利用率等指标。本类监测指标应体现出层次性。

土地利用规划与政策法规措施执行情况监测指标主要反映国家土地管理法律法规的要求落实情况、土地利用规划实施情况、土地利用合法性情况等的指标，包括耕地保有量、人均建设用地水平、土地利用结构优化程度、闲置土地利用水平、补充耕地数量、基本农田保护率、土地利用年度计划执行情况和违法用地面积等。

4）土地社会经济信息监测指标

此类监测指标主要包括土地利用投入产出率、土地经济密度、土地纯收入、万元产值占地、土地利用投资效果系数、土地利用投资回收期、人口密度、城市化水平、人均居住面积等社会经济效益指标。

3. *土地资源动态监测的方法*

根据不同标志土地利用动态监测方法可分为调查资料法和遥感资料法，实地调查法和遥感图像解译法，全面调查法和抽样调查法。

第三节　土地资源评价与配置工程

一、土地资源评价

土地资源评价即土地在一定用途条件下评定土地质量高低的过程。土地质量高低可以是适宜程度的强弱和生产潜力的大小，也可以是特性的好坏或价值的高低。土地资源评价已日益广泛地被应用于各个领域，成为制订土地规划过程中的技术手段之一，是土地管理的一项基础性工作。通过土地资源评价，可确定土地资源的潜力水平、土地资源的适宜性以及其所能承载人口的数量等。决定土地资源的价值总量大小的因素应该包括土地资源数量、质量以及其他一些社会经济信息。因此，土地资源评价是土地的自然属性及社会经济属性的综合鉴定。土地资源评价的目的和用途，一是为合理利用和规划土地服务；二是为科学管理经营土地服务。

（一）土地资源评价工程的工作流程

土地资源评价是基于土地资源调查，服务于土地的利用规划和经营管理，起着承上启下的作用。土地资源评价主要包括：①综合分析待评区域的自然条件、人类需要和社会经济条件，提出土地利用的主要类型。②分析土地利用或主要作物类型对土地和环境条件的要求。③通过土地资源综合调查，得到土地的质量与特征。④比较土地利用要求和土地的质量特征。⑤进行经济效益和投入产出分析，确定土地的适宜性程度和等级，提出土地管理和改良的措施，进行优化土地利用分析。

1. 土地利用类型的确定

土地利用类型是根据评价的目的和评价区域的自然、社会和经济条件而确定的。评价的目的可概括为区域土地的开发和区域土地结构调整。在区域土地开发项目中，主要根据区域的自然资源特征、社会经济条件和国家计划及市场需求确定土地的利用类型；以区域土地利用结构调整为目的的土地资源评价，则主要针对土地利用存在的问题，确定土地利用类型。

2. 土地利用类型对土地和环境要求的分析

在确定土地利用类型后，从土地利用的本身出发，从作物生长、管理和保护等方面对土地和环境条件提出定量和定性的指标要求。如果土地利用类型是种植农作物或林木、草类植物，则多从植物生长的生态和生理条件分析提出要求。

3. 土地资源评价单元和土地特征描述

土地资源评价单元是具有专门特征并用于制图的土地单位，可以通过资源调查加以确定和制图，是土地资源评价的基础。在自然、经济等特征上具有一定程度一致性的任何土地类型，均可作为土地资源评价单元。目前，确定土地资源评价单元有四种方法：①以土地类型作为评价单元。②以土壤分类单元（如土类、土属或土种等）作为评价单元。③以土地利用现状的地块作评价单元。④以土地类型与土地利用类型相结合作为土地资源评价单元。土地资源评价单元的描述包括土地的自然特征、社会经济特征和区位特征。目前广泛应用的土地评价方法，是将所选取的评价信息进行叠加来划分土地资源评价单元。

4. 土地利用要求和土地质量特征的比较

土地资源评价的核心是，先进行某一特定利用方式对土地的要求和某一土地质量所能供给程度的分别评价，然后将对土地的利用要求和土地供给性分级相比较。它是以土地质量、土地改良的可能性和土地利用之间的关系为基础的。这一比较过程，是使土地利用方式同土地质量相互适应和调整的循环反复过程。以供给性表示某一土地单元质量对利用的要求，充足性则表示该土地单元的质量能够满足利用要求的程度。利用方式对土地提出的要求与土地供给性相对应，而充足性则是两者的匹配程度。这三方面就构成了与土地质量有关的供给-要求-充足性模型。在划分土地质量的供给等级和对土地利用的要求分类时，要求所考虑的分级信息对称和协调，以便对两者进行匹配，而确定土地的适宜性。在分别以判别特性系统地描述土地资源评价单元和土地利用方式后，便以矩阵的形式将这种关系置于充足性评价的行和列的每个等级中。所有的土地资源评价单元和土地利用方式都以这种方法内插于充足性分级矩阵中，这就对土地单元与土地利用方式的所有可能组合进行了土地质量的充足性评价。

5. 土地的效益比较和社会经济分析及土地管理、改良措施

这一过程是对土地单元的投入和产出进行分析，把成本和效益（经济效益、社会效益和生态效益）加以比较，据此对土地适宜性的等级进行修改和调整，最后确定土地适应性分类。在此基础上，针对目前土地利用存在的问题，提出土地及土地资源的利用管理和改良的途径与措施，进行优化土地利用分析，提出土地利用结构调整的对策。

（二）土地潜力评价

土地生产潜力评价是对土地固有生产力的评价。它是从气候、土壤等土地构成信息相互作用表现出来的综合特征方面揭示土地的生物生产力和潜在生产力。

1. 土地潜力评价分类

土地潜力分类是以土地生产潜力为依据，以划分土地等级的多级分类。

(1) 以气候要素为主的潜力评价，主要是从温度、降水和蒸发等水热条件出发揭示土地的生产潜力。

(2) 以土壤为主的潜力评价，主要通过土壤的性质推断土地的生产力。

(3) 土地潜力综合评价，是将气候生产潜力和土壤生产潜力结合进行土地潜力评价。

土地潜力评价分类采用从大到小（地区）、从粗到细、从综合到单一的多级分类系统。根据世界上的资料，土地潜力评价的等级按零级、一级、二级等续分系统。零级以农业或生物气候、水热条件为依据，以划分区域为主。一级按土地适宜性划分。二级和三级分别以对不同土地用途的适宜程度、限制因素的多少和改造的难易程度划分。四级及其以下级别主要根据限制因素及其相应改良措施的一致性或结合土地利用现状的产量、产值差异来划分。

2. 中国的土地潜力评价分类

中国的土地潜力评价分类体系以中国第二次土壤普查暂行技术规程中的土地生产力分级为代表，采用等、级、型三级续分制。“等”以反映土地的适宜性及生产潜力为主；“级”是在等之内按限制因素及其强度、改造难易程度的分级；“型”是土地级以下的单位，按主要限制因素类型划分。同一级中的型与型之间

没有等级的差别，仅是限制因素及改良措施不同。单项土地潜力评价可根据评价对象不同而划分等级。综合土地潜力评价可参考下列土地生产力分级标准，共划分为 8 级。

Ⅰ级：土壤在利用上几乎没有限制性，适于农、林、牧业的利用，产量高，易于集约经营。Ⅱ级：土壤有一定的限制性，在利用上对作物有选择性。它具有下列 1～2 项限制，如质地稍有不适，有轻微侵蚀或潜在侵蚀威胁；降水分配不均，需有灌溉措施；有盐碱化威胁等。Ⅱ级地主要适用于灌溉农业，需要控制灌水定额，防止土壤盐碱化；应平整土地，加强耕作管理，防止水土流失。Ⅲ级：土壤有严重的限制因素，对作物的选择性较强。它具有以下一至几项限制因素：土体厚度小于 80cm，或质地不良；坡度较小于 10°，有中度侵蚀；灌溉设施不完善，有旱涝威胁；保水保肥性差，有轻度至中度盐碱化。Ⅲ级地需要适当进行水利土壤改良，加强水土保持措施；在精细管理下可种植水稻。Ⅳ级：土壤存在着十分严重的限制因素，对农业有很大的限制，要求细致的管理措施，主要适于林业和牧业。它具有以下一至几项限制因素：土层浅薄、有障碍层次，有旱涝灾害，气候冷凉、生长季节短，土壤质地、结构差，坡度大、有中度侵蚀，具有中度以上盐碱化。Ⅳ级地对林业、牧业较适合，经过土壤改良和配置水利设施后，亦可作农耕地。Ⅴ级：通常不适于农业，主要用于牧业或林业。它具有以下一至几项限制因素：坡度为 15°～25°；土壤侵蚀严重，有沟蚀发生；气候寒冷，干燥多风；土层浅薄；可以是排水不良的沼泽地；土壤盐碱化较严重。Ⅵ级：只能用于牧业或林业。它具有下列一至数项限制因素：坡度大于 25°；土少石砾多；强度侵蚀，沟蚀严重；土壤强度盐碱化；气候条件很差。Ⅶ级：能短期生长野生牧草，放牧、造林困难。限制因素与Ⅵ级地相同，但程度更严重、改良更困难，如土被不连片、基岩裸露等。Ⅷ级：不适于生产性利用，部分地区可用于旅游娱乐、水源涵养等。一般把瘠地、裸岩、沙滩、河床冲积物、尾矿地以及近乎不毛之地的土地都归入Ⅷ级。

土地潜力分类客观地反映了各级土地对利用的限制性程度，揭示了土地潜在生产力的逐级变化，便于进行所有土地之间的等级比较。它简单易行，适应性广，级序明了，适合于任何自然环境和农作技术水平的土地潜力分类。但该系统没有针对特定的土地利用类型进行适宜性评价，定性描述多，定量分析少，在评价过程中，只将经济作为一种背景来考虑，忽视了土地的区位因素和社会因素，无法进行投资核算以及经济效益、生态效益和社会效益的综合分析。

3. 土地潜力综合评价

土地潜力等级、土壤生产力指数和生产率，都能分别表示土地质量的高低和土地的限制性强度。在土地潜力评价时，需要将二者结合起来，同时考虑到与土地利用有密切联系的因素（如土地的分布、位置、适应性和时间性等），对土地进行综合评价，最后求出每个土地单元的相对分数值，分数值介于0～100，数值越大表明土地质量越好，限制性因素越少，土地生产潜力也越大。

土地潜力综合评价能集中各种方法的优点，克服或限制它们的不足，它除了考虑土壤的理化特性外，还在评价分数中反映有关的经济因素。土地潜力评价揭示了土地资源可利用的范围以及在这些利用上的潜在能力，它对进一步研究土地承载能力、区域发展战略具有重要的意义。

（三）土地适宜性评价

土地适宜性是指土地在一定条件下对不同用途的适宜程度，或者说是某种土地类型对一种指定用途的适宜程度，即某种土地能生产什么、适宜于干什么就是对土地的这种适宜程度的区分和归类。土地适宜性可以按土地的现状或按改良后的状况加以评价。

土地适宜性评价是指对土地为农作物、牧草、林木正常生长以及建筑物所提供的生态环境条件的综合鉴定，或是指某块土地针对这类特定利用方式是否适宜的工作。如果适宜，那么对其适宜程度等级作出评定。根据土地的适宜性和适宜程度、限制性和限制程度，将一个地区的土地单元或土地类型进行分组归类，并将评价结果表示在专题地图上。土地适宜性评价的基本思路是：先将土地适宜性评价单元的各个因子的实际值与该因子的适宜性评级标准加以对比，确定各个土地因子的级位，再根据土地因子综合评价结果和土地质量等级标准，评定该土地适宜性评价单元的质量等级。

按照FAO土地适宜性评价分类系统将土地分为四级，即土地适宜性纲、土地适宜性级、土地适宜性亚级和土地适宜性单元。

1. 土地适宜性纲

1）适宜纲

适宜纲指在此土地上按所考虑用途进行持久利用、预期产生的效益值得投资，对土地不会产生不可接受的破坏危险。

2）不适宜纲

土地质量显示不能按所考虑的用途长期利用。对不适宜纲按不适宜持久程度分为：当前不适宜和永久不适宜。

2. 土地适宜性级

土地适宜性级反映了纲内适宜性的程度。土地适宜性级可分为：高度适宜、中等适宜和勉强适宜。

3. 土地适宜性亚级

反映级内限制性的种类或需改良措施的种类，用英文字母表示限制性类别，附在适宜性符号之后。

4. 土地适宜性单元

土地适宜性单元反映的是亚级内经营管理的细小差别。同一亚级内所有单元在级这一层次具有同样程度的适宜性，在亚级层次表现为相似的限制性，而在单元之间则存在生产特点或经营条件的细微差别。具体评价过程中常常遇到各个土地因子具有不同的计量单位，同时各个土地因子的级位也不尽一致，因此，如何对各个土地适宜性评价单元进行整体性的综合评价，是土地自然质量评价方法需要研究解决的问题。

二、土地资源配置工程

土地资源配置工程即土地资源分配、布局和对土地资源的选择，是指其开发利用能满足自然生态和社会经济多种需要，以其实现资源系统的最大功能和综合效益，促进人与自然协调发展以及经济社会的全面可持续发展。因此，资源配置的内涵包含期间配置、区间配置和产业间配置。这三个配置所形成的配置结构是保证人与自然协调发展及实现人类社会经济全面可持续发展的基础和前提，缺一不可，相辅相成，相互依存，不可分割。

（一）资源期间配置工程

资源期间配置即资源在当代人与后代人之间的配置，以保证人类世世代代对资源的持续利用。资源、自然资源、土地资源具有量、质、时间和空间等多种属性。有些资源数量巨大，取之不尽，用之不竭，属于非耗竭资源或可持续利用资源，但在其分配和利用上应力求及时地充分利用，以补充和替代其他有限资源的不足，否则等于浪费资源；有些资源是流动资源，可随时间而流失，如不及时利用亦属浪费；有些资源则是可耗竭、非持续利用资源，因其数量有限而不可再生，终有耗竭之时，在任何时期之内都必须节省、节约利用，并尽快寻找可替代资源。不论对何种资源均应加以珍视，随时加以保护、管理，多侧重可持续发展的目标要求，重视通过政府的宏观调控措施，对资源、环境规划实行期间配置。这将是中国人多地少、资源相对紧缺国情下，永续利用资源环境，既有利于当代，又造福后代的合理途径。

（二）区间配置工程

区间配置表明资源分布和配置的广域性和全球性，旨在消除地域和国别之间人类开发利用资源和就业与收入方面的差异。根据资源在空间分布与生产力布局，以选择最佳的区位增加资源开发利用的整体综合效益。

由于资源的分布及其开发利用离不开一定的地域空间，具有明显的地域性，自然资源、土地资源又是固定在一定的位置不可移动的，其资源生产力的发展不仅取决于其资源自身的状况，而且还受当地社会、经济、文化和技术条件的制约。这就要求在各地区之间通过资源区间配置，合理布局资源生产力，发挥地区资源优势和综合地域优势。

一般的资源区间配置方法主要有以下三种。

1. 分层次渠化布局法

一般是在中国资源调查评价和区划基础上，依据资源家底和发展国民经济总体计划，做出中国资源利用分区的规划布局；在人多地少、资源紧缺的中国，为了有效控制资源的合理用途，则实行了自上而下的资源集中统一规划管理，明确对土地等稀缺资源的分区规划布局就是要管好、用好和规划好资源的用途，以发挥资源配置利用的最大整体效应。

2. 按部门指向配置资源法

资源的区间配置和合理利用要按照资源需求的特点，使各种资源的配置与利用与资源的分布及其特性功能和用途相适应。随着经济社会的发展和人口的增多，有限的耕地、水资源和矿藏将不能满足日益增长的需求，这就要通过政府的规划布局和市场来不断地调控各部门的区间资源分配。

3. 比较成本指向配置资源法

按比较成本配置区间资源，是比较利益原理的具体运用。任何一项生产都有成本，成本可分别为资源利用生产成本和资源产品运输成本两大项。资源包括各种自然资源和社会资源，种类多，但对各生产部门、各项生产来说，所需资源的种类、数量、结构不同，价格成本不同。成本比较法就是适于配置的某项企业的地点进行比较，求得能使该企业和该生产项目总成本最低或较低的区位地点。

（三）产业间配置工程

产业间配置表示资源在各产业部门之间的分布与利用状况，旨在优化产业结构和生产结构，保证各项产业和生产部门对资源的利用与发展。资源的开发利用是一个动态的复杂生态经济过程，形成一定的生态经济结构、产业结构和生产部门，从而产生一定的结构功能。资源的开发利用结构是形成和决定生产结构、产业结构和部门结构的基础。这就有赖于市场机制在配置中的基础作用，也要依靠国家制定相应的政策、规划和资源战略，不断促进资源利用结构和产业结构的调整和经济发展。

第五章　非农用地转化为农业用地工程

随着社会经济的快速发展和城市化进程不断推进，中国对建设用地的需求越来越大，占用农业用地的面积也在不断增加。2010～2015 年的 6 年间，中国批准建设用地总面积 304.43 万 hm^2，其中占用耕地面积达到 170.02 万 hm^2，仅 2011 年就有 41.05 万 hm^2 耕地被转为建设用地，农业用地的减少已经威胁到粮食生产安全。面对如此严峻的现状，中国政府提出“坚守 18 亿亩耕地红线不动摇”的国策，非农用地变为农业用地势在必行。

非农用地转化为农业用地工程的途径有土地开发、土地整理、宅基地复垦等相关土地工程活动。土地工程作为一个国土资源系统近年来提出的新名词，更多的是一种概括性的概念，它包括农用地整治、农村建设用地整治、城镇工矿废弃地整治、土地复垦以及宜农后备土地开发。中国土地利用面临着严重的问题，即后备土地资源的开发受到质量差、开垦难度大和生态环境制约等，开发潜力非常有限。因此，科学开发，合理治理，加大非农业用地（如沙地、荒漠地、盐碱地、废弃旧河道和废弃宅基地）的整治是土地工程发展的必然趋势，以给农业用地提供血液补给。

第一节　非农用地转化为农业用地工程特点

农业用地又称农用地，指直接或间接为农业生产所利用的土地，包括耕地、园地、林地、牧草地、养捕水面、农田水利设施用地（如水库、闸坝、堤埝、排灌沟渠等），以及田间道路和其他一切农业生产性建筑物占用的土地等。非农用地则是指未利用土地（盐碱地、荒漠化土地、荒草地等）和建设用地（农村聚落，大、中、小城镇，工矿区，交通运输、名胜古迹、旅游、疗养区，自然保护区等占用的土地）。中国非农用地约占国土总面积的 22.9%。非农用地转变为农业用地具有提高土地利用率和产出率的功能，有利于推进节约集约利用土地，促进土地资源的可持续利用。在土地利用总体规划和土地工程专项规划的指导下，根据土地的适宜性和经济发展的需要，对田、水、路、林、村采取必要的措施进行整治，对土地资源的重新配置，可以实现资源的积极整合、有效利用以及资源集中集约化发展，有效地改善土地生态环境，实现土地资源的可持续性利用。

一、土体有机重构工程

随着社会经济的快速发展，农业用地面积减少，质量降低。人类生活与土地需求之间的矛盾日益尖锐，开发未利用土地和提高农业用地质量迫在眉睫。土体有机重构旨在根据当地实际条件，寻求通过对土体的再造和开发新型资源，形成新土壤。

（一）工程技术

土体有机重构一般包括以下三个方面：①复配技术：指根据当地实际和资源分布情况，对难以利用的资源，根据各自特性进行重组和互补，利用其物理、化学和生物作用，重新形成新土壤的过程。②增减技术：主要指对由于污染、损毁及盐渍化等造成地区内土壤退化、质量降低、理化性质发生改变无法达到作物种植要求的土壤，通过冲洗土壤降盐、表层换土和提取等方法改变土壤质量条件，有效提高土壤养分，使之重新达到种植要求。③置换技术：指非当地原生的、由别处移来用于置换原生土或充当作物种植所需的耕作层的外地土壤，通常是指质地好的土壤。制作满足这些条件的客土，仅依靠自然土壤是不够的，还需人工添加其他物质，从而形成适宜作物种植有机土体。

1. 复配技术——以砒砂岩与沙合成“土壤”为例

毛乌素沙地南缘位于中国北方农牧交错带的西部，从资源的角度看，砒砂岩和沙是毛乌素沙地的两种重要资源。砒砂岩干时胶结，遇水则迅速膨胀，具有较好的持水与保水作用，可作为保水物质；风沙土通体无结构，干湿状况下均有较好的透水性，但保水持水性差。两者性质互补，在毛乌素沙地相间分布，混合后可产生交互作用。短时期内未混合的砒砂岩颗粒，在失水过程中，将重新联结，减缓了自身水分的蒸发和流失，起到了“水葫芦”的作用。经过农作物种植，由于作物根系的向水性和根系分泌物的化学分解作用，加速了砒砂岩的分散及良好“土壤”结构的形成。在土壤水分充足时，砒砂岩岩块从环境中吸收水分并保存起来，减少了沙地的水分渗漏；当土壤干旱缺水时，其所吸持的水分在基质势和渗透压作用下，缓慢释放到环境中，增加了砒砂岩与沙混合物的含水量，防止了水分的流失和无效蒸发，最终提高了水资源的利用效率。复配“土壤”既保持了砒砂岩毛管孔隙度大及良好的保水持水能力，又在沙粒分散间隔作用下，增大了孔隙度，避免了土壤的板结，有利于形成保水保肥土壤层，其成土过程如图 5-1 所示。

2. 置换技术——客土

客土在中国土地工程中的应用比较广泛，主要运用于河滩地、旧河道和沙化土地工程的实施中。水土流失比较严重、河道逐渐变宽形成的河滩地，河流改道

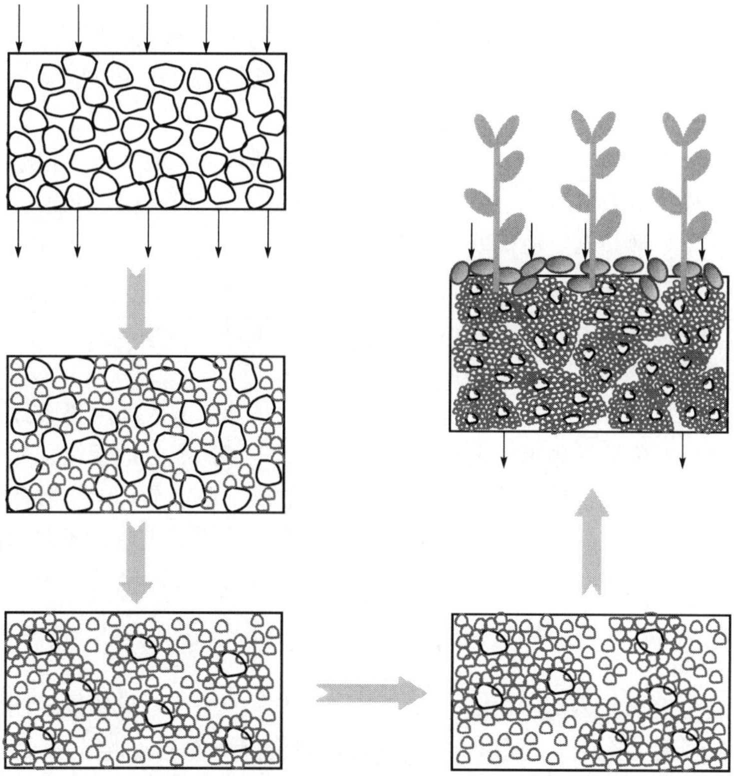

图 5-1　础砂岩与沙合成“土壤”示意图

或断流、干涸而形成的旧河道，两者在整治过程中，一般都通过做出合理规划，在部分区域进行客土覆盖，针对工程区域当地作物的种植要求，对客土的厚度和养分做出明确规定。种植作物后，可通过物理、化学和植物根系的作用保持水土和改良土质，形成石砾层上作物生长的高效“土壤”。而利用客土对沙化土壤再造，则是利用土壤与沙的物理和生物胶结作用，两者互补，实现土壤质量提高，达到种植要求。要形成满足条件的客土，仅依靠自然土壤是不够的，还需人工添加其他物质。例如：①纤维材料，既可增加客土的有机质含量，又可防止土壤粒子散落；②各类肥料（无机肥和有机肥），提供植物生长所需营养元素；③土壤改良剂（如保水剂、黏合剂和土壤稳定剂），提高客土保水性，增强团粒结构和稳定性。

3. 增减技术——以盐碱地土体再造为例

盐碱地土体再造主要是通过物理、化学和生物改良技术。盐碱地土体再造措施有四个方面：①水利措施：建立完善的排灌系统，做到灌、排分开，加强用水管理，严格控制地下水水位，通过灌水冲洗、引洪放淤等，不断淋洗和排除土壤中的盐分。②农业技术改良措施：通过深耕、平整土地、加填客土、盖草、翻淤、盖沙、增施有机肥等改善土壤成分和结构，增强土壤渗透性能，加速盐分淋洗。③生物改良措施：通过种植和翻压绿肥牧草、秸秆还田、施用菌肥、种植耐盐植物、植树造林等，提高土壤肥力，改变土壤结构，同时改善农田小气候，减少地表水分蒸发，抑制返盐。④化学措施：对碱土、碱化土、苏打盐土施加石膏、黑矾等改良剂，降低或消除土壤碱分，改变土壤理化性质。各种措施既要注意综合使用，更要因地制宜，才能取得预期效果，最终的目的都是增加土地数量，提高土壤质量。下面主要介绍几种盐碱地土体再造措施。

1）沙改盐碱

盐碱地在中国分布较广，危害严重，主要表现为盐分表面聚集较强。高矿化度地下水在强烈蒸发作用下，通过毛管孔隙向上运移造成土地板结。沙地土壤具有含盐量低、结构疏松的性状，将沙地土壤与盐碱土壤混合，能有效降低盐碱土的盐碱含量，其实质是通过沙地土壤毛管孔隙大、不能形成毛管吸力的作用，限制下层盐碱土的盐分向上移动，从而改善其孔隙结果，破除毛管孔隙，减少地下水上移路径。

2）秸秆覆盖

根据盐渍土水盐运动“盐随水来，盐随水去”的特点，只要能控制土壤水分蒸发就可减轻盐分表聚，达到改良的目的。研究显示在盐碱地上覆盖作物秸秆后，可明显减少土壤水分蒸发，抑制盐分表聚，它阻止水分与大气间直接交流，对土表水分上行起到阻隔作用，同时还增加光的反射率和热量传递，降低土表温度，从而降低蒸发耗水。秸秆覆盖是将农艺和水利相结合的综合措施，既起到节水作用，又起到培肥改土的作用，实现了有机土体的再造。

3）冲洗降盐

冲洗降盐主要有排水和冲洗两种措施。排水措施主要包括开沟排水和井灌井排。排水措施是在盐碱较重、地下水位浅、排水有出路的地区建立排水系统，防止土壤脱盐和返盐。冲洗必须具备两个条件：一是要具有淡水来源，二是要具备完善的排水系统。冲洗虽然可以脱去土壤中大量盐分，但土壤中的盐分是不可能被彻底清洗的。冲洗只能做到降低土层的盐分，使土壤各项指标达到适宜植物生长的范围。

4）改排为蓄

盐碱地治理传统模式的核心在排水。排水系统是一个复杂的系统，一般包括排水河道、湖泊、排水闸、抽排站、截流沟等。通过实践总结，改排水为蓄水，将区域来水量全部蓄在蓄水沟系和淹没区中，区域对外不排水。蓄水工程系统相比排水工程系统而言所含的工程项目较少，主要包括蓄水沟、蓄水湖和淹没区。

以“蓄”为核心的“改排为蓄”，根据蓄水沟内水位高低和浓度大小的动态变化，应用蓄水条件下蓄水沟水体-土壤盐分运移规律，实现小范围内微循环，加速水盐交换，结合降水、灌溉洗盐，将盐分冲洗或扩散到土壤饱和层及蓄水沟内，继而减少土壤耕作层盐分；应用土壤非饱和层与饱和层之间过渡层的“水筛”和隔离作用，防止饱和层盐分的上返并使其处于相对稳定的状态；通过蓄水沟内生物和植物改碱或吸盐，沟底腐殖质生化作用中和盐碱，实现盐分转化等。通过以上技术机理，可改变盐分时空分布，实现区域土壤脱盐排盐，从而实现耕作层土壤的再造。

通过土体有机重构工程，可有效增加土壤数量和提高土壤质量。土体有机重构要合理规划实施，减少工程费用；要依据该工程实施区域土壤的实际条件和自然资源状况，再决定选用新成土、土壤再造还是客土方法；另外，需参考工程实施区作物特性和原有土壤基础养分指标，及时对新“土壤”进行养分检验及肥力的调节。

（二）工程实施

在多数土地工程中，土体有机重构都是第一阶段任务，是完成配套工程即田块规划、灌溉、道路、防护林等后续工程设计的前提。土体有机重构工程对合理灌排、节约用水、提高劳动生产率、发挥机械作业效率以及改良土壤、保水、保土、保肥等方面都有着重要的作用。

土体有机重构是土地工程中的一项重要内容，关系到投资大小与效益问题。该工程的实施应尽量依据自然地形、地势，合理设计，减少投入，同时满足机械作业、灌溉、农作物耕种的要求。

1. 土地类型

当前中国土地类型主要分为一般土地和特殊土地。

1）一般土地

平原：一般平原进行土地规划及操平主要是为了提高土地的集约化、水利化、机械化和集中化。例如，通过清理废弃旧厂房，从而使原来厂址变为农用土地。

丘陵：根据自身的地形、地面坡度和土层厚度等因素，进行修筑梯田，可分为水平梯田、隔坡梯田、坡式梯田等。要遵循因地制宜原则，并且需考虑防冲措施。

2）特殊土地

对特殊土地进行土地操平，以复垦整治，增加农用地和建设用地，改善生态环境。可根据立地条件，建成与当地地貌、水源等自然条件相协调的农业用地，并配套相应给排水设施。

采矿复垦区：主要指工矿生产、建设形成的废弃土地。

灾毁地：主要是指因为自然灾害和人为活动造成破坏的土地。

河滩地：主要是指因为地势的落差、河床变动频繁等原因淹没于洪水之中的滩地。

盐碱地：指在气候、地形、地质、水文及生物因素影响下形成和发育的土地。通过土地整体平整可消除盐碱地的盐斑，改变盐碱地的微地貌以及减少相对高差。

沙地：指由于气候、地形、地貌等自然条件和人类活动的作用使之沙化的土地。

2. *工程实施方法*

土体有机重构工程主要包括土体剖面的层级重构、土体颗粒改良、土体生物化学重构、生物营养保障、土地工程水分调控、土地工程生态环境规划和土地工程的美学设计，在满足这些重构的前提下，对区域土地进行平整是十分必要的。

1）设计要求

土体有机重构应以长远为目标，以当前为基础，选择机械化施工为主、人工施工为辅的整地方案。重构后的土体应加强田间管理，保证其安全和稳定性，早灌塌实水，重施有机肥，促进土壤熟化，保证其生物化学的重构及营养的保障。

2）设计标准

进行重构后的田块应有利于作物的生长发育，有利于田间机械化作业，有利于水土保持，满足灌溉排水要求和防风要求，便于经营管理（邹连敏，2011）。一般地，针对土体安全及稳定性，在整治中，对田面、田块的设计都有一定的要求。

（1）田面坡降。地面坡度应结合当地的灌溉习惯，以满足灌水要求为目标，不同的灌水技术对坡度的要求不同。一般地，畦灌要求地面坡度以 1∶500～1∶150 为宜。水稻格田要求的坡度更小，近于水平，纵向坡度不应大于 1∶2000～1∶1000；田面横向坡度要小，一般不要超过纵坡的 1/3。使用喷灌灌溉方式时，田面坡降按喷灌设计要求决定。

（2）田块大小。耕作田块大小的确定应综合考虑地形起伏情况、田间工程难易程度，是否便于耕作和排灌等方面的情况，田块的大小和形状受田间灌溉单元和道路的走向控制。从目前的生产情况出发，考虑到田间灌溉单元设计、工作量以及田间管理的方便，适当考虑机耕要求，一般条形田块长度以 160～360m 为宜，宽度以 40～100m 为宜，方向应保证长边方向受光照时间最长，受光热量最大，一般为南北向，以利作物生长。

（3）挖、填土方量。施工田块应尽量使挖填土方量达到平衡，使总的平整土方量最小。在填土方时还应留有相当于填土厚度 20%的虚高，保证虚土沉实后达到田面的标准要求。土方调配是对挖土、填土和弃土三者关系进行综合协调处理，其目的在于确定挖方区和填方区土方的调配方向、调配数量及平均运距，使土方运输量最小或运输费用最少。土方调配的内容主要包括划分土方调配区、计算土方调配区的平均运距、确定土方的最优调配方案及编制土方调配成果图表（高俊，2007）。

3. *施工方法*

为了保证土体有机重构的安全性、科学性和经济性，在工程实施前期，对区域土地需根据立地情况进行平整，其基本方法是：根据地形纵向变化情况可分为平面法、斜面法和修改局部地形面法三种方法；根据平整的精度可分为大平、粗平、细平三种；按平整的方式可分为结合耕作平整、大平大整、放淤平整、机械平整四种；根据项目区的地形、地貌、地类情况，又可分为坑塘沟渠回填、局部推土、客土回填、坡改梯和制埂等。平整后的耕地类型划分为条田和梯田，平原地区、山丘区山麓的沟谷、河畔耕地宜修建条田；山丘地区坡面、岗岭上耕地宜修建梯田，主要是为了实现土体的安全及稳定性（邹连敏，2011；刘文超等，2007）。土地平整通常采用倒行子法、抽槽法、全铲法和激光平地法四种方法，每种方法都有各自的优缺点（雷晓萍和刘晓峰，2009；樊彦国，2007）。

1）倒行子法

倒行子法也称为去生留熟法，是一种机械与人工结合的平整土地方法。具体操作分以下两步：①根据测量设计，确定开挖线。②进行划行取土。沿开挖线，以 1 m 宽度分别向上向下划行，确定取土带和填土带。平整时先挖第一取土带，直至标准地面以下 7 寸（1 寸≈3.33cm），将土填入第一填土带，将第二取土带取厚约 7 寸耕层肥土，填入第一取土带槽底，再开挖第二取土带生土，填入第二填土带，同时将第三填土带表土反卷在第二填土带上，如此抽生留熟，依次平整（邹连敏，2011）。

采用此方法平整土地有两大优点：可保留表土，保持地力均匀；平地加深翻，可达到改良土壤的目的。但此方法操作较为精细，影响施工进度。

2）抽槽子法

抽槽子法也是一种机械与人工结合的平整土地的方法。具体操作分以下三步进行：①根据测量设计，确定开挖线。②开槽平整。根据设计划行，开槽取土，熟土放至槽梁，生土垫至低处。③搜根平梁，进行合槽。

采用抽槽子法平整土地的最大好处是可同时开多槽，进度快，工效高。缺点是合槽时，梁上表土不易保存，造成地力不匀。

3）全铲法

全铲法是一种主要依靠机械进行土地整治的方法，在具体操作时，把设计地面线以上的土一次挖去，起高垫低。这种方法适于机械平整，工效高但出现生土多，地力不易恢复，人工平地不宜采用此方法。

4）激光平地法

激光平地仪对土地进行精细平整的方法适用于耕地较为平坦开阔的地方。

常规土地整治方法受机具设备缺陷和人工操作精度等因素制约，平整精度达到一定程度后将无法继续提高，而精细土地整治只能借助于激光控制技术和与之配套的平地机械设备完成。激光控制技术能够大幅度地提高田间土地整体平整的精度，其感应系统的灵敏性至少比人工视觉判断和拖拉机上操作人员的手动液压系统准确10～50倍。

4. 施工机械选择

土体有机重构工程中常用的运土机械有推土机、铲运机、自卸翻斗车等。平地机械有大型刨式平地机和中小型刮土板。在施工过程中，要合理使用不同机械，提高各种机械的工作效率（雷晓萍和刘晓峰，2009）。

1）推土机

推土机简单（仅一个铲刀），机动性强，作业适应范围广；作业中直接沿作业面行进倒退，对行进路面要求不严格，不需调头，节省时间；在作业条件允许的情况下，挖土和推土的能力强，挖深和堆高适应范围较大，并适应在较硬的土质上作业。

2）铲运机

铲运机在运土中因为和地面是滚动摩擦，牵引阻力小，行进速度可大大提高；铲运机两头转弯半径大，对作业场地有一定的要求；对行进地面要求高，如果土质松软或湿度大就会因为陷车而降低工效或不能作业；铲斗的入土性能差，坚硬的土质条件下不能作业。

3）自卸翻斗车

自卸翻斗车采用装土机械挖掘机或装载机将土装上拖车，拉到指定地点，在长距离送土中效率很高。其优势是运土过程与地面为滚动摩擦，机车和农具均为运输机械，行进速度高，地头转弯方便，解决了挖土和装土中的大功率需求问题。缺点是施工组织较复杂，适应大型工程土方调运，卸土后需专门机械进行平整。

5. 土体有机重构工程要求

通过土体有机重构，使土地能够或者更适合种植农作物。在工程实施设计中，在保证灌溉要求的条件下，合理的调配土方，减少经济投入，并增加土体养分，合理构建新的生物化学结构。因为土体有机重构工程是其他工程开展实施的基础，所以在该工程实施阶段，应严格把握质量关，对实施土地的各项指标进行跟踪测定（高骏，2008）。

二、配套工程

（一）灌排工程

1. 灌排工程的概念

灌排工程的基本任务是调节和改变农田水分状况及地区水利条件，消除水旱灾害，合理利用水资源，保障和促进农业的稳产、高产。为摆脱自然条件束缚，人为地改造周围环境，一般通过对当地水资源情况进行分析，包括灌溉水源分析、灌溉方式分析、需水量分析、作物灌溉制度及水资源供需平衡分析等部分，完善各种农用水利灌溉措施，满足植物对水分的需要，调节土地的温度和土壤的养分，提高土地生产率，以获取更大的生产价值。

2. 水源分析

在选择水源时，应对附近地形条件是否便于引水进行实地调查，使水源尽可能地靠近灌区。灌溉水源主要有河川径流、当地地面径流、地下水及城市污水等。随着现代工业的发展和城镇的扩大，可用于灌溉的城市污水和灌溉回归水也逐步成为灌溉水源的一个重要组成部分。农业灌溉主要有以下四种水源：河川径流指河流、湖泊的来水；当地地面径流指由当地降雨产生的径流，可用于小型灌溉工程；地下水指潜水又称浅层地下水，其补给来源为大气降雨；经过净化处理以后的工业废水和生活污水。

水资源供需平衡分析是土地工程中的重要组成部分，应通过对可利用水量和需水量对比分析，明确当地水资源供需平衡关系。一般的水资源供需平衡分析主要有三步组成：首先计算该项土地工程中需水总量；其次计算其供水总量，包括降水、年径流量、可用于地表水流量、客水量及地下补给水量；最后利用供、需水量和项目实施区多年运行的补给量和消耗量的动态原则，分析水源的供需是否平衡。

3. 灌溉工程的内容

灌溉工程的内容很广，主要是对当地水资源情况进行分析，通过对水资源分析计算（如地表水、降水及地下水等）来建设与完善当地水源运用系统，根据利用的水源不同，灌溉工程可分为以下四个方面。

1）集雨工程

集雨工程正是伴随着人类生产发展的需要而发展起来的。集雨工程是指对降雨径流或小溪水的收集和储存并用于灌溉的过程，其主要内容是产生、收集、储存径流并加以多种利用，以实现雨水的叠加和聚集利用，采用的各种方法主要取决于各地的自然地理及经济条件状况，图 5-2 为 80m^3 农用蓄水池剖面示意图。

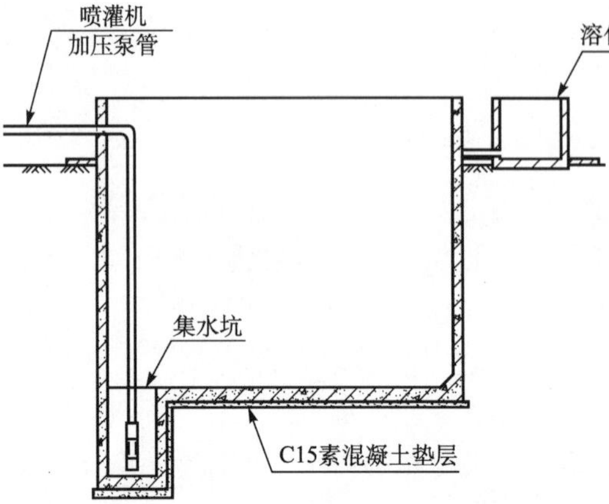

图 5-2　农用蓄水池剖面示意图

2）蓄水工程

蓄水工程包括拦河引水工程、塘坝工程、方塘工程和大口井工程。建设在地下水与天然降水转换关系密切地区的取水工程，也是集水工程的一个组成部分。

3）排水工程

排水工程是指以排泄水量和降低水位为目的的工程，能使田间积水深度和积水时间不超过植物所允许的淹水深度和淹水时间，从而保证植物的正常生长。排水工程建设中最重要的影响因素是地形。

4）配套水利设施建设

在非农用地变为农业用地的土地工程中，相应的水利配套工程比较重要。水利配套设施的主要内容是灌溉工程的建设和灌溉设施的完善。如图 5-3 为机井、管道和蓄水池为一体的水利配套设施。非农用地转为农业用地的配套水利设施中主要包括渠道建设、灌溉设备和机井建设三方面。

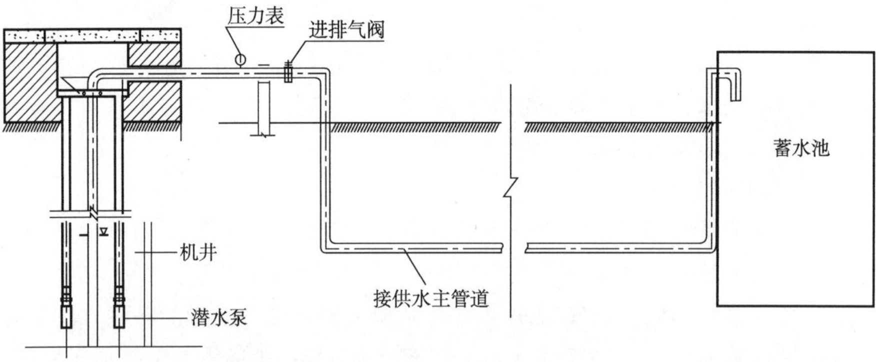

图 5-3　机井、管道及蓄水池配套示意图

（1）渠道建设。灌溉的渠道工程是指从水源吸水，通过渠道及其附属建筑物向农田灌水的工程系统。渠道工程分为固定渠道和临时渠道，还可分为干渠、支渠、斗渠和农渠四级。根据以往渠道工程的建设经验，渠道工程设计可分为横断面设计和纵断面设计两种。

①渠道横断面设计。横断面设计步骤包括拟定或估算各设计参数、计算设计水深和底宽，并校核不冲不淤、计算最小水深和加大水深、确定安全超高、堤顶宽及绘制渠道横断面图等（樊彦国，1973）。滩涂地土地工程的渠道横断面一般为“U”型设计（图 5-4），考虑机耕方便和农业区发展要求，渠道分设一级支渠、二级斗渠和三级农渠。灌水方法采用地面灌溉，支、斗渠为续灌、农渠分组轮灌，沿灌水方向坡降 1∶1000，支渠比降 1∶3000，斗渠比降 1∶2500，农渠比降1∶1000。水毁地渠井双灌区干、支、斗渠一般采用 U 型砼衬砌渠道，农渠采用梯形土渠。渠底比降为干渠 1∶2500，支、斗、农渠 1∶1000（韩霁昌等，2011）。

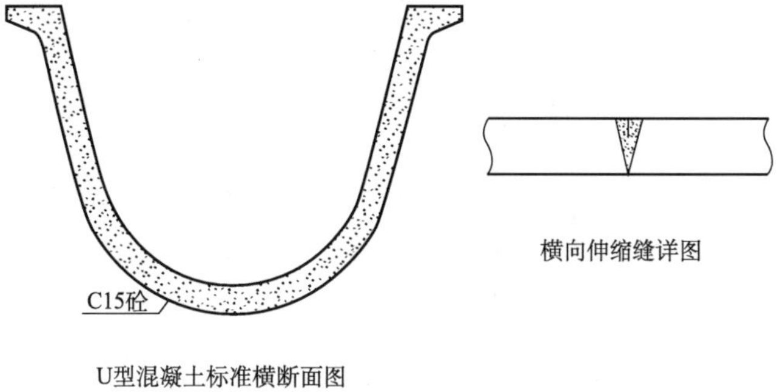

图 5-4　U 型渠道结构设计剖面图

②渠道纵断面设计。渠道纵断面设计的任务就是根据灌溉水位要求确定渠道的空间位置，即渠道水位、渠底等在不同桩号处的高程。实施步骤主要包括渠道的水位计算、渠道纵断面的水位衔接、渠道纵断面图的绘制、渠道断面设计成果整编等过程（樊彦国，2007）。

（2）灌溉技术。现代农业灌溉方法多样，不同区域由于受当地气候、水利条件及植物种类等因素的影响，最终会针对性地选择不同的灌溉方式。

漫灌是较粗放的灌水方法，灌水的均匀性差，水量浪费较大。喷灌技术是当前先进的农业灌溉方法，与传统的灌溉方法相比具有显著的优点：节约用水、增加产量、提高土地利用率、防止土壤冲刷和盐碱化等（黄秋生等，2010）。滴灌技术发展很快，具有提高作物产量，最大限度地利用水，减小盐碱对作物的损害，有利于实现自动化控制，对地形适应能力强等优势，同喷灌相同，其投资也相对较高，在项目区温室大棚中有一定应用。低压管道输水灌溉技术以管道代替明渠输水，其优点是较适合平原井灌区，其工作压力与喷灌、微喷灌等相比较低，其显著的特点是可减少水分渗漏和蒸发损失，提高水的有效利用率。项目区在田间设置固定不动的地埋管道干管和支管，每眼机井控制面积为一个单独的灌溉系统。

(3) 机井建设。一般机井工程的设计要根据项目区的水文地质构造，受临时占用地块的位置、形状、面积影响，结合当地实际灌溉情况、灌溉制度以及灌溉技术相关标准等。机井有管井、筒井、筒管井、辐射井、虹吸井和坎儿井等多种类型，井型选择主要考虑含水层的厚度、富水性及地下水埋深等水文地质条件，同时井型选择也与机井的出水量、预计的施工方法和选用的抽水设备有关。它由井头、井管、滤水管和沉沙管等几部分构成，其中井管的种类很多，在选择时主要由井深决定，当井深较小时，可采用造价较低的水泥管、石棉水泥管、塑料管及铸铁管；当井深较大时，应采用强度较大的钢管或玻璃钢管。机井工程的主要任务概括有计算机井控制的灌溉面积、机井之间的距离、机井数目、出水量、机井深度和型号、井孔直径确定及井管直径设计等（樊彦国，1973）。图 5-5 为井口直径 400mm 的机井剖面图。

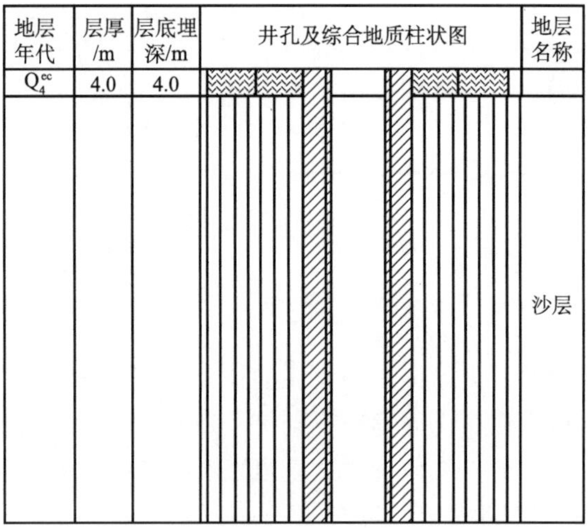

图 5-5　机井结构设计剖面示意图

4. *灌溉工程的要求*

在项目区域内进行灌排工程施工时，对于水资源的利用应先考虑地表水，再考虑地下水。对于灌排工程中所涉及的渠道，喷灌机等设施的建设，应遵循就近原则，减少花费，并且还要保质保量，使灌溉设施的建成不仅达到灌溉要求，而且还要有节水的效果。

（二）电力工程

电力工程是土地整治过程中的一项重要内容，是为了保证工程建成后生产生活的需要，保障管理、灌排等水利配套设施用电方便。供配电设计的任务是为终端用电系统制定出具体的供、配电方案。输配电工程主要是泵站电力系统、灌排系统的输电线路和变电装备等工程。

供配电系统设计需按照“安全要求、导线电线截面的选择应符合允许载流量和允许电压降的要求、要进行技术经济比较，择优选择”等原则进行（高骏，2008)。

1. 配电设计的程序

设计的主要内容是电力系统负荷计算和功率的平衡，电源点和变、配电位置的确定，电力线路的选择，设备的选择及安全保护装置的设计等。

配电设计的一般程序包括收集资料、确定供配电的一般技术要求、调查分析供配电范围内的用电设备数量、容量、分布及运行方式、负荷计算、配电变压器选择和设计、配电线路设计以及计算工程量。

1）配电线路

在配电线路的选择过程中，影响因素较多，考虑电路的形式、导线截面、避雷线截面、电力电缆和架空绝缘线路等方面，权衡利弊最终做出选择。配电线路布置时主要涉及电杆、导线、金具、绝缘子和线路等部分。

高压输电线路一般包括高压断路器、高压隔离开关、高压负荷开关、高压熔断器和避雷器。

一般在低压架空线路的配电线路多采用架空线路形式。主要结构由导线、电杆、横担、绝缘子、金具和拉线等组成。一般遵循距离短，转角少，架空在开阔以及交通方便的地方。

避雷线是悬于线路相导线、变电站设备或建筑物之上，用于屏蔽相导线直接拦截雷击并将雷电流迅速泄入大地的架空导线。架空线路避雷线应与导线截面相配合，具体在实施过程中只需参照其配合表即可。

2）配电变压器

指配电系统中根据电磁感应定律变换交流电压和电流而传输交流电能的一种静止电器。常装在电杆上或配电所中。选用配电变压器的技术参数主要有额定电压、额定电流、额定容量、变压比、连接组别及短路阻抗电压等。根据土地工程的立地条件，利用其区域设计的高压线路位置、走向、机井布置，按高效低耗和就近原则分别确定变压器型号以及布设。

2. 电力工程的要求

电力工程中，各种电缆、电线盒电杆等产品应确保质量合格，出厂报告等资料齐全，确保电力工程的实施和以后的运行不会影响附近居民的正常用电，确保电力工程安全、高效的运行。工程完工后要有当地电力部门、质监部门的检验合格证书及供电许可证才能算合格。

（三）林业工程

林业工程是土地工程中一项重要内容，在土地工程中结合渠、沟、路营造渠（沟）林、道路林，能起到降低风速、增加湿度、降低温度、调节光热、涵养水源和改善田间小气候以及美化环境的作用。非农业用地变为农业用地工程中，因为新生成土地的用途不同，林业工程侧重点会有所变化。

农田防护林是防护林体系的主要林种之一，以保障农业生产为目的。土地工程中防护林规划主林带主要沿田间道路两侧布置，副林带主要沿道路及工程的边界布置。林带设计时应主要考虑方向位置、间距大小、树种选择及交通口等问题。图 5-6 为主干道与林网的断面示意图。

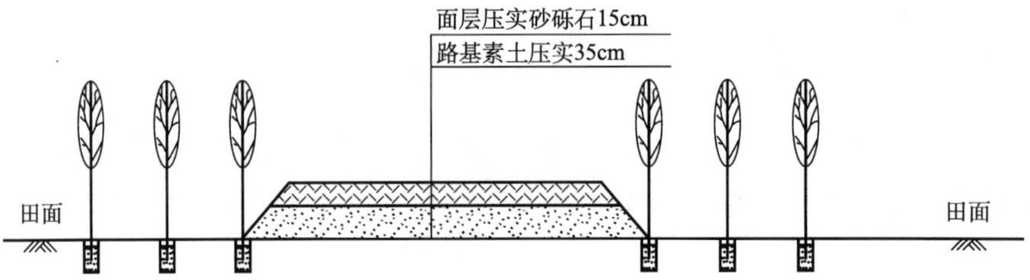

图 5-6　主干道与林网的断面示意图

1. 林业工程的功能

1）降水再分配

一般情况下，降水再分配指降水达到林冠层上时，从上往下运动的过程中就要重新分配，这种重新分配对水滴的动能可以起到一定的消能作用。

2）改良土壤

林木能改变小区域内的水文状况和防止土壤侵蚀，与其改良土壤的作用具有密切的关系。林业工程的实施可以降低土壤容重，孔隙度增大形成较大数量的水稳性团粒结构，土壤导水、持水性改善，塑性指数高。

3）涵养水源

调节径流是林业工程在涵养水源方面的重要表现。林业主要是通过改变产流的下垫面，从而使地表径流和地下径流的比例发生改变，对水分循环的各要素产生影响和改变，起到涵养水源、削减洪峰和改善水质的作用。

4）控制水蚀

土壤的水蚀主要分为击溅侵蚀、面蚀和沟蚀。实质则是降雨的侵蚀能力大于土体抗侵蚀力的结果。林业工程的实施，在一定程度上可降低径流冲蚀力，控制面蚀和沟蚀；有效降低和减小水蚀的危害（李凯荣等，2012；伍光和等，2008）。

5）固持土体

根系是树木直接与土壤接触的器官，根系不断从土壤中获得水分和养分的同时，还起到支撑树体和保持水土的重要作用，根系通过网络作用即根系的交织穿插，对周围的土块起到拦截护挡的作用；牵拉作用即土粒紧密的附在根系的四周，减少流失（陈伟，2004）。

6）美化环境

根据建设区域用途的不同，非农业用地转换成农业用地如建设观光农业，林业工程的主要内容即种植观赏性高的树木。

2. 林业工程的施工标准

（1）树木成活率应达到95％以上。

（2）绿地整洁，表面平整。

（3）种植的植物品种、种植结构等应符合规划设计要求。

（四）道路工程

道路工程是沟通乡镇、村庄与田块之间的联系及完成农业生产运输必备的条件，因此，道路工程是土地工程中的重要组成部分。道路的建设会使项目区与外界交通便利，信息畅通，有助于农业生产、交通运输、农民生活和农业机械化等各个方面，重要的是可以提高劳动生产率。

1. 道路工程的分类

在土地工程中，根据服务面积和功能的不同，可以将道路工程划分为干道、支道、田间路和生产路四种。道路工程建设规划的指标见表5-1。

（1）干道是乡镇之间联系的道路，通行工具主要以汽车为主，是整个道路交通网的核心，负责项目区主要的客货运输任务。

（2）支道主要是指村庄之间联系的道路，是村庄与外界联系的主要渠道，负责运进农业生产资料及运出农产品。

（3）田间路主要是村庄与田块相连的道路，承担着货物运输、机械向农田转移等任务，一般布设在田块的短边，主要方式有“田—路—沟—林—渠”，“田—沟—路—林—渠”和“沟—林—渠—路—田”形式（邹连敏，2011）。

（4）生产路指项目区内连接田块与田块、田块与田间道，服务于人工田间作业和收获农产品服务的道路，一般在田块间沿农渠或农沟布置或者垂直于田间路，有林带地区应充分利用林缘土地，设置在林带的南向、西南向和东南向。

表 5-1 道路工程建设规划指标表

道路类型	主要联系范围	行车情况	路面宽/m	路基宽/m	高出地面高度/m
干道	乡镇与乡镇	汽车	6～8	10～12	0.7～1.0
支道	村庄与村庄	汽车	3～6	5～8	0.5～0.7
田间路	村庄与田块	农用车	3～4	3～4	0.3～0.5
生产路	田块与田块	非机动车	1～2	1～2	0.3

注：该表编制依据《土地开发整理项目规划设计规范》TD-1012—2000。

2. 道路工程组成及设计

1）道路结构组成

道路构成主要有路基、路面、路肩、路沟和边坡。工程项目施工内容主要包括土方开挖、回填、路基、路面铺筑和碾压。

2）道路设计

断面设计包含纵断面设计和横断面设计。土地工程规划中利用道路横断面设计主要体现的是道路结构及组成。纵断面设计可对路线线位高度及坡段变化的过程进行研究，以确定纵断面线形的几何构成及有关尺寸的选择。

3. 道路工程类型

道路工程建设的开始，应对工程实施区域的所有自然条件及工程条件全面掌握，遵循道路修建要达到占用较少土地，布局经济合理的效果。工程建设前期应做好“三通一平”即做好路通、水通、电通和场地平整工作，临时设施、建设材料和机械的准备，施工流程为测量放样、土方开挖、路床验槽、地面原土打夯机夯实、压实度检验、泥结石路面铺填和交工验收。

1）挖方路基施工

挖方路基施工是按设计要求进行挖掘，并将挖掘出来的土石方做填料，或运往弃土地点。路堑土方开挖方法根据具体情况可采用横挖法、纵挖法和混合开挖法三种。

2）填方路基施工

路基基底是指土石填料与原地面的接触部分，为使两者结合紧密，防止路堤沿基底发生滑动，或路堤填筑后产生过大的沉陷变形，可根据基底的土质、水文、坡度和植被情况及填土高度采取相应的处理措施。

路堤填筑方式有分层填筑法、竖向填筑法和混合填筑法。压实度是填土工程的质量控制指标。

3）特殊路基施工

特殊土的种类有软土、杂填土、盐渍土、膨胀土和湿陷性黄土等，由这些土构成的路基常常会受到自然条件的影响，其中主要是湿度和温度引起的路基土的性质变化，而导致路基产生过大的沉降和沉降差异，出现各种路基病害。因而，在不同区域的路基施工中，必须针对各区域不同的湿度和温度变化规律，因地制宜，采取调节水温情况的措施和相应的工程技术手段，改善路基的水温条件，以保证路基具有足够的强度和稳定性。

4. 道路工程的要求

在道路工程建设期，应加强对施工的步骤严格执行，并且把好工程每一步实施的质量关，对所用材料要进行就近原则选取及控制材料质量。

道路工程的布局应与田块布局相适应，尽量节省投资和节约土地，一般工程规划的交通工程分主干道路、田间道路和生产道路三级，各级道路有效连接，统一协调规划。“节约用地、方便布局、合理运输”是田间道及生产道布局所遵循的基本原则，同时布局时要尽量利用原来路基，要求合理通畅，保证农机具进得去出得来，经营方便，道路短捷，并尽量要与沟渠相结合。

第二节　工程规划设计与实施

非农用地转化为农业用地工程实施是指以普探报告、批复的非农用地转化为农业用地项目可行性研究报告和工程设计为依据，按照有关技术标准、规范和规程，在施工前对项目主体工程和配套工程实施进行调查研究和科学分析，通过技术经济综合分析，阐明在既定地点、时间和投资内工程技术的可靠性和经济合理性，最后提出作为施工依据的设计文件及图纸的过程。可行性研究和工程设计在工程实施之前起着举足轻重的作用。

一、可行性研究

可行性研究的重点是以预测投资效果为目的，从技术上、经济、社会效益和生态效益上全面分析研究，看技术上的先进性和可能性，经济上的盈利性和社会上、生态上的合理性，也就是说对拟建项目的经济、社会、生态效益做出预测，综合评价项目在生产上是否可行，技术上是否先进，经济上是否盈利，社会生态上是否合理，又能以最小的消耗获得尽可能大的效果。因此，可行性研究是投资决策的重要依据。

（一）基础勘察

为因地制宜、科学合理的对非农用地转化为农用地工程进行设计和施工，在土地工程设计和实施之前，必须对工程实施区域的自然环境、水文地质条件、土质现状、基础现状以及社会环境等方面进行调查、勘察，目的是查明工程实施场地及其周围的自然和社会环境及土质条件，提供相关技术资料，为土地工程设计提供基础依据。主要方法包括资料搜集法、现场踏勘法以及采样分析法等。

(1) 自然环境条件：自然环境条件是土地工程立项、选址、方案设计的基础。在土地工程基础勘察过程中，通过对场地的自然环境调查和勘察，探明区域气候条件、地形地貌特征、水资源条件以及植被类型。该要素的勘查主要是通过现场踏勘法，辅助以资料搜集法进行。

(2) 土体条件：土体条件主要包含土层性状和土质性状，土体条件对土地资源的使用有极大的影响。土层性状决定了土体能否满足作物生长所需的土层厚度和土层结构；土壤质地对土壤的耕性、孔隙性、保蓄性、供给性、通透性均有影响，土体条件作为土地工程决定性基础要素，主要通过现场踏勘法和采样分析法获得。

(3) 施工基础现状：施工基础现状的勘查，对于非农用地转化为农用地工程的设计和施工有指向性作用。多数非农用地转化为农用地工程中，项目区的道路交通、灌溉设施和电网设施都不太完备，应该根据对项目区以上条件的全面勘查，在设计和施工前采取针对性的解决措施，充分利用现有条件，并及时补充建设。以上主要通过现场探勘方法，辅以资料搜集法进行。

(4) 社会环境现状：社会环境现状调查一般包括社会经济（人口、工业与能源、农业与土地利用和交通运输）、文物与“珍贵”景观、人群健康状况及其他根据当地环境情况及项目特点而定的内容（如电磁波、振动和地面下沉等），以保证在非农用地转化为农用地工程中，结合当地实际的社会经济条件，建设符合当地条件、民众接受度最高的土地工程。该类资料的来源主要是现场探勘和资料搜集。

(二) 可行性研究分析

在非农用地转化成农业用地的前期工作中，应根据基础勘查的结果，对工程进行充分可行性分析和论证，可行性研究是从事土地工程之前，对技术、经济、社会环境和法律等各种因素进行具体研究和分析，确定有利和不利的因素、项目是否合法可行等的过程。可行性研究分析主要包括以下三个方面的内容。

(1) 自然条件分析。自然条件主要是当地有利因素和限制因素两方面。有利因素即在工程实施中可以利用的当地资源，如黄土等。限制因素包括干旱、水土流失、盐碱化等。水土流失破坏地面完整，降低土壤肥力，造成土地硬石化、沙化，影响农业生产。其他自然因素如暴雨、洪灾、冰雹和霜冻等自然灾害，也是重要的限制因素。

(2) 社会条件分析。社会经济因素包括土地经营管理水平、耕地利用程度、土地经营规模、土地区位条件、劳力和资金投入等。土地工程的实施最大的受益者是人民群众，在项目实施的初期，一般是通过问卷调查或者村组大会的形式征求大家的意见，使工程的开展取得人民群众的支持。

(3) 技术条件分析。非农用地转变为农业用地的工程中，主要分析针对实施项目的土地类型，是否有成熟的技术及工程实践经验，为工程的实施做技术支持。

(三) 非农用地利用评价

非农用地的面积大，存在形式多样，其开发利用后主要从以下三方面进行评价：

(1) 非农用地的潜力评价。非农用地潜力包括生产潜力分析和产业化综合潜力分析。现阶段关于非农用土地转变为农业用地的土地工程的主要目的是以“土地整治与社会主义新农村建设”为主题，通过开展以田、水、路、林、村为主要内容的综合治理，最终使开发后的土地转变为农用地得到可持续发展。

(2) 非农用地的适宜性评价。土地适宜性评价是指对土地为农作物、牧草、林木正常生长所提供的生态环境条件的综合评价，是按照土地对指定用途的适宜性，将特定地区的土地进行评价和归类。土地按其适宜用途分为多宜性、双宜性、单宜性和不宜性（蒙吉军，2012；韩霁昌等，2011）。

(3) 非农用地的效益性评价。效益评价主要是从社会效益、经济效益和生态效益三方面进行。非农用地的转化可使资源合理优化配置，提高其利用率，土地的数量和质量都会显著增加和改善，获取可观的经济收益，还能改善小地区的气候并可美化环境。

(四) 工程实例——以中国陕西省榆林市孟家湾沙地开发为例

经过对项目区自然条件、经济条件、社会条件等进行综合基础勘查，项目区地处陕、蒙、晋、甘和宁接壤区腹地，土质好，光照足，农业气候条件适宜，是传统农牧区，然而干旱严重，农业生产水平低而不稳，其主要原因：一是农业基础条件差，设施配套水平低；二是土地综合利用水平低，缺乏科学合理的经营管理制度；三是农业生产技术水平低。农业生产新品种、新技术、新工艺没有得到广泛推广应用，仍然以 20 世纪 80 年代包产到户时的家庭生产为主，机械化程度低、生产效率低和产出效益低。该项目可行性研究包括以下四方面。

(1) 项目区涉及榆阳区孟家湾乡孟家湾村 1 个行政村，全部为村集体所有土地，属典型的风沙草滩区。项目区内地势平坦，土层深厚，交通便利，但受气候、干旱、霜冻和大风等灾害影响，在很大程度上制约农村经济持续发展。

(2) 风沙土经过改良在有灌溉条件下可开发为优质高产基本农田。该区域有充足的光、热，可较好的进行耕作。项目区土壤结构和养分基础尚可，经改良和耕种熟化后可变为优质高产基本农田，农业生产潜力巨大。地势平坦，种植业基础好，机械化作业条件好，群众从事农业积极性高，开展规模化生产制约少，劳动力成本低。

(3) 项目实施符合榆阳区土地利用总体规划和榆阳区土地开发整理规划。项目水土资源调查细致，根据作物种植结构、灌溉定额等进行的水资源供需平衡总量分析基本到位。

项目土地总面积为1525.43hm^2，其中一等宜农地，主要指现有的农耕地，这些是经过改良且已经耕种的土地，项目区没有；二等宜农地，主要是以淤土为主要土壤类型，腐殖质含量较高，土壤较紧实的土地，耕翻后可作为农耕地的土地，共131.83hm^2：三等地是土壤腐殖质和粘粒含量、紧实度介于淤土地和沙土地之间的绵沙土地，共434.71hm^2；四等宜农地是以风沙土为主的现有荒沙地，共计958.89hm^2。区内生态脆弱，单位面积上的水资源贫乏，人类活动对环境造成不良影响。土地开发项目实施后，水资源供需平衡，并略有节余。水资源利用可实现区域补排平衡，工程建设不会对水资源平衡体系及生态环境造成负面影响。

(4) 该工程项目的开发实施，得到当地政府和群众的支持，有良好的群众基础。

二、工程规划设计与实施

土地工程的设计是其实施的前期准备及实施依据。土地工程设计的概念是指根据建设工程的要求，对建设工程所需的技术、经济、资源和环境等条件进行综合分析、论证，编制建设工程设计文件的活动。非农业用地转变为农业用地工程的规划设计应从整体出发，因地制宜，使设计具有可行性、整体性、可靠性和可持续性，使工程实施完成后达到资源的最优化配置及利用。

土地工程规划设计要以可行性研究报告为依据，因地制宜，结合当地的现有基础条件，充分考虑当地的农业生产要求和种植习惯，对接新农村建设，统筹全局。工程设计是工程实施的依据，是控制工程造价的依据；是工程招标与施工监理工作的基础和依据，是工程检查、监督和竣工验收的依据，做好工程设计是确定与控制工程造价的重点阶段（邹连敏，2011）。

（一）工程规划设计与实施的依据

1. 普探报告

根据前期对工程实施区域的自然环境、水文地质条件、土质现状、基础现状以及社会环境等方面进行调查、勘察，而编制的普探报告，是对非农用地转化为农用地土地工程设计方法选择的决定性依据。

2. 非农用地转化为农业用地的行业标准

国家和地方的水利、电力、建筑安装、道路、基本农田、林业、环境保护和土地平整等建设和设计应遵循以下标准和规范。

（1）《土地开发整理规划编制规程》（TD/T1011—2000）。

（2）《土地开发整理项目规划设计规范》（TD/T1012—2000）。

（4）《土地开发整理标准》（TD/T1011-1013—2000）。

（5）《水利建设项目经济评价规范》（SL72—94）。

（6）《灌溉与排水工程设计规范》（GB/50288—99）。

（7）《水土保持综合治理技术规范》（GB/T16453.1-16453.6—1996）。

（8）《节水灌溉技术规范》（部颁 SL207—98）。

（9）《农田灌溉水质标准》（GB5084—1992）。

（10）《土地开发整理项目设计报告编制规程》。

3. 国土部门资料

（1）县、乡镇土地利用总体规划、土地整理专项规划。

（2）项目区最新统计到村的土地台账。

（3）地籍证明表。

（4）农田土壤检验报告。

（5）客土场土壤化验报告。

（6）客土场证明，需要说明客土场的位置、储量、运距、权属等。

（7）土地平整区地形图，土地利用现状图，土地权属界限图，所在所属地土地利用总体规划图，土地整理专项规划图等。

4. 水利部门资料

（1）水文地质资料。

（2）水资源情况。

（3）取水许可。

5. 农业部门资料

项目区所在地区农业种植结构、耕作制度、农产品投入、产量、销售和收入等情况（邹连敏，2011）。

（二）工程规划设计实例——以陕西省榆林市小纪汗乡土地开发为例

陕西省榆林市小纪汗乡土地工程以增加有效耕地面积和实现区域生态环境整体治理为主要目的，确定 177.8006hm^2，基本为其他草地和荒沙地。规划新增耕地 173.318 5hm^2，新增耕地率 97.48%，概算总投资 2 121.59 万元。通过对项目区内的沙地进行土体有机重构和建井、配电、修路和植树等配套工程的综合开发，创造良好的农业生产条件和土地生态环境，保证土地的可持续利用和农业生产的稳定发展，带动当地经济、社会、生态等系统的协同发展，构建和谐社会，促进当地新农村建设。

1. 项目设计依据

1）基础勘察报告

《榆阳区小纪汗乡大纪汗村土地开发项目基础勘察报告》（2011 年）。

2）技术规程、相关规定

项目承担单位依据批准的可行性研究报告，按照《土地整治项目设计报告编制规程（TD/T1038—2013）》、《土地整治项目工程量计算规则（TD/T1039—2013）》、《土地整治项目制图规范（TD/T1040—2013）》、《土地开发整理项目预算编制规定（2011）》及《陕西省土地整治工程新增耕地质量标准（试行）》规定的格式、范围和质量要求，按照《陕西省耕地占补平衡工作管理细则》规定编制初步设计。

3）依托技术

项目主要应用技术为“毛乌素沙地砒砂岩与沙复配成土核心技术研究”。该技术以固沙节水保护环境、新增优质耕地为双赢目标，针对区内土地沙漠化和砒砂岩水土流失的“两害”难题，研究发现砒砂岩与沙两种物质结构具有互补性，两者结合可同步实现固沙和节水造田两个目的。

2. 项目设计

项目设计中，项目工程主要完成土体有机重构工程（土体物理重构、植物营养保障即有毒有害物质防控）、配套工程（灌排、田间道路、防护林）等建设任务，通过建设使项目内土体颗粒级配显著改善、土体层级结构良好、保水保肥性提高，结合路、林、灌溉设施综合配套，农业生产条件得到极大改善，土地生产力全面提高，水土流失得到有效控制，生态环境得到显著改观。

1）主体工程设计

土体有机重构是土地工程的核心基础，在本项目中，包括土体物理重构、土体有毒有害物质防控设计和植物营养保障设计。在毛乌素沙地土地整治中优选砒砂岩这一当地广布、紧实致密的“新材料”，与沙精准复配成土，通过构筑水土气生人多要素耦合的健康农田系统，实现了变“两害”为“一宝”，获得了节水、固沙和增效的综合效应。

（1）土体物理重构设计。项目开发前土地大部分均为高低起伏的其他草地和荒沙地，相对高差小于 20m，但是地势高低分布不均，为了保证土体有机重构的良好实现，田面坡比需控制在 5‰以内。完成项目田面规划和设计后，设计在田面上覆砒砂岩，以增加耕土层土壤黏粒，覆砒砂岩厚度为 8cm，约覆砒砂岩 13.79 万 m^3。经翻耕使砒砂岩与沙进行充分的混合、复配成结构良好的耕作层，形成良好的颗粒组成和构建适宜的土体剖面结构。

（2）植物营养保障设计。砒砂岩与沙两种物质本身有机质含量较低，氮、磷、钾等各类作物生长所需大量元素均极低，因此需对土体养分调控进行设计，从而保证项目完成后可实现对养分的有效提升和调控。项目地附近有一定数量的养殖场，羊粪易获得、价格低廉。羊粪中养分含量较高，可用于植物营养保障设计的材料。设计种植年收获后可将作物秸秆全量还田，增加土体有机质含量。

(3) 土体有毒有害防控设计。土体无害性是决定能否用于农业生产，能否可持续使用的前提。砒砂岩作为一种混合沉积岩层，其成分较为复杂，变异性较大。要作为一种新型“造土”材料，就需要考虑其安全性问题，主要考虑重金属含量是否超标。在项目设计中，拟计划在项目区建立野外科学观测站一座，对土体重金属进行定期监测，观测站配备相关的样品采集和处理的仪器设备，每年作物种植前、后各采集土样一次，并送至陕西地建土地工程技术研究院进行重金属含量检测，以便及时发现土体污染情况。

2) 配套工程设计

(1) 灌排工程。项目灌排工程主要包括机井工程、输水管道、微喷灌工程、建（构）筑物和输配电工程等内容。灌溉设计中采用地埋低压管道系统，田间灌水采用中心支轴式喷灌机灌溉，边角地带采用出水桩接移动式喷灌系统进行灌溉。根据地形条件划分为 4 个中心支轴式喷灌灌溉系统。

(2) 道路工程。在遵循方便居民出行、耕作，有利于提高农业机械化水平等原则的基础上，新建主干道、田间道和生产路。沙路基基础水沉淀处理，土路基压实，压实度不低于 93%；弯道半径不低于 20m。

(3) 林网工程。为了防风固沙、保护农田及防止水土流失，降低风害对农业生产的影响，改善田间小气候和农田生态环境，项目设防护林带，结合实际拟选择耐碱、耐旱和抗病的树种，以樟子松、新疆杨和沙柳为首选，周边采用直立式沙障，采用较硬的沙柳枝条。

非农用地转化为农业用地工程实现了资源的有效利用及优化配置，节约和优化了土地资源。其工程规划设计是该项工程实施的前提，在实施的前期进行准备，不同土地类型的工程实施，在实施过程中所选择的方法和工程实施的重点都有所区别。在第三节实施案例中，将对土地工程设计、实施工序及实施过程选用的技术手段分别从不同的非农用地的开发案例中进行整体系统的说明，如盐碱地、沙地、旧河道、宅基地和荒草地等土地工程。

第三节 实施案例

经过前期调查，对工程可行性研究分析和设计的准备，利用工程技术手段，对非农用地进行开发、整理和复垦，主要是对沙地、盐碱地和荒草地等开发利用，使之转变为农业用地。本章主要通过七种土地的工程实施案例介绍土地工程实施过程以及所带来的效益。

一、中国陕西省榆林市定边县盐碱地开发案例

盐碱地属于非农用地，其治理是一个世界性的难题。在榆林市定边县堆子梁镇盐碱地开发工程中，采用中国陕西省卤泊滩盐碱地治理的成功经验，运用“改排为蓄，水地共处，和谐生态”的治理模式，开挖构建蓄水体系，同时又采用拉运黄沙覆盖与原土拌和，通过对土体颗粒进行重构，达到增大土壤孔隙率，降低原土板结的目的。通过以上两种方式相结合，达到降盐压碱，成功治理该区域盐碱地的目的。

（一）项目基础勘察

通过对项目区的自然条件、基础现状和社会经济条件进行基础勘查，综合得出项目区以下资料：

1. 自然环境

项目位于定边县东北部，地处内陆，属大陆性半干旱季风气候，年平均气温7.9℃，年平均降水量320 mm，多年平均蒸发量2522.8 mm，年日照时数为2743.3 h，完全能满足农作物对光能的需要。项目位于毛乌素沙漠的南沿，地层区反复经受侵蚀切割和堆积作用，形成了不同的地貌景观（图5-7）。第四纪以来，以风力作用为主和流水、重力作用为次的外营力作用下，地台上形成了新月形沙丘和波状沙丘链为主的风沙堆积地貌。

图5-7　榆林市定边县盐碱地工程项目区地貌图

2. 水资源条件

萨拉乌苏组地下水是该项目最主要的地下水类型。本区域含水量较为丰富，现有的开采量为$1233\times10^4 m^3/a$，属中等富水区。地下水水质类型为HCO_3-Na-Mg型水，矿化度小于0.771g/L，pH为8.04，总硬度为320mg/L，属于适宜

灌溉的水资源，满足农作物灌溉要求。

3. 土体条件

项目丘间有为数众多的蝶形洼地和形状不一、大小不等的沙丘涧地（盐碱地），为典型的风沙草滩地区，土层深厚，土质以粉壤土为主，土质中全氮、速效磷、有效钾含量中等，符合作物生长所需。但是土体严重盐渍化，pH 偏高（8.5～10.5），有机质含量偏低（＜5g/kg）不利于作物种植，需要进行土体有机重构，以改良土体结构、改善土体养分特征、降低土体盐碱化程度，建设为适宜玉米、马铃薯和小麦等作物生长的农田。

4. 项目区基础条件与社会条件

项目已经有一定数量的公路，可将项目与附近村庄连通，利于项目施工，在工程实施前需建设一定量的田间路，以便于日后耕作和管理。项目区附近电力设施齐全，附近水源充分，但需要建设灌排渠，满足灌溉需求。当地耕地资源匮乏，群众对项目盐碱地整治较为支持，但由于当地盐碱化严重，群众对于项目技术水平存在疑虑，实际施工中，应及时与当地政府和群众进行沟通，并加强宣传。

（二）工程规划与实施

项目区土地工程的主体工程即土体有机重构；配套工程为灌排工程、道路工程和林网工程。

1. 主体工程——土体有机重构

（1）土体物理重构。根据地形图测量结果，项目区地块坡度小于 3‰，因此项目内土地整体操平的工程量主要是蓄水沟开挖土方的工程量，除东北部沙地工程量较大以外。土体操平遵循盐碱地内整体取平，按照 1/1000 坡度，沙荒地内整体取平，坡比按照 5‰。通过土体操平等土体物理重构措施，可以改变以前高部位局部水循环的方向，消除了盐分富集的地形条件。通过运用盐碱地覆沙，改变土壤颗粒组成及剖面结构，实现土体颗粒重构，增加了土壤耕作层的通气孔隙，减少了地下水上移路径。在以上工程完成，通过土地深翻工程，改变土体物理性状，完成土体耕作层的土体重构，调节土体容重、孔隙度等特性，使得盐碱地更适宜耕作。

（2）土体化学重构。通过开挖蓄水沟运用循环加速压盐，洗盐降碱，改变土壤中盐分垂直方向上的分布和修建排碱沟控制地下水位，实现土体化学重构。

（3）土体生物重构。通过蓄水沟内蓄水，构建联通的网状水系，在蓄水沟内种植耐碱性植物和水生动物，实现水体生态系统和土地生态系统的相间共处。通过蓄水沟内生物和植物的改碱或吸盐，沟底腐殖质生化反应中和盐碱等功能，实现盐分在土体—水体—生物内部及界面之间的迁移转化，达到排碱降碱的目的，如种植芦苇、盐蓬草等。

(4) 植物营养保障。土壤瘠薄是造成土壤板结和返盐的重要原因之一。由于多年撂荒，耕层有机质含量低，严重缺氮缺磷。一般选用增施有机肥和秸秆还田，即能够满足作物对无机养分的需要，还可以增加土壤中有机质增加孔隙度，提高土壤保水、保肥能力，使地表水入渗和水盐下行量增加，水分蒸发和表层返盐量下降。

2. 配套工程

1) 灌排工程

项目现状地类为未利用土地，土地开发后为水浇地。通过对需水量、供水量及供需平衡差的计算，决定采用开凿机井提取地下水作为灌溉水源工程。项目共布设支渠、农渠、毛渠三级渠道，由机井供水。支渠沿田间路布设，农渠沿生产路布设，毛渠沿田块边布设。地埋管道长度按照平面布置图上量取为 7933m，出水桩 53 座。平移式喷管机组 1 台套，控制灌溉面积 1064 亩，平移式灌溉机 10 跨，覆盖宽度 577m。

2) 道路工程

项目内布设主干道、田间道和生产路。主干道路面宽 5.5m，高出地面 1m，铺筑 3.5m 宽砼路面；田间道路面宽 4m，高出地面 0.9m，铺筑 3.5m 宽泥结石路面，部分为砼路面；生产路路面宽 2m，高出地面 0.3m，红砂石与土（1∶3）路面。布置田间道路 3 条，总长度 3507m；生产路 3 条，总长度 1940m；过路桥涵 1 座，长度 8m。

3) 林网工程

防风林带的设置与田块和道路布局相结合，形成网框。主干道和田间路两侧双排栽植，行距 1m，株距 2m，梅花桩式布置，生产路一侧种植单行，株距2m。项目主干路两旁及项目边界各栽植旱柳 3 行，行距 1m，株距 2m，沿蓄水池不邻道路侧栽植旱柳 3 行，行距 1m，株距 2m，梅花桩式布置，共栽植15 660株。

4) 电网工程

参照《国家电网公司 10kV 线路典型设计》(2007.1.1 版本)，新打机井所需要架设的输电线路为 10kV 高压主干架空线路，导线型号选用 LGJ-25，共架设线路 3288m。线路设计方案采用建设后达到标准化配电线路的标准。变压器与水泵之间的输电线采用地埋线，按照《农村低压电力技术规程》(DL499—2001) 规定执行。配电装置采用一体化设计，由电度表、漏电保护器、交流接触器、刀闸、熔点开关、电容器和接线端子构成。变压器根据项目区可利用的现有高压线路位置、走向、机井布置进行设计，布设变压器 3 台，变压器台架下周围 0.5m 之内的地面用砂石料做硬化处理。

（三）工程成果

项目的效益分析主要从社会效益、生态效益和经济效益三方面分析。工程的完成带来的社会效益主要包括缓解耕地压力、增加就业机会、促进社会和谐稳定、增加耕地面积、提高耕地质量以及显著改善农业生产条件；生态效益主要包括提高植被覆盖率、改善生态环境、建设林网和水利设施，防止自然灾害发生；经济效益则是通过土壤改良，增加农作物种植面积，提高当地人均收入（图 5-8）。

开发中

开发后

图 5-8　榆林市定边盐碱地开发后现状图

二、陕西省榆林市孟家湾沙地开发案例

中国政府高度重视沙漠化防治工作。2001 年和 2005 年分别颁布实施了《中华人民共和国防沙治沙法》和《国务院关于进一步加强防沙治沙工作的决定》，进一步加强防沙治沙工作，推动沙区走上生产发展、生活富裕、生态良好的道路。榆林市孟家湾地区属毛乌素沙地，沿长城风沙带存在大片沙地。在土地整治过程中，充分利用当地资源，采用“础砂岩与沙复配成土”和客土技术措施，重新构建耕作层土壤，改变土壤组成，提高土壤的保水、保肥机能，间接提高土壤养分，成功治理沙荒地，是沙地治理的一个成功典范，为沙地治理提供了崭新的思路和方法，并与当地现代农业对接，配合新农村建设，改善了当地的自然环境，且社会、生态、经济三大效益显著。

（一）项目基础勘察

1. 自然环境

榆阳区位于中国陕西省的北部，无定河中游，东与神木毗邻，西北与中国内蒙古乌审旗接壤，东南与佳县、米脂毗邻，西南与横山相连，总土地面积 7053km² （图 5-9）。区域属大陆性半干旱季风气候，年平均降水量 413.9mm，年平均气温 8.1℃，大于等于 0℃年天数为 250 天左右；最大冻土深度为 148cm。区内平均风速 3.5m/s，最大风速 18.7m/s。

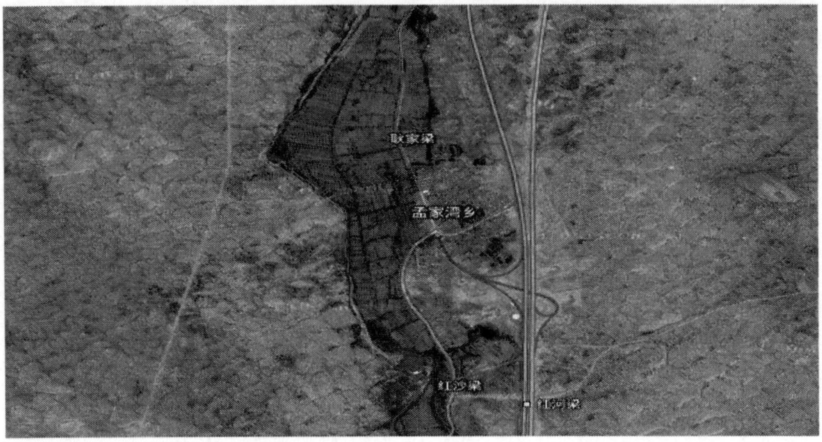

图 5-9　榆林市孟家湾沙地项目所在区卫星航片图

项目位于毛乌素沙漠的东沿。在以风力作用为主和以流水、重力作用为次的外营力作用下，地台上形成了新月形沙丘和波状沙丘链为主的风沙堆积地貌（图 5-10）。区域地势总体平缓开阔，起伏变化不大，地势西高东低，北高南低，相对高差 1～15m。项目气候条件完全满足玉米、马铃薯等作物单季种植的需求。

图 5-10　榆林市孟家湾沙地工程项目区地貌图

2. 水资源条件

项目区位于榆溪河上游右岸，中营盘水库西 1.1km 处，区内广泛分布第四系松散沉积物，属风沙滩地区萨拉乌素组地下水富集区，地下水资源储量较丰富、埋藏浅、水质优，可开采模数 8.7 万 $m^3/(km^2 \cdot a)$，地下水埋深 1.2～2.9m。区域地下水主要为第四纪孔隙潜水，水化学类型为 HCO^{3-}-Ca^{2+}-Na^+ 型水，其补排、径流关系受地形地貌控制。水资源条件满足发展适度灌溉农业的需求。

3. 土体条件

项目四周均为荒沙，是典型的沙荒地，土壤理化性质不佳，保水保肥能力差，熟化度差，且易受干旱威胁，属质量较差的土壤之一，土壤质地均以风沙土和沙壤土为主，砂粒含量在80%以上，干容重平均值 $1.5t/m^3$，不适宜耕种和农作物生长。需通过土体有机重构对土体性状进行改良。项目附近的板成滩、树肯壕，有资源丰富的土场，贮量能满足该项目要求，取土平均运距 35km。取土后所留边坡坡比为 1∶2，取土完成后将取土场平整为耕地，在边坡上种植紫穗槐，防止水土流失。

4. 土体重构材料勘察

为对项目土体进行重构，增加土体中黏粒含量，可采取黄土覆盖或利用砒砂岩与沙复配成土技术进行改良。项目附近黄土资源稀缺，能满足项目需求的黄土运输距离过远，成本过高。而距项目 25km 以外的达拉石客土场砒砂岩含量丰富，基本性质如表 5-2，各项指标符合技术规程要求，且开采运输方便，可作为土体有机重构的开采源。

表 5-2　达拉石客土场砒砂岩基本理化性质与养分含量

基本理化性质		养分含量	
pH	8.3	有机质/(g/kg)	1.34
砂粒（≥0.05～<2mm）	19.57%	碱解氮/(mg/kg)	7.36
粉粒（≥0.002～<0.05mm）	72.94%	有效磷/(mg/kg)	7.58
黏粒（<0.002mm）	7.49%	速效钾/(mg/kg)	4594.61
质地	粉壤		

5. 项目基础条件与社会条件

项目目前交通建设落后，在工程实施前需建设一定量的公路和田间路，以便于施工和新增耕地的管理。区域附近村庄具备完备的电力设施，存在少量灌溉设备，但为实现集约化生产，可通过引入喷灌机满足灌溉需求。当地土体沙化严重，农业产量低下，群众对耕地资源需求较大，因此从政府部门到普通村民都对项目区工程的实施持支持态度。

项目可行性分析详见本章第二节。

（二）工程规划和实施

项目区土地工程的主体工程为土体有机重构；配套工程为灌排工程、蓄水工程、道路工程和林网工程。

1. 主体工程——土体有机重构

土体有机重构是土地工程的核心基础，在本项目中，包括土体物理重构、土体有毒有害物质防控设计和植物营养保障设计。项目开发前均为高低起伏的风沙草滩地，为保证土体的稳定性和安全性，田面坡比控制在1%以内；田坎大部分高度1.5m左右，最高为2.5m，沙土田坎稳定坡比为1∶2。采用20m×20m方格网法，区域划分田块29块，开发新增耕地1505.26hm^2，新增耕地率达到98.68%。

（1）土体颗粒与层级重构。项目区土体贫瘠，漏水漏肥，不利于农作物生长。项目区土壤质地为风沙土，砂粒含量在80%以上，有机质含量低，不适宜耕种和农作物生长。通过在沙丘平整完成后在田面上覆黄土，以增加耕土层土壤黏粒，实现改善土壤颗粒，达到土体结构良好的目标、耕作层砂粒降低到45%以下，pH控制在8.0±0.5。

（2）植物营养保障。由于客土土源为非耕性土，土质养分含量偏低，在客土工程后通过基施有机肥、氮磷钾复合化肥等补充土体养分，提高土体氮、磷、钾、硅、硼和锌等作物生长所需大量元素和中微量元素的含量，满足作物生长需求，实现土体生物化学结构改良，从而实现植物营养保障。同时，首季作物采用大面积秸秆还田方式提升土体有机质含量，实现新增耕地养分良性改善，土地持续利用。

（3）土体有毒有害物质防控。土体无害性是决定能否用于农业生产，能否可持续使用的前提。砒砂岩作为一种混合沉积岩层，其成分较为复杂，变异性较大。要作为一种新型“造土”材料，就需要考虑其安全性问题，主要考虑重金属含量是否超标。经测定，项目区复配土的重金属平均含量均较低，达到了国家土壤环境质量标准（表5-3）。除Cd处于土壤环境质量二级标准外，其余指标都处于一级标准。

表5-3 项目区复配土的重金属含量/（mg/kg）

重金属	含量	国家土壤环境质量标准GB 15618—1995
Cr	21.73±3.11	90（一级）
Ni	9.37±3.14	40（一级）

续表

重金属	含量	国家土壤环境质量标准 GB 15618—1995
Cu	4.86±2.50	35（一级）
Zn	4.97±2.43	100（一级）
As	6.28±4.28	15（一级）
Cd	0.25±0.06	1.0（二级，pH>7.5）
Hg	0.07±0.03	0.15（一级）
Pb	17.91±1.93	35（一级）

为在日常管理中，实现对项目土体有毒有害物质进行防控，在项目地建立一座野外科学观测站，对土体重金属进行定期监测，并配备土钻、电子天平、烘箱等土样采集和处理仪器设备，每年作物种植前、后各采集土样一次，并送至陕西地建土地工程技术研究院进行重金属含量检测，以及时发现土体污染情况，防止有毒有害物质影响农作物的生长，进而危害人类健康。

2. 配套工程

1）灌排工程

新建打机井 114 眼，配套 200QJQ32-39 潜水泵 114 台，安装 φ110mmPVC 管 30 328m（连接蓄水池），有效控制灌溉面积 1177.35hm²，低压管道（设置给水栓）15 981m，有效控制灌溉面积 328.66hm²。修建蓄水量 80m³ 的蓄水池 33 个，配液池 33 个，实现农业机械化、集约化生产，并有效提高了水分利用效率。

2）道路工程

为了方便居民出行和耕作、有利于提高农业机械化水平、充分利用现有田间道路等原则的基础上，新建主干路、田间道和生产路，形成项目区内与区外道路相连、区内居民点和田间劳作相通的交通网，便于田间作业和农资的运输。道路路基施工结合方田施工情况进行，方田平整遇田间道路基填方段时，应将路基土分层压实，当路基为挖方段时路基压实厚度 0.3m，路基压实度≥0.93；生产路路基可不分层压实，仅在田面平整后碾压一次，碾压后的路基表面应和田面平齐。新修主干路 3.13km、田间路 35.36km、生产路 35.32km、项目区外接道路 1km，实现耕地道路化的目标。

3）电网工程

电网工程按电力部门规定、规程、标准和施工规范要求与电力部门积极配合施工，共架设 10kV 输电线路 10.90km，埋设 380V 输电线路 46.03km，安装 S11-315kVA 变压器 1 台，S11-400kVA 变压器 4 台，完善输变电网络系统，满足农业生产需要。

4）林网工程

为了防风固沙、保护农田、防止水土流失，降低风害对农业生产的影响，改善田间小气候和农田生态环境，项目区需布设防护林带。杨树苗的选择到规范的苗木基地，随起随用，适时造林。沙柳的选择则是就近选材，适时栽种。施工前，用经纬仪放线，先根据树行距撒出白灰线，然后在白灰线上根据树株距确定每棵树的具体位置，再按要求挖穴栽树。栽植环项目区防护林 19.05km，农田防护林带 29.99km，区内绿化种草 40.94hm^2。苗木管理由专人负责，正常浇灌频率一个月两次，干旱天气适当增加浇水次数。

（三）工程成果

榆林沙地工程的社会效益主要是建成了榆阳区第一个现代特色农业示范基地，将对全区现代农业发展起到良好的示范带动作用；开发利用了荒沙地，提高了土地利用率，扩大了环境容量，增加了大量的优质高产基本农田；促进农业增产、农民增收和农村经济发展。项目建设增加了大量的生产用地，可产生巨大的经济收益。本项目实施将建成规模化的优质马铃薯生产基地。生态效益主要表现为优化了土壤理化性状，增强了抵御自然灾害的能力，减轻了水土流失，抑制了土地沙化（图 5-11）。

图 5-11　榆林市孟家湾沙地开发后作物种植现状

三、陕西省华阴市白龙涧荒滩地开发案例

华阴市白龙涧为河道夹槽地带，大部分为荒石滩和裸岩石砾地，未曾开发和利用。在此项目中，考虑到地形高差较大，主要通过修筑河道，利用南北高度差异，改为梯田，土方平衡精准，改造后在裸岩石砾地进行覆土，构建适宜耕作层，使其达到种植农作物的要求，从而有效的增加了农用地。

（一）项目基础勘察

1. 自然环境

白龙涧位于华阴市孟塬镇境内，属秦岭山麓延伸地段，地形总体南高北低，为条形冲积带区，区域内为河道夹槽地带（图 5-12）。项目区气候属暖温带季风气候，多年平均降水量 599mm，年平均蒸发量 1261mm。该地区四季分明，光照充足，平均气温 13.5℃，干燥度 1.4～1.8，最大冻土深度 0.6m。

图 5-12　华阴市白龙涧荒滩地项目区原貌

2. 水资源条件

项目位于渭河一级支流蒲峪水库，渭河径流量 12.1 万 m^3，地表水系丰富，雨量充沛，为地下水提供了丰富的补给来源，水质良好，宜于灌溉和生活，可保证建成的耕地有充沛的水源。白龙涧属于南山支流，堤防堤基均为第四系全新统冲积地层，堤基岩性主要有砂壤土、粉质壤土、粉质黏土（淤泥质）及砂层。

3. 土体条件

项目由原有的荒石滩旧河道和周边未利用地组成，原河床内为大块砾石，周边未利用地土壤为沙土，土壤表层裸露的砾石较多。项目原河床滩涂荒地地表为荒石滩，土壤由沙土、砾石组成。土体条件不适宜作物种植，应通过构建适宜的耕作层等措施实现土体的有机重构，从而实现作物种植。

（二）工程规划与实施

通过对该项目统一规划、合理布局、因地制宜和综合治理，以期有效增加耕地面积和提高耕地质量，使项目区的旧河道滩涂地变为水浇地，实现河渠畅通、路网通达，最终建设成高产稳产的高标准良田。项目区土地工程的主体工程为土体有机重构工程；配套工程为灌排工程、道路工程和林网工程。

1. 主体工程——土体有机重构

主体工程为土体有机重构工程。通过土体有机重构可有效改善土壤机理及其物理结构，不仅能起到保水保肥作用，更能很大程度上防止水土流失。

(1) 土体物理重构。区域石方量较大，推运比较困难，为了保证构建耕作层的安全性和稳定性，首先，必须运用履带式推土机推土平整的方法，辅以挖掘机，采用局部平整方案，按照挖填平衡原则，将项目划分为142个田块，土方量计算采用20m×20m的方格网法，共移动土方量40.42万m^3，是提高构建土体安全耕作层的重要步骤。

(2) 土体剖面重构。对建成的方田地表进行客土，覆盖项目土壤表面大石块，有效改善土壤机理及其物理结构，起到保水保肥作用，即首先是对耕作层厚度的选择。遵循就近原则，取土点设项目的东侧，共6个取土点，取土平均运距1km，田块覆土厚度为50cm，覆土约53.67万m^3。将其设计为梯田，田坎坡比控制在1∶2左右，既增加了耕地面积，稳定了边坡，又防止了水土流失；其次为对耕作层土体剖面的重构，即为了很好的实现土壤水、肥、气、热诸肥力和水盐运行有着重要的制约和调解作用，选择上松下紧的土体构型。

(3) 植物营养保障。在种植期间，玉米和小麦秸秆实现全额还田，提高了土体养分含量，实现了作物的营养保障。

2. 配套工程

1) 防护工程

项目区存在季节性过水，主槽在下游河滩摆动不定，易造成两岸塌陷失地。项目规划设计时保持原有河道走向不变，河道渠槽化，渠槽采用复合梯形断面，设计洪水主槽和小水主槽，两槽呈阶梯状分布，确保上游来水时能满足正常过水和行洪，且易形成均匀流，降低对两岸河槽的冲刷，既提高了耕地的安全性，又大量节省了工程投资。

2) 灌排工程

为了保证构建耕作层土体的稳定性和安全性及保证实现提高水分利用效率等目的，项目灌排工程内容主要包括渠道设计、低压输水管道、机井、井台和电气设备等。低压管道从西干渠引水，支管垂直于干管，在整个区域形成纵横交错、灌溉通畅的灌溉体系。根据原河道走势整治原河道，顺应自然规律。根据项目地形条件、地块大小、地块形状及作物种植方向等条件，贯通项目南北方向沿河道方向埋设低压干管约6000m，新打井深120m，出水量30m^3/h机井1眼。

3) 道路工程

项目道路系统主要为农业生产服务。在充分利用现有道路的基础上，对项目主干路和田间路进行改道重建和新建，其中改造砼路2条，总长686m；新建田间道 1 条，总长 6623m，并且为方便居民生产和满足生活需求，修建桥涵 2 座和平板桥 1 座。

4）林网工程

根据当地的气候、土壤条件，结合当地实际经验和经济效益，规划种植林木 2144 棵，防护林树种选用新疆杨，株距约 3m，结合区域气候特点和地形地貌，规划林带走向宜垂直于当地主害风向，并沿着田间道布置。防护林树种选用新疆杨，且种植在田间路规划宽度以内，不另外进行占地。

（三）工程成果

通过白龙涧工程的实施（图 5-13），治理了河道，加固了河堤，保证了河道顺畅、安全，避免了洪灾淹没农田。实现了耕作层构建，增加了耕地面积，通过土体有机重构及道路、灌溉系统的修建，提高了土地的利用率和产出率，改善了农业生产条件和农民居住环境。同时，对防止水土流失，持续建立农田生态系统，促进农业综合生产能力的提高都有重要意义。

开发前

开发后

图 5-13　华阴市白龙涧荒石滩工程开发整理前与开发后对比

四、陕西省渭南市澄城县空心村开发案例

废弃宅基地是将建设用地转变为农业用地，是增加有效耕地的重要途径之一。澄城县废弃宅基地多为地上窑，其土壤质量较好。宅基地的复垦主要是对废弃的宅基地进行拆除、清理和平整的过程，同时辅以农业措施，构建新的耕作层，形成具有良好土体结构、生物化学结构和营养保障的有机土体，合理配备农田水利灌溉设施，建成区域内耕作层土体有机重构及完善各项农业生产的基础设施。

（一）项目基础勘察

1. 自然环境

项目（图 5-14）位于澄城县安里乡，距县城约 20km，东面临沟，海拔 657～786m，属暖温带大陆性半干旱季风气候区，温和干旱，适宜多种作物生长。年平均气温 12.2℃，年日照时数达 2616h，多年平均降水量 549.4mm，时空分布不均，区域自然条件满足小麦、玉米等旱地作物单季种植或两季轮作的需求。

图 5-14　渭南市澄城县安里乡义合村空心村复垦前原貌图

2. 复垦条件

澄城县空心村主要以窑洞形成存在。全县 266 个行政村都是窑洞。其主要的地形地貌特点一般包括：建设地在年平均光照比较强烈、地势平坦的渭北地区。农业是该地区的主导产业和命脉支撑，每一分土地都显得弥足珍贵，对连片的地上窑进行复垦就显得很有必要，不仅可以新增大片良田形成规模效益，而且工程实施过程中所涉及的工程量也相对较少。

3. 水资源条件

项目附近没有可利用的地表水。经搜集相关资料和对项目周边现有水井的调查资料分析，区域地质岩层中的侏罗纪三叠系碎屑岩裂隙潜水和第四系冲积层空隙潜水发育较好，砂岩互层，灰岩属夹层富水性较好，地下水含量丰富，需要打深井才有可靠的供给水源。

（二）工程规划与实施

以澄城县安里乡义合村空心村整治项目为例，项目区土地工程的主体工程主要为土体有机重构；配套工程为灌排工程、道路工程和林网工程等。

1. 主体工程——土体有机重构

项目属渭北黄土塬区，为保证土体稳定性及灌溉的有效性，在构建新的耕作层是应先进行土体有机重构，包括土体剖面重构、土体化学重构和植物营养保障等。

(1) 田块规划。项目内主要以村庄定路，以地形定渠，以渠、路做骨架，划块定方。地面坡度大的，田块基本沿等高线方向平行布设。方田每块生产方控制面积 3～15hm^2，一般以 6.5hm^2 左右为宜，田块长度以 300～400m 为宜，宽度以 100～200m 为宜。

(2) 土体剖面重构。窑洞开挖工程是空心村整治特有的前期重要工程。窑洞的开挖工程是空心村工程中土体有机重构之前重要的一环，直接影响到其后的土体有机重构工程的构建与施工。依据项目特点，选择局部平整。在每个平整田块内部，保持土方的挖填方平衡，不需要从区外大量取土，或将土大量运出，降低工程投资。最主要的层级重构是进行 30cm 的耕作层构建，并清理夹杂的建筑垃圾和树根，并监测土体水分、养分状况；现有土体条件不能满足耕作种植的，还须进行土体置换。

(3) 植物营养保障。土体剖面重构结束后，即有了整体的田块构架，紧接着根据土体养分检测结果，配方施肥（有机质、全氮、全磷、全钾、速效氮、速效磷和速效钾）。施工过程一般通过施有机肥、绿肥、复合肥或秸秆还田等方式，将项目现有土体养分调节至首年作物生长基本要求，并在后期逐年调配至高产田标准，使养分重构持续发力，一般可通过种植作物全量秸秆还田实现。

2. 配套工程

1) 道路工程

田间路：主要为货物运输、作业机械向田间转移以及为机器加油、加水、加种等生产操作过程服务，路宽设计为 4.5m，最大纵坡宜取 8%（特殊情况除外），最小纵坡以满足雨雪水排除要求为准宜取 0.4%（特殊情况除外）。路面宽 1～3m，路面素土夯实。道路布置宜与渠、林配合，节约土地，减少交叉建筑物。具体施工工艺为：路基处理—路基碾压—面层铺设—碾压—路边整修。

生产路：为人工田间作业和收获农产品服务，能满足小型农用机械的通行，宽 2m，道路以直线为主，在满足要求的前提下力求最短，坡度设置与田间路相同。

2) 灌溉工程

土地工程的灌溉标准以灌溉保证率为标准。项目采用填方渠道和挖方输水的灌溉方式，减少输水损失，提高水的利用率。田内毛渠设计为土渠，覆盖整个项目区，以满足灌溉需要，渠道衬砌渠口夯填宽度和夯填部分外坡比根据具体规划要求施工。排水沟布设在田间路两侧。

3）林网工程

为了改善应在土地开发整理规划布局下进行，田间道路与干、支、斗渠全面绿化，构成方田林网骨架。路、沟、渠两侧各植树 1～2 行，间距 5m。根据当地气候、土体条件，同时考虑到当地植树造林经验，选择适宜树种。栽植要求：树坑挖好经验收合格后方可植树，植树前必须先浇水渗坑，树栽好后再浇水浇透，地表覆干土以防冻。

（三）工程成果

空心村整治的主要目的是整理闲置土地实现耕地总量动态平衡以及改善居民的生活条件，改善生态环境，从而创造出经济效益和社会效益。通过对农村废弃宅基地的整治，能有效增加土地的利用率，提高植被覆盖率，使农、林、路、渠一体化，有效抑制水土流失，降低风沙影响，生态环境和农田小气候得到较大程度的改善（图 5-15）。

图 5-15　渭南市澄城县空心村工程开发后现状

五、陕西省渭南市卤泊滩盐碱地开发案例

针对传统治理模式中洗盐排水消耗淡水资源量大、排灌工程占地多、治理成本高、排出的高矿化度水对承纳区易造成二次污染等问题，首次将盐碱地治理以“排”为核心，改为以“蓄”为核心，提出“改排为蓄”的盐碱地治理新模式及配套技术。该土地工程不但将卤泊滩重度盐碱地转变为高质量耕地，也使周边灌区耕地次生盐碱化问题得到有效的控制和改善，达到了土体有机重构及三大效益综合实现的目的。

（一）项目基础勘察

1. 自然环境

卤泊滩位于陕西省蒲城县和富平县境内，项目区东西长约 30km，南北宽 1.5～7km，总面积 8160hm²，

卤泊滩属半干旱大陆性气候，降雨年内分布极不均匀。全年蒸发量 1000～1300mm，是降水量的 22.3 倍。年平均气温 13.4℃，年日照时数 2 349.5～2 472.0h，基本上满足小麦、玉米和棉花等作物的生长需要。

2. 地势地貌与水资源条件

卤泊滩古称“卤阳湖”（图 5-16），由于地壳构造作用，随着渭河的形成，卤阳湖分离，明朝末年，湖水逐渐渗没成滩，形成四周高中间低的槽形封闭式洼地，且西高东低，由西北向东南方向倾斜。洼地南缘与渭河三级阶地相接，洼地内地势开阔平缓，地面比降 1∶500～1∶1000。整个滩区分为东滩和西滩，西滩称“卤泊滩”，滩区地形平坦，土层深厚，水利资源和光照资源丰富。

图 5-16 渭南市卤泊滩盐碱地原貌

3. 土体条件

卤泊滩土壤主要由中度盐土和重度盐化潮土组成。依不同的地形部位、地下水深度、水浸程度，可分为草甸盐土和沼泽盐土两个亚类。盐化潮土主要分布在卤泊滩外围和滩内积盐较轻的地区。项目土体条件整体较差，需通过土体有机重构降低土体盐碱化水平、提高土体养分含量，达到作物生长需求。

（二）工程规划与实施

卤泊滩盐碱地治理核心问题是水的问题，水少则旱多则涝，盐碱和地下水位高低与气候变化有直接关系。因此，必须通过改变水土分布，继而改变区域盐分分布，减少人为干预，强调动态自适应调节平衡。该项目工程开发体系如图 5-17所示。

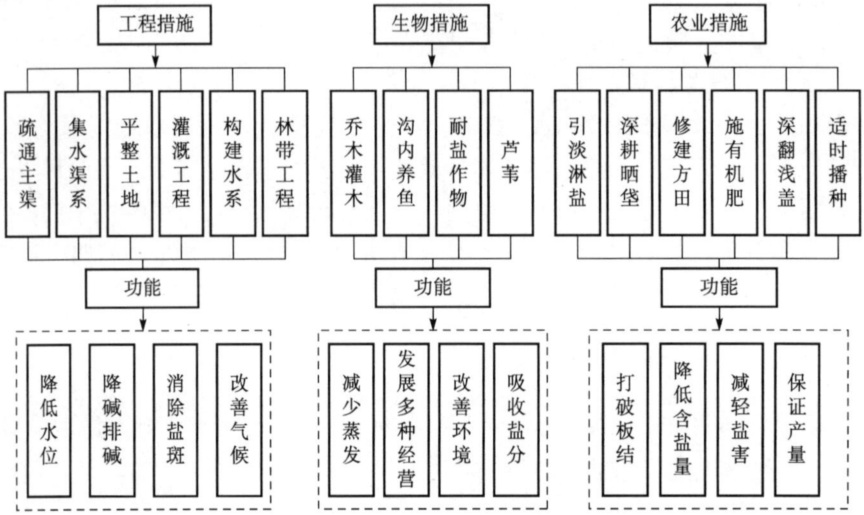

图 5-17 卤泊滩盐碱地工程开发体系

1. 主体工程——土体有机重构

（1）土体物理重构。在卤泊滩地区建立了“以蓄为主”的网格化工程体系，提出了运用网格化蓄水沟治理重度盐碱地和防治灌区农田次生盐渍化的新方法。通过网格化蓄水沟的建设，改变了区域内土体物理结构，极大地促进了卤泊滩地区盐碱土的治理。此外，该项目土体物理重构还包含土体基础操平工程和土体深翻工程等。在该区域盐碱化农田中微地貌的差异相对高差一般在 0.1～0.5m，灌溉或降水后，水从高部位流向洼处，由于地表水下渗的差异，加之高部位农田表层因水分下渗淋溶的盐分比低部位少，高部位地表风速大，光照强，蒸发量大于低洼处，表土盐分累积较快，形成了“水往低处流，盐往高处行”，在土体的耕作层形成了重度盐碱，土体结构板结、生物化学结构不佳，无法保障养分的供应。

（2）土体化学重构。修建完善的排灌设施是卤泊滩盐碱地治理第一措施，实现对土体盐分的减少。在项目区，每隔一定距离挖一条沟，把沟里的土垫到两旁地面上，挖排、灌水渠可有效地降低地下水位，排除雨季积水，引淡淋盐和浇灌农田，抬高地面，加厚耕层，减少毛细水蒸发，根治盐碱土，有效改善土体剖面结构，另外，这种方法有工程投资少，设计和施工简便易行的特点。田间排水沟要与毛沟、支沟、干沟组成完整的排水系统，保证排水畅通。要求田间排水沟密度 120m×400m，沟深 3m 左右，沟底纵坡为 1∶800～1∶1000。试区一期、二期总挖排水沟长度 24.97km，灌溉渠 24km，对原干沟按设计标准进行扩建。可见，原先设计的排水系统即模式中的蓄水沟系，使蓄水沟系既具有排水控制地下水位的作用，又能有效减少土体中盐分的蒸发，实现循环垂直压盐过程（韩霁昌，2009）。

（3）土体生物重构。通过蓄水沟内蓄水，构建联通的网状水系，在蓄水沟内种植耐碱性植物和水生动物，实现水体生态系统和土地生态系统的相间共处。在土壤非饱和层和饱和层之间可以定义一个动态“过渡层”，该“过渡层”具有对深处盐的隔离作用，使饱和层盐分处于相对稳定状态，难以上返，从而在长期作物种植的基础上，逐渐减少土壤耕作层盐分。此外，通过蓄水沟内生物和植物的改碱或吸盐，沟底腐殖质生化反应中和盐碱等功能，实现盐分在土体—水体—生物内部及界面之间的迁移转化，达到排碱降碱的目的。

（4）生物营养保障。芦苇腐烂—腐殖质变化过程对盐碱土 pH 和电导率的降低起到了一定作用，降低了盐碱土盐分的含量，同时芦苇枯落物—腐烂—腐殖质整个变化过程对土壤有机质起到了提高作用。盐碱地作物施肥应以有机肥为主，以减少化学肥料造成的离子负担，必需施用化肥应尽量施用生理酸性肥料。农田表层大量撒施作物秸秆和各种有机肥，不仅能起到覆盖的作用，同时改善了土壤耕层的理化性质，土壤中水、热状况也可得到明显改善，为作物发芽和生长创造较好的土壤环境。

2. 配套工程

1）引水工程

经平整土地，深耕晒垡后的新垦盐碱荒地，播种前还必须进行大水淋盐，使耕层含盐量下降到适合作物生长的范围内。用引黄水大水漫灌，耕层土壤中盐分溶于水后，一部分道水渗入到土壤深层，另一部分则由排水沟排出农田。

2）蓄水工程

通过蓄水沟内蓄水，构建连通的网状水系，在蓄水沟内种养耐碱植物和水生动物，实现水体生态系统和土地生态系统的相间共处（图 5-18）。初期工程调控蓄水水位和田块土壤内地下水位，根据蓄水沟内水位高低和浓度大小的动态变化，结合降雨、灌区退水、灌溉洗盐，将盐分冲洗或扩散到土壤饱和层及蓄水沟内，则沟内蓄水，蓄水沟就有循环加速压盐的作用。

3）林网工程

植树造林主要分为沟渠路林带和农田林网，目前多采用沟、林、渠、路布置

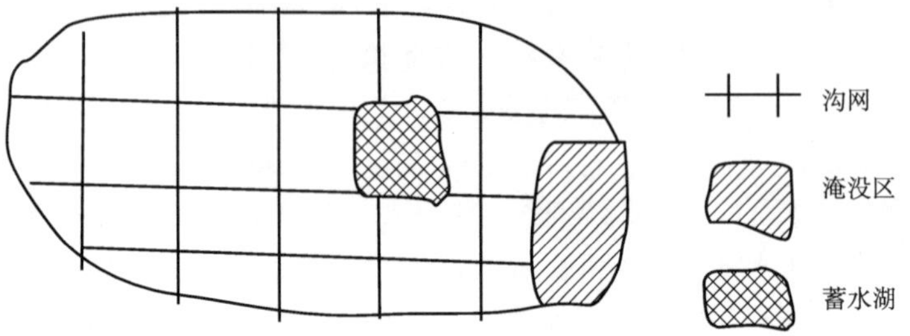

图 5-18　渭南市卤泊滩盐碱地项目蓄水系统概化图

和路、沟、林、渠布置。采用植树造林增大林木覆盖率，可有效地减少农田蒸发，增大空气温度，改善农田上生态环境。由于树木的蒸腾作用，也可降低地下水位，控制土壤返盐，促进土壤脱盐。

（三）工程成果

卤泊滩造田工程实现了水土和谐共处、合理配置，给周边带来了很好的社会、生态和经济效益，区域 1986 年拍摄航片参见图 5-19，2007 年拍摄高清卫图参见图 5-20。经土壤化验测定，开发的耕地土壤 pH 由原来的平均 9.33 下降到 8.3，土壤有机质由 0.7%提高到 0.92%，土壤全含盐量由 0.7%下降至 0.2%。改造过程中形成的约 20hm^2 网状水系，使原来周边抽黄灌区退水渗透更加流畅，形成了稳定的高产良田。工程措施建成的水面，形成区域小气候，物种趋于多样化，滩区的生态环境得到修复，90%的土地可以作为高质量耕地进行耕种，工程初步形成了万亩标准高产棉田。

图 5-19　陕西省卤泊滩盐碱地治理项目区治理前航拍图（1986 年）

图 5-20　陕西省卤泊滩盐碱地治理项目区治理后卫星图（2007 年）

六、陕西省渭南市澄城县荒草地开发案例

该项目主要是将荒草地开发为水浇地，工程中主要利用各荒草地田程高差修建梯田。通过土体主体工程（土体有机重构工程）和配套工程即灌排工程、电力工程和道路工程等，使农业生产条件极大改善，土地生产力全面提高，生态环境得到显著改观。渭南市澄城县荒草地开发前原貌见图 5-21。

图 5-21　渭南市澄城县荒草地开发前原貌

（一）项目基础勘察

1. 自然环境

澄城县荒草地土地整治项目地处安里乡和庄头乡，涉及 5 个行政村，共有人口 7530 人，耕地面积 1 572.6hm^2，其中水浇地 379.27hm^2、旱地 1 193.33hm^2。

项目原土地利用类型为荒草地或其他草地，属暖温带大陆性半干旱季风气候区，多年平均降水量549.4mm，时空分布不均；温和轻旱，光照充足。项目位于大峪河流域，地下水类型有黄土孔隙裂隙潜水和基岩裂隙水，

2. 土体条件

项目土壤为黄土母质上形成的，属中壤土，通气透水，保水保肥，耕性良好，适种广泛。

3. 植被现状

项目植被类型属暖温带阔叶落叶林地区。项目区粮食作物主要有小麦、大麦和玉米等；经济作物有烤烟、棉花等；油料作物有油菜、花生等；中草药有生地、牡丹和党参等。

（二）工程规划及实施

项目坚持田、水、电、路、林综合治理的原则，通过土体有机重构等综合技术将坡地、沟地变成梯田，进一步通过配套工程的实施，改良土壤，提高保水和保肥能力，项目建成后新增耕地的质量要求接近当地高产田标准。

1. 主体工程——土体有机重构

土体有机重构是进行土地工程项目实施成功与否的关键。土体有机重构工程的规划与实施关系着土体的稳定和安全，配套工程的利用与完善。项目中土体有机重构工程主要包括土体层级重构、土体化学重构和植物营养保障等。

(1) 土体层级重构。土体层级重构设计是通过对田面宽度、梯田长度、田面平整度、田坎以及田边埂的土体结构进行重构，形成质地适宜、上松下紧等利于水气交换、保水保肥的土地构型。田面宽度根据角度可设置8～30m，视情况而定；梯田长度宜控制在70～200m；面平整度在坡降不大于1%，高差控制在±10cm。田块的规划是土体稳定性及配套工程实施的关键，依据规划共计移动土方149.03万m^3；耕作层的构建是土体剖面层级和生物化学构建及营养保障的关键；田坎是保证整体梯田安全性的关键。

(2) 土体生化重构。土体生化重构设计是指通过施用天然土壤改良剂、人工土壤改良剂和微生物技术等措施，改良土壤环境，满足作物生长的环境需求。如调节土壤酸碱度。在酸性土壤中施用石灰，对碱性土壤施用石膏，可改善土壤结构，促使土壤疏松，防止表土结壳。针对渭北台塬区梯田修筑的表土剥离可采用两种方案：①逐台下推法；② 中间堆土法。对于无法实现表土剥离和回填以及回填后土壤质量仍然较低的田块，应采取人工土壤改良措施，确保土壤综合肥力达到合格水平。通过增施有机肥、秸秆还田、深松、测土配方和调节土壤酸碱度等措施改良土壤。

(3) 植物营养保障。在渭北地区开展土地工程，一般通过增施有机肥、秸秆

还田、测土配方施肥实现对土体养分的调控，从而满足作物生长需求。

2. 配套工程

1）道路工程

田间路是联系项目区与村庄的主要道路，修建砂砾石路面田间路 15 条，总长 13 221m，宽 2m，路基宽 3m。生产路是连接田块与田块间的主要道路，修建素土路面生产路 25 条，总长 23 525m，宽 2m。

2）灌排工程

项目区地貌为黄土高原沟壑区，根据其地形地貌及水源状况，本项目水利工程主要包括提水泵站、低压输水管道、蓄水池、机井、井台和电气设备工程等。修建泵站 1 座，蓄水池 19 座，新打机井 10 眼，分别埋设低压输水主管道 5265m，输水干管 16 767m，输水支管 12 960m。

3）电力工程

安装 100kVA 的变压器 7 台，架设 10kV 电缆线路 4518m，0.4kV 线路 3921m。

4）林网工程

根据当地的气候和土壤条件，借鉴当地防护林建设的经验，并综合考虑经济效益等因素，确定防护林树种选用速生杨，株距约 1.5m。速生杨沿项目区田间路两侧和生产路单侧栽植，共植树 33 311 棵。一般施工流程为：防护林—放样定点—挖坑—施肥—植树—浇水—封坑—管护。

（三）工程成果

项目建成后，不仅实现了方田化、水利化和林网化，而且为农业机械化打下坚实基础，土地资源亦得到合理利用，农业生产条件、植被率和抵御自然灾害的能力得到提高，也会对当地生态环境的改善起到积极作用。渭南市澄城县荒草地开发后现状见图 5-22。

图 5-22　渭南市澄城县荒草地开发后现状

七、荷兰围海造田开发案例

荷兰围海造田历史悠久，约有 1/4 的国土是从大海里“夺”过来的，被公认为是人类战胜自然的壮举。荷兰实施围海造田工程的方式主要是沿海岸线和河流堤岸修筑海（河）堤，或在通航的入海（河）口修闸坝。一方面，通过围海拦海起到防洪防潮的作用；另一方面，通过围海拦海开垦土地，解决土地资源不足的瓶颈，用于发展农业、工业、旅游业和海洋运输业等，综合效益明显。

（一）工程规划与实施

围海造田在海滩或浅海上筑围堤隔离外部海水，并排干和抽干围堤内的水使其成为陆地工程，它为农业、工业、交通和外贸等的发展提供了场所。围海造田工程基本设施包括围堤及其上的排水闸或排水站，以及围堤内的排水系统。当排水闸内水高、外水低时，开闸排水；当内水低、外水高时，关闸挡潮，必要时使用抽排。在陆地形成后，堤内排水系统要及时排除涝水，保持适宜的地下水位。当用于农业种植时，要洗淋土壤盐分和布置灌溉渠。如荷兰著名的须德海围（拦）海工程，该拦海大堤长 32.5km，堤顶平均宽度 90m，设有 4 车道高速公路，须德海大堤已成为连接荷兰东北部和西北部的交通干线。须德海工程把须德海与外海隔开，通过排咸纳淡，使内湖变成淡水湖，改善了农田灌溉和排水条件，并可防止土地盐碱化，湖内洼地分成 5 个垦区，分期开发，促进了工农业和养殖业的发展。

（二）工程成果

垦区水网景观，吸引了大批游客，促进了发展旅游。目前已建成的垦区吸引了大量人口集聚，成为荷兰繁荣的经济区。围海造田在增加土地面积的同时，会导致出现海岸线改变，易引发洪灾和海啸；生物多样性降低、渔业资源减少；不利于泄洪，引起城市地面沉降等问题。所以需要做好围海造陆的前期规划、改进填海造地方式，不能放任自流、盲目围垦，应以科学性、合理性为前提，尊重自然规律，以保证海域资源利用、海洋环境保护、沿岸景观建设及开发利用效率等。

第六章　建设用地整备工程

建设用地是除农业用地之外的另一种土地利用类型。随着中国城市化进程的加快，城镇村及工矿建设用地大规模增加，这类建设用地的开发利用在城乡发展中变得日益重要。本章首先对建设用地整备工程中涉及的普探、清表、整治、平整和配套工程分别作了介绍；其次，对建设用地整备所涉及的主要工程进行了规划设计及实施说明；最后，通过具体工程案例阐明建设用地整备工程的实施过程。

第一节　建设用地整备工程的内容

建设用地，指付出一定投资（土地开发建设费用）、通过工程手段为城镇村及工矿等各项建设提供的土地。它是利用土地的承载能力或建筑空间，不以取得生物产品为主要目的的用地。建设用地一般分为居住用地、公共设施用地、工业用地、物流仓储用地、交通设施用地、市政公用设施用地、道路广场用地、绿地和特殊用地。

根据土地所有权特点，建设用地整备工程是指由政府或其授权委托的企业，对一定范围内的现状土地（包括农用地、建设用地及未利用地）进行统一的征地、清表、整治、平整并进行适度市政配套设施建设，使之达到“三通一平”（通路、通水、通电和平整工程）、“五通一平”（通水、通电、通路、通信、通气和平整工程）或“七通一平”（给水、排水、通电、通路、通信、热力、燃气和平整工程），使之符合建设用地标准的过程。建设用地整备研究主要针对未利用地转建设用地过程中，土体承载力薄弱问题，开展不同土体结构下新增建设用地的土体承载力研究，进行不同种类杂填土重构后土体的强度、变形以及渗透性研究，根据不同的建设用地类型，制定不同地基材料的优化配置措施，研究建筑垃圾等存在污染物的地基材料的处理方法，满足承载力和生态环境的要求；针对建设用地与农用地互相转变过程中土体有机重构和土体稳定性开展相关研究。

一、项目基础勘察

为了全面了解项目区建设用地整备情况，提升建设用地质量，使其在满足人类工程建设活动的同时尽可能减小对生态环境的破坏，达到人与人、人与生态和谐相处的目的，因此项目开工前必须进行全面普探。普探工作可以给建设用地整备工作提供详实有力的设计依据，是工程规划设计和实施的基础。通过对自然条件、社会经济以及科学技术等方面的分析提出切实可行的建设用地整备方案。

建设用地整备工程普探主要是通过资料搜集法，调查了解项目区相关的自然、地理、地形、地貌、农业、经济、社会等各方面资料，通过室内实验及室外试验分析了解项目区污染物种类及其分布以及相关土体质量问题，并针对相应问题提出切实可行的治理措施，实现人与人、人与生态的和谐相处。

建设用地整备工程普探报告主要包括前言、项目所在地基本情况、水资源普探、土体质量普探、结论和建议五大方面的内容。其中，前言主要包括任务来源、拟建工程概况、普探目的和依据的规范、普探方法和工作布置原则；项目所在地基本情况主要包括自然地理、地形地貌、交通、气候、社会经济等条件；水资源普探主要包括水质和水量两个方面；土体质量普探主要包括土体的稳定性及相关工程地质问题；结论和建议主要包括人类工程活动可能产生的生态环境问题及相应的改善和治理措施。

二、主体工程

建设用地整备工程所涉及的土地工程的主体工程是土体重构工程，其主要的工程包括：首先，建设清表工程即对地表表面所存在的污染物或者垃圾进行清理；其次，项目地表根据规划进行必要的平整，是保证所构建土体安全与稳定的前提；最后，根据项目要求，对所需的土体进行重构。

（一）清表工程

1. 农用地清表工程

农用地指直接或间接为农业生产所利用的土地，包括耕地、园地、林地、牧草地以及养捕水面、农田水利设施用地、田间道路等。根据土地管理法规定，县级以上地方人民政府可以要求占用耕地的单位将所占用耕地耕作层的土壤用于新开垦耕地、劣质地或者其他耕地的土壤改良。因农用地表土富含有机质，而建设用地是生活场所、操作空间和工程的载体，不直接利用土壤，与土壤肥力没有关系，因此在农用地变为人类建设利用土地工程中，通常需剥离表土 15～30cm，回填至园林绿化区或其他农用地造地工程。

2. 建设用地清表工程

建设用地包括商服用地、工矿仓储用地、公用设施用地、公共建筑用地、住宅用地、交通运输用地、水利设施用地和特殊用地八个二级分类。建设用地清表需要将地表原有建筑部分或全部拆除，涉及建筑拆迁、补偿及安置，以及建筑垃圾的填埋或者再利用。

3. 未利用地清表工程

未利用地指农用地和建设用地以外的土地，包括荒草地、盐碱地、沼泽地、沙地、裸土地、裸岩石砾地、河流水面、湖泊水面、苇地、滩涂、冰川及永久积雪等难利用的土地。这类土地的清表工作应根据不同现状将有机土壤层、附着物、构筑物等分类进行利用或拆除清理。整个过程应当注意保护环境，尽量不要破坏原有生态，完成其清表工程。

（二）平整工程

平整工程是建设用地整备工程建设的主要工程，尤其是山区或者丘陵区的平整工程。随着建设用地的日益紧缺，依靠平整工程将未利用的荒山、沟坡改造成为城市建设用地的行为也越来越多，如中国兰州市“平山造地”工程、延安市“削山造城”工程，都是典型的建设用地整备工程。

在地表平整工程中，不仅是简单的土方挖填平整，还需要根据地形地貌等自然条件确定平整工程方法并准确计算平整工程量，而土方量计算误差的多少，直接影响到工程的投资。

建设用地在填方量大于挖方量，土石方不够的情况下，需设置取土场取土回填，或者从别处购买土石方，进行客土回填。取土场取土完成后要进行水保措施恢复，保护其生态环境。

（三）土体重构工程

依据项目实际情况，首先对材料进行选择，通过置换、增减和复配等措施，从材料的物性、细观结构等方面对土体进行研发，选择合适的材料，形成单层土体；然后从单层土体的生物营养考虑，通过有机-无机过程，土体培育、污染物修复等方法，使得土体满足有机生命体的要求，形成多层土体；为了多层土体满足稳定性要求，从土体的强度、变形以及渗流性考虑，使得有机重构后的土体满足有机生命体稳定要求，能够承载一定的生命体。

1）土体材料选择

主要针对普探完后得到的项目区域的水文、地质等资料，制定合理的土体有机重构方案，选择合适的土体有机重构材料，进行材料性质方面的研究，如材料基本物理化学性质、材料颗粒特性、材料微细观结构、材料复配配比等。

2）土体生物营养重构

主要在已选择的的材料基础上进行土体养分管控、植物营养保障、土体污染与修复、土壤微生物等方面的研究。

3）土体结构稳定性分析

主要研究土体有机重构过程中土体结构剖面的力学需求。主要从强度、变形以及渗流三个方面研究重构后土体结构的稳定性。

三、配套工程

市政工程即市政设施建设工程，指在城市区、镇（乡）规划建设范围内设置基于政府责任和义务，为居民提供有偿或无偿公共产品和服务的各种建筑物、构筑物、设备等。市政工程包括城市道路、桥梁、排水、污水处理、城市防洪、园林、绿化、路灯和环境卫生等城市公用事业工程，大致可分为以下几类。

（一）道路工程

道路伴同人类活动而产生，又促进社会的进步和发展，是历史文明的象征和科学进步的标志。道路网规划应考虑各种交通运输综合功能的协调发展，路网布局的完善。路线勘测设计则应根据国家制定的分级管理和技术指标，选定技术经济最优化的路线，对平、纵、横三个面进行综合设计，力争平面短捷舒顺、纵坡平缓均匀、横断面稳定经济，以求保证设计车速、缩短行车时间、提高汽车周转率。对路基、路面、桥梁、隧道、排水等构造物进行精心设计，在保证质量的条件下降低施工、养护、运营和交通管理等费用。

（二）管线工程

管线工程，用管子、管件、阀门等连接管道起点站、中间站和终点站，构成管道运输线路的工程，包括管道组装和敷设，管道阀门和管件的安装，河流、湖泊、道路等障碍的穿跨越，管道防腐和管道附属构筑物的修筑（如水土保护和线路标志）等工程项目。管线工程是管道工程的主体部分，约占管道工程总投资的2/3。管道线路工程的建设程序是先进行路由选择和线路图设计，再进行管道施工。

（三）园林绿化工程

园林绿化是为人们提供一个良好的休息、文化娱乐、亲近大自然、满足人们回归自然愿望的场所，是保护生态环境、改善城市生活环境的重要措施。园林绿化泛指园林城市绿地和风景名胜区中涵盖园林建筑工程在内的环境建设工程，包括园林建筑工程、土方工程、园林筑山工程、园林理水工程、园林铺地工程绿化工程等，用应用工程技术来表现园林艺术，使地面上的工程构筑物和园林景观融为一体。

第二节　工程规划设计与实施

一、可行性研究

（一）可行性分析

建设用地整备工程的可行性分析主要从自然条件、社会经济条件和技术条件等方面进行。

（1）自然条件分析。主要对待开发土地资源的自然因素进行分析，考察土地开发利用的有利条件和限制因素，判断开发的可行性和开发后对周围自然环境造成的影响。建设用地对地质、地下水状况及环境要求较高，因此是分析的重点（代静，2010）。

（2）社会经济分析。从资金、人力、物质等方面分析开发的可行性，特别是工程的基础条件，因此要分析区域交通、市政基础设施等社会经济发展状况。同时，要分析项目是否符合国民经济和社会发展规划、土地利用总体规划、城市总体规划和近期城市建设规划。

（3）科学技术分析。科学技术直接关系到土地工程的形式和效果，还应从技术水平、设备、人员素质等方面进行分析。应对规划所采用的各项技术参数和指标是否准确可靠，对开发中投入的人力、物力和技术保障体系以及项目规划目标实现的保障程度等方面进行分析（代静，2010；王宏新，2007）。

（二）城市土地利用评价

城市土地利用是一个地区或城市社会经济发展水平的反映，城市土地利用的变化研究可以反映城市及区域经济结构、产业结构、土地利用结构、人口结构、环境结构在时间空间方面的分布规律及为制定城市土地利用规划，实现城市规划管理，合理利用土地提供科学依据。

城市土地利用动态评价的技术和方法主要有遥感与地理信息系统，经济评价方法和综合集成技术。土地价格是城市土地利用评价的一个重要指标，地价的形成与土地利用强度和土地利用效益等密切相关。开发区是城市土地利用地图的最新部分，开发区土地利用具有不同于城市其他区域的特点，它代表了相对先进的土地利用方式，土地利用效益相对较高，是城市经济发展的战略重点（杨东朗，2002）。

（1）城市土地利用适宜性评价。目前中国城市建设用地评价主要集中于两个方面：一是基于地质条件的建设用地适宜性评价研究，通过对规划区域内的地质特性调查，取得全面精确的地质数据进行的建设用地适宜性评价；二是针对具体建设项目进行的用地适宜性评价，为建筑设计和施工提供基础依据，其关注的重点通常在于判断土地是否具备开展城市建设的条件（谢敏等，2010）。

（2）城市土地集约利用潜力评价。城市土地集约利用水平是现有城市土地利用效率的表征，城市土地利用潜力水平则可揭示城市未来发展水平，同时也是城市土地集约利用水平研究的一个重要方向。土地利用潜力的内涵可从提高城市土地经济利用效率、增加社会利用潜力和改善城市生态环境这三个角度来界定（张晓玲等，2007）。

（3）城市土地利用效益评价。城市土地利用效益评价是对城市土地利用的经济效益，社会效益，环境效益综合评价的技术和方法。土地利用效益可以作为土地资源利用水平的衡量指标，土地利用效益越高，说明土地资源优化配置越合理，土地投入的资源价值得到了较高水平的实现，即土地资源集约利用的水平也越高（王雨晴和宋戈，2006）。

（三）可行性评价案例

北京市西革新里危改地块土地一级开发项目位于北京市主城区中心地带，该项目区域约有 20 万 m^2 危房或严重损坏房，住着约 2928 户居民。这些住房没有规范的厨房、厕所，户内没有上下水、供暖和燃气设施，用电设施老化，居住环境差，生活质量低。

项目通过拆迁以及基础设施的建设，能够改善居住环境，为人们提供便利，因此作为前期论证的可行性评价也就至关重要（代静，2010）。

1. 项目概况

（1）项目名称：北京市西革新里危改地块土地一级开发项目。

（2）项目位置：项目位于北京市南二环与南三环之间，永定门外大街两侧，项目用地东临现状永定门外大街东红线、西到马家堡、南起革新南路、北至铁路。

（3）土地规模：项目总占地面积为 270 000m^2，其中建设用地面积为 147 029.3m^2，代征市政道路及绿地面积 122 970.7m^2。

（4）开发方式：完成项目用地范围内地上现状物的拆迁（除保留建筑外），区域内基础设施达到“七通一平”标准，即通路、通上水、通下水、通电、通讯、通燃气、通暖工程及平整工程工作，在达到该标准之后，进入土地市场公开交易，并取得土地出让收入，从而回收投资。

2. 项目可行性评价

1）项目指标体系的建立

环境污染：项目实施过程中会对环境造成污染，影响项目可行性评价的结果，必须对其污染的大小进行分析。

生态环境：项目建成后，预测对周边环境会有很大的改善，如修建周边的道路，地块整体清理，引入成片绿地并修建景观水体，维护了该地区的生态环境。

绿化：项目建成后将引入成片绿地，对环境的绿化起到很好的作用。

景观：项目在建造中和建成后都不会对周边景观产生影响，反而会加强景观的保护。

环境卫生：不管是在建设过程中还是在建设完成之后，项目的实施对周边环境卫生会产生一定的影响。一个好的城市土地一级开发项目必须在建设过程中尽力搞好环境卫生，在建好后也必须考虑二级开发的实施对环境卫生的影响。

预期的收入：任何一个项目的实施，对于投资方来说都是为了获得利润，如果预期的收入小于期望值，那么这个项目就没有实施的价值，所以对于城市土地一级开发项目可行性评价，预期收入这一指标尤其重要。

所需成本：任何一个项目的实施，都需要付出一定的成本，如果其预期的成本大于期望值，那么这个项目也没有实施的价值，所以成本控制也尤为重要。

财务状况：投资方在对城市土地一级开发项目的可行性进行评价时必须考虑到自身的实际财务状况，财务状况的好坏直接影响到项目是否可以顺利进行。

筹资状况：一般来说，筹资有以下三种方法：①对于上市公司来说，可以发行股票进行筹资；②向银行等金融机构借款；③投资方自己募捐资金。投资方必须清楚的了解将要采用的筹资方式和可能筹到的资金数额，才能开始项目的实施。

商业服务业设施：在进行城市土地一级开发项目可行性评价时必须对此项目的以后用途做出相应的分析，即项目定位。是否是用于商业服务，此项目的实施对商业服务产生了哪些好处和坏处，都必须进行客观的分析和评价。

文教娱乐设施：文教娱乐设施的建设既要满足人们生活工作的各种要求（如要求宽带，智能型防盗等），又要使文教娱乐设施得到充分利用，避免浪费的现象。显然，在进行城市土地一级开发项目可行性评价指标中必须考虑到此项目的实施对文体娱乐设施的影响。

交通：城市土地一级开发项目的实施必然会对该地区的交通带来很大的影响。城市的交通包括外部交通和内部交通：外部交通是城市居民能否与外部联系方便的关键，而内部交通则属于城市内部规划范畴，不仅要方便居民行走，还要考虑保持安静的城市环境等因素。

安全：随着社会和科技的发展，人们越来越重视安全的需要。一个城市土地一级开发项目的实施在实现“七通一平”时，还必须考虑到安全的因素，不能留下安全隐患。

社会认知度：城市土地一级开发项目的实施，一般会对某个地区产生较大的影响。在对项目的可行性进行评价时必须对社会公众进行调查，以了解社会对此项目的认知度。

社会满意度：项目实施前必须对社会公众进行调查，以了解其对此项目的满意度。在项目实施过程中不能因为施工所产生的影响降低社会公众的满意度。

2）项目指标权重的确定

通过对此城市土地一级开发项目可行性评价各个指标的分析，利用一种改进的层次分析法 AHM（球赛模型）求出各个指标的重要性权重（表 6-1）。

表 6-1　城市土地一级开发项目评价的指标体系

目标层	一级指标	二级指标	
城市土地一级开发项目可行性评价	环境评价指标 0.3025	环境污染	0.2075×0.3025=0.0628
		生态环境	0.1025×0.3025=0.0310
		绿化	0.2015×0.3025=0.0610
		景观	0.1025×0.3025=0.0310
		环境卫生	0.2015×0.3025=0.0610
		其他	0.1845×0.3025=0.0558
	经济评价指标 0.4225	预期收入	0.4235×0.4225=0.1789
		所需成本	0.2500×0.4225=0.1056
		财务状况	0.2500×0.4225=0.1056
		筹资状况	0.0750×0.4225=0.0317
	社会效益评价指标 0.2750	商业服务业设施	0.1575×0.2750=0.0433
		文教娱乐设施	0.1575×0.2750=0.0433
		交通	0.1600×0.2750=0.0440
		安全	0.1600×0.2750=0.0440
		社会认知度	0.2025×0.2750=0.0557
		社会满意度	0.2025×0.2750=0.0557

（3）项目可行性综合评价

将表 6-1 中的 16 个分指标选择分类为高、较高、一般、较低、低五个等级，通过实地调查的方式收集数据，作为基础性的参考资料，在此基础上由 15 位专家最终评定，并且由专家打分的方式采集数据。

由计算得到此项目的指标分类权重 k_0＝（0.0354，0.0354，0.0348，0.0602，0.0542，0.0704，0.0721，0.0715，0.0531，0.0704，0.0653，0.0685，0.0799，0.0765，0.0731，0.0792）。由此得到此项目的评价向量为 u＝（0.0923，0.3205，0.2703，0.2708，0.0461）。因评价等级有序，采用置信度识别准则，取置信度 $\lambda=0.6$，得 $k_0=3$，且有 0.0923＋0.3205＋0.2703＝

0.6831>0.6。即得到此项目的可行性评价结果属于第三个等级（一般），至少有0.6831的置信度不低于一般，即此项目可行，与实际的情况基本一致。但由于其可行性的程度不是很高，虽可以对该项目进行投资，但必须注意施工过程中的严格控制。

二、工程规划设计

（一）工程规划设计的编制

在编制土地工程规划设计的过程中，应统筹考虑土地工程的各个工作项目与城市总体规划、分区规划和项目控制性详细规划的关系，综合考虑交通、环保等问题，就土地、产业政策、城市规划、建设资质、交通及环保等条件提出意见，使土地工程各项工作内容都符合系统论的原则和要求以及科学的设计方法和管理模式，并尊重和考虑土地工程各方的合法利益（王宏新，2007）。同时规划设计应做到社会效益、经济效益和生态效益的统一，尤其是在生态效益方面，如土地工程的速度、规模，以及利用方向是否引起项目区土地质量退化，是否给相邻区带来不利影响（李胜男，2011）。

（二）西安市浐灞生态区规划设计案例

浐灞河发源于秦岭，是西安市及关中的生态屏障和文明发祥地，是“八水绕长安”的河流之一。“浐灞生态区”的规划设计是“国际化、市场化、人文化、生态化”新西安这一宏伟构想重要组成部分，把浐灞河流域规划建成西安市的生态、景观、旅游经济发展带，承纳老城人口外迁，承担行政管理副中心职能，发展生态住宅社区和亲水休闲旅游、会展、商贸、物流、教育及科技等环保型产业。这一创新型的以水为中心的生态“朝阳”产业链群，是浐灞河流域国民经济和社会发展布局的重大调整，是可持续发展的具体体现（潘宜等，2010）。

1. 项目基础勘察

西安浐灞生态区位于西安市主城区东部，包括浐河、灞河两河四岸的南北向带形区域，是西安市重点发展的“四区两基地”之一，也是西安市“十一五”规划的建设重点之一，规划总面积129km^2，其中集中治理区89km^2。

西安浐灞生态区建设前，浐灞地区面临着严峻的生态环境形势，主要包括：①河流污染。浐灞河是西安市东部区域的污水汇集地，年接纳污水量近5000万t，占西安市污水排放总量的1/6，其中浐河年径流量1.8亿m^3，1/5是污水，每天排入浐河的污水约10万m^3。②垃圾围城。沿浐灞河岸有10余处河段垃圾成山，堆放量近500t。③挖沙成灾。过度挖沙造成浐灞河床严重下切达6m之深，地质灾害隐患严重。

2. 规划目标

浐灞河流域规划的总体目标是：经过流域水资源的合理配置、防洪体系的提高完善、水环境的治理优化、水土保持林业生态治理及环境保护的深入开展，建设良性循环的生态环境体系，恢复河流的水资源、环境、景观文化功能，使流域内水土流失、环境污染得到有效控制，农业生产条件和生态环境得到明显改善，同时保护生态系统多样性，满足生态系统健康发展的需求。通过各专项的综合治理，为浐灞生态区及流域创造优越的人居环境和经济发展环境。

3. 项目规划设计

1）水资源总体规划

浐灞河流域上游：地处秦岭北麓，分布着众多支流，超过 $100km^2$ 的就有7条，充分利用这些水源工程，加强供水运行管理，积极开发建设新的水源工程。规划拟建灞河支流辋川李家河水库，主要解决西安市东郊纺织城工业及生活用水；蓝桥、清峪、冯家湾防洪生态水库主要用于调节洪水过程，拦蓄洪水，解决河道内外生态环境用水，同时作为城乡生活用水的应急水源；曹庙、库峪、岱峪、汤峪四座水库主要解决流域城镇居民生活及工业生产供水；灞河马渡王常家湾以上的中游区主要为调整用水结构，同时加强管理调度，在不增加农村用水总量的情况下，通过农田灌溉节水弥补农村生活用水短缺，保障农村饮水安全。

2）水土保持总体规划

浐灞河流域水土保持总体布局采用“山区、岭区、塬区、川区、城区立体开发，小流域综合治理措施优化配置，浐灞生态区绿化美化，城乡协调发展”的思路，“以浐灞生态区为核心，先急后缓，分批治理”。山区以开展造林种草，结合土体稳定工程措施，充分发挥生态系统的自我修复能力，实现水土流失综合治理的目标；岭区以沟壑治理为主，建立淤地坝（系），结合林草措施与耕作措施合理配置，快速控制区域内水土流失；塬区、川区进行坡改梯工程，建设基本农田，并实施保护性耕作，结合林草措施，大力发展经济林，在治理水土流失的同时达到发展经济的目的；浐灞生态区以控制开发建设项目新增水土流失措施为主，进行绿化美化；城区以路、渠、村镇、单位为重点，大力造林绿化，建立和完善农田林网，以城镇绿化美化工程、平原绿化工程为重点，重点建立以保护农田、防风固沙为主的点、带、网、片相结合防护林体系。在综合治理水土流失、调整流域产业结构、发展区域经济、合理配置工程措施、植物措施的基础上，以水土保持生态环境建设带动农村经济的发展，加快流域内社会主义新农村建设的进程。

3）生态湿地规划

规划涉及的湿地修复与保护项目多、工程量大，根据湿地类型的不同以及所处的地理位置，在生态区的生态、环境、景观、旅游开发中功能的不同，将生态区自上游至下游大致可以划分成湿地生态恢复与保护区（Ⅰ区）、人工湿地生态景观旅游（Ⅱ区）以及入渭口天然湿地保护区（Ⅲ区）。

人工湿地生态景观旅游区灞河段桩号包括 KB4＋923 至 KB16＋000，浐河段包括 KC9＋680 至 KC15＋140 浐灞汇合处。为了提高生态区在城市建设以及生活质量中的地位，在浐灞河交汇处，利用首尾相连的造湖工程、广运潭湿地生态区以及桃花潭积极发展旅游及其他水上活动，同时扩大的湖面及湖心岛也为动物提供了觅食场所，为恢复生态区的生物多样性提供了条件。但是，强烈的人类活动会对动物栖息地的形成产生一定影响，因此保持Ⅰ区的功能对于生态区的持续、健康的发展具有重要意义。Ⅰ、Ⅱ两区在功能上体现了良好的互补性。在完成拦河造湖工程以后本区内的规划范围包括：①灞河：河道为 11 070m。其中包括 3 座橡胶坝（灞河 2＃-4＃），回水总长度 9000m，形成湖区总面积 387 万 m^2，库容 710 万 m^3；同时包括广运潭湿地生态区。②浐河：6798m 的河道，其中包括 2 座橡胶坝（1＃与 2＃），回水总长度 5694m，形成湖区总面积 105 万 m^2，库容 264 万 m^3。橡胶坝工程均已完成，其中 2＃坝形成的湖区即为此次规划的桃花潭湿地生态景区。

4）广运潭湿地生态区

广运潭湿地生态区位于浐灞河交汇处的下游的右岸，此风景区人工湖生态景观用水建设项目计划从灞河橡胶坝引水，通过修建输水涵管，利用自然落差将河水引入景区，然后在得宝湖中进行沉淀净化，最后依次进入其他湖区。人工湖区规划建设面积 656 万 m^2，分三期建设完成，其中水域面积 212 万 m^2，绿地面积 416 万 m^2，道路面积 28 万 m^2，湖区蓄水量 278 万 m^3（图 6-1）。人工湖工程建设规模指标详见表 6-2。

表 6-2　广运潭风景区人工湖工程建设规模指标表

规模指标	一期工程	二期和三期工程	合计
总面积/万 m^2	272	384	656
水域面积/万 m^2	79	133	212
绿地面积/万 m^2	180	236	416
道路面积/万 m^2	13	15	28
湖区蓄水量/万 m^3	118	160	278

人工湖区被人工构筑的多个山体分割成为多个湖面，沿灞河右岸呈梯级分布，各湖面水位高差 1m。各湖之间采用溢水坝、瀑布、溪流等方式使湖水自然流动，一期经望春湖通过涵管排入河道，并经陇垣湖预留出水口进入二期、三期湖区，在末段设涵管排入河道，形成自然完整的活水系统。

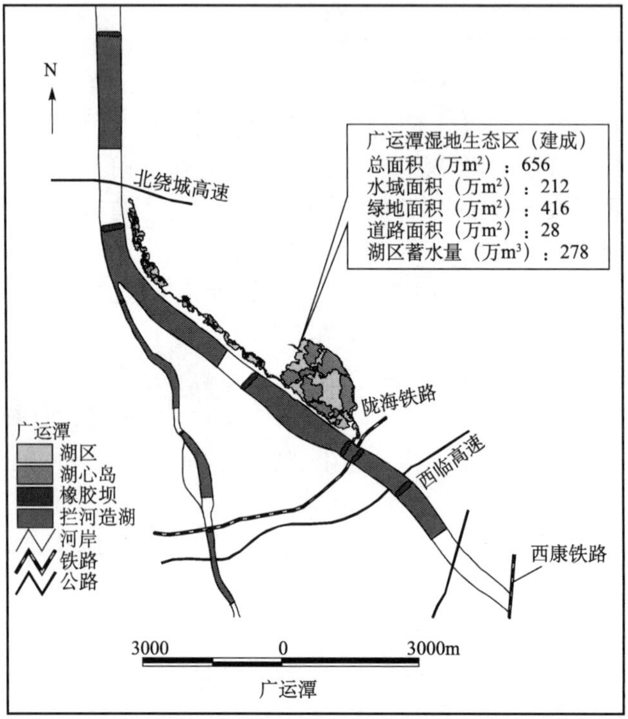

图 6-1 广运潭布置示意图

5）生态区规划

面对严峻的环境形势，以生态建设为主线，以完善城市生态功能、提升示范价值为目的，从编制生态建设规划起步，从治理污水、垃圾和挖沙三大环境问题人手，创新管理和运作模式，将环境治理、新区开发和生态建设有机结合，深入探索城市生态型新区建设模式，把浐灞生态区从一个生态重灾区建成为涵养功能充分、生态景观优美、人居环境舒适、经济发展繁荣、社会文化进步的国家生态区。

整个生态区区域呈“一心三翼”的布局。一心是指：以浐灞半岛、广运潭生态景区为核心的浐灞中心区域，总面积约为 50km^2。三翼包括：绕城高速以北至灞河入渭口、总面积约 34km^2 的北翼（灞河下游段）；陇海铁路华清路以南至三环与绕城立交，长约 9.4km、面积约 25km^2 的南翼；陇海线路至西康铁路的灞河段，全长约 4.8km，总面积约 18.3km^2 的东南翼。

浐灞河生态区内外部有三条城市内河河道和三块大面积的生态湿地，因而具有“水、绿、亮、润、异”的鲜明特色。浐灞河生态区独有的水、绿是构成本地区特色的基因，而其悠久的文化历史是构成该地区的特色源泉，生态文化这种无形的资源，要通过绿色生命的基因来承载和凸显。

生态区城市化发展要求实现生态环境和社会经济的可持续循环发展，必须调整其产业结构，重新定位，把浐灞生态区建设成为以旅游、会展、论坛等相关的休闲产业为生活基础，以发展物流产业为经济基础的区域，逐步加大高科技产业（软件业、生物工程）等相关产业投入，大力发展环保、无污染的第二产业。实现经济发展、产业合理、生态和谐的发展模式。

三、工程实施

（一）项目基础勘察

1. 内容

建设用地普探工程主要包括项目区自然环境调查、地质现状调查、基础现状勘察和社会环境调查等四部分内容。

1）自然环境调查

自然环境条件是土地工程立项、选址、方案设计的基础。在土地工程勘察过程中，通过对场地的自然环境调查和勘察，探明区域气候条件、地形地貌特征以及植被类型。

2）地质现状调查

地质状况是保证工程安全的基本条件，在建设用地勘察过程中，对土质条件、地质构造等的基础勘察是十分有必要的。

3）基础现状勘察

(1) 道路。道路工程建设的开始，应对工程实施区域的所有自然条件及工程条件全面掌握，遵循道路修建要达到占用较少土地、布局经济合理的效果。工程建设前期应做好“三通一平”，即做好路通、水通、电通和场地平整工作，临时设施、建设材料和机械的准备。

(2) 电网。电力基础条件调查是要探名项目所在地区范围内的供电条件及相关信息对工程项目顺利开展可能产生的有利或不利影响。电力基础调查的主要内容包括项目范围内是否有发电站或变电站及距项目所在地的距离。另外，电力基础调查还应该包括项目范围的各个等级的输电线路、变电器、总路漏保及电杆（塔）位置走向等。

4）社会环境调查

社会环境现状调查一般包括社会经济（人口、工业与能源、农业与土地利用、交通运输）、文物与“珍贵”景观、人群健康状况及其他根据当地环境情况及项目特点而定的内容（如电磁波、振动、地面下沉等）。

2. 方法

1）资料搜集法

资料搜集是土地工程勘察的基础，通常分为文献法和观察法，主要针对勘察方案设计以及普探报告编制内容的需求进行相关资料的搜集。

2）现场踏勘法

为了了解土体结构、土体类型以及相关物理参数，需要根据调查目的进行土地工程勘察。土地工程勘察方法很多，其中主要的一种就是现场踏勘，包括以下几方面的内容：

（1）钻探法。用各种钻探工具钻入地基中分层取土进行鉴别，描述和测试的方法称为钻探法，这是世界各国广泛使用的传统方法。

（2）触探法。触探法是间接的勘查方法，不取土样，不描述，只将一个特别探头装在钻杆底端，打入或压入地基土中，由探头所受阻力的大小探测土层的工程性质，称为触探法。

因触探法不需取原状土做试验，对难以取原状土的水下砂土、软土等，更显示其优越性。触探法因无法单独使用，无法对地基土定名或绘制地质剖面图，但若与钻探法配合，则可提高勘察的质量和效率。

（3）掘探法。掘探法是现场踏勘法的一种基本形式，能够直观了解土层相关情况及其性质。

（4）浅层地震勘探技术。地球物理勘探方法都是以研究土体的某种物性质为基础的，它所依据的是土体的弹性，地震勘探是地球物理勘探方法中的一种，其基本工作方法是在地表某测线上或测井中用炸药或非炸药震源，激发地震波，当地震波向下传播遇到弹性不同的分界面时，就会发生反射、透射和折射，可沿测线的不同位置用专门的地震勘探仪器记录这些地震波。由于地震波在介质中传播时，其传播路径，震动强度和波形将随所通过的介质的结构和弹性性质的不同而变化，如果掌握了这些变化规律，根据接收到的地震波旅行时间和速度资料，就可以推断解析地层结构和地质构造的形态，而根据波的振幅、频率、速度等参数，则有可能推断地层和土体的性质，从而达到地震勘探的目的。

（5）地质雷达勘探技术。地质雷达技术近年来被广泛应用于浅层地质构造、土体、岩性检测的一项物探技术，其特点是快速、无损、连续检测，并以实时成像方式显示地下结构剖面，探测结果一目了然，分析、判读直观方便。因其探测精度高、样点密、工作效率高而备受一些行业关注。

3）采样分析法

通过采集土样、水样以及植物样，分析了解土样、水样以及植物样中各种元素及污染物含量，以指导工程施工。

3. 成果报告的内容

土地工程勘察报告应根据任务要求、勘察阶段、工程特点和地质条件等具体情况编写，应真实反映勘查场地的地形、地貌、构造、地层、地下水、土体性质、不良地质现象、环境工程地质问题及其他要求查明的问题，并进行正确合理的土地工程分析评价，对工程建设中的土地工程问题提出建议，满足工程建设对勘察的要求，具体应包括以下内容：①勘察目的、任务要求和勘察依据；②拟建工程概况：主要包括工程名称、工程地点、工程面积、工程内容、工程立项批准文号以及资金来源等内容；③勘察方法、勘察工作布置及工作量；④场地地形、地貌、地层、地质构造、土体性质及其均匀性；⑤各项土体性质指标、土体的强度参数、变形参数、地基承载力的建议值；⑥水文地质概况：包括地下水埋藏情况、类型、水位、水化学特征、动态变化规律以及地下水的补给、径流、排泄条件；⑦水对土体的影响；⑧可能影响土地工程稳定的不良地质作用的描述和对工程危害程度的评价以及采取的防治措施；⑨场地稳定性和适宜性评价。

土地工程勘察报告应对土体利用、整治和改造的方案进行分析论证，提出建议；对工程施工和使用期间可能发生的土地工程问题进行预测，提出监控和预防措施的建议。成果报告应附以下图件：①拟建工程位置示意图；②建筑物或新增耕地与勘测点平面位置图；③工程地质剖面图；④原位测试成果图表；⑤室内试验成果图表。

对土体的利用、整治和改造的建议，宜进行不同方案的技术经济论证，并提出对设计、施工和现场检测要求的建议。根据不同人物需求，可提交以下专题报告：土地工程测试报告；土地工程检验和检测报告；土地工程事故调查与分析报告；土地利用、整治或改造方案报告；专门土地工程问题的技术咨询报告。

（二）征地与补偿

1. 征地

征地主要指国家出于公共利益的需要，按照法定程序强制征用农民集体所有土地，并根据补偿标准一次性给予被征地者（包括土地所有权人、使用权人以及土地承包经营权的发包人、承包人、转包人等）一定的货币补偿，有的还必须按照要求进行必要的就业安置的行为。

征地流程如图 6-2 所示。

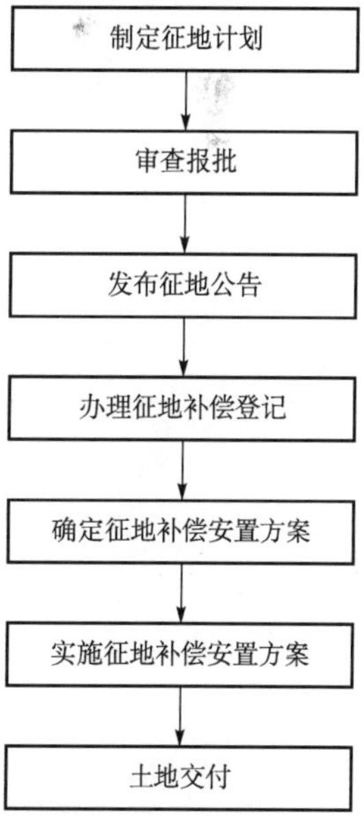

图 6-2　征地流程图

2. 征地补偿

根据《土地管理法》第四十六条规定，征收耕地的补偿费用包括土地补偿费、安置补助费以及地上附着物和青苗的补偿费。土地补偿费归农村集体经济组织所有，地上附着物及青苗补偿费归地上附着物及青苗的所有者所有。计算标准为：

(1) 土地补偿费：该耕地被征收前三年平均年产值的 6～10 倍。

(2) 安置补助费：(按照需要安置的农业人口数计算) 每一个需要安置的农业人口的安置补助费标准为该耕地被征收前三年平均年产值的 4～6 倍。

注：每公顷被征收耕地的安置补助费，最高不得超过被征收前三年平均年产值的 15 倍。如果这一规定所得支付土地补偿费和安置补助费，尚不能使需要安置的农民保持原有生活水平的，经省、自治区、直辖市人民政府批准，可以增加安置补助费。但是，土地补偿费和安置补助费的总和不得超过土地被征收前三年平均年产值的 30 倍。需要安置的农业人口数，按照被征收的耕地数量除以征地前被征收单位平均每人占有耕地的数量。

(3) 地上的附着物和青苗补偿费：补偿标准由省、自治区、直辖市规定。

征收其他土地的土地补偿费和安置补助费标准，由省、自治区、直辖市参照征收耕地的土地补偿费和安置补助费的标准规定。

(三) 主体工程

1. 清表工程

1) 拆迁与安置

(1) 拆迁是指根据城市建设和国家经济发展的需要，取得房屋拆迁许可证的单位，对项目规划用地范围内的房屋及其附属物进行拆除，并依据法律、法规对被拆迁人进行补偿、安置的活动。拆迁工作的流程具体见图 6-3 (王宏新，2007)。

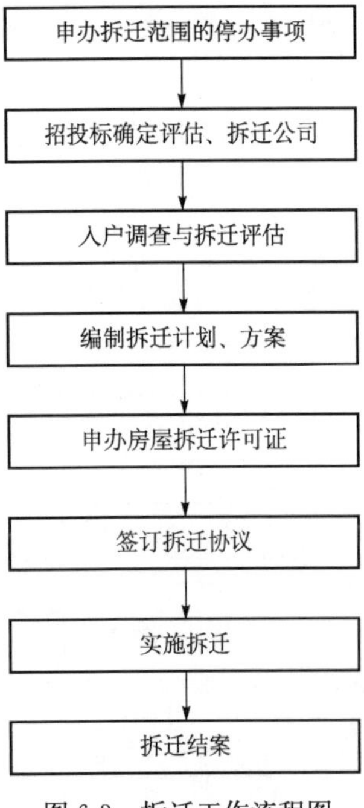

图 6-3 拆迁工作流程图

(2) 拆迁补偿。根据《国有土地上房屋征收与补偿条例》规定，在征地过程中对住宅或者非住宅房屋的价值评估后对该房屋合法拆除并给予房屋产权所有人一定补偿。做出房屋征收决定的市、县级人民政府对被征收人给予的补偿包括：被征收房屋价值的补偿；因征收房屋造成的搬迁、临时安置的补偿；因征收房屋造成的停产停业损失的补偿。

拆迁补偿方式有货币补偿、产权置换及两者相结合的补偿方式。货币补偿是通过不同的法定依据由专业的评估机构对被拆迁房屋进行专业的估价，生成有据可循的补偿金额。产权置换也被称作产权调换，根据评估方法不同，分为价值标准产权置换和面积标准产权置换两种置换方式。①房屋拆迁补偿计算标准为：房屋拆迁货币补偿＝合法拥有房产评估价格＋房屋装修装饰商定补偿金额（或经评估确定的房屋装修装饰补偿金额），房屋拆迁补偿差价＝合法拥有房产评估价格＋房屋装修装饰商定补偿金额（或经评估确定的房屋装修装饰补偿金额）－被拆迁人获得调换产权的房屋的评估价格。②房屋拆迁安置费计算标准为：（被拆迁人或承租人）房屋拆迁安置费＝搬迁补助费＋没有提供周转房情况下的临时安置补助费＋超过过渡期限的临时安置补助费＋非住宅房屋因停产、停业造成的损失赔偿费。

2）地表清理

（1）清除杂物。将红线范围内的地表树木、农作物砍伐或移栽，树根全部挖除，清除垃圾、有机物残渣及杂草、农作物的根系等杂物，并且堆放在指定位置。

（2）表土剥离。农用地施工前首先应对建筑物工程区地面以下 20～30cm 厚表土进行剥离，并集中堆存于表土临时堆放场保存，土建工程完工后可回填至绿化区域，严禁填埋在填筑范围之内以致地基下沉。

（3）特殊填埋处理。对人工造成的坑穴、树坑、竖井及水塘等低洼地段，需进行填埋处理。填埋前，清理穴壁，铲除松土，夯实基底，然后换填素土，并对其碾压至规定的压实度为止。对于淤泥质土应挖除表层淤泥、腐殖土等，换填 ABC 料、石灰土等；对于耕层较厚的局部水田地段，应先挖沟疏干，再根据实际情况进行清表。

（4）渣土清运。清表工程产生的渣土、废弃物等应及时运到市容和环境卫生行政管理部门指定的地点。

（5）修筑临时排水、挡水工程。河塘、沼泽、湖泊或积水地段清表时应做好临时排水设施，并将原地面积水排干，施工区域范围内的地下水出露处应严格按设计要求处理。河塘段必须先抽干水及做好雨季防排水工作，在多水地段修筑挡水土围堰。

（6）土层碾压。场地清理完成后，全面进行填前碾压，使其密实度达到规定的要求。当地面横坡为 0～1∶10 时，填土前必须碾压至规定的压实度。当地面横坡为 1∶10～1∶5 时，填土前挖松再碾压。零填地段以及填方地段应清表后挖至表面以下 0.8m 后再换填压实。清表后的外观要求：①施工区域无草皮、树根等杂物，且无积水。②原地面密实，平整，坑穴处理彻底，无质量隐患。③坡度应符合设计要求。

2. 平整工程

平整工程是土地工程中最常用的一种技术，根据地块的地形地貌状况合理确定平整范围和面积。平整工程中，土石方的计算是最为核心的内容。平整过程中土石方计算常用的方法有方格网法、散点法、断面法等。

1）施工顺序

施工时按照从高到低的原则，根据用地现场的实际情况，进行测量、定线，然后将各施工现场划分若干个作业区，并确定施工顺序进行施工。当最后一块作业区完工后，对临时基地实行边撤边离边施工的方法。

2）建立控制网点

根据建设单位提供的坐标及高程，用经纬仪和水准仪建立现场控制网点，确保高程和位置准确。施工边线、设计边线等由施工测量人员控制，并设置明确的标识桩，标明相关的施工参数。

3）土方平衡及调配

施工时，每个区块逐步进行，先控制四个角点位置及高程，然后用机械及人工进行该区块的土方平衡，将土方外运或调入，土方平衡时应遵照以下原则。

（1）力求挖方与填方基本平衡和就近调配，使挖方量与运距的乘积之和尽可能成为最小，亦即使土方运输量或费用最小。

（2）应考虑近期利用和后期施工相结合，分区调配与全场调配相结合。

（3）调配应与地下构筑物的施工相结合，有地下设施需要填土，应留土后填。

（4）选择恰当的调配方向、运输路线。

4）机械施工

采用推土机、挖掘机、拖式铲运机、装载机等机械化施工设备进行联合作业。推土机作业时，根据施工现场的安排情况，大部分情况下均可采用系列推土法。可用2～3台推土机并列作业，以减少土体漏失量，铲刀相距150～300mm，在推土运距50～75m，可采用此法。推土时，均采用顺下坡方向切土与推运，借机械向下的重力作用切土，增大切土深度和运土数量，可提高生产率30%左右，若坡度太小时亦可分段推土，创造下坡送土条件，从而提高生产效率。对于局部开挖土方量较大的区块，装载机装土，拖拉机外运。施工过程中应经常进行高程测量，确保按设计要求施工。

5）取土场施工

（1）取土坑应按设计规定的位置设置，取土深度根据用土量和取土坑面积确定。取土坑应有规则的形状，坑底应设置纵、横向坡度和完整的排水系统。取土时不得使作业面积水。

（2）取土坑开挖前先清除地表20cm厚的耕作层，并把清除的耕植土堆积在取土坑四周形成土埂，待取土结束后覆盖平铺，以便尽快恢复生产力。取土坑原地面的草皮、腐殖土或其他不宜用作填料的土不可用做回填土。

(3) 设置集中取土坑取土时，其土质应符合填筑路基的技术要求，同时考虑土方运输经济合理和利用沿线荒山、高地取土的可能性，力求少占农田和改地造田。

(4) 为了尽量降低取土造成的水土流失，取土场应采用分段集中取土方式，集中取土的取土坑原则上不大于 $2hm^2$；设立取土坑时必须通过各部门的配合，水利、水土保持主管机构必须参加取土坑的选点，使取土坑选取与水利工程规划、水土流失防止紧密结合起来才能保护耕地、节约投资。

(5) 取土场取土后应根据不同的取土位置，进行水土保持措施恢复，保护生态环境。

3. 土体重构工程

1) 填筑工程

现状用地中，若需将海洋、湖沼、河流低洼地、浅海海滨等水域变为建设用地，需要在低洼的地基上投入土、砂石等物料，即为填筑工程。一般填筑工程由取土（疏浚、挖掘）运输和投放三大工序组成。在规划时应考虑经济性、工期和环境等因素决定其组合，常用的施工方法有下述几种（唐树春，1993）。

(1) 吸泥泵船疏浚压送施工填筑工程。这一类填筑工程施工方法是用吸泥船疏浚水底土砂，通过排砂管以泥浆形式压送，直接投入填筑地进行填筑施工。

(2) 运土船输送施工填筑工程。这一填筑工程施工方法是采用运土船（抓斗船、铲斗船等）把疏浚出的水底土砂，或在陆上取土场挖出来的山土，通过海路运输，投入填筑地域进行填筑施工。

(3) 皮带运输机输送施工填筑工程。这一填筑工程施工方法，是用运土船运送，由扬土机卸下土砂或将取土场取来的土砂直接用皮带输送机输送到填筑地进行填筑施工。由于这一施工方法可以大批量连续输送，所以常被用于大规模填筑工程。

(4) 翻斗车输送施工填筑工程。这类填筑工程施工方法是用翻斗车从采土地点直接将土砂运到填筑地进行填筑施工，并配合推土机进行平整地面作业。适合于运输距离短而且规模比较小的填筑工程。

(5) 扬土机施工填筑工程。当填筑地域的水深比直接投入界限值浅时，或凭借外围扩岸使填筑地域与外海隔开时，不能用运土船直接投放土砂，则需要采用扬土方式进行施工。扬土方法可分为连续库斗式、抓斗式和泵式三种。

2) 地基处理

一些现状用地范围内淤积泥砂层较厚，地下水位较高，地质呈流塑状态，无承载力，如河滩地、沼泽地、滩涂等。这类土地变为建设用地，需要做相应的地基处理，提高其地基承载力，以达到建筑设计使用要求。处理地基的基本要求是设法改善地基土的性质，提高地基土的强度，减少压缩性，增加均匀性，从而达到减少沉降和不均匀沉降量。

（1）抛石挤淤法。淤泥及淤泥质土属高压缩性及低强度的软土，地基不能满足上部荷载要求，可选择抛石挤淤法进行处理（靳九贵，2004）。

（2）强夯法。其原理是采用一定的手段，通过挤压使地基土体孔隙比减小，强度提高，压缩性降低，达到地基处理目的。此方法可在裸岩石砾地、河漫滩松散砂卵石地、粉砂土地、湿陷性黄土、一般黏性土等地基处理中使用（郭慧平和杜青丽，2008；吴曙光等，1999）。

（3）排水固结法。基本思想是软土地基在附加荷载的作用下，逐渐排出孔隙水，使孔隙比减小，土体固结，随着土体孔隙水压力消散，土的有效应力增加，地基抗剪强度等物理力学指标增加，土体工程性能改善（李伯安，2006）。

（4）降排水方法。在海域、湖区、河岸等地实施整治工程，由于这类土地地质软弱，土层含水量较高，地基承载力低，围填过程中沉陷量比较大，因此在施工过程中必须采取适当的降排水措施，有效排除地基土层中的孔隙水，提高地基承载力（章金香，2009）。

（四）配套工程

1. 道路工程

道路施工是建设用地土地工程基础设施建设的关键，也是未来土地利用主要功能的保证。因此，对质量的要求相当严格，特别是路基、路面等关键部位，不仅要求路堤稳定，而且要预防往后的道路沉降和可能发生的事件，特别是需要严格控制不均匀沉降量（王宏新，2007）。

1）测量工程

（1）平面控制。道路施工时，应首先通过使用全站仪和水准仪来测试控制点，并进行相应计算。开工后对土地工程主体的交点桩进行复核。一般把控制点选定在施工作业影响范围以外的地方，用混凝土保护桩，做到各控制点的通视性良好，符合施工需要。最后根据施工阶段来定期复核整个控制网。

（2）高程测量。一般来说，应在施工前做好水准点的测放工作。对于交叉口曲线的测设，宜采用坐标法和常规测设方法相结合的手段来测设。

（3）道路放样。利用测量控制网来测设各道路的中心线坐标，并通过各控制点位进行相互复核，确保准确后以此作为道路施工的基准点。

2）路基工程

（1）路堤填筑。填筑应逐段分层进行，先填低洼地段，后填一般地段，先填路中，再填路边，以保持有一定的路拱和纵坡。另外填方段的回填土应按路基分层碾压，沟槽处填土应按要求对称、均匀、薄铺轻夯分层回填夯实。

（2）零填挖施工。填挖路床面下 0～30cm 范围内，土质指标须按设计规范中的规定，如不符合要求，须再翻挖压实，使压实度达到要求。对于路基密度的检测，应根据的土质情况和机械化施工的要求，本着既快又准的原则进行测试。其中，密实度检测以核子密度仪为主，环刀法为辅。

（3）水泥稳定土施工。路床整形、碾压应根据标高进行控制，在基层施工前，整个路床范围内应填筑 20cm 厚度的水泥稳定土（水泥含量 5%）。

3）路面工程施工

（1）水泥混凝土路面具体包括以下流程：①模板施工；②砼施工；③路面抹面；④路面养护。

（2）沥青路面具体包括以下流程：①沥青拌和；②沥青运输；③混合料摊铺；④路面碾压；⑤横缝处理。

2. 管线工程

管线施工主要包括污水管线、雨水管线、供水管线、供气管线、供热管线、供电管线、通讯管线、电视管线及室外照明管线等工程的施工。

1）管线的布置

（1）管线在道路下面的规划位置，应布置在人行道或非机动车道下面。电信电缆、给水输水、燃气输气、污雨水排水等工程管线可布置在非机动车道或机动车道下面。

（2）管线在道路下面的规划位置宜相对固定。布置次序宜为：电力电缆、电信电缆、燃气配气、给水配水、热力干线、燃气输气、给水输水、雨水排水、污水排水。

（3）管线在庭院内建筑线向外方向平行布置的次序，应根据工程管线的性质和埋设深度确定，其布置次序宜为：电力、电信、污水排水、燃气、给水、热力。

（4）工程管线的最小覆土深度应符合表 6-3 的规定。

表 6-3　工程管线的最小覆土深度

管线名称		最小覆土深度/m	
		人行道下	车行道下
电力管线	直埋	0.50	0.70
	管沟	0.40	0.50
电信管线	直埋	0.70	0.80
	管沟	0.40	0.70

续表

管线名称		最小覆土深度/m	
		人行道下	车行道下
热力管线	直埋	0.50	0.70
	管沟	0.20	0.20
燃气管线		0.60	0.80
给水管线		0.60	0.70
雨水排水管线		0.60	0.70
污水排水管线		0.60	0.70

注：10kV 以上直埋电力电缆管线的覆土深度不应小于 1.0m。

（5）当工程管线交叉铺设时，自地表面向下的排列顺序宜为：电力管线、热力管线、燃气管线、给水管线、雨水排水管线、污水排水管线。

（6）管道断面布置见图 6-4。

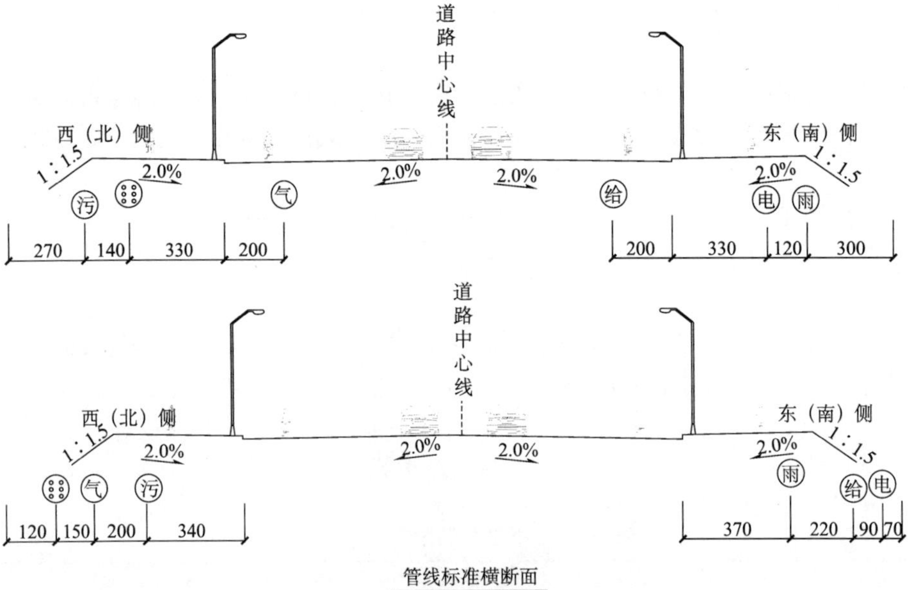

图例：

雨—规划雨水管道　给—规划给水管道

污—规划污水管道　⁘—规划电信管道

气—规划煤气管道　电—规划电力管道

说明：

① 本图尺寸均以cm为单位。

② 本图只作平面位置布置，各管线结构由管线单位自行设计。

③ 为了避免各管线交错相撞，要求通信、电力、给水等各管线在规划允许范围内尽量浅埋、污水管深埋。

④ 管线之间及其与建（构）筑物之间净距应满足《城市工程管线综合规划规范》（GB 50289—1998）要求。

图 6-4　管道断面布置图

2）给水排水管线工程

给水排水管线工程具体包括以下流程：铺管前的准备工作、管槽开挖、管道基础施工和管道的铺设（王宏新，2007）。

3）电气管线工程

电气管线工程分别包括架空线路施工和地埋线路施工。架空线路施工基础工程施工工序为挖土、清底钎探、验槽、垫层、基础和回填的顺序进行。

3. 园林绿化工程

园林绿化工程主要指行道树、灌木、草坪、绿化小品（如街道绿化中的假山石、游廊、画架、水池、喷泉等）等植物的种植和建筑物的构建等。

第三节　实施案例

一、山地丘陵区空心村整治项目

近年来，随着农村经济的发展，掀起了盖新房热。于是，批少占多、批新不交旧的现象时有发生。致使有些村庄急速向外扩张，村庄内形成了“空心”。这不仅影响村容村貌，也浪费土地资源。通过对“空心村”的整治、废弃宅基地（旧窑洞、土坯房、砖混房等）整治，提高了土地利用率，使荒废的、闲置的土地，变为高产稳产的粮田；通过空心村（废弃村庄）立地整理，完善了农村基础设施，盘活了农村存量建设用地，促进了居住集中和城镇化进程，村庄布局得到进一步优化；通过对空心村环境生态重建，大大改善了农村生产生活环境。下面以浴子河村空心村立地整治工程为例。

（一）项目基础勘察

1. 项目背景

山地丘陵区约占中国国土面积的69%，该区生态环境脆弱、人地矛盾突出、城乡发展缓慢。中国山地丘陵区农村空心化问题日益突出，严重阻碍了该区的农村发展和人居环境改善。开展山地丘陵区空心村整治，有利于山地丘陵区耕地保护、城乡统筹发展、生态文明建设等重大战略。整治“空心村”已成为解决我国农村问题，发展农业经济和改善农民生活的重要议题。

2. 项目区普探

1）基本现状

澄城县尧头镇浴子河村海拔417～686m，最低点位于西部的洛河谷地，最高点位于东北部的台塬面上。区域属暖温带半干旱季风气候，年均降水最多350～550mm，地下水补给条件差，水文地质较为复杂，不利于开发利用。地处黄土沟壑区，地形起伏较大，多黄土阶地地形，整理后现状图见图6-5。由于黄土结构疏松，易受侵蚀，在长期流水冲刷等外力作用下，形成了梁峁广布、沟壑纵横的黄土丘陵沟壑地貌地形态。该地貌类型区具有沟梁峁起伏，地形破碎的特点，且黄土特有的湿陷性的特征，地质灾害频发。土壤以中壤为主，该土有机质含量及养分储量不高，土壤侵蚀严重，耕作不便，生产水平低下。

图 6-5　浴子河村村示范点现状图

2）经济状况

2014 年，澄城县生产总值 85.288 亿元，较上年同期增长 10％。农林牧渔业总产值达 36.87 亿元，可比价增幅 5.1％；全县粮食播种面积 65.09 万亩，粮食总产量 16.73 万吨。

3）土地利用情况

浴子河村村土地总面积为 255.44hm^2，耕地面积为 140.71hm^2，占土地总面积的 55.09％；村庄和采矿用地面积各为 24.25hm^2 和 3.64hm^2，分别占总面积的 9.49％和 1.42％；农村道路为 4.15hm^2，占总面积的 1.62％；河流水面面积为 0.26hm^2，占总面积的 0.1％；农业设施与田坎用地为 2.37hm^2 和 9.72hm^2，分别占总面积的 0.93％和 3.81％。耕地类型主要是旱地，水资源稀缺，道路面积较小，交通不方便。详见表 6-4。

表 6-4　2009 年浴子河村村二调数据土地利用状况明细表

一级地类		二级地类		现状	
地类代码	名称	地类代码	名称	面积/hm^2	比例/％
01	耕地	013	旱地	140.71	55.09
20	城镇村及工矿用地	203	村庄	24.25	9.49
		204	采矿用地	3.64	1.42
10	交通运输用地	102	公路用地	1.29	0.51
		104	农村道路	4.15	1.62

续表

一级地类		二级地类		现状	
地类代码	名称	地类代码	名称	面积/hm^2	比例/%
11	水利及水利设施用地	111	河流水面	0.26	0.1
12	其他土地	122	设施农用地	2.37	0.93
		123	田坎	9.72	3.81

（二）工程规划与实施

针对山地丘陵区的土地综合整理工程主要包括主体工程即土体有机重构工程和配套工程即道路工程、灌排工程及林带工程等等。

1. 主体工程

1）土体物理重构

首先清除地表杂物，将规划区域内地表树木、农作物砍伐或移栽，树根全部挖除，清除垃圾、有机物残渣及杂草、农作物的根系等杂物，并且堆放在指定位置；农用地施工前首先应对建筑物工程区地面以下20～30cm厚表土进行剥离，并集中堆存于表土临时堆放场保存，土建工程完工后可回填至绿化区域，严禁填埋在填筑范围之内以致地基下沉；对人工造成的坑穴、树坑、竖井及水塘等低洼地段，需进行填埋处理。对于淤泥质土应挖除表层淤泥、腐殖土等，换填ABC料、石灰土等。

渣土清运，清表工程产生的渣土、废弃物等及时运到市容和环境卫生行政管理部门指定的地点。修筑临时排水、挡水工程。河塘、沼泽、湖泊或积水地段清表时应做好临时排水设施，并将原地面积水排干，施工区域范围内的地下水出露处应严格按设计要求处理。

2）土体层级重构

在项目主要以村庄定路，以地形定渠，以渠、路做骨架，划块定方。针对示范点阶梯形的水平台田，应使台田田坎方向高程略高于台田内部，以防止水土流失，保持梯田里的蓄水含量，保证土体稳定性与安全性，便于农民耕种农作物，提高土地利用率。

（1）平整度。在坡耕地上沿等高线修建层状的田面水平、埂坎均整的台阶式田块。梯田改变了地形，减缓了地面径流，并能拦蓄水分，改良土壤。对于示范区地形、农作物种植特点，设计田面与水流方向一致的1/300～1/500的比降，垂直灌水方向与地头分渠的坡降一致。对于该示范点，平整后应为东高西低的地表形态，比降为1/400。

（2）平整单元：示范点平整后为水平梯田，土层厚度达到0.6m以上，土壤耕作层0.2m以上；土方平整以局部平整为原则，采用挖方填挖的方式进行平整。平整后，根据田块自身形状以及工程建设标准的要求，将田块分为实验区和试种区。

(3) 田坎高度：从土坎用工量及稳定性上考虑，坎高度设为2.5m为宜，如果超过3m，应该在田坎中部修建阶地，种植植物防止滑坡；土坎侧坡。从少占地及土坎稳定性上考虑，示范区土坎侧坡的坡度设为1∶0.36～1∶0.26。

(4) 梯田田埂：在土地整理成梯田以后，为了防止阶梯形梯田里的水土流失，起到蓄水、防边坡破坏等作用，需在梯田边缘的田坎上修建田埂。对于需要修建田埂的部位应该在平整过程中提前留土。田埂修建是在平整完后进行。共计修筑1075m田边埂、蓄水埂。示范区在田块外侧边界修蓄水埂，高出田面0.15m，顶宽0.2m，内外坡比1∶1；植物护埂主要布置在田坎上，蓄水埂高0.2m，顶宽0.25m，内外坡比1∶1。

3) 土体生化重构

土体生化重构设计是指通过施用天然土壤改良剂、人工土壤改良剂、微生物技术等措施，改良土壤环境，满足作物生长的环境需求，如调节土壤酸碱度。在酸性土壤中施用石灰，对碱土施用石膏，可改善土壤结构，促使土壤疏松，防止表土结壳。针对渭北台塬区梯田修筑的表土剥离可采用逐台下推法和中间堆土法，后进行表土回填和土体化学改良。

4) 植物营养保障

陕西省澄城县空心村复垦拆除建筑废料包括有废混凝土、废石料、废砖料、废瓦料、废预制板、废墙土、废砂浆、废三合土、废木料、废金属及其他废料等。但具有大规模还田应用潜力的，以粉煤灰、有机肥、老窑土、废木料等为主。为评估粉煤灰和有机肥料的利用潜力，在当地开展全面调查和采样，收集典型的样品，开展养分、理化性质、生物性状和重金属含量的测定，能够有效评估还田材料的安全性，并在此基础上开展无害化研究，促进土壤还田的有效性和安全性。一般可通过增施有机肥、秸秆还田、测土配方施肥或表土剥离和回填等措施达到植物营养保障，从而满足作物生长需求。

2. 配套工程

1) 农田水利工程

示范区平整后主要采用在塬顶修建蓄水池的方式，利用山间高差将水引入示范区东侧的水库中进行集中分配，由于水库与示范点存在地势差，可采用暗管自流取水的方式，将水引入示范区进行灌溉，针对该示范点，将水引入示范点东侧，利用高差向西通过暗管流向农田，通过出水桩进行灌溉。区内主要采取暗管输水的灌溉方式。

2）道路工程

梯田区布设从柏油路到田间的道路，主干路基宽度 3m，比降不超过 15%。在地面坡度超过 15° 的地方，道路采用“S”形盘绕而上修建。针对示范点地形特点以及耕作需要修 2 条生产路，分别在上下两台地的边上，长度分别为 368m 和 283m。基本工艺为：路基处理—路基碾压—面层铺设—碾压—路边整修。

3）林网工程

农田防护林既是改善局地小气候、涵养水土及防风固沙的重要手段，又是增加土地利用空间和生物多样性的有效途径。示范点周围设计防护林带，主要以农田防护为主，林随路走，林随水走。

（1）农田防护林工程：针对示范区立地条件，支路两侧各植树 1 行，主要树种为速生杨，这些树具有生长快、抗病虫能力强、成活率高、材质较优等优点，可作为经济林种植；针对该示范区在田间路侧柏株距为 3m，在田坎地区为防止水土流失和崩塌，株距设为 2.5m。

（2）生态环境保持工程：大力发展生态建设，搞好植树造林，进一步增强防风效果；治理水土流失，在空间上实行分区治理，在时间上重视区域环境演变对土地侵蚀的影响。

（三）工程成果

通过对山地丘陵区空心村进行整治，完善了当地农村基础设施，盘活了当地存量建设用地，促进了居住集中和城镇化进程，村庄布局得到进一步优化；对于当地的经济发展、生态建设、社会进步都有明显的提高；人均耕地面积有所增加，水土流失得到了有效遏制，土地利用率得到了提高，大大改善了农村生产生活环境，完全响应了中国建设经济繁荣、设施完善、环境优美、文明和谐的社会主义新农村的政策。

二、首钢二通机械厂棕地景观规划设计

近年来，棕地（brown field）受到越来越多人的关注和了解，所谓棕地即废弃、闲置的土地，因为现实的或潜在的有害和危险物的污染而影响到它们的扩展、振兴和重新利用。从用地性质上看，棕地以工业用地居多。改革开放以来，中国经济高速发展，因经济结构转型和传统工业没落导致中国各城市中也出现了一定数量的棕地，在城镇建设用地有限的情况下，对棕地进行治理、开发、再利用是更为切合实际的做法。棕地景观规划的目标是是用生态学的原理处理破碎的地段，充分挖掘场地原有的结构和精神并加以重组，恢复良好的生态环境、创造具有活力和个性的景观。

（一）项目基础勘察

1. 项目背景

《北京城市总体规划（2004—2020 年）》提出在石景山建设城市西部的综合服务中心之后，中国国家发改委批复了首钢实施搬迁改造计划，为促进区域产业结构总体上向现代服务业、高新技术产业转变提供了难得的机遇。首钢二通机械厂作为首钢地区改造的先行项目，对今后首钢的综合开发具有重要意义。

2. 棕地概况

二通机械厂处于行政区的交接地带，位于首钢工业园区的东南部，北起长安街延长线、南抵京石路，西达五环路，东邻四环路。南北贯通玉泉路至小屯路，东西贯通莲石快速路。首钢二通规划范围，总面积 $255hm^2$，其中二通厂区面积为 $84hm^2$。规划总目标是将二通地区发展成为以包含会展演出、艺术创作、设计服务、特色办公等内容的文化创意产业为核心的集合居住、商业、休闲娱乐为一体的综合园区。其分目标包括生态修复、产业开发、居住开发和公共服务建设等。

3. 项目区普探

1）环境调查

根据二通重型机械厂的生产工艺、生产流程、厂区布局以及每个生产环节的产品和产生的废弃物进行研究，推测出各个环节可能形成的污染，定性分析厂区内污染等级。根据普探结果：钢铁清理区域中重金属铬含量超过建议值，铅的含量接近于建议值且 pH 高于其他三个区域，土壤碱性较其他三个区域强，有机污染物含量均低于建议值，或没有明显高于其他区域；焦化区无机污染物的含量均没有高于建议值，pH 处于平均水平，有机污染物的含量即使没有超过建议值也远远高于其他三个区域，其中苯并蒽的含量超过了建议值；D-炼铸钢区域内无论无机污染物含量还是有机污染物含量均低于建议值，但是其中锌和苯并芘的含量明显高于其他三个区域；炼铸铁区域内铜元素的含量超过建议值，其他元素均低于建议值或没有明显高于其他区域。

2）景观资源调查

工业遗产是由工业文化的遗留物组成的，这些遗留物拥有历史的、技术的、社会的、建筑的或者是科学上的价值，具体是由建筑物和机器设备、车间、制造厂和工厂，矿山遗址，仓库等与工业相联系的社会活动场所构成。分类如下：

(1) 物质资源：工业生产的物质要素包括建筑（厂房、仓库）、构筑物（水池、水塔、烟囱、储柜、储罐、煤仓、管廊）、场地、设施设备、产品、原料、废弃物、作为工业生产状态和生产变化的见证。

(2) 自然要素：包括山、水、树木、动物、表明工业生产的环境和与自然的关系，如首钢与石景山、永定河的关系。

(3) 文化要素：包括报纸橱窗、雕塑壁画、奖状奖杯、影像照片、服装工具、劳动保护、标语口号、印刷品、网站建设等，表明与工业生产密切相关的软环境。

(4) 非物质资源：包括历史相关，如厂史厂志、人物事迹、机构组织；生产相关，如工艺流程、科研成果、产品产量；管理相关，如规章制度、企业精神、企业文化。

3) 污染开发兼容性分析

考虑到土壤污染程度可能会对场地开发再利用造成一定的影响，因此对土壤污染程度与地区规划的开发兼容性进行分析，如表 6-5 所示。

表 6-5　各地块污染程度与开发兼容性分析

污染物	污染程度	规划用地性质	开发兼容性	解决方法
垃圾废品	轻度	居住区用地	可兼容	清理搬运
生活建筑垃圾	轻度	居住区用地	可兼容	清理搬运
建筑垃圾	轻度	居住区用地	可兼容	清理搬运
建筑垃圾	轻度	居住区用地	可兼容	清理搬运
建筑垃圾	轻度	居住区用地	可兼容	清理搬运
生活垃圾	轻度	公园用地	可兼容	清理搬运
无	无	公园用地	可兼容	
多环方烃、石油烃	中度	公园用地	可兼容	先修复，再开发
多环方烃、石油烃	中度	公园用地	可兼容	先修复，再开发
土壤沙化	中度	公园用地	可兼容	加新土综合翻新
少量油类	轻度	特色办公、街头绿地	可兼容	局部换土或加新土综合翻新
少量油类	轻度	会展用地、街头绿地	可兼容	局部换土或加新土综合翻新
pH 稍高、重金属	轻度	会展用地、街头绿地	可兼容	种植超富基植物
重金属	轻度	艺术创作用地	可兼容	种植超富基植物
土壤沙化	轻度	酒店、旅馆用地	可兼容	加新土综合翻新
生活垃圾	轻度	特色办公用地、街头绿地	可兼容	清理搬运
少量油类	轻度	休闲娱乐用地、街头绿地	可兼容	局部换土或加新土综合翻新
重金属，铜超标	轻度	艺术创作用地、街头绿地	可兼容	种植超富基植物
建筑垃圾	轻度	居住区用地	可兼容	清理搬运
生活垃圾	轻度	商业用地、街头绿地	可兼容	清理搬运

续表

污染物	污染程度	规划用地性质	开发兼容性	解决方法
生活垃圾	轻度	商业、文化娱乐、街头绿地	可兼容	清理搬运
生活垃圾	轻度	商业、艺术创作用地	可兼容	清理搬运
建筑垃圾	轻度	居住用地	可兼容	清理搬运
无	无	居住用地	可兼容	
建筑垃圾	轻度	公园用地	可兼容	清理搬运
建筑垃圾	轻度	公园用地	可兼容	清理搬运

通过分析可知因土壤污染程度不是很严重，对总体规划并未造成严重影响。

（二）工程规划与实施

1. 主体工程

（1）土体物理重构。依据地块总体规划、生产施工工艺、交通运输和场地排水等要求，并尽量使土方挖填平衡，减少运土量和重复运土，保持土体整体稳定。在场地平整之前，进行地质勘测，了解地形地貌和周边环境，委托设计单位编制施工图纸，制订平整施工组织设计，并通过招标确定有相应资质的施工单位进行施工，对整个项目去土体厚度、土体剖面通过机械进行物理再分配及调整。

（2）土体化学重构。钢铁清理区和炼铸铁区都有轻微的重金属污染，重金属作为生物圈的重要组成部分，是土壤中固有的内在成分。污染土壤的铜主要累积在表层，并沿土壤的纵深垂直分布递减。一般土层 50cm 以下就很少了，并且重金属污染不会对人造成直接伤害，对轻微污染地区采用的是边开发边修复。采用植物修复技术，将建筑内部 50cm 厚土置换到室外集中修复，以此保证室内开发利用的环境是安全的。所选用重金属超积累植物，加拿大树可以吸收金属镉，旱柳在其环境中也可以生长。东南景天可以吸收金属锌，印度芥菜可以吸收金属铜。同时配合其他重金属性较强的植物，修复土壤的同时保证景观的效果，定期对用于修复植物进行收割，集中处理。

（3）土体生物重构。从土壤检测结果得知焦化区有机污染物总石油烃、多环芳烃的含量远高于其他三个区域，其主要影响了生物体的生存和生活。对此采取的修复措施是：隔离、原位修复，修复安全后进行开发。采用生态修复与植物修复技术相结合的方法：直接向受污染土壤接入外源的污染降解菌，同时提供微生物生长所需的营养。种植杨柳科的植物，尤其是杨树属，可大量去除土壤有机污染物。搭配吸收有机污染物的灌木如虎尾草、羊矛、苍耳、芦苇、黑麦草、紫花苜蓿。对植物和土壤进行定期养护、监测，保证在土壤修复的过程中，不影响地区的景观效果。

2. 配套工程

城首钢旧址综合开发拟开发深度为“八通一平”，即通路、通电、通上水、通下水、通中水、通气、通暖及通讯，宗地内场地平整。

（1）工业设备改造。拆除本项目宗地内的地上建筑物（景观资源除外），有高空作业，将以工程招标方式确定有相应资质的拆除公司对主体进行拆除工作。拆除时特别编制技术方案，以机械为主、人工拆除为辅的施工方法，拆除步骤先上后下，先难后易，做到安全高效。地下管网，电力设施，电力线路申请相关所属单位自行拆除。

（2）垃圾清运。场地内垃圾雇佣运输车辆，现场计量运输数量，运到垃圾处理场所或指定地点，予以处理。为了保障项目场地在整理期间的安全，并达到街道市容方面要求，围墙按照街道办相关具体要求等进行施工。

待上述工程完成之后，项目实施道路工程、管线工程和园林绿化工程。

（三）工程成果

通过对首钢二通机械厂实施改造，利用了闲置的土地资源，提高了土地利用率，防止生态的进一步恶化。通过对土壤污染物进行治理、垃圾进行清运，当地居民生产生活安全得到保障；通过对工业设备进行改造，进行“八通一平”，土地价值得到进一步提高，对当地城市市容市貌，经济发展、生态环境都有一个质的提高。

三、日本填海造地项目

填海造地是指利用工程手段把原有的海域转变为能为人类耕作或建设所用的陆地。许多岛国和滨海国家也先后实施了此项工程。填海造地工程实施的楷模当首推日本，其填海造地的历史悠久、规模巨大，在过去的百余年间，日本填海造地超过 12 万 km^2，其沿海城市近三分之一的土地来自于海洋。中国境内最早填海造地的城市是香港，1842 年香港首次将兴建皇后大道的沙石推进大海，以后香港便不断填海造地，一百多年来，填海面积已达 $67km^2$，占香港总面积超过 6%（陈孔小，2011）。

下面以日本关西国际机场第二跑道工程为例，说明填海造地工程具体实施方法（龚东庆，2008）。

（一）项目基础勘察

1. 项目背景

1994 年启用的关西国际机场，是位于日本大阪湾海域离岸 5km 海面上的人工岛机场。关西国际机场于 1984 年开始兴建，是世界上第一座海上机场，也是人类建筑史上的一项创举，由长 3.7km 的联络桥牵引着与陆地连接，第一期工程填筑了 511hm^2 机场用地，建了长 3500m 的第一跑道及长达 1.5km 的航厦。第二期工程于 1999 年动工，2007 年完工启用，共用 2.5 亿 m^3 土方，在水深平均 19.5m 的海上填出了 545hm^2 的人工岛土地，作为 4000m 长的第二跑道、货运中心及相关机场设施用地。

2. 地质状况普探

地质探勘是填海造地最重要的第一个步骤，关西国际空港用地株式会社进行了大规模、大深度的地质探勘，钻探结果预估关西国际机场第一期工程及第二期工程工址的海床地质以冲积层及洪积层为主。洪积层约于两百万年前至一万年前形成，冲积层则形成于洪积层之后，主要由高含水量的软弱黏土组成。因关西国际机场兴建必须大量填土成为岛屿，填海造陆工程所增加的荷重，预期会造成相当可观的沉陷量。

第二期工程海床的冲积层厚度约为 25m，洪积层厚度则大致介于 480～780m，为了避免遭遇第一期工程严重的沉陷问题，有必要更进一步了解冲积层高含水量的软弱黏土的工程性质，以便于第二期工程设计适当的地盘改良方式。

（二）工程规划与实施

第二期工程的施工项目主要有三项：海床冲积层垂直砂桩施做地盘改良、周围海堤兴建和人工岛填土工程。本项工程总经费为 1 兆 4 千 2 百亿日圆（约合人民币 1 千亿元）。

1. 海床冲积层地盘改良工程

第二期工程海床冲积层地盘改良采用垂直砂桩排水工法，加速冲积层孔隙水的排出。若没有设置垂直砂桩排水带，黏土质冲积层承受上方填土的荷重后，所激发的高压孔隙水要排出，孔隙水必须流经相当可观的距离，过程将非常缓慢。反之，当黏土质冲积层设置垂直砂桩排水带后，填土荷重所激发的高压孔隙水，便可朝预先打设的砂桩排出，减少孔隙水流动距离而大幅缩短压密沉陷的时间。垂直砂桩排水工法施工程序如下：

(1) 首先于人工岛屿区域内（也就是第二期工程预定填土区域）的海床上，以底卸式砂船撒填覆盖砂石，铺上一层厚度为 1.5m 的砂，主要目的是让冲积层中的孔隙水，顺着垂直砂桩往上排至这一层砂而消失。

(2) 当海床上铺砂后，进行打设砂桩的作业，采用的施工机具经由特别设计，可同时打设 6 支砂桩，每支砂桩桩径 40cm、桩长 25m，桩与桩中心之间距为 2.5m，均匀地打入冲积层，总共打设一千两百万支。由于垂直砂桩施做精度要求很高，垂直度必须严格控制。另外，为了精确地控制打设砂桩的位置，每艘施工船都配备有全球定位系统（GPS），以确保施作的位置无误。

2. 海堤工程

兴建海堤主要目的是确保人工岛屿区域填入的砂石不被波浪冲走。第二期工程海堤总长约 13km，1999 年 7 月展开，一直到 2002 年 8 月完成。整个海堤的构造大致可以分为六个部分（图 6-6）：①最底部 1.5m 原为地质改良铺上砂层。②回填砂料。③回填砾石-1。④回填砾石-2。⑤铺设海堤波面消波块。⑥施做海堤顶部构造。

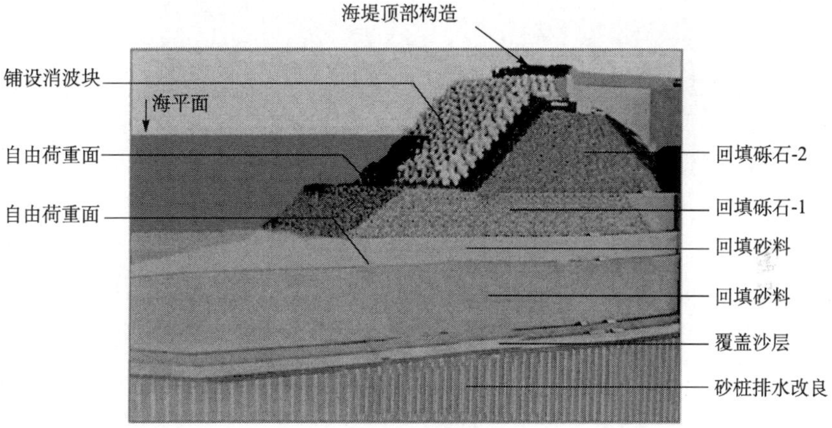

图 6-6　海堤剖面图

海堤施工作业的程序，可分为 16 个步骤：①施工机具安装。②防污布铺设。③底卸式砂船作业。④地质改良。⑤排水砂桩施作。⑥进口砂石。⑦填砂作业。⑧砾石抛填。⑨沉箱吊放。⑩砾石海堤出露。⑪护石吊放。⑫混凝土块吊放。⑬消波块吊放。⑭海堤初步完成。⑮海堤顶部施作。⑯海堤完成。

为了能兼顾生态保育，本段海堤超过 90％的填筑，都是以对海底生态冲击最小的粗石为填筑材料；消波块也经特别设计，让藻类可以较容易附着生长，也能够提供给鱼类栖息的环境。

3. 人工岛填土工程

第二期工程人工岛填海作业规模相当庞大，填方量总计高达 2.5 亿 m^3。填海作业可区分为五个阶段，依序为第二次海床铺砂、第一次直接抛砂、第二次直接抛砂、第一次填筑以及第二次填筑（图 6-7）。其中第二次海床铺砂、第一次直接抛砂以及第二次直接抛砂均使用底卸式的运砂船，将砂料运抵预定的位置，直接打开运砂船底将砂料泻入海中。

当完成第二次直接抛砂作业，此时回填的高程已达海面下 3m，底卸式运砂船已经无法进行作业，改由大型平底运砂船进行第一次填筑。首先将砂料运至适当位置，借由挖土设备将砂料移至输送砂料的机具，直接进行填筑作业。填筑高

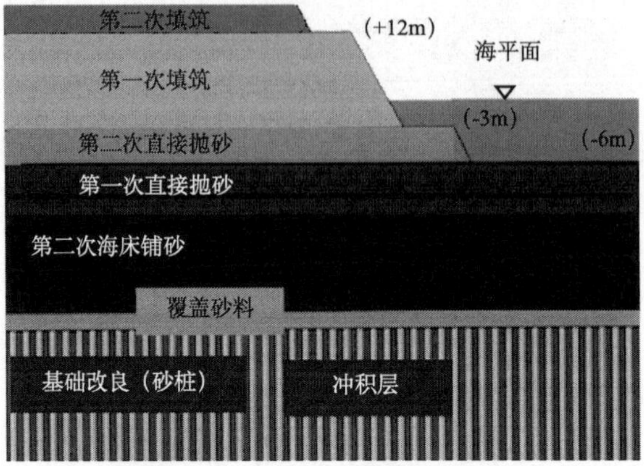

图 6-7　人工岛填土作业程序剖面图

程为海平面以上 12m，岸上同时有多组机具进行夯实作业。由于必须精确地进行填筑，每部底卸式运砂船都配备 GPS，以便进行抛砂位置的控制。

最后一个人工岛填筑工程阶段为进行第二次填筑，此时第二期工程填筑的高程已经高出海平面，大型平底运砂船已无法开进回填区，只能开到第二期工程回填区的四周，将砂料运抵海堤边放置人工岛岸上，再由陆上运土设备进行第二次填筑，第二次填筑的厚度平均为 6m。

（三）工程成果

日本通过填海造地建设关西国际机场第二跑道工程，填出了 545hm^2 的人工岛，增加了城市建设和工业生产用地，有效制造平地，同时美化了海岸线，改善了沿海景观，扩大了机场运量，促进了人口流动，对于当地的经济发展，具有很大的促进作用。

四、石川河综合开发项目

西部大开发战略以来，陕西省的发展步伐不断加快，为西部经济的振兴奠定了坚实的基础。国家继续深入推进西部大开发，为全省带来了更多的发展机遇。大西安经济圈基于大西安发展而打造，通过培育以西安为中心的增长极，按梯度开发思路，最终实现西北区域经济的共同繁荣和发展。随着西安市国际化大都市影响力日益扩大，大西安经济圈在全国经济格局中扮演着越来越重要的角色。石川河综合开发项目的对象为陕西省渭南市富平县城南石川河流域，同大西安有着便捷的空间联动。

（一）项目基础勘察

1. 项目背景

富平县，因取“富庶太平”之意而得名，位于陕西省中部，关中平原和陕北高原的过渡地带，属渭北黄土高原沟壑区，西安—富平城际铁路建设项目的启动，融入西安都市圈的步伐正在加速。为了迎合当地的发展方向，不但要调整产业结构，优化产业布局，同时也要分析市场需求，按需供给，配合整体发展。经济快速发展的今天，物质文化需求不再是唯一的需求，人民大众休闲生活的需求也在不断增加，尤其是对餐饮、娱乐的需求。

“百花溪谷”饮食商业街的建立，有利于带动富平县整体经济发展的优势，餐饮行业作为第三产业的重要组成部分，以其市场大、增长快、资金投入少吸纳大量劳动力大等特点受到社会广泛的重视，它在促进消费、吸收就业、带动相关产业发展等方面发挥积极而不可取代的作用。

2. 项目概况

石川河（城区段）综合整治项目工程位于富平县南部，北至环城南路，东至京昆高速，西至望湖路，南至富阎路。整个项目投资预计约 70 亿元，用地总面积约 12 363.28 亩，建设工期六年，该项目由九个子项目组成，其中包括石川河综合整治项目、“百花溪谷”饮食广场项目、健康城住宅养老项目、四季阳光住宅区建设项目、农业观光带项目、林业观光带项目、设施农业等项目。

3. 普探工程

1）基本现状普探

富平县处于鄂尔多斯地台南边，与渭河地堑北边的斜坡带。受石川河、赵氏河、顺阳河、温泉河的切割形成原间洼地和川原相见地形。区域属暖温带大陆性半湿润半干旱季风气候，光热资源丰富。年均降水量 533.3mm，降雨量的时空分布不均。土壤分布由北向南依次为褐土、红土、黄土性土、淤土、潮土、草甸土、沼泽土、盐土。全县土壤以淤土、黄土性土、褐土、红土为主，占总土地面积 98%以上，是农业生产的主要土壤，以小麦、玉米、油料、蔬菜、薯类为主。

2）地质条件普探

富平县位于渭河盆地中段。渭河盆地发育在祁（连）吕（梁）贺（兰）山字形前狐与秦岭东西纬向构造带的复合部位，项目所处地貌为黄土台塬区，地势较平坦，土质只要为黄土，地基稳定，地震基本烈度为 8°，适宜规划兴建一般工业与民用建筑。

3）水文条件普探

石川河是渭河重要支流，总流域面积 4 154.0km^2，河床平均比降为 6.0%。其中富平县境内（位于县城南部）全长 37km，流域面积 132.4km^2。石川河的水利资源开发利用已有2200年的历史，历史上最大洪峰流量为$1300m^3/s$（1969年），20世纪70年代以后，由于上游修建水库、河水截流，致使石川河成为季节性河流。地表水和地下水资源量（自产）为11 373.93万m^3，可利用量为9781.3万m^3，地表水缺乏，地下水开采超量，客水可供量有限，属典型的资源型缺水县。

4）基础设施调查

富平县是关中通往陕北的要道，是连接渭北东西的枢纽。2条高速（西禹、西铜高速）、2条省道（106、208省道）。4条铁路（咸铜、西韩、西延、梅七）穿境而过。全县公路通车总里程1138.7km，其中县级道路177km，交通比较便捷；全县电力供应网络健全，布局合理，容量充足；县城建成面积$10km^2$，规划面积$33km^2$，规划控制面积$52km^2$，街道通畅，供排水、照明、天然气、公交等城市设施完善。

（二）工程规划与实施

1. 主体工程

（1）土体物理重构。项目原为旧河道，断流多年，杂草丛生，已成为当地村民倾倒垃圾的场所，项目区内垃圾堆积如山，需对区域垃圾进行清理。现场计量运输数量，运到垃圾处理场所或指定地点，予以处理。为了保障项目场地在整理期间的安全，并达到街道市容方面要求，围墙按照街道办相关具体要求等进行施工清运垃圾，并对土体利用机械进行物理操平及土体重新再分配。该项目建设主要考虑满足地块总体规划、生产施工工艺、交通运输和场地排水等要求，并尽量使土方挖填平衡，减少运土量和重复运土。在土体重构之前，进行地质勘测，了解地形地貌和周边环境，委托设计单位编制施工图纸，制订工程施工组织设计，并通过招标确定有相应资质的施工单位进行施工。

（2）土体化学重构。石川河周边废水污水排放、垃圾倾倒、周围农田大量使用化肥，石川河原河道土地已经受到了严重污染。在本工程中对于石川河污损土地重构主要采用生物有机重构技术。生物重构技术主要利用植物技术，河道中栽种苗木、灌木130余种，约15613株，铺设草皮19万m^2，利用植物具有富集某种或某些化学元素的特性，或利用植物及其根际微生物体系将污染物降解转化为无毒物质，以大面积的植被覆盖，有效改善土壤环境。

（3）植物营养保障。植物营养保障在该项工程中主要包括水分及营养元素的保障。水分保障主要是利用河道水，为了使河道水安全健康，主要运用河道曝气和水生植物净化等技术保持河道水溶解氧浓度，降低水温、改善水质。植物养分保障通过土壤增施有机肥或者大型植物进行营养液的挂输，防止使用化肥而使水体遭受污染。

2. 配套工程

在主体项施工结束后，应该按照“八通一平”的要求，进行配套工程的建设如景观、道路、园林等工程的建设，都应该选择有资质的施工单位来进行，从而保证整个项目的质量。

（1）景观工程。在经过前期设计，测量放样，整理绿化用地后，共栽种苗木、灌木 130 余种，约 15 613 株，铺设草皮 19 万 m^2，以大面积的植被覆盖，有效改善土壤环境，同时配设景观喷泉、码头、沙滩、儿童游乐场等休闲、娱乐设施。河道生态水面宽约 100～210m，蓄水量 51 万 m^3。其中包括拦石桥 1 座和橡胶坝 2 个。拦石桥位于金龙大桥以西，总长约 130m，共 13 跨，桥面净宽 10m；1＃橡胶坝位于金龙大桥以西，长约 116m，坝高 3.5m，该橡胶坝以西为 1＃库区，水面面积约 7.8 万 m^2，蓄水容积约 14 万 m^3；2＃橡胶坝总长约 130m，坝高 3.5m，该橡胶坝以西及 1＃橡胶坝以东为 2＃库区，水面面积约 22.3 万 m^2，蓄水容积约 37 万 m^3。

（2）道路工程。石川河北岸滨河路与南岸堤防路均坐落于 50 年防洪线上。北岸路全长约 2.16km，道路宽 24.5m，其中行车道宽 14m，北侧为 7m 人行道，南侧为 3.5m 人行道，道路结构层由下自上分别为 20cm 厚二灰碎石、20cm 厚水稳层、7cm 厚中粒式沥青和 5cm 厚细粒式沥青。南岸路全长约 2.23km，道路宽 10m，其中，行车道宽 6m，北侧为 3m 人行道，南侧为 1m 硬化带，道路结构层由下自上分别为 20cm 厚灰土层、20cm 厚水稳层、6cm 厚中粒式沥青和 4cm 厚细粒式沥青。

（3）园林工程。项目园林绿化工程主要包括道树、灌木、草坪、绿化小品（如街道绿化中的假山石、游廊、画架、水池、喷泉等）等植物的种植和建筑物的构建等。

（三）工程成果

石川河综合开发项目的实施，有效改善了周边的生态环境，更好地提升了富平城市生活品味，推动了城市经济和文化旅游产业的发展。原先的臭河道，变成了如今的河面宽阔，两岸景观优美的居民休闲畅游的好去处，土地价值的提高，对于市容市貌，当地招商引资以及社会发展，都有极大的提高。为中国新型城镇化的建设提供了很好的示范。

第七章　污损土地土体有机重构工程

土地资源是人类赖以生存和发展的物质基础。随着中国工业化和城镇化程度的不断加深，引发了一系列社会环境问题，土地污染损毁状况日益凸显，加剧了土地资源供需矛盾。为缓解矛盾，保证耕地红线，增加建设用地，如何利用工程技术手段对污损土地进行土体有机重构显得尤为重要。本章主要介绍如何对污损土地进行土体有机重构，从污损土地的土体有机重构技术、可行性研究、项目普探和工程规划设计与实施，工程成果等方面深入阐述，并结合案例进行具体分析。

第一节　污损土地土体有机重构工程特点

污损土地是指由人类活动或自然因素造成的土地污染和损毁，使土地完全失去或部分失去原来的使用价值和建设功能，包括污染土地和损毁土地。对污损土地进行土体有机重构区别于其他废弃地的土体有机重构，需要根据“因地制宜”原则，采取不同的技术措施去除污染物、恢复损毁土地，并通过污损土地利用评价，使其达到农用地或建设用地的使用标准。

目前，中国土壤污染状况比较严重，农药、PAHs、石油烃污染的土壤面积已经高达 400 万 hm^2 以上，其中因农药污染的土壤面积约为 200 万 hm^2，因石油开采污染的土壤面积约为 1 万 hm^2，因石油炼化污染的土壤面积约为 7 万 hm^2，因重金属污染的土壤面积约为 500 万 hm^2，土壤酸化面积超过中国土地总面积的 40%，土壤侵蚀面积超过中国土地总面积的 30%，工业三废污染的耕地面积约为 100 万 hm^2，因污水灌溉导致污染的耕地面积约为 330 万 hm^2。每年中国由于土壤污染导致的粮食损失约为 0.16 亿吨。2014 年，环保部与国土部联合发布了中国第一份《土壤污染状况调查公报》，根据该《公报》显示，中国土壤污染超标率约为 20%，重度土壤污染约为 1.1%。耕地点位超标率约为 20%，林地点位超标率约为 10%，草地点位超标率约为 10%，未使用土地的点位超标率约为 11%。部分地区的土壤污染较为严重，耕地土壤环境质量堪忧，而工矿业废弃土地土壤环境问题突出。因此，要保证 18 亿亩耕地红线及土地利用安全，解决土地污损造成的社会和环境问题，就要重视土地工程技术研发，提高土地工程技术水平，通过污损土地土体有机重构使其变为可利用土地。

一、污染土地土体有机重构技术

污染土地是指人类活动或自然因素产生的污染物进入土壤并积累到一定程度，引起土壤环境质量恶化，对空气、生物、水体或人体健康产生危害，使其社会属性和自然属性受到影响的土地。土地污染具有明显的累积性、隐蔽性、滞后性和不可逆转性等特点，因此，土地一旦受到污染，则需要很长的治理周期和较高的投资成本，造成的危害也比其他污染更加难以消除（赵沁娜等，2005）。

污染土地土体重构技术是利用一定的技术措施，对污染土地进行改造使其恢复到未污染的水平。污染土地土体重构技术按地点可分为原位重构技术和异位重构技术。原位重构技术即对未挖掘的土壤进行处理，使土体达到重构的效果。异位重构技术指对挖掘后的土壤进行处理的过程。污染土地的土体重构按操作原理主要分为土体物理重构技术、化学重构技术和生物重构技术（张颖和伍钧，2012；钟晓兰等，2006）。

（一）土体有机重构物理技术

污染土地土体有机重构物理技术是指通过物理过程的调节或控制，改变土壤的物理性状，使污染物得到有效控制，将污染物与土壤分离或转化为低毒或无毒物的过程。主要的物理技术有客土和换土技术、蒸气浸提技术、玻璃化技术、固化/稳定化技术、电动力学技术、热处理等。

1. 客土和换土技术

客土技术，即向污染土壤中加入大量的干净土壤，覆盖在表层混匀，使污染物浓度降低到临界危害浓度以下，或减少污染物与植物根系的接触，从而达到减轻危害的目的。换土技术就是把污染土壤取走，换入新的干净土壤。该类方法土体有机重构效果显著，不受土壤条件限制。但需大量的人力、物力，投资大，并且不会从根本上去除污染，会降低土壤肥力，需增加施肥量以补充肥力。

2. 蒸气浸提技术

蒸气浸提技术是通过降低土壤中的蒸气压，将污染物以蒸气的方式排出土壤的重构技术。主要用于去除不饱和土壤中的高挥发性有机物和一些半挥发性有机物，如苯、汽油等。基本原理是在污染土壤中通入清洁空气以产生驱动力，当气压降低时，利用土壤固相、液相和气相间的浓度差，将污染物转化为气态的形式排出土壤的过程。由于土壤理化性质对土壤蒸气浸提技术有很大的影响，因此在采用该技术前应对土壤孔隙度、湿度、容重、质地、有机质含量、空气传导率等进行测量。

3. 玻璃化技术

玻璃化技术是将污染土壤高温熔融形成玻璃体或固结成团的重构技术。该技术既适合于原位处理，也适合于异位处理。土壤熔融后污染物被固结于稳定的玻璃体中不再对其他环境产生污染，但同时也使土壤完全丧失了原有的生产力。玻璃化法处理费用较高，如欧美国家每吨土壤的处理费用为 300～500 美元，主要用于污染特别严重的土壤（曲向荣，2010）。

4. 固化技术

固化技术是通过物理作用固定土壤中污染物的一种技术措施，即向土壤中添加黏结剂，使污染土壤形成石块状固体的过程。固化技术可以用于处理大量的无机污染物，也可适用于部分有机污染物。优点是可以同时处理被多种污染物污染的土壤，设备简单、易操作、费用低。缺点是不能减少土壤中的污染物，只是限制了污染物对环境的有效性。随着时间的推移，被固定的污染物可能会重新释放出来，对环境造成危害，因此它不具有长期有效性。

5. 电动力学技术

电动力学技术是通过向土壤两侧施加直流电压形成电场梯度，土壤中的污染物在电解、扩散、电迁移、电泳、电渗透等的共同作用下，土壤溶液中的离子向电极附近富集，再通过沉淀/共沉淀、泵出、电镀或采用离子交换树脂等方法去除污染物。电动力学法主要是针对低渗透性的、黏质的土壤，可以处理的污染物包括放射性核素、重金属、有毒阴离子（硝酸盐、硫酸盐）、氰化物、石油烃、炸药、卤代烃、非卤化污染物、多环芳烃等。电动力学技术适合于处理金属污染的土壤。

6. 热处理技术

热处理技术就是把已隔离或未隔离的污染土壤加热，使污染物受热分解。该法多用于能够热分解的有机污染，如石油污染。热处理技术主要从经济实用方面考虑产生热的方式，主要有红外线辐射、微波和射频方式加热、管道输入水蒸气，或打井通气使污染物挥发去除。

土体重构物理技术是一种治本措施，适用于大多数污染物和土壤条件。但投资大，易引起土壤肥力减弱，适用于小面积的重度污染区（李永涛和吴启堂，1997）。

（二）土体有机重构化学技术

污染土地土体有机重构化学技术是在污染土壤中加入化学试剂，使其与土壤中的污染物发生化学反应，如氧化、还原、酸碱、中和、聚合、沉淀等反应，从而使污染物从土壤中分离、转化、降解成无毒或低毒性物质。典型的土体重构化学技术有化学淋洗技术、氧化/还原技术、溶剂浸提技术、施入改良剂或抑制剂等（环境保护部自然生态保护司，2011）。

1. 化学淋洗技术

化学淋洗技术是借助能促进土壤环境中污染物溶解或迁移作用的溶剂，通过水力压头将其注入被污染的土层中，然后再把包含有污染物的液体从土层中抽提出来进行分离和处理的技术。这一技术可用来处理有机、无机污染物。原位化学淋洗技术是在污染现场直接向土壤施加淋洗剂，使其向下渗透，穿过污染土壤，通过解吸、溶解、螯合或络合等物理、化学作用，最终使污染物形成可迁移态化合物。异位化学淋洗技术是把污染土壤挖掘出来用水或其他化学试剂进行清洗，去除污染物，再处理含有污染物的废水或废液，然后将洁净的土壤回填或运用于其他地点。

2. 化学氧化/还原技术

化学氧化/还原技术是采用氧化/还原剂将土壤中的污染物氧化/还原为低毒产物。化学氧化/还原技术不需要将污染土壤全部挖掘出，只是在污染区的不同深度钻井，然后通过井中的泵将氧化/还原剂注入土壤中，使氧化/还原剂与污染物充分接触、发生氧化/还原反应而被分解为无害物。化学氧化/还原技术主要用于处理被油类、有机溶剂、农药以及非水溶液氯化物及对还原敏感的元素等污染的土壤。该技术的优点是有机重构完成后，一般只有水、二氧化碳等无害的化学反应产物。

3. 溶剂浸提技术

溶剂浸提是一种利用溶剂将有害化学物质从污染土壤中提取出来进入有机溶剂中，而后分离溶剂和污染物的技术。在分离过程中，土壤在溶剂中浸泡的时间，取决于土壤的特点和污染物的性质。经过浸提后，污染物或者富集在蒸馏部分底部，或者吸附在介质中，可进行进一步处理。滞留在土壤中的剩余溶剂可通过空气加热装置使其由液态变成气态而从土壤中逸出，冷却后又变成液态，达到循环再利用的目的。

4. 施入改良剂或抑制剂

在土壤中施放改良剂或抑制剂主要是针对重金属污染土壤而言，部分措施也适用于有机污染的土壤有机重构。施用改良剂或抑制剂可有效降低重金属的水溶性、扩散性和生物有效性，从而降低它们进入植物体、微生物和水体的能力，减轻它们对生态环境的危害，是经济有效的污染土壤有机重构途径之一。常用的改良剂有石灰性物质、有机物质、化学沉淀剂和离子颉颃剂。

（三）土体有机重构生物技术

污染土地土体有机重构生物技术是 20 世纪 80 年代以来出现和发展起来的，主要是指依靠某些生物的活动和具有某些特性功能的微生物，使土壤或地下水中的污染物得以清除或降解，使其转化为无毒或低毒物质的过程。它主要是利用土壤特定的微生物、根系分泌物、菌根和超富集植物等降解、吸收或固定土壤中的污染物，从而实现污染土地土体重构的目的。

1. 植物技术

污染土地植物技术是利用植物具有富集某种或某些化学元素的特性，或利用植物及其根际微生物体系将污染物降解转化为无毒物质的过程。该技术主要偏向于重金属污染土壤有机重构。

重金属：①植物吸收和挥发机理。植物在吸收营养的过程中，由于某些重金属元素与营养元素具有相似的化学结构而被植物吸收，代谢成植物的成分之一，或通过气孔挥发到大气中。②植物固定作用机理。植物通过某种生化过程使污染基质中金属的流动性降低，生物可利用性下降，从而减轻有毒金属对土壤的毒性。③植物根系活动及根际微生物的作用机理。根系活动能活化土壤中的重金属，提高其生物有效性，植物根系对重金属的吸收主要与重金属的形态有关（张太平和潘伟斌，2003；陈英旭，2008）。

植物技术的优点：①植物的提取、挥发、降解作用可永久性地解决土壤污染。②植物的稳定作用可防止污染土壤因风蚀或水土流失而带来的污染扩散问题。③植物的蒸腾作用可防止污染物对地下水的二次污染。④对环境扰动小，减少由于土壤清理造成的场地破坏。⑤经植物改良改造的土壤，土壤肥力有机质含量增加，适于农作物种植。⑥可回收植物累积的重金属，创造经济价值。⑦操作比较简单、成本低，可在大面积污染土壤上使用。

2. 微生物技术

微生物技术是在人为优化的条件下，利用自然环境中的微生物或人为投加的特效微生物的生命代谢活动，分解土壤中的污染物，改良改造污染土壤。

微生物改良改造土壤污染的作用机理：①吸附富集作用。通过细菌表面载有负电荷的静电吸附，和多种极性官能团的络合作用固定某些重金属离子。②氧化/还原作用。通过细菌的代谢活动氧化还原某些重金属离子。③淋滤作用。通过氧化硫杆菌、氧化亚铁杆菌等提高氧化还原电位、降低酸度等作用，滤除土壤、污泥和沉积物中的重金属。④成矿沉淀作用。通过细菌分泌物可沉淀重金属离子，或者在细菌的成矿过程中伴随有重金属的共沉淀。⑤协同效应。以植物和根际微生物为研究对象的植物微生物联合改良改造技术可以将重金属富集到超富集植物体内，彻底清除土壤中的重金属（姜金华，2012；李永涛和吴启堂，1997）。

近年来，将污水、大气等其他工业领域的污染治理技术引入土壤污染治理过程中，为土壤污染改良改造研究开辟了新途径，如磁分离技术、阴阳离子膜代换法等。虽然多还处于试验探索阶段，但积极吸收、转化新技术、新材料，在保证改良改造效果的基础上，降低改良改造成本，提高工程实用性，有着重要的实际意义。

二、损毁土地土体有机重构技术

损毁土地是指由于自然或人为因素导致土地表土丧失或整个土地毁坏而造成土地第一生产力的丧失。不同的地区因其自然条件、土地利用方式等不同，损毁土地有不同的形式及内涵。损毁土地类型按原地类别为划分依据，可分为损毁耕地、损毁园地、损毁林地、损毁草地、损毁建设用地等。按损毁方式，可分为生产项目损毁土地（如采矿、采油等）、建设项目损毁土地（如公路、铁路建设等）及自然灾害损毁土地（如洪水冲毁、土地沉降等）（高和平和于艳华，2010年；杨尽等，2009；国土资源部土地整治重点实验室，2013）。

损毁土地土体有机重构工程是通过工程技术手段对损毁土地进行改良改造使其恢复成可利用的有效土地，包括生境建设和群落建设两大内容，其中生境建设是对地貌的重塑和土壤改良培肥，其核心在于“造地”，为生物群落建造一个良好的生境。群落建设则包括植被重建和引入土壤微生物及动物，其核心内容是植被（刘越岩和刘成付，2005；王霖琳等，2007）。

（一）土体剖面层级重构

生产建设活动或自然灾害会使土地原有土体发生变化，使其凹陷或凸起，以至于破坏土地的正常生产力，形成凹型或凸型土体或者地貌。对于凹型地貌的重塑，通常采用填充和客土的方式。对于凸型地貌重塑则采用土地平整、建梯田的方式。

目前矿山开采造成的土地损毁较为严重，对于矿山损毁土地的地貌重塑一般采用剥离—采矿—复垦一体化工程技术。在编制矿山采掘方案时，综合考虑供矿和土地复垦要求，将采矿与复垦结合，统筹规划采剥作业与复垦作业。即将矿区划分为若干区段和条带，按条带开采。利用大型铲运机将剥离的条带岩石和表土“剥皮式”分开铲装，沿循环道路运行，在复垦条带分别按顺序“铺洒式”排放，岩石排放在下部，表土排放在上部，利用大型平地机进行平整，一次性达到复垦要求。实现“边开采，边复垦”的良性循环。

（二）生物重构

土壤微生物主要包括细菌、放线菌、真菌藻类和原生动物等。这些微生物大多在土壤中为腐生型，靠分解土壤中的有机物质来摄取能量和营养物质，所以在贫瘠的土中和“生土”中土壤微生物很少，在碎砾中土壤微生物更少。随着土壤培肥和种植植物，即施入有机物质后土壤微生物逐渐增加形成一定的群落。当地面有植物时，动物才可栖身，所以复垦的废弃地初期的动物仅有少量鼠类等小动物，时间稍长就会生育繁殖。当植物繁茂时，动物会自动移入、栖息，一般不用人工引入。土壤微生物和动物的引入可使土壤生物群落迅速恢复，达到生物多样性，从而使损毁土地达到土体有机重构目的（周孝，2006)。

（三）生物营养保障

生物营养保障主要是指对土壤养分、有机质等营养状况的改善，以提高土壤生产力，具体包括以下技术措施。

(1) 营养状况改良。土壤营养状况改良，可通过施用以下改良物进行。①化学肥料，其合理施用是矿区复垦增产的有效措施，综合施加氮、磷、钾肥要比单施某一种肥料好。②有机废弃物，可满足植物对养分持续吸收的需要，快速形成土地结构，增加土壤持水保肥能力。③固氮植物，利用生物固氮（主要是豆科植物)，是经济效益与生态效益俱佳的改良方法。生物固氮在重金属含量较低的废弃地上潜力很大。④绿肥，多为豆科植物，可提供多种有效养分，改善土壤理化性状，并能加快矸石风化速度。⑤微生物，固定空气中的氮素、参与养分转化、促进作物吸收养分、改进土壤结构、减少重金属毒害及提高植物的抗逆性等功能。

(2) 土壤培肥是指土壤能同时、连续、协调供给植物正常生长所需要的水、肥、气、热的能力，是土壤的物理、化学和生物特性的综合表现，是土壤不同于成土母质的基本特性。例如，工矿区扰动后的地表大多是新生的、不成熟的“粗骨土”，必须通过人为措施加速岩石风化和生土熟化的过程，从而使土壤的颗粒、物理、化学、生物等性状逐渐越于正常化。

三、污损土地土体有机重构

所谓土体有机重构工程即土体再造工程，是污损土地改良改造后仍不能满足使用要求，而在其表面再造的一层人工土体，以便于种植。目前，土体重构工程主要的方法有常规法、泥浆法和级配法。

1. 常规法

常规法是直接将土壤运搬到改良改造过的土地上进行覆盖。一般适用于水平或缓倾斜矿床露天开采破坏的土地上，包括排土场、尾矿场和露天坑。

2. 泥浆法

泥浆法是将采集的土壤加水制成泥浆，然后覆盖在需要土壤的地块上。地块大小为1～2.5hm^2，地块四周用黄土堆砌土堤，堤高在1.2m以上。泥浆由管道运输，分阶段灌入地块内，一般先灌入0.5m厚的泥浆。根据气候情况，每阶段间隔2～8个月，以便下部地区的积水排干，使沉积的泥浆蒸发后成为黄土，然后再次灌入泥浆，黄土层厚1～2m。在配制泥浆时，加入水量因根据采集季节而定，土水比控制在1∶10范围内波动，最大时可达1∶3。所形成的土地一般先经种植牧草和施肥，经过3～5年时间能成为肥沃的土地。此法适用于搬运距离较远，或用来改造贫瘠的农地、河滩地。由于泥浆法会对土壤造成损害，目前较少使用。

3. 级配法

采用不同级配的破碎岩石，形成“造林砂砾层”覆盖在原土表面，可适宜于植树。人造土层由0.1～2mm、2～10mm和大于10mm破碎后的岩石级配而成。级配人造土层中还可掺入垃圾、污泥、尾矿等。“造林砂砾层”中粒级比例可视当地条件，如岩石硬度和掺入量而定。

同时，也可将砾石、沙和黏土进行级配，其规格（mm）为：砾石＞1（66%）；粗沙1～0.5（17%）；中沙0.5～0.25（11%）；细沙0.25～0.05（4%）；淤泥0.05～0.002（1%）及黏土（＜1%）。这种级配土层中最适宜种植豆科，使土壤能够更好地恢复生产力，一般只需10年时间即可解决以氮为主的植物养分问题。

此外，泥煤、锯末、粉碎麦秆、树叶、粪肥等组合都可构成人工土，并且这种人工土壤可种植农作物。

四、污损土地利用工程

（一）污损土地利用原则

根据当地自然环境与社会经济发展情况，按照技术科学合理、经济可行、综合效益最佳和便于操作的要求，结合污损土地特征和实际情况，污损土地利用应坚持如下原则：因地制宜原则；土地集约利用原则；保护生态环境原则；切实保护耕地原则；公众参与原则；一致性原则。

（二）污损土地利用评价

根据对污损地区土地利用潜力因素和地区客观发展情况的调查，对污损土地进行适宜性评价、可垦性评价和潜力评价，以便对可利用土地数量与质量作出科学的认识、比较、鉴定和划分等级，从而为土地利用及其结构调整提供科学决策。

1. 污损土地适宜性评价

土地适宜性评价是根据土地的自然和社会经济属性，研究土地对预定用途的适宜与否、适宜程度及其限制状况。通过评价阐明区域土地适宜于各行业生产（农、果、林、水产养殖等）、适用于城市建设和利用不合理的土地资源的数量、质量及其分布，从而为区域土地利用结构和布局的调整、土地利用规划分区等提供科学依据（胡振琪，2010）。

首先，根据土地构成的各要素及污损土地特性，明确污损土地的评价单元；其次，根据利用目标明确污损土地利用对土地条件的要求，匹配土地用途与土地质量；再次，根据一定的标准划分土地适宜类与等级；最后，提交评价成果。评价结果包括土地利用现状与分析、土地适宜性评价的程序和方法说明，对土地利用类型的描述、环境影响说明、替代方案的社会经济可行性分析等。相关图件包括土地利用现状图、土地利用总体规划图、相关土地资源要素图、土地适宜性分类图、土地适宜性等级图等。

2. 污损土地可垦性评价

污损土地可垦性评价是指对污损土地各因素进行评价，以确定污损土地改良改造利用的先后顺序和土地利用方向，主要包括污损机制分析，确定污染物类型及来源、土地损毁方式、污损土地稳定性、污损土地改良改造利用对环境的影响评价、工程适宜性、评价单元分析等。污损土地可垦性评价结果是确定项目立项与否的依据，是选择技术工艺的基础。可垦性评价参评因子赋值见表 7-1。

表 7-1　可垦性评价参评因子赋值表

参评因子	分值			
	100～75	75～50	50～25	25～0
稳定性预测	已全部稳定	部分稳定	沉陷预计 1.5～3.0m	沉陷预计＞3.0m
污损程度	无明显污损	轻度污损，可改良	中度污损	重度污损
环境影响	有利或无害影响	轻度有害	中度有害	重度有害
工程适宜性	完全或多项可实施	经准备可实施	采取措施可实施，成本高	无法实施

污损土地可垦性的综合分析

$$S=\left(\sum_{i=1}^{N}P_i\right)/N \tag{7-1}$$

式中，S 为待复垦区可垦性综合分析值；P_i 为评价单元 i 的可垦性分析值；N 为评价单元数。

利用式 7-1 算评价单元的可垦性综合分析结果。

3. 土地利用潜力评价

1）农用地利用评价

对农用地结构进行综合描述与分析。按农用地利用现状状况调查结果，分析其现状、面积及类型、用地结构的演化、地区分布差异，指出农用地利用特点与主要存在的问题。

农用地利用潜力估算方法：

$$\Delta S = \sum (a_{di} \times S_i)(i=1,\ 2,\ \cdots,\ n；其中\ n\ 为坡度级别的个数) \quad (7\text{-}2)$$

$$a_{di} = A_{di} - A_{bi}(i=1,\ 2,\ \cdots,\ n；其中\ n\ 为坡度级别的个数) \quad (7\text{-}3)$$

式中，a_{di}为典型样区新增耕地系数（%）；A_{di}为典型样区沟渠、道路、林网、田坎、坟地、零星建设用地和未利用地等面积之和占典型样区面积的比例（各坡度级别样区分别计算）（%）；A_{bi}为设定的与典型样区同坡度类型去集约利用水平较高的耕地中沟渠、道路、林网、田坎等面积之和占耕地区面积的比例（%）；S_i 为与典型样区同坡度级别的待整理耕地区面积（hm^2）。

2）建设用地利用评价

在调查分析县域范围内农村宅基用地总规模的基础上，参照村镇建设标准和当地宅基地标准，通过对人口高峰年人口数量和当时城镇化水平的预测预算各县（市）人口高峰年合理的农村宅基地用地总规模。对比现状和人口高峰年农村宅基地用地规模，依据调查分析结果，考虑社会经济、科技水平和可能投入规模等因素，分析测算可整理为耕地、农用地的面积和增加耕地系数。

分析预算方法：

$$Q_t = Q_0(1+r)^t \pm \Delta Q \quad (7\text{-}4)$$

$$S_t = B \times Q_t \quad (7\text{-}5)$$

$$\Delta S = S_0 - S_t \quad (7\text{-}6)$$

式中，Q_t 为规划农村人口总数（人）；Q_0 为现状农村人口总数（人）；r 为人口自然增长率；t 为规划期（年）；ΔQ 为人口机械变动量；B 为规划人均用地（参照村镇建设标准和当地宅基地标准，并通过对当地经济发展状况、农民收入水平、居民生活质量和农村建房周期、风俗习惯等因素的调查，分析农村居民点规划人均建设用地）（人/m^2）；ΔS 为可挖掘土地面积（hm^2）；S_0 为现状农村居民点面积（hm^2）；S_t 为规划农村居民点面积（hm^2）。

3）废弃地利用潜力评价

对废弃地复垦潜力评价为指导废弃地复垦工作提供科学的、可行的依据。对废弃地进行复垦潜力评价首先是以县级行政区为基本单元，依据调查和评价结果，综合社会经济、科学水平和投入规模等因素，分析预测可复垦土地面积。然后以县级行政区域为基本单元，汇总调查及预测结果，结合其他影响因素，划分废弃地潜力等级。通过废弃地潜力评价系统对待废弃地进行评价（胡振琪，2010）。

（三）污损土地利用工程

根据污损土地评价结果，制订相应的污损土地可利用方向，包括污损土地改良改造后变耕地、园地、林地、牧草地、村镇用地、城镇建设用地等。根据不同的利用方向进行土地利用规划，且改良改造后的污损应满足标准《土壤环境质量标准》(GB 15618—1995)。

1. 污损土地变耕地利用工程

污损土地变为耕地，需使耕地满足作物生长和清洁生产的程度，包括耕地地力和环境质量两方面，即土壤本身特性、自然条件和农田基础设施水平等要素综合构成的耕地生产能力满足作物正常生长需要达到的最基本条件。

2. 污损土地变园地利用工程

污损土地变园地利用工程包括：①园地种类的确定；②根据气温、地形、日照、土壤、水文地质等当地条件及不同树种的生长特点与适用栽培技术，进行树种的配置和选择；③建设灌排工程、道路工程等。

3. 污损土地变林地利用工程

污损土地变林地利用工程包括：①根据当地地质条件和土地区位条件及周边土地用途，确定林地目标用途；②确定林地种类；③根据树种的生态习性，进行树种选择与配置；④根据采伐、集材、营林、护林的要求建设道路网，并与林外的道路网相连；⑤工程措施有平整工程、道路工程等。

4. 污损土地变牧草地利用工程

污损土地变牧草地利用工程包括：①根据社会需求、周边草地调查及地形和气候条件，确定牧草地规划目标；②确定放牧小区的数目、面积、位置及其配置；③工程措施如水源工程建设等。

5. 污损土地变城镇建设用地利用工程

污损土地也可根据区域规划，改良改造后变成城镇建设用地。主要内容包括：①根据当地条件及地形确定建设目标规划；②建设标准；③工程实施如土体重构工程、道路工程等。

不同的利用方式，污损土地改良改造标准不一，改良改造方案应结合污损特点与标准进行设计。

6. 污损土地废弃物资源化利用方式

(1) 重金属污染植物改良改造重金属回收。目前已尝试的方法是先焚烧，然后再从灰烬中回收，或直接用湿化萃取技术回收。如美国 Viridian 环境公司用植物改良改造技术净化镍污染土壤，每年可以从金属镍的回收中获取 2500 美元/hm^2 的收益。

(2) 煤矸石综合利用。煤矸石可以作为塌陷区的充填材料，减少煤矸石对矿山环境的污染。此外，煤矸石还可用于制砖、水泥、混凝土和铺路、回收煤炭、黄铁矿，利用高硫煤矸石提取硫磺、制取硫酸；生产有机矿物肥料，作土壤改良剂；作热电厂燃料发电等（郑九华等，2010）。

(3) 尾矿综合利用，主要可以用于以下五个方面：①尾矿再选，将尾矿作为二次资源筛选伴生矿。②尾矿砂制建材，如高硅尾矿可作为建筑材料、公路用砂，用于生产陶瓷、玻璃、微晶玻璃花岗石等。③土体颗粒改良（尾砂改良土壤），尾矿砂一般有良好的透水、透气性能，用作客土可有效改善土壤的结构性、孔隙度、透气性。同时，尾矿还含有一些植物生长所必需的锌、锰、铝、矾等微量营养元素，可用于土体中生物营养保障。④尾矿充填，是利用尾矿的最有效途径之一。为避免对地下水造成化学污染，在充填前应采取措施，将其中易溶解的有毒有害离子吸附、分离出去。⑤尾矿库复垦。一般可用作农业用地、林业用地与建设用地。

第二节　工程规划设计与实施

污损土地项目工程规划设计与实施是为了污损土地项目的顺利进行、增加有效土地面积、缓解人地矛盾、实现可利用土地总量动态平衡为目的展开的。工程规划设计与实施首先需要对项目进行可行性研究，确保项目的可行性，然后展开对项目的具体规划设计与实施。

一、可行性研究

本部分主要针对污损土地工程可行性研究展开。项目的可行性评价是对拟破坏土地进行分析预测、土地适宜性进行评价、生态环境影响、水土资源平衡和经济效益分析，确定污损土地工程方案的可行性。土地复垦措施主要应以保护生态、恢复植被为主要目的，提高土地的生产力。

（一）可行性分析

1. 项目实施土地污损分析与预测

（1）土地污损环节与时序。为避免项目在实施过程中对正常土地的污损，需对生产建设过程中可能导致土地污损的工艺及流程进行说明，对污损环节与时序进行分析预测，分析其可行性。

（2）已污损土地现状。根据对污染土地的采样测试分析，对损毁土地的勘测调查，明确项目区已污损土地类型、范围、面积及污损程度。

（3）拟污损土地预测。依据项目或工程技术类型、生产建设方式、地形地貌特征等，确定拟污损土地的预测方法、方式、面积、类型和程度等。

2. 污损土地复垦适宜性评价

根据原土地利用类型、土地污损情况、土地复垦适宜性评价的目的、公众参与意见等，在经济可行、技术合理的条件下，确定污损土地利用方向。

3. 生态环境影响分析

预测分析项目实施中及实施后对周围和实施区域产生的生态环境影响，包括土壤影响分析、水资源影响分析、植被影响分析等。

4. 水土资源平衡分析

调查及确定周边水源地的水质及水量情况，是否符合项目应用要求。当项目需覆土客土时，当地土源是否足够，如需外购土源，土源的数量、来源是否可靠，预测水土资源是否能平衡利用。

5. 土地复垦质量要求与复垦措施

在根据《土地复垦技术标准（试行）》(1995 年）等相关技术规范，结合复垦区土地损毁状况与土地利用现状，针对不同土地利用方向制定土地复垦标准；综合考虑土地利用现状、土地损毁程度、复垦规划土地用途等制定土地复垦措施。

6. 经济效益分析

从经济效益上分析项目的经济行为，包括投资的预算、成本、所产生的经济价值。

（二）污损土地可行性研究实例

以某矿井损毁土地改良改造利用项目的可行性研究为例，说明污损土地项目可行性研究的具体过程和确定污损土地最终利用方向。

1. 项目概况

某井田位于陕西渭北台塬西部泾河东侧，地理坐标东经 107°55′45″～108°04′00″，北纬 35°08′45″～35°12′45″。此井田属暖温带半干旱大陆性季风气候区，冬季干旱，夏季炎热，四季分明，雨热同期，气温日差较大，年降水量变化大，常出现干旱。每年 3～5 月份为西北季风期，最大风速 12.7m/s。全区年平均降水量 587.8mm，一般雨热同季，年蒸发量为 1552.4mm。

2. 土地损毁分析与预测

(1) 土地损毁环节与时序。①建设期土地损毁环节。建设期即施工期生产工艺主要是道路、输水、输电线路等建设过程中的地表挖损。②生产期土地损毁环节。一是井下掘进矸石排放，可能造成土地压占；二是井下煤炭开采，可能造成地表沉陷；三为选煤厂矸石排放，可能造成土地压占。

(2) 已损毁土地现状。本项目目前已基本建成，并于 2012 年 10 月进行试生产，项目存在已损毁土地，主要包括建设期生产生活区占地、输水、输电线路建设过程中临时挖损损毁土地和建设期弃渣、排矸压占的土地。施工期临时损毁土地见表 7-2，排矸场压占损毁土地见表 7-3。

表 7-2　临时损毁土地

一级地类		二级地类		临时损毁土地面积/hm^2
03	林地	033	其他林地	0.55
04	草地	041	天然牧草地	1.60
		042	其他草地	2.33
合计				4.48

表 7-3　排矸场压占损毁土地

一级地类		二级地类		面积/hm^2
02	果园	021	果园	2.30
03	林地	031	有林地	2.80
		033	其他林地	2.20
04	草地	043	其他草地	3.20
合计				10.50

（3）拟损毁土地分析。主体设计选定的排矸场位于工业场地西侧 1.0km 处的沟道里，沟道长 0.75km，沟道平均比降为 13%；沟道内无常流水。可满足矿井基建期以及达产 5 年的排矸量。矸石场占地 10.50hm^2。矸石场占地对土地功能的彻底改变，土地损毁程度为重度。目前项目排矸场已损毁土地 3.60hm^2，计划拟损毁 6.90hm^2。

3. 复垦区土地利用现状

根据项目区域土地利用现状图，采用《土地利用现状分类》（GB/T 21010—2007)，复垦区以及复垦责任范围土地利用现状见表 7-4。

表 7-4　复垦区以及复垦责任范围土地利用现状　　（单位：hm^2）

一级地类		二级地类		复垦责任范围（损毁土地）			永久性建设用地	合计
				排矸场	沉陷区	临时损毁		
01	耕地	013	旱地		478.46		30.2	508.66
02	园地	021	果园	2.30	380.41		7.57	390.28
		023	其他园地		186.32			186.32
03	林地	031	有林地	2.80	150.23			153.03
		033	其他林地	2.20	198.27	0.55	10.62	211.64
04	草地	041	天然牧草地		0.52	1.60		2.12
		043	其他草地	3.20	245.86	2.33	2.76	254.15

续表

一级地类		二级地类		复垦责任范围（损毁土地）			永久性建设用地	合计
				排矸场	沉陷区	临时损毁		
07	住宅用地	072	农村宅基地		97.21			97.21
		合计		10.50	1737.28	4.48	51.15	1803.41

4. 生态环境影响分析

（1）地表沉陷生态环境影响分析。由于受地表沉陷影响，改变了土壤环境条件及农业耕作条件，并显著影响土壤的物理、化学特性和养分含量，使土壤养分流向作物的流量降低，从而使作物生产量下降；位于地表拉伸区的土壤孔隙度增加，位于地表压缩区的土壤密实度增大。但通过地表裂缝填充以及土地平整工程，以上影响均可得到治理，需要注意的是在复垦过程中要保护耕作层或具有保护意义的表土层。对于确实扰动的表土层，通过土壤培肥以及管护工程，土壤质地及肥力将逐步恢复。

（2）排矸场生态环境影响分析。在矸石浸出液的试验中，矸石浸出液的水质情况是矸石自然淋溶的极限状态。从浸出液分析结果看，除氟离子外各项指标均满足《地下水环境质量标准》中的Ⅲ类水质要求，加之该区降雨量小而蒸发量大，矸石的自然淋溶量较小，此外本矿井排矸场规模较小，容纳矸石量也较小，因此本矿井矸石淋溶液对地下水的影响轻微。

5. 土地复垦适宜性评价

结合土地复垦适宜性评价的目的，即制定土地利用方向，土地复垦适宜性评价的对象为沉陷区损毁土地以及排矸场损毁土地，临时损毁土地主要为施工生产生活区以及输水输电线路施工过程中剥离土方压占或挖损地段，呈线性分布且面积较小，土地利用类型基本不发生变化，不进行土地适宜性评级。土地适宜性评价的范围包括排矸场（表 7-5）和沉陷区（表 7-6）。

表 7-5　排矸场适宜性评价

评价对象	适宜性等级	面积/hm^2
排矸场平台	宜林一等、宜草一等	7.60
排矸场边坡	宜林二等、宜草二等	2.90
合计		10.50

注：排矸场边坡面积为投影面积。

表 7-6　沉陷区适宜性评价　（单位：hm²）

地类	宜耕一等地	宜耕二等地	宜耕三等地	宜林一等地	宜林二等地	宜林三等地	宜牧一等地	宜牧二等地	宜牧三等地	不适宜	总计
旱地（013）	298.71	102.18	77.57								478.46
果园（021）				283.33	91.36	5.72					380.41
其他果园（023）				146.31	36.96	3.05					186.32
有林地（031）				110.41	33.64	6.18					150.23
其他林地（033）				139.99	48.65	9.63					198.27
天然牧草地（041）							0.26	0.26	0		0.52
其他草地（043）							139.84	93.80	12.22		245.86
农村宅基地（072）	71.53	15.86	9.82								97.21
总计	370.24	118.04	87.39	680.04	210.61	24.58	140.1	94.06	12.22		1737.28

6. 水土资源平衡分析

（1）土壤资源平衡分析。土地复垦工程中动用土方可分为表土以及一般土方。表层土壤是多年熟化土壤，对于重建植被成活以及农田植被生产力均具有重要意义，以下重点进行表土资源平衡分析。①排矸场土方平衡分析。排矸场需土量为 46700m³，排矸场表土供给量 54000m³，排矸场表土需求量小于排矸场表土剥离量。②沉陷区土方平衡分析。通过现场调查，拆迁农村宅基地多为分散的小村庄，村内建筑系数较低，原农村道路均为土路，无地面硬化，为复垦为耕地创造了有利条件。原房屋结构多数为土木结构，部分为砖结构。

（2）水资源平衡分析。根据项目用水现状，目前项目可利用水资源量降低，水资源供给不足，未来将通过水源工程建设，渠道衬砌等，提高水资源利用率，保障水质。项目区所在井田区目前供水量小于需水量。

7. 目标任务

对以上土地适宜性评价确定的土地利用方向进行分析，损毁土地全部进行复垦，复垦率为 100%，复垦前后土地利用结构变化对照详见表 7-7。

表 7-7 复垦责任范围土地利用结构变化对照表

一级地类		二级地类		损毁前/hm²				损毁后/hm²				变化值/hm²
				沉陷区	排矸场	临时损毁土地	合计	沉陷区	排矸场	临时损毁土地	合计	
01	耕地	013	旱地	478.46			478.46	575.67			575.67	97.21
02	园地	021	果园	380.41	2.3		382.71	380.41			380.41	−2.30
		023	其他园地	186.32			186.32	186.32			186.32	0
03	林地	031	有林地	150.23	2.8		153.03	150.23			150.23	−2.80
		032	灌木林地						10.50			10.50
		033	其他林地	198.27	2.2	0.55	201.02	198.27		0	198.82	−2.75
04	草地	041	天然牧草地	0.52		1.60	2.12	0.52		1.60	2.12	0
		043	其他草地	245.86	3.2	2.33	251.39	245.86		2.88	248.74	−2.65
07	住宅用地	072	农村宅基地	97.21			97.21				0	−97.21
合计				1737.28	10.5	4.48	1752.26	1737.28	10.50	4.48	1752.26	0

二、工程规划设计与实施

污损土地项目工程的设计与实施，是在污损土地项目可行性研究，利用GPS定位和普探技术对项目实施区域进行全面普探的基础上，利用现有的工程改良改造技术和整治技术，制订出科学合理、切合实际、具体详细的规划设计与实施方案，达到更好地将污损土地变为可利用土地，节约项目投资的目的。

（一）项目基础勘察

项目规划设计前，应对项目实施区域进行全面勘察，以掌握项目实施区域详细情况，为项目规划设计提供依据和支撑。

1. 项目勘察的目的

项目勘察的主要目的在于全面掌握项目实施区域现状，为项目的初步设计提供详细有力的设计依据。

2. 项目勘察的任务

项目勘察的主要任务是调查收集项目相关自然、地理、农业、经济、社会等各方面相关资料，并着重对项目土质基础进行现场踏勘并取样分析。包括：

（1）项目全面地勘。

（2）项目水、温等自然条件调查。

（3）项目和土源地土体理化性质、养分含量、矿物组成、重金属等指标检测。

（4）项目周边可利用材料物化性质分析等。

（二）规划设计

1. 制定规划设计的必要性

污损土地规划设计是明确污损土地治理目标和任务的具体措施，它有利于整合资源、引导资金，将污损土地变为可利用土地，有效增加耕地面积，提高耕地质量、建设高标准基本农田；有利于有序推进农村建设用地整治，改善农民居住条件和农村环境，完善农村基础设施，推动农业现代化和新农村建设，促进城乡统筹发展和土地资源可持续利用。

2. 规划设计原则

污损土地变可利用土地规划设计应以珍惜、合理利用土地和切实保护耕地；土地资源的可持续利用；统筹兼顾，因地制宜；工程技术可行、经济合理；充分利用现有工程；节水、节能、节材；合理利用新技术、新工艺、新材料为原则，实现社会效益、经济效益、生态效益相统一。

3. 建设标准

确定污染治理、损毁复垦、田块规格、平整度、灌溉、排水、道路、农田防护工程等各项工程的建设标准，说明确定标准的依据。

4. 规划设计方案制订

（1）污损土地利用方向的规划。根据污损土地地理位置、土壤性质、污损状况、污损土地适宜性评价、可垦性分析报告等规划污损土地的利用方式。

（2）方案制订。根据项目普探调查的污染或损毁区域的地形、地貌因子、土壤物理性质、土壤化学性质和生物因子等指标，判定影响区域土壤改良改造与植被恢复的主要限制性因子。结合当地的气候条件及国内外相关污损土地治理改良改造研究技术等资料制订规划设计方案及项目区改良改造初步设计方案。

在规划设计方案或改良改造的初步设计方案中，最重要的是对污损土地改良改造工艺方案的确定，可依据以下几点进行选择。①根据土地污损情况的复杂性，选择针对污损特性的技术工艺。如果污损场地具有复合型特点，应先根据单一污染或损毁选择改良改造技术，然后根据复合污染、损毁或污损，选择多种技术进行组合。②根据污损程度不同，选择技术。对于污染土地而言，高浓度阶段，一般选择物理化学的方法；低浓度阶段，一般选择生物的方法。损毁程度不同，技术方式或技术组合方式也有所不同。③根据改良改造目标的可达性，选择技术。一种改良改造技术往往达不到改良改造目标，需要多种技术的组合。④选择最经济最成熟的规划设计方案。

5. 总体布局

（1）土地利用布局。根据社会发展要求和当地自然、资源、社会经济条件，对项目建设范围内的土地利用进行空间布局的优化组合，对耕地、园地、林地、牧草地及田间道路、农田水利用地、养殖水面等各类用地进行统一规划，确定用地比例、面积和具体位置，选定土地利用结构的最佳方案，确定各种地类的布局及分布范围。

（2）工程平面布局。工程平面布置应满足下列要求：①工程平面布置是在对项目区污、损、旱、涝、渍、盐等进行综合治理及水资源合理利用的前提下，对水土资源、灌排渠系及其建筑物、道路、林带、村庄、电力线路等进行全面规划，统筹安排。②水源工程的总体布置，说明各新建水源工程的布置形式，包括配水系统、灌溉排水等。③说明变电站的布置，确定接线方式及地点，说明输配电线路路径。④道路交通总体优化布置。说明各级道路配置关系，说明项目区规划的骨干道路与项目区外道路衔接情况。⑤结合景观生态进行优化布置。⑥工程防护措施总体布置。

（三）工程实施

工程实施的主要内容包括主体工程的实施和配套工程的建设。主体工程主要包括土地平整和土体的有机重构；配套工程则主要包括水利水电、道路、桥梁、绿化建设，场地清理等基础设施。

1. 主体工程

对于土地工程中关于污损土地的改良改造一般采用原位土体有机重构技术，即在原污损土地上进行土体的有机重构，首先需要对污损地貌进行初步的整理。主要技术步骤有以下几个方面：

（1）区域规划前组织测量，按照项目区工程布置图，复测道路、沟渠、田块现状图，根据测量成果，按照土地平整、填平坑塘、道路土方和沟渠土方统筹安排，确定土方调配方案。

（2）将表土用推土机或铲运机推运至低洼地填平。

（3）施工人员将土方调配方案向施工班组作技术交底。

（4）区域平整要根据推（运）土距离选择施工机械。距离 100m 以内用推土机推土，距离 100～200m 用铲运机铲运。

（5）施工人员测量是否达到设计要求。

（6）污损土地土体有机重构。土地污损分为土地污染和损毁。对于土地污染的项目，根据所选择的改良改造技术，如物理重构技术（客土和换土技术、蒸气浸提技术、玻璃化技术、固化/稳定化技术、电动力学技术、热处理等）、化学养分重构技术（化学淋洗技术、氧化/还原技术、溶剂浸提技术、施入改良剂或抑制剂等)、生物有机重构技术（微生物改良改造、植物改良改造等），按其设计要求实施。对于土地损毁项目，主要是损毁地貌进行重塑和改良培肥的过程。对于既污染又损毁项目则同时展开不同的改良改造及改良改造技术。

2. 配套工程

1）基础设施建设

实施建设农田水利工程、电力工程、道路交通工程、防护林工程等配套基础设施，具体实施过程见第五章、第六章。

2）绿化建设

（1）施工前，施工单位应请示设计人员进行技术交底、落实花木计划、劳力、材料、机具、运输车辆等的准备工作。

（2）定点放线。对图纸进行核对无误后，将各树种位置以及造型图案等给予标记落实，待花木运到现场后，进行挖坑栽植；施工场地测量、放线必须严格按照施工平面图进行定点测量、放线要求施工人员放线准确无误，经甲方检查合格后方可进行下一步工作。

（3）整理绿化用地栽植植物。首先按施工图要求用水准仪测出标高，再进行绿地垃圾处理，然后，对绿地进行深翻（深度必须掌握在 35cm 以下）。土质做到表层土壤 30～40cm 为沙质土壤，土质要求均一，严禁将生土和熟土混合作为种植土，对较差的地块应追加有机肥，最后应保持 0.3%～0.5%的坡度。然后进行植物栽植。

3）场地清理

对项目区内施工场地进行清扫，清除剩余的机具、砖块、建渣、残枝落叶、杂物等。整平凹陷地，做好地貌。保持项目区整洁、美观。

（四）工程实例

近年来，矿山矿物的开采造成的损毁土地往往具有面积大并存在可能污染的特点，因而矿山土地土体有机重构工程具有典型性。下面以矿山土地的土体有机重构为例讲述污损土地普探、规划设计及工程实施方案。

1. 项目区普探

项目位于陕西渭北台塬西部泾河东侧，地理坐标东经 107°55′45″～108°04′00″，北纬 35°08′45″～35°12′45″。属暖温带半干旱大陆性季风气候区，年降水量变化大，年平均降水量 587.8mm，年蒸发量为 1552.4mm。项目现存在的损毁土地主要包括建设期生产生活区占地、输水、输电线路建设过程中临时开挖损毁土地和建设期的弃渣、排矸压占土地，地表沉陷等进行整治，经过对项目区自然情况、土质检验分析得出，可将沉陷区整治为林地、果园；为防治排矸场的地质灾害，对排矸场主要进行地貌重塑以及排水、拦渣工程。

2. 工程设计

1）沉陷区复垦工程

（1）主体工程——土体有机重构

①土体物理重构。一般矿区都存在裂缝，轻度裂缝就地人工平整，土体填筑一般指充填工程，主要针对中、重度裂缝区进行，施工工序如下：首先进行表土剥离，剥离宽度为裂缝两侧各 0.4m，剥离深度根据表土层厚度确定，一般为 0.3m，剥离耕作土就近堆放在裂缝两侧和平整范围内。其次进行裂缝充填，利用裂缝两侧及附近黄土对沉陷裂缝进行填充，在充填裂缝距地表 1m 左右时，每隔 0.3m 左右分层应用木杠或夯石分层捣实，使其干容重达到 1.4t/m^3 以上，渗透系数小于 0.001m/d。对于还未稳定的沉陷区域，应略比周围田面高出 5～10cm，待其稳定沉实后可与周围田面基本齐平；整修沉陷或裂缝区域损毁的田坎地楼等排灌设施，恢复原有的耕作条件。中、重度裂缝填充示意图见图 7-1。

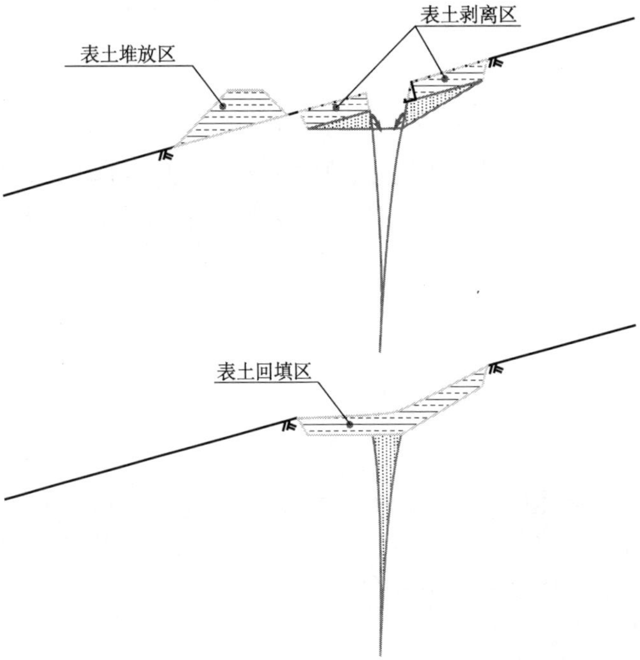

图 7-1　中、重度裂缝区表土剥离及堆放示意图

②土体剖面层级重构。沉陷区土壤剥覆工程主要为裂缝整治以及梯田整修等大规模扰动前的土壤剥覆工程，纳入裂缝填充以及梯田整修工程，不单独进行设计。项目坡面工程主要为重度损毁坡耕地梯田治理工程。为提高土壤保水保肥性，结合相关土地整理工程设计标准，重度损毁坡耕地拟采用梯田整修。梯田田

边有蓄水埂，高出田面 0.3～0.5m，顶宽 0.3～0.5m，上下游边坡分别为 1∶0.4 和 1∶0.6。设计参数见表 7-8。坡面梯田整修见图 7-2。

表 7-8　重度损毁旱地梯田整治断面设计参数

原地面坡度 θ/(°)	田面净宽 B/m	田坎高度 H/m	田坎坡度 α/(°)
1～5	30～40	1.1～2.3	85～70
6～10	20～30	1.5～4.3	75～55
11～15	15～20	2.6～4.4	70～50

注：该设计参数参照《水土保持综合治理技术规范——坡耕地治理技术》(GB/T 16453.1)。

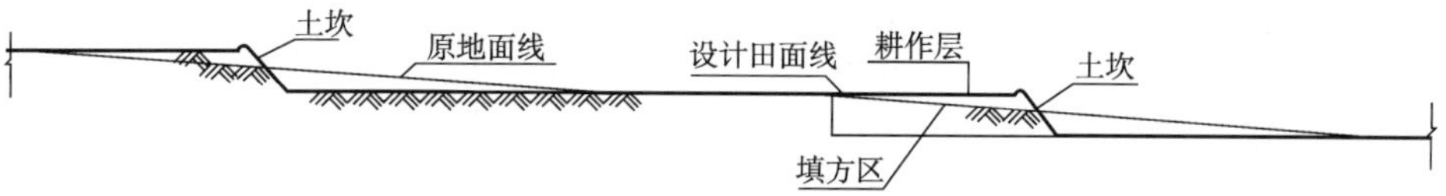

图 7-2　坡面梯田整修

③植物营养保障。项目区生物化学措施主要为土壤培肥。土壤培肥对象为沉陷范围内耕地和搬迁村庄新增耕地。施肥时间为复垦后管护期结束前。

(2) 配套工程

①清理工程。构筑物拆除；地面硬化物及基础挖除；建筑物垃圾清运采用卡车运输。

②集雨工程。项目位于缺水地区，当根据项目土地利用总体规划，结合其农田水利建设规划，本方案在井田内受沉陷影响的梯田区配套一定规模的集雨工程。水窖由沉沙池、进水管与窖体组成，拟采用薄壁水泥砂浆水窖。集雨水窖见图 7-3。

③道路工程。道路规划设计首先充分利用原有道路，对损毁道路根据损毁程度差别进行修整或重建。田间道路结合农村道路布设，路面采用沙砾石结构。生产道路设计路面宽度为 2m，路面结构为沙砾石路面。梯田区生产道路结合梯田田面布局布置，道路采用“S”形盘绕而上，设计路面宽度为 2m，素土夯实。

④林网工程。沟谷两侧农田防护林树种选择毛白杨，田间道路两侧各植 1 行，生产道路一侧种植 1 行，株距各 1m。梯田埂坎种植果树。苗木直立穴中，保持根系舒展，分层覆土，夯实。栽后灌透水，扶正苗木，填平陷穴。

⑤沉陷区管护工程。区域生态环境脆弱，管护对于林木成活意义重大。管护内容主要有四大类，一是对土壤的管护；二是对林木的抚育；三是幼林保护；四是造林检查与验收。

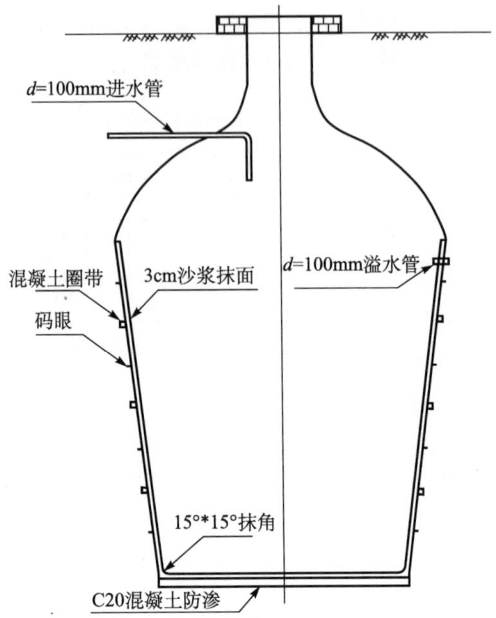

图 7-3　集雨水窖剖面图

2）排矸场复垦工程

排矸场复垦工程结合主体工程划分为地貌重塑工程与植被建设工程，以下分别说明。排矸场生产期总体布局见图 7-4。

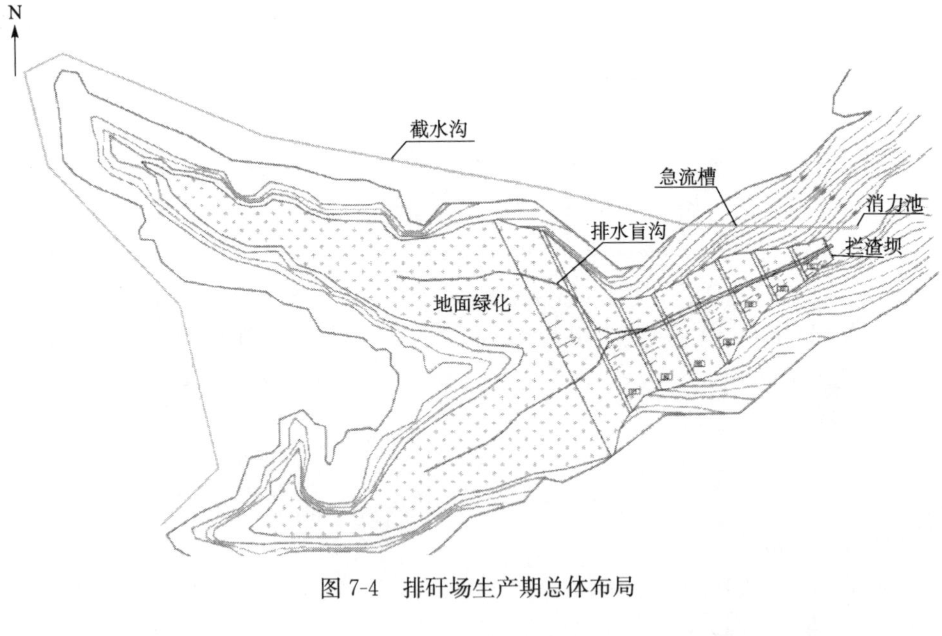

图 7-4　排矸场生产期总体布局

（1）主体工程——土体有机重构

该矿区土地工程所涉及的主体工程为土体有机重构为地貌重塑工程。本矿排于排矸场弃渣量为 85.56 万 m^3。排矸场位于工业场地西侧 1.0km 处的沟道里，沟道长 0.75km，沟道平均比降为 13%。沟道内无常流水，植被覆盖较稀疏。排矸场矸石排放采用自上而下堆放，相邻堆层间外缘错开一定宽度的台阶，以加强矸石山的稳定性。具体排放时，按照设计排放层次及每层堆置厚度事先确定起排位置，当矸石由自卸汽车拉运至排矸场后，绕行至相应堆置层次的相应高度，自上而下自然倾倒、逐步推进堆放。排矸场设置拦渣坝、截水沟、急流槽、消力池、排水盲沟等水保措施。

（2）配套工程

项目配套工程主要实施内容是对矿渣的拦截。根据排矸场的具体情况，需对堆放在沟道中的煤矸石进行拦挡。设计堆渣高度为 82 m（从基础坝坝底高程＋900 算起），根据水土保持工程级别划分，确定本项目拦渣工程等级为 4 级。煤矸石基础坝见图 7-5。

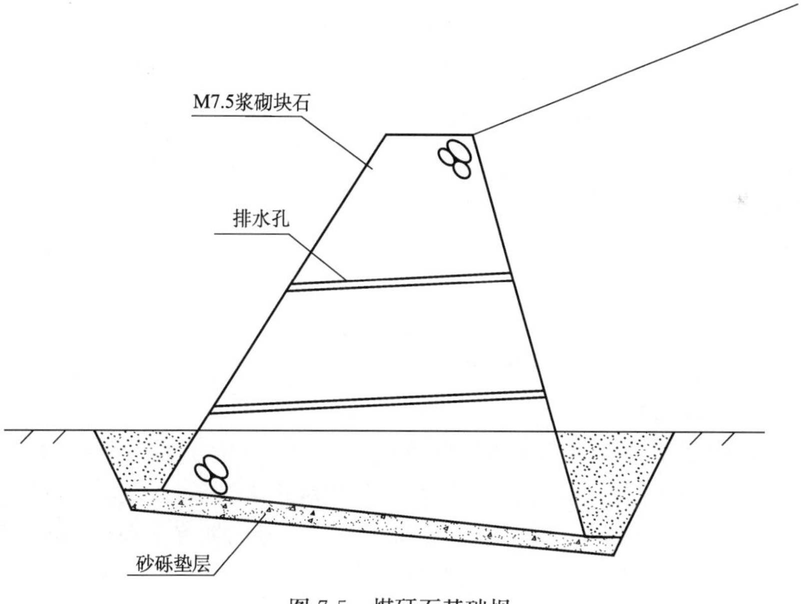

图 7-5　煤矸石基础坝

第三节　实 施 案 例

工程实施是污损土地改良改造工程的重要手段，通过前期调查、项目可行性研究、技术方案的制定等准备工作后，采用工程的方式去除污损土地中的污染物和改良改造塌陷土地。本节主要通过引用实例，介绍污损土地变为可利用土地的具体实施技术过程，主要包括重金属、有机物污染工程实例和灾毁、矿山开采损毁地变为可利用土地等相关工程实例。

一、重金属污染土地土体有机重构工程案例

因重金属特殊的化学性质，可改变土壤的化学组分，间接或直接影响土壤的生态结构，且重金属可通过土壤——作物系统进行迁移和累积，影响农产品的安全从而危害人类健康。中国重金属污染土地大约有 3 亿亩，占耕地面积的 1/6 左右。每年由于土壤重金属污染的粮食高达数百万吨，因此为保护土壤环境、农产品安全和人类健康，重金属污染土地改良改造迫在眉睫。

以中国四川省某乡重金属污染土壤土体重构为例，展开污染区普探、确定重构方案，得到了较好的效果，可用做绿化林、草地，发展花卉、草皮等产业。

（一）污染区基础勘察

经过对该地区进行项目普探，发现该地区主要存在的问题为土壤重金属的污染问题。农田土壤中重金属含量分别为：铜 4167mg/kg、锌 10 733mg/kg、铅 2672mg/kg 和镉 14.1mg/kg。与《土壤环境质量标准》相对比可知：土壤环境质量标准中，三级土壤中铜、锌、铅、镉上限含量分别为 400mg/kg、500mg/kg、500mg/kg 和 14.1mg/kg，该地区土壤重金属严重超标。

（二）工程规划与实施

针对重金属污染土地，在对土地进行土体有机重构时候，一般选用的方法是物理、化学和生物相结合，并且力争达到土体有机重构和养分的保障等目标。

1. 土体物理重构

1）电动力学技术。采用阴极区注导电性溶液工艺，实验结果显示，铜和锌在沙土中 5 天内的去除率可达 96%以上。重金属处理效率高，且装置简单易行。利用阳离子选择性透过膜，将其放在土壤中靠近阴极的地方，将高 pH 区限制在靠近阴极的地方，提高重金属离子的去除率。

2）稀释与覆土技术。在电动力学技术处理后的土壤，覆盖清洁土壤，降低污染物浓度。

2. 土体生物重构

在污染地区种植一些具有针对性富集污染物作用的植物。如香蒲对铅、锌有较好的富集作用，印度芥菜对铜有很好的富集作用，东南景天对铅、锌、镉有很好的耐受性和富集作用，然后提取植物中富集的重金属。此技术操作简便，不造

成二次污染，具有潜在的经济效益。

3. 土体化学重构

沸石、硅藻土、粉煤灰、钢渣等工业废物，可以与土壤中的重金属发生离子交换作用，固定重金属，防止其在土壤中迁移，进入植物体内，一方面这类废弃物有较大的内、外表面和较强的吸附能力；另一方面，其黏结性强、膨胀性好、可塑性强，在遇水时膨胀，形成一种灵活的封闭障，这种封闭障可通过调节所用矿物的数量和类型来满足特殊的需要。

（三）工程成果

本设计方案主要采用电动力学技术，对现场环境影响小、处理周期短、效果明显，对于质地均匀的粉土、黏土处理效果更为显著，并辅以稀释与覆土、农业改良措施，降低处理费用，利于现场操作。植物提取技术的使用，使得整个改良改造工程计划长期、有效进行。最后将该地区用做绿化林、草地，发展花卉、草皮等产业，既防止污染物进入食物链而危害人类健康，又能很好地对该地区进行经济建设，美化环境。

二、有机物污染土地土体有机重构工程案例

当土壤受到有机物污染后，不仅直接导致粮食减产，而且在动、植物组织中大量累积、转移至地下水，通过食物链进入人体生殖细胞继而改变或破坏遗传物质，对人类构成多个层面上的威胁、迫害。因此，对有机物污染土地必须进行土体重构之后，才能作为土地资源规划利用。

以宁波某制药厂受挥发性有机物污染（VOCs）程改良改造为例，展开调查采样分析、确定评价标准、筛选重构技术、分类处理污染物、清运施工等方式，将污染地重构后可进行房地产开发（喻敏英等，2010）。

（一）项目基础勘察

项目位于宁波某制药厂地块，该地块作为制药用途已有 40 多年的历史，2002 年该厂搬迁后，该地块一直处于闲置状态。对区域进行普探后发现，该厂地有 13 种重金属、挥发性有机物（VOCs）、半挥发性有机物（SVOCs）、多氯联苯（PCBs）等超出国家标准。经评估，该厂地块西北角的土壤受到了一定程度的 VOCs 污染，根据宁波市环保局的要求，须对该地块的污染土壤进行清理处置，并经有资质的环境监测机构监测达标后，方能进行开发利用。

1. 场地调查概况及采样分析

设置监测井，在其四周每隔 2～3m 进行加密布点，根据前一点的光离子化 VOC 检测仪（以下简称 PID）读数以及土壤样品感观情况确定下一点追索位置，

同时根据现场加密调查情况，确定了污水处理池范围。根据以上布点追索方法和污水处理池范围，确定了采样范围。

2. 评价标准

在正式开展现场加密调查监测之前，根据调查监测与评估结果，在监测井附近再次取样，进行 VOCs 和 SVOCs 图谱扫描。图谱扫描结果与宁波市环境监测中心调查时检出的参数基本一致，最终确定分析如下参数：按照 U. S. EPA 分析方法，分析苯、甲苯、二氯甲烷、氯仿、苯甲硫醚、苯硫酚、(间) 甲苯硫酚和对甲苯磺酸甲酯。其中苯甲硫醚、(间) 甲苯硫酚和对甲苯磺酸甲酯等指标未查到相关国际标准，由于这些物质物理化学性质与苯硫酚相似，因此参照执行美国迈阿密-戴德郡清除标准中苯硫酚指标。具体评价标准值见表 7-9，该评价标准得到了相关专家的论证确认。

表 7-9　评价标准　　(单位：mg/kg)

序号	污染物	清洁目标值	改良改造值	备注
1	苯	0.01	1.0	
2	甲苯	0.01	130.0	荷兰土壤标准
3	二氯甲烷	0.40	10.0	
4	氯仿	0.02	10.0	
5	苯硫酚	—	0.2	美国迈阿密-戴德郡清除标准
6	苯甲硫醚	—	0.2	
7	(间) 甲苯硫酚	—	0.2	参照苯硫酚指标
8	对甲苯磺酸甲酯	—	0.2	

注：—表示无清洁目标值。

(二) 工程规划与实施

1. 主体工程——土体有机重构

1) 土体物理重构

由于该地块规划为居住用地，开发利用时间紧迫，因此不宜采用时间较长的原位土体重构技术，而宜采用异位土体有机重构技术。对 VOCs 污染可适用的异位土体重构技术主要有土壤淋洗、焚烧和热解吸。

考虑到本地块局部残存有成分、来源复杂的废液、废渣，或单独存在于地下沟、池、坑等构筑物中，或夹杂渗透于土壤中，危害性大，可视作危险废物，此类污染物用其他方法不宜处理或处理后不易达标，故宜用焚烧技术对该部分污染物进行彻底处置。

热解吸技术在治理有机污染土壤方面，是一种成熟可靠的技术，可适用于多种污染组分的处置，对挥发性有机物、半挥发性有机物和持久性有机物都很有效。可改良改造一般的土壤，也可用于淤泥等难处置土壤的改良改造。热解吸技术同焚烧技术相比，处置成本低，能耗小，是一种经济环保的有机重构技术。因此，对 VOCs 污染土壤采用焚烧和热解吸技术联合处理。

2）植物营养保障。通过对整治区域进行树木种植等方式，通过落叶腐解以及区域种植作物如玉米、小麦等，通过秸秆还田，从而提高土体养分，避免撒施化肥，使土体再次受到破坏及污染。

2. 配套工程

1）污染物分类处理及清运施工

依托宁波市本地专业废物处置单位的焚烧和热解吸技术，根据加密调查过程中 PID 读数和实际化学分析指标值的关系，结合现场污染情况对各类污染物进行分类处置。从各类污染物的最终处置情况及改良改造地块的验收监测情况来看，VOCs 污染土壤 PID 读数和其化学分析指标值之间具备较好的关联性，利用 PID 仪并结合现场观察辨识能快速、有效地对 VOCs 污染土壤进行分类，有助于改良改造工程的顺利推进，大幅度降低成本，缩短工期。

2）污染防治工程

本地块的污染物为挥发性有机物，为了防止施工过程中逸出的异味及施工产生的噪音和扬尘影响附近居民的正常生活，做好相关污染防治工作，如尽量避开休息时间，以减少噪声；在车辆行驶的路面洒水进行抑制，并要求进出车辆缓行以减少扬尘量等等工程措施。

（三）工程成果

经过项目施工，该地块污染土体治理工程顺利竣工。项目最终改良改造面积约 2309m^2，深度范围为 1.8～4.0m，共填埋处置低污染渣土约 7000t，焚烧处置危险废物约 390t，热解吸处置中污染渣土约 403t。最终，经环保监测部门验收，场地土壤质量符合经过专家论证确定的评价标准，适合作为居住用地进行房地产项目开发。

三、水毁土地土体有机重构工程案例

水毁地是由于急剧降水引发某一河段、流域、或者区域的洪涝造成土地的损毁，使其被淹没、冲刷、地表流失、地层裸露和土壤盐渍碱化导致土地不能耕种，部分或完全丧失原有的价值功能。水毁地可通过一定改良改造途径加以重新利用。以陕西省三门库区峡水毁地复垦为例，开展水毁地改良改造工程。

（一）项目基础勘察

该库区华阴农场水毁基本农田整治项目区分布在场辖土地的北端和西端。北端地块北靠渭河大堤，西止大华公路，南达农场总部门前即三支渠，本项目两块土地总面积 1 179.65hm^2，涉及耕地 1133hm^2。项目涉及农场一、农场二、农场三、农场四、农场五、农场六、农场七、农场八等八个作业站；项目的经纬度分别为东经 110°56′18″至 110°56′21″，北纬 34°35′30″至 34°35′31″。

（二）工程规划与实施

1. 主体工程——土体有机重构

（1）土体物理重构。该项目的主体工程主要是通过田块规划，运用工程技术对耕作层进行重新构建，确保耕作层在 30cm 以上，为了保证田块稳定性与安全性，格田田面高差应在±3cm 以内。在土地工程实施时首先确定规划田块各点的挖、填高度，然后据此计算土体重构所需移动的土方量。根据拟种植作物和拟采取的灌溉方式，田块设计为长方形，东西方向为短边，南北方向为长边，长边×宽边划分为（400～500)m×(200～300)m，单块面积控制在 0.8～14.67hm^2。

（2）土体化学重构。由于水毁地存在大水漫灌及冲刷，土体较易形成塌实，为了保证土体养分及有害物质的减少，一般可通过对新构建耕作层进行翻晒，保证土体水分和养分的协调。

（3）植物营养保障。对于水毁地可通过多种作物轮作，从而使新构建耕作层形成良好的结构，并且对养分及水分的利用效率会有所提高；再者，可通过增施有机肥和作物秸秆还田提高植物生长所需的营养。

2. 配套工程

1）灌排工程

新打机井 78 眼，工程配套已有机井 23 眼，干、支、斗、农渠共 46km，其中衬砌渠道 12.5km（农渠不衬砌）。

2）电力工程

依据就近原则合理布设输变电线路。项目区架设 10kV 高压线路和 400V 低压线路及安装变压器。埋设高压线路 7.68km、低压线路 26.07km，安装变压器 14 台，其中 80kV 杆上变压器 3 台，100kV 杆上变压器 3 台，125kV 杆上变压器 4 台，200kV 杆上变压器 4 台。

3）道路工程

项目修建田间道路 15 条，生产道路 11 条。田间道路为砂石路面，砂砾石垫层 15cm，路基用素土回填碾压厚度 30cm。

4）林网工程

林带对农田不仅起到防风固土作用，同时还可以调节项目区内的小气候。营造项目区内防护林网，按项目区生态环境发展要求，田间路两侧种植防护林，以杨树为主。项目共规划防护林 74 876 株。

（三）工程成果

项目实施后，可使项目的土地生产能力恢复到灾前水平，并有所提高，道路条件得到改善，初步建立方田林网化，可保证上千人的就业和生活，促进了农场生产和经济的发展，为农场未来的发展提高奠定良好的基础。使区内生态环境得到改善，土地利用趋向良性循环，增强了农业生产的后劲。该项目具有良好的社会效益、生态效益和经济效益（韩霁昌和延军平，2011）。

四、重度灾毁耕地土体有机重构工程案例

自然灾害的发生往往是由特殊地质环境决定，有着灾害网状分布格局，因此，灾害损毁土地在地理空间分布上存在着重复性，同一地区土地会重复损毁。1987 年至 2008 年，自然灾害损毁耕地面积高达 180.96 万 hm^2，而对于部分灾害损毁土地，具有可复垦性。因而对灾毁地进行改良改造进行复垦，也是增加耕地面积的有效途径之一。

以陕西省潼关县重度灾毁耕地为例，通过土地平整、土壤改良、农田水利工程设计等措施，在改善生态环境的同时，使土地质量达到耕作要求。

（一）项目基础勘察

潼关县位于陕西省关中东部，地理位置介于东经 110°09′30″～110°25′32″，北纬 34°23′31″～34°39′00″。全县南北长 28.4km，东西宽 24.6km，总土地面积 526.06km^2。项目属暖温带大陆性雨热同季的季风型干旱气候，多年平均气温 13.0℃，多年平均降雨量 593.5mm。区域土质主要为黄土，且呈碱性土，塬高沟深，地形比较平坦，地面坡度为 1°～2.5°。项目地貌图见图 7-6。

2010 年 7 月 18 日与 2010 年 7 月 23 日，潼关县遭受百年不遇、特大暴雨灾害，全县水毁堤防 242 处，共 80km，损毁机井 65 眼，受灾农作物 2470hm^2 灾毁耕地中，轻度和重度灾毁耕地分别为 70.2hm^2 和 113hm^2，约占总面积的 3.3%和 5.4%。

图 7-6　项目区地形地貌图

（二）工程规划与实施

1. 主体工程——土体有机重构

1）土体物理重构

对田块进行规划与整理，项目地块内田面高差控制于±5cm。对项目损毁田面表层的淤泥、沙石等（堆积厚度大于 0.4m）进行清理平整，覆土增加耕层土壤厚度至 0.6m，以满足耕作需求。为了构建新的耕作层，共需覆土面积为 6.67hm^2，覆土平均厚度 0.5m，覆土量 3.34 万 m^3，来源于距项目区 1km 处的后沟。具体工程量见表 7-10。

表 7-10　田块规划工程量表

项目名称	项目规模/hm^2	移动土方量/m^3	覆土工程量/m^3
五虎张村项目区	45	21 000	33 350

2）土体生化重构

土体生化重构是指通过施用天然土壤改良剂、人工土壤改良剂、微生物技术等措施，改良土壤环境，满足作物生长的环境需求。例如调节土壤酸碱度。在酸性土壤中施用石灰，对碱土施用石膏，可改善土壤结构，促使土壤疏松，防止表土结壳。土体微生物重构通过施用微生物菌肥如细菌肥料、放线菌肥料和真菌类肥。

3）植物营养保障

植物营养重构设计是指通过增施有机肥、秸秆还田、测土配方施肥或表土剥离和回填等措施达到土体营养重构设计，从而满足作物生长需求。可通过增施有机肥。不仅可改善土壤结构，还可以防止土壤板结；秸秆粉碎还田可提高土壤有机质含量，增加土壤孔隙度，协调土壤中的水肥气热；测土配方施肥。依据土壤化验结果配方施肥，通过有机与无机相结合，做到缺素补素，这样化肥施入土壤不仅不会使土壤板结，而且会增加有机质含量。

2. 配套工程

1）灌排工程

根据现场调查，结合目前群众在农业生产中多使用牛拉犁耕的习惯，从施工难度确定，渠道为现浇砼衬砌渠道，断面为“U”形。灌溉水源为区域现有出水桩或现有渠道，在农渠上每隔 50m 设置 1 个出水口。根据项目区内的地形情况和自然比降情况，确定各级渠道的比降为 1∶1000。

2）道路工程

项目区道路分为田间路和生产路。田间路采用砂砾石路面，路面宽 4.0m，其中砂砾石路面宽 3.0m，两边路肩各 0.5m，高出路面 30cm。基层压实后，20cm 厚的素土面层压实，10cm 厚的砂砾石面层压实。生产路路面宽 2m，高出路面 30cm。基层压实后，20cm 厚素土面层压实。田间道路断面见图 7-7。

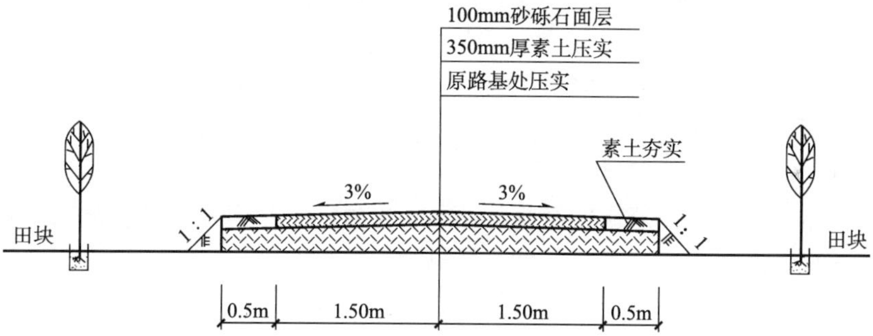

图 7-7　田间道路断面图

3）其他工程

潼洛河在项目区内，在雨季时，洪涝灾害频发，为保护项目区耕地，沿潼洛河浆砌石河堤十分重要，河道预留宽度为 12m。

（三）工程成果

通过损毁耕地复垦，提高了耕地质量及光、热、水资源利用率，提高劳动生产率，降低农业生产成本，使得农民收入增加，该项目具有明显的社会效益；项目实施后，小麦亩产至少可达到 320kg，玉米可达到亩产 420kg 的水平。农民年农业净收入增加 14.85 万元，通过土地工程项目的实施，改良了土壤、降低了洪涝和风灾的威胁和有效地改善了生态环境。

五、矿山开采损毁土体有机重构工程案例

矿业资源是我国工业发展的重要能源支柱，有着不可替代的作用。矿山的开采会造成土地损毁，带来土地资源极大的浪费。根据《2009 年全国非油气矿产资源开发利用统计年报》统计，中国共有金属矿山 10 376 个，截至 2009 年金属矿损毁土地共计 36.71 万 hm^2。以广东省某铜钨矿项目损毁土地改良改造复垦为例说明矿物开采造成土地损毁的改良改造工程实施过程。

（一）项目基础勘察

矿区位于赣粤交界的广东省始兴县罗坝镇东 3.5km，年平均气温 19.6℃，年降雨量 1468mm，表层土壤有机质平均含量为（33.7±15.4）g/kg，全氮（1.31±0.7）g/kg，pH 为 6.1～7.5。矿区工程地质类型属于以块状岩类为主的工程地质条件简单、中等类型的工程地质条件。

1. 采矿对土地造成的损毁

本项目为新建矿山开采项目，开采矿种为铜钨矿，开采生产工艺流程：开拓—采割—装载—运输—回填—复垦。对土地造成破坏的主要方式为压占破坏。矿山开采将导致尾矿库、废石场、表土堆存场、采矿工业场地和其他压占地等对土地的压占破坏，压占使得地表土壤硬化，破坏了原有地表植被生长的环境，极大地影响了当地生态环境。

2. 矿山损毁土地复垦方式

借鉴中国国内矿山复垦的经验，从生态恢复的角度出发，结合此铜钨矿矿区的实际情况，最合理的方案即复垦为林草地。

（二）工程规划与实施

1. 尾矿库和废石场复垦工程

1）主体工程——土体有机重构

（1）土体物理重构。该项目土体物理重构主要包括表土剥离、回填和平衡。在尾矿库投入使用前首先在其压占区域内进行表土剥离，剥离厚度为 30cm，剥离的表土堆放在表土堆存场进行保存，等到项目结束后将预先剥离的表土进行回填覆土，厚度为 30cm；最后进行土体平衡。尾矿库和废石场表土剥离、覆盖、土体平衡工程量分别见表 7-11 和表 7-12。

（2）土体生物重构。项目区域内可根据污染物质或者区域主要材料的不同，设置不同的种植方案，堆渣区种植方案是把堆渣场地整平隔离覆土后，种植小麦、玉米、土豆等农作物。对于含有剧毒物质的尾矿区，掩埋于地下可能会对农作物产生不良影响，因此将污染严重地区包埋覆土后作为林地，种植洋槐、紫穗

槐、石榴等树种，既能有效利用土地，又能美化环境。

表 7-11　尾矿库表土剥离、覆盖、土体平衡工程量表

复垦措施	面积/hm^2	厚度/m	土方量/m^3	作业方式
表土剥离	2.30	0.30	6900	机械
表土回填	2.30	0.30	6900	机械
土体平衡	2.30			机械

表 7-12　废石场表土剥离、覆盖、土体平衡工程量表

复垦措施	复垦区	面积/hm^2	厚度/m	土方量/m^3	作业方式
表土剥离	废石场 1	0.64	0.30	1920	机械
	废石场 2	0.78	0.30	2340	机械
	废石场 3	0.73	0.30	2190	机械
	合计	2.15		6450	
表土回填	废石场 1	0.64	0.30	1920	机械
	废石场 2	0.78	0.30	2340	机械
	废石场 3	0.73	0.30	2190	机械
	合计	2.15		6450	
土体平衡	废石场 1	0.64			机械
	废石场 2	0.78			机械
	废石场 3	0.73			机械
	合计	2.15			

2）配套工程

（1）排水沟。根据项目区实际情况和现场踏勘调查当地已建的排水沟，排水沟采用浆砌石结构，梯形断面，底宽 50cm，水深 50cm，安全超高 20cm，边坡比为 1∶1.0，纵坡 1∶200，浆砌石厚 30cm。尾矿库和废石场排水沟工程量见表 7-13。

表 7-13　尾矿库、废石场排水沟工程量表

复垦区	排水沟长度/m	挖方量/m^3	浆砌石排水沟量/m^3
尾矿库	668	1169	601
废石场 1	375	657	338
废石场 2	364	637	328
废石场 3	382	669	344

（2）植被绿化。选取当地播种栽植较容易、成活率高、种源丰富育苗简易的优势植物，如毛竹和红三叶。按照当地的种植习惯毛竹每株占地 $1m^2$，株间距为1m，按品字形栽植。尾矿库植被绿化工程量表 7-14。

表 7-14　尾矿库植被绿化工程量表

复垦区	毛竹绿化面积/hm^2	毛竹/株	红三叶绿化面积/hm^2	播种量/kg
尾矿库	2.30	23000	2.30	34.50
废石场 1	0.64	6400	0.64	9.6
废石场 2	0.78	7800	0.78	11.7
废石场 3	0.73	7300	0.73	10.9

2. 表土堆存场复垦工程

1）主体工程

（1）土体物理重构即挡土墙修建保证土体安全及土地翻耕。在表土堆存场的运行过程中，挡土墙起到了防止水土流失和压坡角提高储存场区边坡稳定性的作用。挡土墙采用重力式浆砌石坝形，坝体采用浆砌石砌筑。表土堆存场挡土墙工程量见表 7-15。表土全部运走以后，对其压占场地进行土地翻耕，翻耕深度为0.3m。翻耕后复垦为林地，种植毛竹、红三叶。表土堆存场土地翻耕工程量见表 7-16。

表 7-15　表土堆存场挡土墙工程量表

复垦区	高度/m	轴线长度/m	浆砌石坝体/m^3
表土堆存场 1	2	41	103
表土堆存场 2	2	81	203
表土堆存场 3	2	58	145
合计		180	451

表 7-16　表土堆存场土地翻耕工程量表

复垦区	翻耕面积/hm^2
表土堆存场 1	0.13
表土堆存场 2	0.45
表土堆存场 3	0.12
合计	0.70

（2）植物营养保障。在完成土体物理重构后，对土壤养分进行监测，实行增施有机肥，增加土壤养分，满足植物生长需要。

2）配套工程

（1）排水沟。表土堆存场排水沟设计同尾矿库和废石场。表土堆存场排水沟工程量见表 7-17。挡土板和排水沟设计见图 7-8。

表 7-17　表土堆存场排水沟工程量表

复垦区	排水沟长度/m	挖方量/m^3	浆砌石排水沟量/m^3
表土堆存场 1	150	263	135
表土堆存场 2	279	488	251
表土堆存场 3	154	270	139
合计	583	1021	525

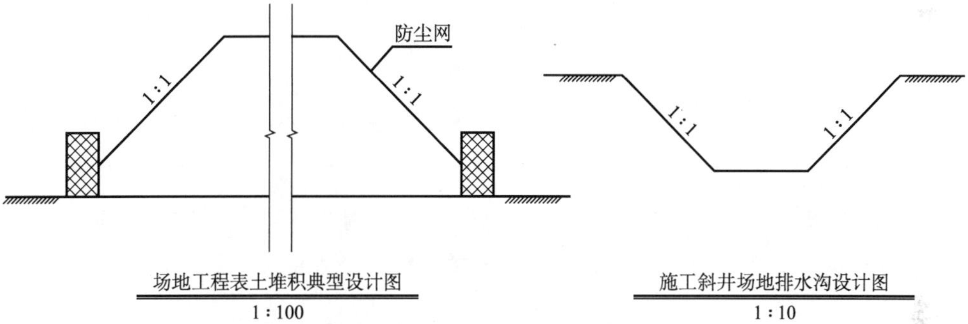

图 7-8　挡土墙及排水沟设计图

（2）砌体拆除。表土回填后将表土堆存场的挡土墙采用人工拆除，砌体拆除工程量见表 7-18。

表 7-18　砌体拆除工程量表

复垦区	砌体拆除量/m^3
表土堆存场 1	103
表土堆存场 2	203
表土堆存场 3	145
合计	451

（3）植被绿化。表土堆存场植被绿化措施同尾矿库、废石场。表土堆存场植被绿化工程量表 7-19。

表 7-19 表土堆存场植被绿化工程量表

复垦区	毛竹绿化面积/hm^2	毛竹/株	红三叶化面积/hm^2	播种量/kg
表土堆存场 1	0.13	1300	0.13	2.0
表土堆存场 2	0.45	4500	0.45	6.7
表土堆存场 3	0.12	1200	0.12	1.9
合计	0.70	7000	0.70	10.6

3. 采矿工业场地、其他压占地复垦工程

(1) 主体工程：土体物理重构，即土地翻耕。地表建筑拆除全部运走后，对其压占场地进行土地翻耕，深度为 0.3m。翻耕后复垦为林地，种植毛竹、红三叶。采矿工业场地、其他压占地土地翻耕工程量见表 7-20。

表 7-20 采矿工业场地、其他压占地土地翻耕工程量表

复垦区	翻耕面积/hm^2
采矿工业场地	0.16
其他压占地	0.58
合计	0.74

(2) 配套工程：绿化工程。采矿工业场地、其他压占地植被绿化措施同尾矿库、废石场。采矿工业场地、其他压占地植被绿化工程量表 7-21。

表 7-21 采矿工业场地、其他压占地植被绿化工程量表

复垦区	毛竹绿化面积/hm^2	毛竹/株	红三叶化面积/hm^2	播种量/kg
采矿工业场地	0.16	1600	0.16	2.4
其他压占地	0.58	5800	0.58	8.7
合计	0.74	7400	0.74	11.1

(三) 工程成果

土地复垦关系到社会经济的持续发展，既促进了农业生产的发展，又保证了矿区经济的可持续发展，取得良好的社会效益。矿区进行土地复垦后，有林地面积为 5.89hm^2，林地按 1000 元/亩/年计算（种植毛竹）。待全部矿区复垦后，林地收益约 8.84 万元（5 年以后），经济效益较为明显。通过复垦措施，可增加矿区植被覆盖率，涵养水源，防治水土流失，减少未利用土地，增加土地复垦率，改善土壤理化性质，环境效益突出（《矿山复垦方案报告》）。

第八章　低标准用地提升工程

低标准用地是长期土地资源管理及利用粗放模式下形成的产物，包含低标准农业用地和低标准建设用地。低标准用地的突出特点是土地利用率低、集约程度小，资源浪费严重，甚至对生态环境造成负面影响。通过土地工程将低标准用地提升为高标准利用土地将有利于土地资源优化配置和合理利用，对坚持中国“珍惜和合理利用土地，切实保护耕地”的基本国策、促进土地由外延扩展向内涵挖潜的方向转化以及走节约集约利用土地的道路，具有重要的理论价值与现实意义。

第一节　低标准农业用地提升工程

一、低标准农业用地提升工程建设

低标准农业用地是由于规划滞后、区域管理措施不利、违法占用、搬迁等原因所形成的一类农用地，这类农用地具体特征为：配套滞后、产业结构规划不合理、产出低、污染严重等。随着社会经济的快速发展，城市、交通等建设用地需求日益增多，耕地数量和质量均面临着严重的挑战，为了保证国家粮食安全，使经济社会发展与农业持续高效发展相协调，低标准农业用地提升为高标准农业用地就显得日益迫切，高标准基本农田建设正是这个需求的产物。

建设高标准农业用地具体体现在高标准基本农田及其他高标准农业用地建设之上。高标准基本农田建设是在中国经济总量、经济结构、粮食生产水平发生了质的变化之后作出的重大决策，是经历了数十年基础性的中低产田改造和农田基础设施具备了基本产出功能的情况下，为满足现代农业发展需求而对粮食主产区土地产出模式所作出的重大变革（沈宏观，2010）。建设高标准基本农田是目前耕地保护研究的重点，是农业持续发展的重大举措（陈廷玺，2011）。同时，对不满足高标准基本农田建设的其他农业用地，根据区域规划，因地制宜地将其建设为园地、林地、牧草地等其他高标准农用地，从而现代农业发展以及新农村建设起到支撑补充作用。

（一）高标准农业用地内涵

高标准农业用地是指一定时期内通过农村土地整治形成的设施配套、高产稳产、生态良好和抗灾能力强与现代农业生产和经营方式相适应的耕地，包括高标准基本农田和其他高标准农用地。

建设高标准基本农田是我国农业用地集约化和现代化的集中体现，其目的是为中国粮食安全奠定坚实的基础。根据中国土地整治规划要求，2015 年中国将建成高标准基本农田 0.267 亿 hm^2，2020 年力争建成 0.533 亿 hm^2。

（二）高标准农业用地建设准则

①坚持“十分珍惜、合理利用土地和切实保护耕地”的基本国策，规范开展高标准基本农田建设。②坚持规划引导，以土地利用总体规划和土地整治规划为依据与相关规划协调，统筹安排高标准基本农田建设。③坚持因地制宜，根据不同区域自然资源特点、经济社会发展水平及土地利用状况，有针对性地采取田、水、路、林、村综合整治措施。④坚持数量、质量、生态并重，确保基本农田数量稳定、质量提高，促进农村地区景观优化、生态良好。⑤坚持以农村集体经济组织和农民为主体，充分尊重农民意愿，维护土地权利人合法权益，切实保障农民的知情权、参与权和受益权。⑥落实管护职责，健全管护机制，发挥项目建设长期效益。

（三）高标准农业用地建设条件

1. 基础条件

①符合中国政府国土资源、农业、水利、环境保护等行政主管部门的相关规定，符合土地利用总体规划、土地整治规划等相关规定要求。②水资源有保障，水质应符合《农田灌溉水质标准》（GB 5084－2005）的规定，土壤适合农作物生长且无潜在土壤污染和地质灾害。③建设区域相对集中连片，适合机械化耕作。④具备建设所必需的水利、交通、电力等骨干工程设施。⑤地方政府重视程度高，当地农村集体经济组织和农民积极性高。

2. 建设区域

（1）重点区域。高标准基本农田建设区包括：①土地利用总体规划确定的基本农田保护区和基本农田整备区。②土地整治规划确定的土地整治重点区域及重大工程建设区域、高标准基本农田建设示范县。③中国农用地质量分等评定的优等、高等、中等耕地集中分布区域。除了高标准基本农田建设区域以外，其他可建设为园地、林地等高标准农用地的区域均属于高标准农用地的建设范围。

（2）限制区域。①水资源贫乏区、水土流失易发区、沙化严重区等生态脆弱区域。②历史遗留的挖掘、塌陷、压占等造成土地严重亏损且难以恢复的区域。③土壤污染严重的区域。④易受自然灾害损毁的区域。⑤沿海滩涂、内陆滩涂等区域。

（3）禁止区域。①地面坡度大于25°的区域。②自然保护区的核心区，退耕还林区、退耕还草区等。③河流、湖泊、水库水面及其保护范围。限制区域和禁止区域可根据实际改造为高标准建设用地或其他高标准农用地，如林地、生态观光用地等。

（四）高标准农业用地建设内容

1. 建设内容

科学合理开展土地工程的主体工程，即土体有机重构，并建设及完善配套工程，即灌溉与排水工程、田间道路工程、农田防护与生态环境保持工程等。合理布置耕作田块，实现田间基础设施配套齐全（占地率不高于8%），满足田间管理和农业机械化、规模化生产需要；建成后的农用地质量等别达到所在县的较高等别且基础设施使用年限应不少于15年。

①优化土地利用结构与布局，实现节约集。②增加高标准基本农田面积，合理建设其他高标准农用地，提升农用地质量。③完善田间基础设施，改善农业生产条件。④促进集中连片，发挥规模效益。加强建成高标准基本农田利用的监测监管，对其他高标准农用地合理布局，加强生态环境建设，发挥生产、生态、景观的综合功能，确保好地用好，和谐共存。

2. 建设成效

①推进了现代农业发展进程。②展示了农业综合开发的积极作用。③极大提高了农业综合生产能力。④推动了相关产业发展。⑤转变了农业生产方式，促进了土地的合理流转。

二、低标准农业用地提升工程特点

低标准农业用地提升为高标准农业用地工程就是通过土地工程措施对田、水、路、林及其他相关资源的综合治理。其中，核心内容是对田块土体质量和等级的提高，同时通过配套工程的开展，使项目区的农业基础设施得到全面的改善和提高，达到发展现代农业的基本要求，使其能达到或基本达到以下目标：土地质量优良化，田块实现集约化，灌溉实现节水化，秸秆实现还田化，耕作实现机械化，施肥实现配方化，种子实现良种化，田间道路实现沙石化，农田林网实现网格化，田间种植实现规范化，农产品实现无公害化。

（一）主体工程

土体有机重构主要是由田块规划平整、耕作层构建、剖面层级构建、生物营养保障和后期管护工程组成。

1. 田块规划平整

田块规划平整是利用土体普探技术对耕作层结构进行普探分析。根据普探结果，通过表层剥离回填、客土法等对田面平整度差、耕作层厚薄不一、田面高差不合理进行科学平整，并对破碎地块进行规划和整合，主要有以下几个方面。

(1) 水田平整。水田平整与土层厚度、田面高差等因素有关，包括田坎归并和条田修筑。田坎归并主要是对同一台面相邻田块的田坎进行截弯取直、修补或削坎还田，条田修筑需因地制宜进行。水平梯田原则上对水田不做大规模田块平整，只对同一台面相邻田块进行归并翻耕，主要是对田坎进行裁弯取直，对垮塌的田坎进行修补，对占地较宽的田坎进行削坎还田，并对小田块和边角地进行归并。

(2) 其他农用地平整。其他农用地包含旱地、水浇地，平整包括降坡和筑坎，这类地农民在长期耕作过程中多已形成台面，根据基本农田、蔬菜基地、标准果园种植要求，适度进行降坡和筑坎，可实现田面平整。地面坡度为5°～25°的坡耕地适宜修建梯田，梯田化率应达到90%及以上。水浇地畦田内田面高差小于±5cm，以利于灌溉及机械化操作。

(3) 小块地整合为大块地。耕作田块是指由田间膜级固定沟、渠、路等围成的平整基本单元。耕作田块规模应根据地形条件、耕作方式、作物种类等综合确定，平原区北方不宜低于13.33hm^2，南方不宜低于6.67hm^2，丘陵山区耕作田块规模可适当减少（图8-1）。

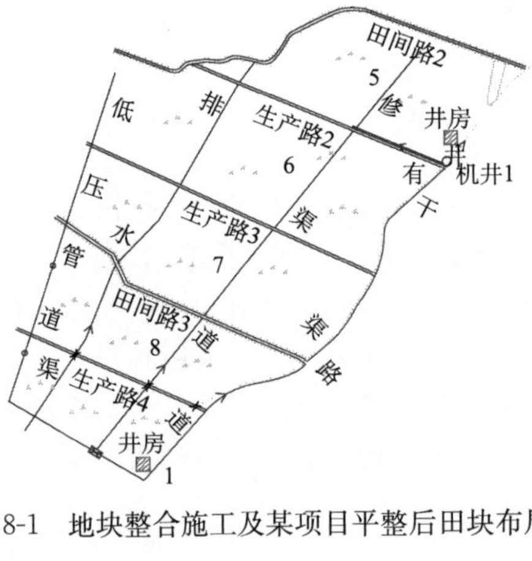

图 8-1 地块整合施工及某项目平整后田块布局图

2. 耕作层有机重构工程

高标准农业用地建设的基础是具有质地优良、水分条件适宜、通气良好、养分充足的耕作层结构。通过耕作层有机重构工程，提高低标准农业用地耕作层质量，是实现高标准农业用地建设的必要手段。

耕作层重构工程是通过对土体固体介质的添加、取除、客土等措施对耕作层的土体结构进行重构，形成质地适宜、上松下紧等利于水气交换、保水保肥的土体构型。耕作层重构主要包括：

（1）耕作层质地重构。土体的质地是耕作层的骨架结构，是构建耕作层的原材料，土体的质地（粒径级配）不同，对土体的物理、化学、力学性质的影响不同。所以，在高标准农业用地建设中，对质地（粒径级配）的重构十分重要。耕作层过砂则不利于保水保肥，过黏则会导致水气交换不畅。针对耕作层过砂或过黏的土壤，可采用“泥入砂，砂掺泥”的办法，来调整其耕作层的泥砂比例，以达到改良质地、改善耕性、提高肥力的目的；如砂土表层下不深处有淤泥层，黏土表层下不深处有砂土层，可采用深翻或“大揭盖”将砂土层、黏土层、翻至表层，经耕、耙使上下砂黏掺混，改变其土质；另外，通过施加土壤结构改良剂，或利用植物残体、泥炭、粉煤灰等材料改善土壤团粒结构，亦可进行耕作层质地重构，如砒砂岩与沙复配成土技术就是利用了两者互补的特性，进行复配，从而达到重构土体质地的目的。

（2）耕作层剖面重构。土体剖面构型改良实质为采用工程手段构建适宜作物生长及人类居住的良好剖面构型，改善土体环境质量，增强土体协调水、肥、气、热能力，提升土地质量。耕作层剖面重构，一是要确定耕作层有效土层厚度，即植物根系可以生长，且土体养分和水分可以运移的层次或层级的最小厚度；二是要确定适宜的容重梯度水平，一般构以建出上松下紧，对土壤水、肥、气、热状况调节较好，适宜于作物生长的“蒙金土”为宜。可通过深翻、客土法、分层压实技术等实现对耕作层剖面的重构。

3. 生物营养保障工程

基于高标准农田建设标准分析，开展低质量耕地定向培育，不断提高耕地基础地力是该工程的主要建设内容。耕地地力提升主要包括以下几方面：

（1）测土配方施肥技术。测土配方施肥技术是以土壤测试和肥料田间试验为基础，根据作物需肥规律、土壤供肥性能和肥料效应，在合理施用有机肥料的基础上，提出氮、磷、钾及中、微量元素等肥料的施用数量、施肥时期和施用方法。其核心是调节和解决作物需肥与土壤供肥之间的矛盾。

（2）有机肥施用技术。有机肥料能明显的改良土壤、改善产品质量，减少作物病虫害等优势，不像化肥那样容易伤根死苗。有机肥料施入土壤后，有机质能有效地改善土壤理化状况和生物特性，熟化土壤，增强土壤的保肥供肥能力和缓冲能力，为作物的生长制造良好的土壤条件。

（3）秸秆还田技术。农作物秸秆还田技术（图 8-2）主要是机械化秸秆粉碎直接还田技术，它是以机械的方式将田间的农作物秸秆直接粉碎并抛洒于地表，随即耕翻入土，使之腐烂分解，从而培肥地力，实现农业增产增收，具有显著的经济效益和社会效益，不仅使秸秆中的有机质得到充分的利用，还避免了秸秆焚烧所造成的大气污染，有利于生态农业和环保农业的发展。

图 8-2 秸秆还田技术

（4）绿肥种植技术。绿肥（图 8-3）是用作肥料的绿色植物体，是一种养分完全的生物肥源。种植绿肥不仅可以提供作物养分，提高粮食产量，还能改良土壤，培肥地力。化肥无论如何配合使用，都是在有限的元素间进行搭配，难以解决作物的所有要求，特别是对于土壤综合肥力的需求，绿肥可以弥补这些不足。

图 8-3 绿肥

（5）其他地力提升措施。深翻改良土壤。深翻改良土壤（图 8-4）是通过翻耕深层土壤并分层施有机肥，以改良土壤的技术措施，适用于土壤结构差、肥力低，或有硬磐的耕地。它可以将一定深度的紧实土层变为疏松细碎的耕层，从而增加土壤孔隙度，以利于接纳和贮存雨水，促进土壤中潜在养分转化为有效养分和促使作物根系的伸展。轮作倒茬技术。轮作倒茬是在同一块田地上，有顺序地在季节间或年间轮换种植不同的作物或复种组合的一种种植方式。轮作倒茬是用地养地相结合的一种生物学措施。

图 8-4　深翻改良土壤

4. *后期管护工程*

1）田块管护

确保田块的平整划一和相关配套设施的正常运行，对于受到自然灾害和人为因素破坏的田块和实施要及时进行修补和维护。整治完成的田块，常常由于自然条件或为活动等原因，土质田坎、田面或灌溉渠道等极易受到损坏，应进行定期维护和修补，以确保田块的平整和正常种植、灌溉。

2）土体健康管护

根据高标准农田科技应用指标，按照监测技术规范要求，可在高标准农田中建设若干土壤肥力、墒情和虫情监测点，采用信息化手段对高标准农田建设和利用的全过程进行管理，实现集中统一、全程全面、实时动态的管理要求，并定期进行土壤采样检测，防止土壤重金属或其他有机污染，以确保土体健康。另外，要充分利用农用地分等定级、土地质量地球化学评估等成果，对建成的高标准基本农田进行质量等级评定。

3）基本农田保护

确保高标准基本农田作为农业用地，避免被占它用。主要是要明确管护主体，落实管护责任，对已建成和新建的高标准基本农田要及时划界、设立标志牌、防护栏等，实施永久保护。

（二）配套工程

1. 灌排工程

灌排工程是指为防治农田旱、涝、渍和盐碱等灾害而采取的各种措施。根据项目区农业生产的需要建设农田水利设施，包括水源工程、输水工程、喷微灌工程、排水工程、渠系建筑物工程、泵站及输配电工程。灌溉与排水工程和灌溉规模、地形地貌、土壤类型、水文条件有关，蓄水、引水方式、灌排方式也有所不同，根据实际需要采取蓄、引、提、集相结合的方式（图 8-5，图 8-6）。水资源利用应以地表水为主，地下水为辅，严格控制开采深层地下水，禁止使用未经处理的污水进行灌溉。基于高标准农田建设标准分析，和灌溉与排水工程有关的指标包括灌溉保证率和排涝设施通达指数。灌溉保证率应根据水文气象、水土资源、作物种类、灌溉规模、灌水方式及经济利益等因素确定，排涝标准要满足农田积水不超过作物最大耐淹水深和耐淹时间，应由设计暴雨重现期、设计暴雨历时和排除时间确定。

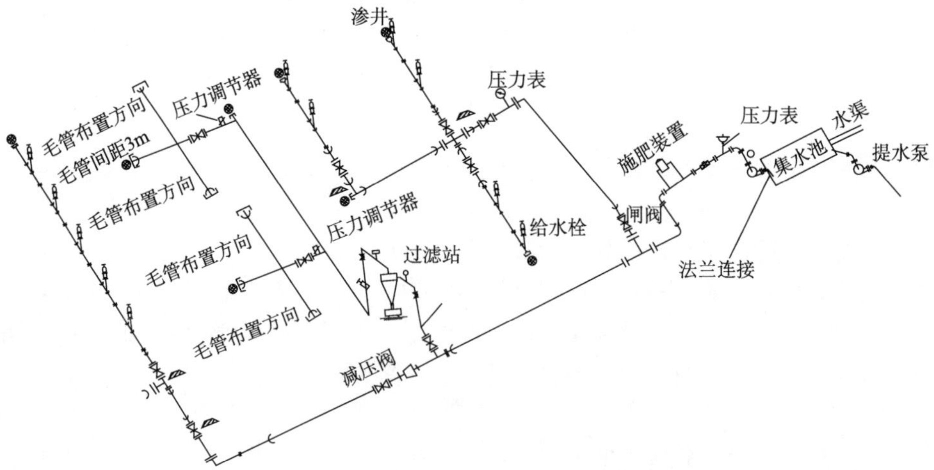

图 8-5　某项目区域管道平面布置图

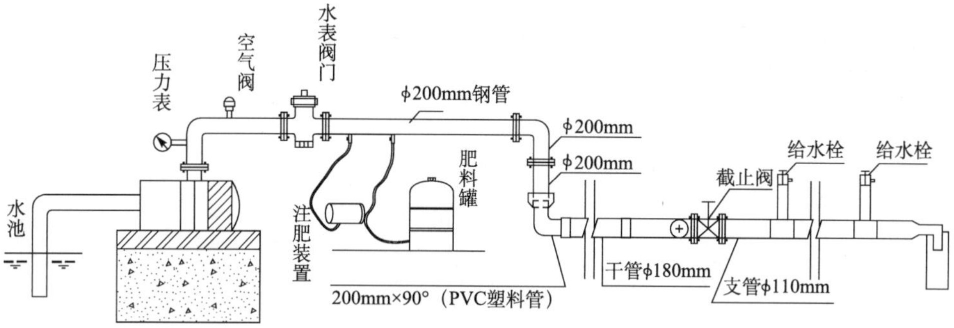

图 8-6　低压管道管线安装图

灌区的灌溉管理应逐步实现智能化、自动化、以机代人，如图 8-7 所示。在灌区管理处设中心控制站，各分干进水闸设自动化控制器，中心站可对各分干闸门进行遥控、遥信及流量监测，以便于整个灌区的统一管理。通过观测全灌区水位和雨情信息，在 1～2min 收集、计算灌区水位、雨量、每天的用水量、累计引水量等，为灌区管理提供有利条件，实现灌区的自动化控制。

图 8-7　实行移动式喷灌系统建设的高标准农田

2. 道路工程

田间道路工程主要用于连通居民点和田间、田间和田间，以方便居民生活及生产。田间道路工程以维修现有道路为主，其次通过新建道路连接断头路和完善道路体系，道路呈“主-干-支”网络纵横布设，主要分田间道和生产路。田间道宽度由农业作业需求决定，路面材料一般采用泥结碎石，根据需要可提高路面材料级别，如混凝土路面。田间道路配套路基排水系统，并与周边的沟、渠、林相结合，保证路基及边坡稳定性（图 8-8）；生产路一般采用素土路面，坡度较大处生产路设计踏步。

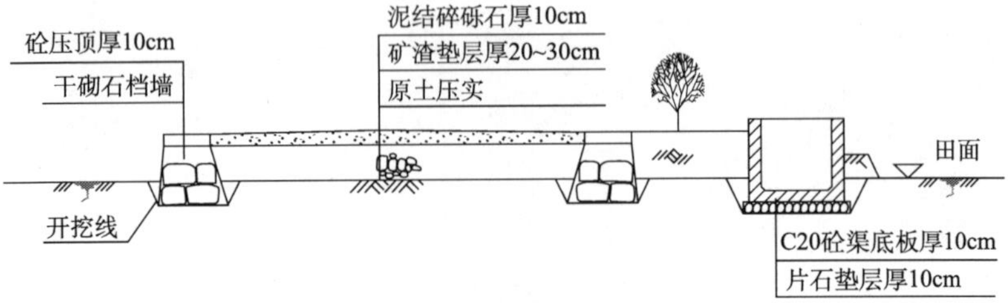

图 8-8　道路与周边沟、渠、林的结合

基于高标准农田建设标准分析，与田间道路工程有关的指标为田间道路通达指数（集中连片田块中，田间道路直通达的田块数占田块总数的比率），平原区应达到 100%，丘陵区≥90%，合理确定田间道路密度，满足农业机械化和生产生活便利的需要。蔬菜基地和标准果园道路规格应高于标准农田的使用规格。

3. *农田防护与生态环境保持工程*

农田防护与生态环境保持工程是为保护耕作区免受自然灾害而进行的生态工程，与地形地貌、土壤等自然条件有关，主要工程措施为修建护堤、坡面修截水沟和栽植防护林等。

护堤工程主要指河谷川道易受河水冲刷而修建的保护农田的堤防工程，以旧堤改造、堤防加固为主。通过加固维修，将堤防的防洪标准提高到 20 年一遇设计洪水，30 年一遇校核洪水，主要工程类型有均质土堤、干砌石堤和浆砌石堤。

截水沟主要适用于沟坡地，可减缓坡底径流对农田的冲刷，超过 50m 以上坡长的坡面应设截水沟，间距一般 20～30m，分为蓄水型和排水型。

防护林建设，对坡度≥25°的耕地实施退耕还林，目的是减少地表径流，保护土壤耕作层，同时增加渗入土体的水量，涵养水源；对坡度≥15°的区域实施种草植树，山顶使用乔木，行株距均宜为 2m，山腰采用树林和果林相结合的方式，路旁建设防护林；对坡度<15°的区域以田间和路旁防护林为主，陡坡陡坎处为主要造林带，行株距均宜为 2m。

选择优质对路品种，做到一条路一个树木品种，方田间隔之间栽植不同的品种，形成混交林网，防止病虫害成片发生，做到主干路栽双行，一般田间生产路、分引渠边栽单行。苗木地茎在 3cm 以上，秆高 3m，做到开槽低植，及时灌水保墒。

另外，农田防护与生态环境保持工程根据不同地区还可有护岸工程、田坎挡墙、河道疏浚等生态工程。

4. 现代农业建设工程

在各项工程建设的基础上，引入现代农业建设理念。现代农业建设是指用现代物质条件装备农业，用现代科学技术改造农业，用现代产业体系提升农业，用现代经营形式发展农业，用现代新型农民推进农业，用现代发展理念引领农业。提高农业水利化、机械化和信息化水平，提高土地产出率、资源利用率和劳动生产率，提高农业效益和竞争力。建设现代农业的过程，就是改造传统农业、不断发展农村生产力的过程，就是转变农业增长方式、促进农业又好又快发展的过程。土地工程中的现代农业建设工程主要是实现土地整治与现代农业的无缝对接，实现以土地整治为驱动的现代农业发展模式。总的来说就是要实现现代农业生产性功能和服务性功能的完美结合。

第二节　低标准建设用地提升工程

一、低标准建设用地提升工程建设

低标准建设用地是指在城市、农村基础建设及社会经济高速发展的背景下，由于原有规划滞后、部分违法行为、建设用地到期及其他原因引起低效率使用甚至闲置的建设用地，可根据用途划分为低标准城乡建设用地（城市、建制镇、农村居民点、采矿用地）、交通水利用地、其他建设用地（风景名胜设施用地、特殊用地、盐田等）。随着城市化的快速发展，此类建设用地已经严重制约着区域内经济社会的发展，破坏区域生态环境，甚至威胁人类健康。因此，可以通过土体有机重构、复垦、景观建设、生态修复等工程，形成高标准建设用地，优化土地利用配置，最终实现建设用地合理、高效、集约的配置利用。

（一）低标准建设用地存在的问题

（1）城镇分散达不到规模经济，无法达到聚集服务及设施建设的合理规模，难以成为一个地区的经济中心、市场中心和信息中心，无法聚集服务业的规模，使城镇不可持续发展。

（2）农村居民点问题突出：①农村居民点分散，占地面积大，造成土地资源的严重浪费和人均基础设施建设成本高。②乡村人均占地严重超标，建筑杂乱，容积率低；③“空心村”和“城中村”现象较为普遍，居住环境差，土地资源浪费严重。

（3）城市囤地现象严重，空置地、闲置地数量大，造成土地资源阶段性浪费；乡镇、农村盲目建设，造成耕地大量流失，农村大量亦工亦农人口存在，空心村现象严重。

(4) 工矿建设不注重生态保护、修复，缺乏科学严谨规划，乱开超采、采后废弃等现象严重。

(5) 现行交通网络体系结构效益低下，交通网络稀疏且布局不合理。

(二) 高标准建设用地定义及科学内涵

高标准建设用地可概括为以可持续发展思想为指导，遵循现有土地利用规划及相关法律法规与政策，合理布局各业用地，调整优化用地结构，加强监管，通过科学技术增加对存量土地的各种投入，实现边际投入等于边际收入时土地使用价值最大化的利用状态，提高土地使用效率，满足经济社会发展对土地的需求，促使土地经济效益、社会效益和生态效益得到明显提高。高标准建设用地建设最终是为实现土地的节约、集约利用，而土地集约利用的前提是用地的合理布局和结构的优化完善（谢敏等，2006；汪波，王伟华，2005；郑泽庆和黄贤金，2008）。

从理论上分析，高标准建设用地的科学内涵主要包含高质量的环保系统、高效能的运转系统、高水平的管理系统及合理的工程建设规划。

(三) 高标准建设用地建设内容

高标准建设用地以土体清洁、土地集约利用为最终目标。从中国范围来看，虽然各地区均在不断探索土地集约利用的途径，而且具体做法也凸现出地域性差异，但仍存在很多共性，共性的存在表明孕育这种共性的具体操作方法已经成为各地区通过实践共同推崇的方式，可以说已成为一种模式（贺舜明，2000；刘吉，2003；郑新奇，2004；张志宏，2006；李海如，2008；曲福田，2008；王月，2008）。

1. 旧城改造拆迁

旧城改造又称为城市再开发，即根据城市发展需要，对城市老化地区进行有计划的城市改造建设，主要包括城市企业改造、房地产建设、公共设施建设等。其间不可避免地伴随拆迁的发生，根据推动主体的不同，分为有以政府为中心的强制拆迁、以市场为主导的土地收购储备以及以业主为中心的不动迁改造等（鞠畅，2008）。

(1) 以政府为中心的强制拆迁。强制改造拆迁即城市房地产行政主管部门根据公共利益的需要，对城市旧城区特定区域内房屋行使强制拆迁，并给予被拆迁人拆迁安置补偿，主要包括政府的统一拆迁、自行拆迁和委托拆迁三种（王建龙，2004）

(2) 以市场为主导的土地收购储备。城市土地收购储备是在法律规范下对土地所有权和使用权进行调节，由政府或其委托机构通过征用（征收）、收购、换地和到期回收等形式，从分散的土地使用者手中把土地集中起来，并进行开发，包括房屋拆迁、平整工程等前期开发工作，依据城市土地出让计划，将土地推入市场（马良全，2010）。

（3）以业主为中心的不动迁改造。其主要特征是以业主为中心进行多主体参与和多方式安置补助，遵循保证被拆迁对象的权益的本质。与前两者的不同点在于：①除政府和旧城拆迁的单位、银行之外，市住房保障中心也担任城市运营商的角色。②建立拆迁安置扶困救助备用金制度，引入廉租房制度，竭力维护群众尤其是贫困动迁户的切身利益。③片区的拆迁工作平稳后，被拆迁户全部回迁入住，保障原土地使用者的土地权益（钱铭杰，2011）。

2. 旧城重建

旧城重建是旧城改造拆迁的延续，受到拆迁的影响和制约。企业改造重建、房地产重建和公共设施建设等在具体操作中各有侧重，如企业改造最主要是“退二进三”模式，而城市房地产重建最主要是“城中村”改造。

（1）退二进三。主要针对城市内部分工业企业进行的用地置换。所谓“退二进三”，是指工业企业由城市中心区迁移到郊区，原厂区发展的产业结构由第二产业转移为第三产业。实施退二进三，可有效促使城市中心区形成以第三产业用地为主的合理的产业结构（鞠畅，2008）。

（2）“城中村”改造。城中村是当前中国城市化进程中所特有的现象，它是指在城乡二元体制的作用下产生的一种城市内部的特殊农村聚居区（钱铭杰，2011）。这种特殊社区土地利用效率低下，呈现出粗放利用模式。为了适应城市的发展，城中村的土地利用模式采取再开发和调整利用两种类型（鞠畅，2008）。

3. 商业街区建设

以商业街区为代表的城市公共设施的重建，一般由政府统一规划、集中供地、统一建设。近几年，各地根据实际情况出现了一些新的操作方法。

（1）商业街区的聚集式建设。商业街区是指在一定区域范围内，具有一定规模的、商铺或摊位聚集的、高密度的商业社区。可分为生活型（农贸市场）、特色型（休闲街、IT 街）等类型。

（2）商业中心的辐射式建设，指政府在地理位置和交通条件较为优越的地方建设具有一定经济吸纳和辐射功能的商业中心，同时加强基础设施和公共服务设施的建设，以达到辐射范围内同类设施的重复建设少、土地资源节约集约利用的目的。

（3）商业点的分割式建设。分割式建设的操作方式和运行特征与不动迁改造类似，但二者在实施主体和程序上有所差别，其最大的特点是自主改造，灵活性比较强，不需政府投资和直接干预，且业主进行投资改造的积极性很强，对局部地区土地的集约利用起到一定的促进作用。

4. 开发区建设

开发区土地集约利用主要体现在减少土地数量浪费和提高土地的利用效率两方面。可将其概括为存量控制模式和效益选择模式（张红富，2007）。

（1）存量控制。在不扩大开发区面积的前提下，通过行政、经济、技术等手段挖掘存量闲置土地，存量土地的数量是决定能否新增建设用地数量的标准和关卡。具体做法包括开源节流型、节流节约型和利用新技术型三种类型。

（2）效益选择。效益选择是针对土地利用的质量和效果而言的，包括经济、社会、生态等方面的综合效益，突出表现在产业选择（入园）、投资标准（经营）及企业的置换（出园）等方面。

5. 农村居民点整理

运用工程技术、调整土地产权等方式，进行村庄改造、归并及再利用，使农村建设用地逐步实现集中、集约利用，可归纳总结为村内合建、村村合建、村镇合建、村区合建等四种模式（张红富和周生路，2007；张志宏，2007）。

（1）村内合建。村内合建，即空心村整理，是将村内（包括城中空心村）分散分布、全部收归村集体，由村委会重新规划，优先复垦，达到土地的节约集约利用。

（2）村村合建。村村合建，即中心村建设，是指将一定范围内布局分散且规模小的自然村庄整体或部分搬迁到指定点，并以此为中心建设新的居住区，并对调整出来的土地及原来的小自然村进行复垦。

（3）村镇/村城合建。该模式分为两种情况：①城中村逐步实行城市化，促使其融入城市。②对于郊区村庄进行撤村进镇/城，即撤销乡镇/城市郊区周边的村庄，将其纳入城镇规划区新设的居民社区，并将原村庄居民逐步分期迁入城市，腾出的土地可复垦为耕地或者整理为工商业用地。

（4）村区合建。村区合建指某些农村居民点由于工程建设需要或者设立工业开发区的需要，土地被征收，村庄被拆迁，为了节约用地和合理安置被拆迁居民，由村集体与开发区联合起来建造集中的农民公寓，从而形成新社区。

二、低标准建设用地提升工程特点

高标准城市建设要按照城市建设规划，合理调整城市各业占地布局，严格控制大面积囤地现象，提高城市土地利用效率；高标准农村建设可按照新农村建设标准，对原有农村建设用地进行合理规划布局，减少或消除农村大片闲置地；对旧工矿用地进行考证，对废弃区域进行生态修复，拆并不合理采矿区，做好原工矿用地土体重构工作。

（一）主体工程——土体重构工程

土体有机重构工程是根据高标准建设用地的利用特征，该类土地工程实施的主体工程主要是土体有机重构，是由土体物理重构、土体净化、重塑和管护构成的。如对原有旧工矿等废弃土地的土体结构进行净化和有机重塑，为人类提供良好生存环境，以满足建设用地安全、集约和利用高效的目的，实现人与地的和谐共处。

1. 土体物理重构

土地物理重构是该类土地工程的主体工程，也是实现土地土体有机重构的重要手段。在现代化发展过程中，旧城区、旧村庄的功能相对退化，需要对原用地结构进行调整，旧工矿失去了原有功能价值，需对其进行修复或者拆并。按照相应规划的要求，对原建设用地地面建筑物进行拆迁、平整及土体进行再分配工作，达到高标准建设用地的要求（图 8-9）。各项建设用地对地形的坡度都有不同的要求，一般适用的坡度参考如表 8-1 所示。

图 8-9　旧村庄经清理后可作为农用地或者文化广场用地

表 8-1　各项建设用地适宜坡度

用地类型	适宜坡度	用地类型	适宜坡度
工业	0.5%～2.0%	铁路站场	0～0.25%
居住建筑	0.3%～10.0%	对外主要公路	0.4%～3.0%
城市主要道路	0.3%～6.0%	机场用地	0.5%～1.0%
城市次要道路	0.3%～8.0%	绿地	可大可小

2. 土体净化工程

根据建设用地原有利用方式和潜在利用方式，采取物理、化学或生物措施对原有土体进行净化处理，以达到健康用地的要求。主要包括土体物理净化工程、土体化学净化工程以及土体生物净化工程。土体物理净化工程包括移除（固体废弃物）、客土换土（化学污染）、掩埋（一般生活建筑垃圾）；土体化学净化工程，包括化学淋洗技术、化学氧化/还原技术、溶剂浸提技术、施入改良剂或抑制剂等。土体生物净化工程包括植物改良改造技术、动物改良技术以及微生物改良技术等。

3. 土体重塑工程

建设用地整治后根据利用方式的差异对建设用地的土体物理结构、肥力条件和生物要素进行重塑，以满足高标准建设用地要求。主要包括土体物理重塑工程、土地肥力重塑以及土地生物要素重塑等。土体物理重塑工程包括压实、松散、去表、客土、造型等；土体肥力重塑工程包括增施、减施等；土体生物要素重塑包括加入微生物、土壤动物等。

4. 后期养护工程

建设用地多为城市、社区、工矿用地，极易受到建筑、工业等生产生活因素影响，甚至再次污染，须对高标准建设用地进行合理的管护。主要包括土体健康管护以及土体利用管护。土体健康管护是根据土体健康状况对土体物理、化学结构进行调节；土体利用管护是根据用地目的，用地方式对土体进行有差别管护。

（二）配套工程

1. 道路工程

高标准城市建设可通过适度增加建筑密度和建筑物层数来增加城市综合容积率，充分利用地上、地下空间，在地质条件和生态环境条件允许的前提下，在大城市通过合理规划建设轻轨、地铁和立交桥，实现人车立体分流，完善公路网络，逐步提高公路网络通达深度，健全畅通、坚定不移地贯彻一体化原则，努力做到对内交通、对外交通、广场车场协调发展，横道、竖道、环道有机结合（梁雪和肖连望，2000）。高标准农村建设要与高标准农业用地建设相结合，道路规划根据周边县道、通村路等主要干道及通田主干道、田间路等，并结合空心村、废弃村庄复垦等合理对村庄内道路进行规划修建，满足通田、通外、通户要求。

2. 管线工程

管线施工主要包括污水管线、雨水管线、供水管线、供气管线、供热管线、供电管线、通讯管线、电视管线、室外照明管线等工程的施工。原则上要求按先深后浅、先管后线、先暗后明的顺序进行。管线的布置必须严格按照现行国家或有关行业的规范进行，对于管线工程施工，都应符合 GB 50289—98《城市工程管线综合规划规范》、《电气设备手册》和《新农村电气化标准体系》等的要求。

3. 给水、排水及污水处理工程

从区域角度综合考虑各项基础设施，重点建设水利设施，提高管网建设质量，实施放心水工程，加大水污染综合治理力度，提高污水处理率，加强市政设施管网的统一规划管理，加强水源地保护工作；农村规划建设重点考虑村庄排水、居民用水等，保证居民用水水源质量，村庄房屋、道路等不受洪水、暴雨等的影响；工矿用地要充分考虑区域排水、污水处理，确保矿井不受突然来水影响，保证工作安全，工矿污水要进行预处理，保证对下游居民、生态、养殖等不造成影响。

4. 雨水工程

利用下沉地面、硬化地面、软质地面、高层地面等短时滞留雨水的作用，有效控制雨水的地表径流，增加地下水的回补，选用耐旱的绿化植种，坚持雨、污分排，开发废水循环利用系统。

5. 园林绿化工程

做好城市总体规划，充分发展城市绿化，扩大绿地面积，提高绿地覆盖率，应把绿化规划作为系统工程纳入城市总体规划，利用生态学与系统原理进行统筹安排，并按照经济社会发展规划的要求来编制、实施，以促进城市绿化的迅速发展。绿地系统的结构、布局应该与自然地形地貌和河湖水系协调，与城市功能分区相适应，着眼于整个城市进行规划布局，使绿地不仅围绕在城市四周，而且把自然引入城市之中（任学昌，2002）。农村、工矿的绿化要从改善农村生态环境的高度出发，在道路、院落、文化广场等合理栽树植草，使绿化带起到涵养水源、调节小气候的功效，进而减少水土流失，避免沙尘、泥石流等自然灾害的发生。

6. 景观工程

景观工程包括目的地整体环境建设、城市风貌建设和旅游道路与节点风貌建设。旅游目的地的环境，包括硬件建设和软件建设。硬件建设，包括城市风貌、城市游憩中心、城市休憩节点（广场）、交通集散区接待环境、景区集散节点接待环境、旅游公路环境、游客聚居区环境等；软件建设，包括旅游服务规范、居民文明礼貌、语言沟通环境等。城镇风貌，是由城镇景观视线、城镇建筑竖向景观、街道景观、铺面景观、节点广场景观等共同构成的。土地工程中的景观工程主要是土地整治工程主体工程相配套的景观布局工程，包括土地整治项目中植树绿化、植物造景、观赏性小道与小桥、景观水系、水体塑造、水景植物、景观园林、雕塑、景观照明、居民生活小区景观设计、公共环境标识和壁画等。

7. 其他工程

交通组织和市政配套等方面的综合开发和兼容使用，如将社区图书馆、文化馆同超市商店、体育健身中心相结合，既提高土地利用，又扩展了交往空间，增强设施的吸引力，提高社区的人文气息和文化氛围。

第三节 工程规划设计与实施

可行性研究是规划设计的前提，在土地工程项目决策之前，需要对项目工程技术的先进性和适用性、环境的促进性和积极性、建设上的可能性和可行性以及经济和社会效益等各方面的情况进行调查、研究、分析，它是投资决策的重要依据。低标准已利用土地提升为高标准用地的工程技术及经济社会效益的可行性分析，有助于工程设计和项目施工的顺利开展。

一、可行性研究

（一）高标准农用地工程可行性研究

1. 可行性研究分析

1）项目区基本情况调查

调查包括项目区所在地理位置、地形地貌、气候等自然条件，日照、辐射量、气温、降水以及霜冻等气象要素，地貌、土壤、水文与水文地质、自然灾害等要素和社会经济情况。

2）项目建设条件分析

建设包括水利工程及田间工程现状、交通及电力设施状况基础条件，居民点建设情况，土地利用限制因素，项目区水土资源。

3）技术可行性分析

要求土地整理技术力量比较雄厚，具有丰富的施工和管理经验，可以保障项目工程的顺利开展。

4）经济社会效益可行性分析

开展高标准农用地建设示范工程，是稳步提升农业综合生产能力、保障中国粮食长久安全的物质基础，有利于解除制约该区农业生产的关键障碍因素，有利于稳步提高粮食综合生产能力；有利于调整产业结构，提高土地利用率、增加优质耕地面积、促进农业增产、农民增收和农村发展，可充分调动农民种粮积极性，确保中国粮食生产安全，对实现全面小康和区域经济社会可持续发展具有重要意义。工程社会效益突出、经济效益显著、生态效益良好。

2. 工程实例——以延安市治沟造地土地整治重大工程项目为例

该项目为中国土地整治重点项目，项目建设内容以土体有机重构为主，同时完善道路工程、灌排工程等。该项目对优化水土资源配置和保护生态环境具有重要意义；对提高土地利用率和改善农业生产条件产生巨大作用。

1）项目的提出

项目地处陕北黄土高原的延安市，沟谷纵横，蕴藏着十分丰富的后备土地资源和粮食增产潜力。开展延安市治沟造地土地整治重大工程，是落实国家耕地保护和粮食安全保障战略的必要措施。针对延安市城乡统筹和区域协调发展的紧迫需求，通过深入推进治沟造地土地整治重大工程，极大地改善农村生产条件和农民生活环境。

2）项目可行性分析

（1）社会效益分析。延安市治沟造地土地整治工程在保障中国粮食安全、实现区域耕地总量平衡、促进农村发展、维护社会稳定等方面效益显著。①对中国粮食安全保障的贡献。项目实施后，将形成基础设施配套完善的高标准基本农田，耕地质量将会显著提高，增强粮食生产能力。经初步测算，本项目实施后实现年增加粮食产量 1.2 亿 kg。②对实现区域耕地总量平衡的贡献。治沟造地土地整治重大工程，促使基本农田建设由坡面转向沟道，实现新增耕地面积 0.31 万 hm^2。③对农村发展的积极作用。本项目不仅可以大幅改善农业生产条件，促进农村土地规模化经营，并且可增加农民收入，促进城乡协调发展，具有积极的引导和推动作用。

（2）生态效益分析。延安市治沟造地土地整治重大工程，在大幅提升水土保持功效、巩固退耕还林成果、防洪减灾等方面的生态效益十分显著。①大幅提升水土保持功效。延安市土地整治重大工程项目通过推进分层防控、沟坡同治的建设模式，在沟道修建淤地坝、沟坡修建阶梯式条田，配以乔灌草的植被建设和农林牧的产业结构，将极大提升沟坡和沟道的水土保持功效。②持续推进退耕还林工程。治沟造地建成的坝地土壤肥沃，水分充足，抗旱能力强，是高产稳产的优质基本农田。③有效提高防洪减灾能力。延安市治沟造地土地整治重大工程，主要以沟域为单元，治沟造地骨干工程控制，因灾设防，做到工程和生物措施结合，层层拦蓄与防控并举，充分发挥较强的削峰、滞洪能力和“上拦下保”的作用，从而有效防范洪水灾害，以及泥沙对下游地区城乡经济社会发展可能造成的损害。

（3）经济效益分析。陕西省延安市治沟造地土地整治重大工程项目的直接经济效益主要体现在提升现有耕地的地均产出水平和新增耕地的新增土地产出能力。项目建成后每年新增产农业产值约 21.18 亿元，新增纯收入为 10.35 亿元。经济效益的分析结果表明，项目的静态投资回收期为 8.42 年，动态回收期为 10.88 年，项目的内部收益率为 15.86％。财务风险评价结果表明，本土地整治重大工程项目有较强的经济风险承担能力（表 8-2）。

表 8-2　项目经济分析与财务风险评价结果

经济评价指标收入下降 10%	基本方案	下降 10%，其他不变	支出上涨 10%，其他不变	支出上涨 10%，同时发生
静态投资回收期/年	8.42	9.28	9.20	10.16
动态投资回收期/年	10.88	12.28	12.06	14.69
内部收益率/%	15.86	13.55	13.75	11.58
净现值（8%）/万元	275 399.3	190 517.90	217 324.60	132 516.50
静态总收益/万元	1 179 719.9	980 535.0	1 096 850.5	897 831.3
静态投资效果系数	2.3	1.9	2.1	1.7

由此可见，陕西省延安市治沟造地土地整治重大工程项目的经济效益明显，是一个符合当地实际、具有发展前景的土地整治重大工程项目。

（二）高标准建设用地工程可行性研究

(1) 项目区土地利用现状调查与分析。包括项目区区域概况（自然条件、社会经济条件、土地利用结构概况）、项目区建设用地利用现状（建设用地变化情况、建设用地结构现状、人均建设用地面积分析）及建设用地存在的主要问题的调查与分析。

(2) 项目区建设用地集约利用评价。包括建设用地集约利用评价指标的构建（评价指标的选取原则、建设用地评价指标的设立）、BP 神经网络评价模型设计和应用以及建设用地集约利用水平评价。

(3) 项目区建设用地集约利用潜力分析。包括城市建设用地规划标准（人均建设用地标准）和建设用地集约利用潜力预测（现状人均建设用地面积、建设用地总体潜力）的分析。

(4) 工程技术可行性分析。城市土地一级开发为城市土地开发整理提供了丰富的施工和管理经验，奠定了雄厚的技术基础，为建设用地集约利用工程的顺利开展提供了充分的工程技术保障。

(5) 社会效益可行性分析。在项目区内开展高标准建设用地示范工程，有利于提高土地集约化利用水平，有利于增加耕地面积，促进城市在功能、规模、结构、运行等诸多方面的进化和扩大，实现建设用地可持续发展。

二、工程规划与实施

（一）高标准农用地工程规划设计

1. 工程规划

1）工程规划目标

通过主体工程的实施及配套工程的完善，优化土地利用结构、提高土地利用率和质量等级，改善生态环境，实现建设高标准农用地建设的总体目标。

2）工程规划标准

（1）方田。①田块形状。田块形状依据灌溉渠系、排洪渠及道路布设确定。田块长度顺等高线方向一般150m，宽度一般10m。田面比降范围为0.021～0.067。②田块设计高程。按照田块挖、填方量基本平衡的原则，结合灌溉渠底高程，确定田块设计高程，使田块内所有测量点的设计高程均低于引水口渠底。

（2）田间道路。①田间道以满足农业机械耕作及运输农产品机动车的通行为标准。路面宽4m，为泥结石路面。②生产路以满足人工田间作业与收获农业产品的需要为标准。路面宽2m，为泥结石道路。

（3）水源工程与灌溉渠系工程。①水源工程。依据项目相关地形进行实地考察。②灌溉保证率与灌溉制度。依据区域水文气象、水土资源、作物组成、灌区规模、灌水方法等因素，水源工程与灌溉渠系工程设计灌溉保证率采用$P=75\%$。③渠系布设及灌溉水利用系数。根据《陕西省行业用水定额》附表——陕西省灌区渠系（管道）水利用系数［$\eta_{灌(管)}$］、田间水利用系数（$\eta_{田}$）计算灌溉水利用系数。

3）工程规划设计依据

（1）有关法律、法规和政策依据。规划设计依据的法律、法规和政策主要有：《中华人民共和国土地管理法》（1998年8月）；《中华人民共和国土地管理法条例》（1998年12月）；《基本农田保护条例》（陕政土发［1999］67号）；《关于申报国家和省级投资土地开发整理项目有关问题的通知》（陕国土资耕发［2006］01号）；《关于进一步做好土地开发整理的通知》（陕国土资耕发［2005］11号）。

（2）规划设计依据和标准。规划设计主要依据和标准有：《陕西省灌区方田建设技术规范》（DB61/T 146-93）；《渠道防渗工程技术规范》（SL 18—91）；《土地整理项目规划设计规范》（TD/T 1014—2000）；《灌溉与排水工程设计规范》（GB/50288—99）；《土地整理项目验收规程》（TD/T 1014—2000）；《土地整理项目规划编制规程》（TD/T 1011—2000）；《水利建设项目经济评价规范》（SL 72—94）；《灌区方田建设技术规程》（D1361/T 146—93）。

(3) 其他相关基础资料。项目区土地利用现状图，土地利用调查资料，项目水资源、土壤、电力、道路等资料，其他相关资料。

2. *高标准农用地建设实施案例——以延安市治沟造地土地整治重大工程项目为例*

该项目为中国土地整治重点项目，项目建设内容以土体有机重构为主，同时完善道路工程、灌排工程等。该项目对巩固退耕还林成果，促进人地关系和谐以及建设延安生态文明具有重大意义。

1）工程概况

延安市位于黄河中游地区，地貌类型属于典型的黄土高原丘陵沟壑区。区域地貌以黄土塬、梁、峁、沟壑为主，沟道树枝状空间分布的特征明显，平均海拔1200m，地形、地貌可划分为黄土高原沟壑区、黄土丘陵沟壑区以及石质低山丘陵区三种类型。通过项目建设，使得部分沟坡未利用地转化为农业用地，计划新增耕地3086.90hm^2，建成高标准基本农田33 778.91hm^2，新增灌溉面积、自流灌溉面积、排涝面积分别为748.52hm^2、748.52hm^2和9938.78hm^2，灌溉保证率达到50%，灌溉水利用系数达到0.7，并使得耕地利用等级平均提高2～3等。

2）工程设计

(1) 主体工程。

①土体修筑工程。在坝地区，根据淤地坝规模进行田块规格设计。大中型淤地坝内的坝地可长80～150m，宽20～30m；小型淤地坝内的坝地可长25～50m，宽7～15m；田块规划平整度竣工时应控制在±15cm内，耕作后宜达到±5cm以内，田边修筑地边埂，保证土体稳定性及安全性。在边坡条田区，条田应修筑在土质好、坡度缓、邻近水源的沟道两侧坡面，沿等高线集中布置；修筑阶坡式条田时，缓坡区梯田以10～15m为宜，陡坡区梯田以5～8m为宜。对于汇水面积较大的坡面，可因地制宜地布设一定数量的水窖，用以拦蓄道路径流和梯田内排出雨水，大力发展集雨灌溉农业。

②客土回填工程。客土土源应尽量接近项目区，客土土壤理化性质应适宜农作物生长需要，覆土土层厚度一般不小于60cm，耕层达到30cm以上。

③表土剥离与回填。挖方取土地段，保留表层熟土厚度20～30cm；当填方覆土地段的填土厚度超过50cm时，保留20～30cm厚的表层熟土；在填方覆土时，应留有填土厚度20%左右的虚高，以保证新填土经耕作沉陷后达到田面设计标准的要求。

(2) 配套工程。

①灌排工程。灌排工程主要包括排洪渠或溢洪道、水库与拦河坝、农用井、集雨水窖及渠系建筑物、泵站及输配电工程建设。在具有一定水源条件的灌区内进行土地整治时，宜采用原灌区的灌溉标准，新建灌区的灌溉保证率以50%为

准。排涝标准以 5 年暴雨重现期，1～3 天暴雨从作物受淹期，1～3 天排至田面无积水为准。有渍害的地区，农作物生长期地下水位应以设计排渍深度作为控制标准，但在设计暴雨形成的地面水排除后，应在作物耐渍时间内将地下水位降至耐渍深度。开挖排洪渠或溢洪道，应尽量利用坝地两侧或边侧的古土壤层或黏土层，加强黏土垫实与防渗，保持坝系、溢洪渠的稳定性，确保渠道质量。

②道路工程。该项目的一级田间道按混凝土或泥结石道路设计，二级田间道按泥结石道路设计，生产路为素土路面。生产路路面应保证强度高、有良好的稳定性并且平整，路面宽度以 1.5～2.5m 为宜。

③农田防护和生态环境保持工程。建设内容主要包括梯田埂坎防护林和谷坊、护路、护渠、护堤林、沟道治理工程、坡面截水防护工程等。A. 梯田埂坎防护林应布置在梯田埂坎外坡离埂坎坎顶 1/2～1/3 处；以灌木纯林为主，也可采取一行密植灌木或草本植物，一行果树混交类型。B. 沟头防护工程适用于黄土塬梁沟壑区沟头上游有坡面天然集流槽，暴雨坡面径流泄入沟头，引起沟头剧烈前进的地方。淤地坝工程应以小流域为单元，从主沟到支沟，从上游到下游，根据不同地形和比降，结合防洪灌溉、拦泥淤地、排水防碱和生产利用，全面布设大、中、小型淤地坝，并在适当位置布设小水库和治沟骨干工程，以最大限度发挥综合效益。C. 截水沟沿等高线布设，防御暴雨标准按 10 年一遇 24h 最大降雨量。梯田两端的排洪沟，应与水窖、蓄水池、沉沙池靠近，并和田间道路相靠平行布臵。排洪沟防御标准采用 10 年一遇 24h 最大降雨量。

④其他工程。主要指土石方爆破、废弃构筑物拆除、培肥地力等工程。如土石方爆破在爆破区，应有明显标志划定爆破危险区范围，并采取相关防护措施等。

（二）高标准建设用地工程规划设计

1. 工程规划

（1）工程规划目标。通过土体有机重构、道路、管线网络、园林绿化等工程实施，实现建设用地空间布局合理，基础设施完善，人地关系和谐统一；经济发展、社会进步、环境保护三者保持高度协调，人与自然互惠共生和谐发展，生态良性循环的城市复合生态系统。

（2）工程规划原则。新市镇建设本着“控制总量、盘活存量、优化增量、提高质量”原则；三大产业集中区，本着“适度集中、求规模、聚人气、讲效益”的原则；工业集聚区，本着“高精兼备、做强企业、做活市场”的原则；传统城区，立足“盘活存量、土地增值”原则，改善居民居住环境，提升居民生活品位；半城市化区，本着“趋优环境、集聚高新”原则，建设高标准和开敞（空间）式的居住社区，本着“自愿、便民、依法、合规”原则，引导居民近海和入绿（绿色空间）居住，加快农村居民点整理挖潜速度。

2. 高标准建设用地建设工程设计——以延安市水保实施项目为例

以延安市宝塔区南泥湾镇阳湾沟、九龙泉沟两个土地整治项目为例，介绍高标准基本农田建设可行性分析的步骤。项目建设内容以基本农田土体有机重构和配套水利设施为主，同时修建田间道路、建设农田防护林、排洪渠道等。该项目对巩固退耕还林成果，促进人地关系和谐以及建设延安生态文明具有重大意义。

1）工程概况

延安市，位于黄河中游、黄土高原腹地，总土地面积 37037km^2，其中水土流失面积 28773km^2，是黄河中游水土流失最严重的地区之一（韩宗军，2012），大陆性季风气候。规划区土壤类型介于南北黑垆土与草原栗钙土地带之间。长期人为、自然因素形成了以黄绵土为主的耕作土壤，规划区植被稀疏，且群落单调，多为零星块林和灌丛。改革开放以来由于一度忽视了水土保持，加之开发建设中缺乏必要的水土保持措施，导致地貌植被大量破坏，使当地原本脆弱的生态环境遭到进一步恶化，严重制约了社会经济的可持续发展。据此，势必开展水土保持实施项目，通过市区园林绿化、城市道路绿化、石场砖厂规划以及水土保持示范工程建设等实现延安市社会经济的可持续发展。

2）工程设计

(1) 指导思想及编制原则。坚持“预防为主，全面规划，综合治理，因害设防，加强管理，注重效益”的水土保持方针。在编制中，立足当前，着眼长远，遵循因地制宜，因害设防，分类指导，合理布设、统筹兼顾的原则（韩宗军，2012）。

(2) 市区园林绿化。①规划新增绿化点四个，新增草地 20 000m^2，植树 8000 株；②新建特色公园两个：枣园革命旧址周围营造绿地 10 000m^2，植树 10 000 株；万花山旅游区绿化荒山 30 000m^2，植树 10 000 株，注重树种层次搭配，以便营造树木葱郁，色彩亮丽的自然景观。

(3) 城市道路绿化建设。①市区道路：涉及西市路、二道街和迎宾大道，总计栽树 6000 株，新增草地 10 000m^2；②过境路段：主要包括延塞、延志、延子、210 国道等路段，总长 48km，规划种植苗木 50 万株。

(4) 石场砖厂规划。①拦堵：通过在石场出口修建拦渣坝，拦堵渣石出路。拦渣坝应采用干砌石或浆砌石，为防止细骨料下泄，干砌时应填充碎石和粗砂料，同时修建排水沟。②植被：由于采石场采挖面立地条件差，应选耐干旱、瘠薄且抗逆性强的树种，并采取必要的造林整地措施。

(5) 水土保持示范工程建设。①城郊小流域治理工程。选择山狼岔小流域作为城郊小流域治理工程进行建设。该流域总面积 1675hm^2，规划新增治理面积 5.83hm^2，其中基本农田 40.93hm^2，新建小型蓄排工程 30 座，治沟骨干工程 1 座，淤地坝 3 座，谷坊 12 座，新修道路 5km。②城市防洪设施规划。流域内山高坡陡，垦殖指数高且植被稀疏，降雨直接冲刷地面，侵蚀性强，携带泥沙量大。根据延安市城市总体规划，确定以延安市城市防洪工程的范围为中心市区，设防范围总长为37.94km。③建设水保监督执法体系、水土保持宣传阵地及水土保持监测预报系统。以“3S”为技术手段，对城区水土流失进行时时动态监测，对不同分级的水土保持信息进行管理，并对水土流失和水土保持进行评价。

低标准用地提升工程规划与设计，是土地工程实施顺利开展的必要条件，有利于土地资源优化配置和合理利用，实现土地的节约、集约利用。高标准农用地建设主要涉及土体有机重构、农田水利设施的配套、灌溉保证率的提高、灌区自动化的实现、田间道路的修建与完善以及渠路的绿化；高标准建设用地主要涉及旧城区改造拆迁、旧城重建、商业街区建设、开发区建设以及农村居民点的整理。

第四节　实施案例

通过前期调查、项目可行性研究、工程设计等准备工作后，采用工程的方式使低标准已利用地提升为为高标准利用土地。本节主要通过引用实例，展开低标准已利用地变为高标准利用土地的具体实施过程，主要包括低标准农业用地提升为高标准基本农田，集约型城市建设等工程实例。

一、延安市宝塔区土地整治工程实施

延安市宝塔区南泥湾镇阳湾沟、九龙泉沟两个土地整治是延安市治沟造地土地整治重大项目的一个子项目，它立足延安市自然条件与经济社会发展的区域实际，在治沟造地“延安经验”与土地整治典型试点基础上，以景观协调、结构稳固、利用持续、功能高效为理念，以田、坝、渠、路、林相结合为准则，巩固退耕还林成果，夯实农业发展基础，促进人地关系和谐，建设为全国土地整治的示范工程、生态工程、民生工程。

该项目通过主体工程即土体有机重构和配套工程即修建道路、灌排设施等，优化了土地利用结构，提高了土地利用率和质量等级，改善了生态环境，可满足农业机械耕作和方便项目区村民生产、生活，最终实现建设高标准基本农田。

（一）项目基础勘察

1. 自然条件

1）地形地貌

宝塔区属黄土高原丘陵沟壑区，其地形因受树枝状河系侵蚀，沟壑纵横，梁

峁起伏，以黄土梁丘陵为主。全区分为三个地貌单元，北部为峁梁丘陵沟谷区，南部为梁峁丘陵沟谷区，东南部为黄土残塬区。土壤主要以黄绵土和褐土为主，质地为轻壤或中壤，上部密实，土壤养分含量高，水分条件好，但是区域整体水土流失较严重（图 8-10）。

图 8-10　项目区地形、地貌图

2）气候与降水

项目属高原大陆性暖温带半干旱气候，年平均气温在 7.7～10.6℃，年降水量在 450～650mm。

2. 社会经济条件

宝塔区总人口 37.4 万，土地面积 3556km^2，其中耕地面积 93 500hm^2，人均耕地 0.25hm^2。区内粮食作物以玉米、谷子、豆类为主，年总产量 8.15 万 t，人均 217.9kg，农村年经济总收 52142 万元，农民人均年收入 2417 元。区内交通便利，西神铁路、西包公路穿境而过，县、乡公路与农村道路相互连接，每个乡（镇）均通有班车。

3. 基础设施条件

(1) 交通电力情况。该项目区交通内通外达，非常便利，包括 303 省道和包茂高速。田间路和生产路为素土路面，宽度不一，不便于机耕，需要重新规划和提高标准。项目内汾川河有 10kV 输电线路，用电可直接从此线路接入。

(2) 水利工程及田间工程现状。该项目属延安市宝塔区南泥湾镇阳湾沟、九龙泉沟两个区域，区内有少量拦水坝和灌溉水井。由于缺少资金，项目一直没有配套渠系工程，局部地区仅靠群众自发修建的一些临时土渠引水，致使部分水利设施的效益得不到充分发挥。

4. 居民点建设

居民点基本沿公路分布。据调查统计，目前项目户均宅基地面积 0.02～

0.024hm^2，人均占有面积53.36m^2。长远规划，近5年居民占地面积基本保持现有水平。随着建设社会主义新农村的发展，将对项目内比较零星分散的住户进行适当集中调整，以尽量减少和控制居民住宅占地面积。

（二）工程设计

1. 设计目标

通过主体工程实施及配套工程完善，从而实现优化土地利用结构、提高土地利用率和质量等级，改善生态环境，实现建设高标准基本农田的总体目标。

（1）按照方田建设标准，整理基本农田325.86hm^2，使项目区全部方田化，达到田面平坦、田块规整、田埂顺直、渠路配套、植树绿化、耕作方便、旱涝保收和稳产高产。

（2）依据项目区水土资源现状，合理配置地表水，规划采用九龙泉沟整治区内的现有拦水工程，明渠自流引水灌溉面积211.54hm^2；在阳湾沟整治区内规划蓄水池，明渠自流引水灌溉面积114.32hm^2。

（3）本着满足农业机械耕作和方便项目区村民生产、生活的原则，结合项目区现有田间道路现状，规划配置田间道6.48km，生产路4.7km，桥涵15座。

2. 设计标准

（1）主体工程即土体有机重构，主要包括田块规划及田块高程设计，其主要是保证田块及土体的稳定性和安全性。①田块形状。田块形状依据灌溉渠系、排洪渠及道路布设确定。明渠自流引水灌区以干斗渠、排洪渠和田间道划分生产方（田块），田面比降范围为0.021～0.067。②田块设计高程。按照田块挖、填方量基本平衡的原则，结合灌溉渠底高程，确定田块设计高程，使田块内所有测量点的设计高程均低于引水口渠底。

（2）配套工程。

①道路工程。田间道以满足农业机械耕作及运输农产品机动车的通行为标准，一般为泥结石路面；生产路以满足人工田间作业与收获农业产品的需要为标准，也为泥结石道路。

②灌排工程。依据项目相关地形及实地考察资料，现有拦水工程中的来水量能够满足该区域的灌溉需水量；蓄水池工程中水量能够满足该区域的灌溉需水量。该项目区作物灌溉制度见表8-3。依据项目地形特点，灌溉渠系均按干、斗渠二级固定渠道布设，全部采用U型混凝土衬砌。经计算，项目地面灌溉田间水利用系数为0.92，渠系（管道）水利用系数为0.75，故灌溉水利用系数η灌=0.92×0.75=0.69。

表 8-3 项目区作物灌溉制度

作物名称	发育阶段	灌水次数/次	灌水定额/(m^3/亩)	灌水日期		灌水天数/d	灌水总定额/(m^3/亩)
				起	止		
玉米	拔节期	1	40	5月20日	5月30日	10	120
	扬花期	1	40	7月1日	7月10日	10	
	成熟期	1	40	8月10日	8月20日	10	
蔬菜	播前	1	30	3月10日	3月20日	10	330
	生长期	10	30	4月1日	10月1日	100	
油菜	生长期	3	40	7月15日	5月20日	45	120
马铃薯	生长期	3	40	4月5日	8月15日	45	120
谷类	生长期	3	30	4月5日	8月15日	45	90

3. 工程设计依据

(1) 有关法律、法规和政策依据。该项目规划设计依据的法律、法规和政策依据主要有：①《中华人民共和国土地管理法》(1998年8月)。②《中华人民共和国土地管理法条例》(1998年12月)。③《基本农田保护条例》(陕政土发［1999］67号)。④《关于申报国家和省级投资土地开发整理项目有关问题的通知》(陕国土资耕发［2006］01号)。⑤《关于进一步做好土地开发整理的通知》(陕国土资耕发［2005］11号)。

(2) 规划设计依据和标准。该项目规划设计主要依据和标准有：①《陕西省灌区方田建设技术规范》(DB61/T 146—93)。②《渠道防渗工程技术规范》(SL 18—91)。③《土地整理项目规划设计规范》(TD/T 1014—2000)。④《灌溉与排水工程设计规范》(GB 50288—99)。⑤《土地整理项目验收规程》(TD/T 1014—2000)。⑥《土地整理项目规划编制规程》(TD/T 1011—2000)。⑦《水利建设项目经济评价规范》(SL 72—94)。⑧《灌区方田建设技术规程》(D1361/T146—93)。⑨《陕西省行业用水定额》(试行)。

(3) 其他相关资料。①项目土地利用现状图。②土地利用调查资料。③项目水资源、土壤、电力、道路等资料。④其他相关资料。

4. 现状土地利用布局

(1) 现状土地利用布局。该项目现状土地面积384hm^2，结合地形现有渠道、田间道路、村民耕作习惯等，以建设高标准基本农田为目标，以土体有机重构为主体，对田、水(渠、管网)、路、林优化组合，统一规划，最大限度提高土地利用率。

(2) 实施后土地利用结构。项目建设总规模 384hm²，其中整理基本农田 325.86hm²。其利用结构规划详见表 8-4。

表 8-4　项目土地利用结构布局

规划作物	九龙泉沟		阳湾沟		项目区合计	
	土地整治区面积/hm²	比例/%	土地整治区面积/hm²	比例/%	土地整治区面积/hm²	比例/%
玉米	187.00	88.4	101.05	88.4	288.05	88.4
蔬菜	5.71	2.7	3.09	2.7	8.8	2.7
油菜	5.71	2.7	3.09	2.7	8.8	2.7
土豆	4.44	2.1	2.40	2.1	6.84	2.1
谷类	8.68	4.1	4.69	4.1	13.37	4.1
合计	211.54	100	114.32	100	325.86	100

(3) 工程平面总体布局。利用项目河流径流，采用现有拦水工程和规划修建蓄水池方式，通过明渠输水灌溉农田。工程总体布局以地形定渠，以渠路做骨架，划块（田块）定方，合理布设田间配套工程和农田防护工程。

（三）工程规划与实施

1. 主体工程——土体有机重构工程

(1) 土体物理重构。利用“普探”技术，选择土地区域，按照原地块布局、河流走向、道路等将项目区划分为 86 个田块，对各探测点质地结构、土层厚度及营养成分进行分析。以渠（干渠、斗渠）、路（田间道、生产路）为骨架，划块定方，每方（田块）面积一般 0.15hm² 左右，用田面平均高程采用方格网法，确定田面平均高程。田块形状以便于机耕和村民生产为标准，长度一般 150m，宽度 10m。田块长度方向沿等高线布置，田面比降 $i=0.021\sim0.067$。

(2) 土体剖面重构—耕层构建。项目土壤类型主要为灰褐土，土壤发育在黄土田质和页岩母质上，剖面层明显，质地轻壤或中壤，上部密实，通过深翻和客土法构建出上松下紧的耕作层结构。

(3) 植物营养保障。项目土体养分含量较高，但存在部分地区养分不足，通过测土配方施肥技术、有机肥施用技术和秸秆还田技术，进一步提高土壤养分和有机质含量，达到提升地力的目的，以满足水田水稻的生长。

(4) 后期管护工程。项目整治完成后，土地转交至当地农场，定期进行田块管理维护，并由项目部对渠道、坝体等进行定期维护；在区域旱地、水田及相应边坡上安装土壤水分监测装置，定期监测土壤水分分布状况，及时进行排水或灌溉措施。

2. 配套工程

1）灌溉工程

（1）工程水文计算。按洪峰流量汇水面积相关法计算公式推求设计洪水计算，计算结果见表 8-5。

表 8-5　不同频率洪峰流量计算成果表

项目	流域面积/	频率与洪峰流量 Q_N/（m^3/s）		
	km^2	3.30%	5%	10%
断面 0	26.13	32.22	28.30	20.58
断面 1	47.14	49.85	43.80	31.85
断面 2	48.70	51.07	44.86	32.63
断面 3	51.84	53.49	46.99	34.17
断面 4	57.24	57.56	50.56	36.77
断面 5	45.27	48.38	42.50	30.91
断面 6	59.53	59.25	52.05	37.85
断面 7	45.94	48.91	42.97	31.25
断面 8	50.09	52.15	45.81	33.32
断面 9	131.27	106.37	93.45	67.96

（2）水源工程。依据项目相关地形及实地考察资料，阳湾沟土地整治区内天然河道上游修建蓄水池一座，水量可满足区内的灌溉需水量。九龙泉沟土地整治区末端 300m 处，区域内河道上游修建蓄水池一座，拦蓄上游河道来水，水量充足，可满足区内灌溉需水量。

①明渠输水工程。根据项目地形狭窄的特点，灌溉渠系按干、斗、农渠三级固定渠道布设。设阳湾沟土地整治区干渠、九龙泉沟土地整治区干渠。渠道采用 U 型混凝土衬砌断面。

②斗渠布置。斗渠依据项目区地形及当地耕作习惯布设，方向垂直于干渠，间距一般 100～180m，控制灌溉面积一般 3.33～10hm^2。据此阳湾沟土地整治区干渠共规划布置斗渠 23 条，九龙泉沟土地整治区干渠规划布置斗渠 24 条。

③干渠设计流量及断面。新修干渠均采用 U 型混凝土横断面（图 8-11）；依据各干渠设计流量（表 8-6）和渠道比降，参照《U 型渠道》选择渠道断面，详见表 8-7；斗渠实行输灌，依据斗渠布置状况及控制灌溉面积的大小，每条干渠划分二个斗渠输灌组（表 8-8）。

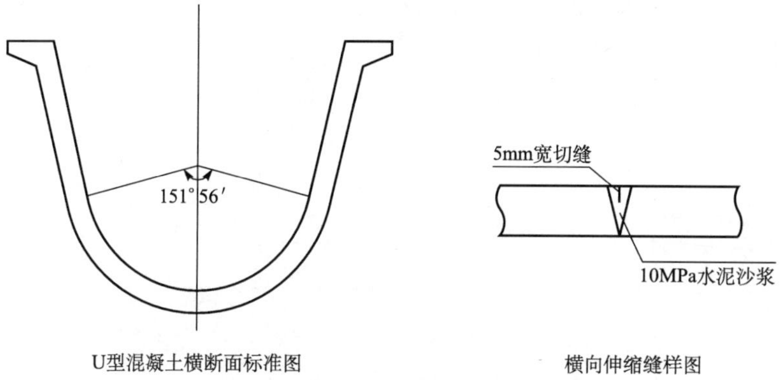

图 8-11　U 型渠道横断面标准图、伸缩缝

表 8-6　项目区干渠设计流量计算成果

干渠名称	控制灌溉面积/hm²	流量/(m³/s)
干渠（1）	114.32	0.579
干渠（2）	211.54	0.8724

表 8-7　项目区干渠设计横断面计算成果

干渠名称	比降	设计流量/（m³/s）	渠道断面/cm		
			直径	水深	渠深
干渠（1）	1/500	0.069	60	60	43
干渠（2）	1/500	0.127	70	65	55

表 8-8　斗渠断面尺寸表

控制灌溉面积/亩	设计流量/（m³/s）	渠道断面/cm		
		直径	水深	渠深
≤100	0.010	25	20	30
100～400	0.01～0.04	30	25	35

④渠道防渗设计。新修干渠及斗渠一律采用 U 型混凝土衬砌。干渠利用原渠道的渠段采用与原渠道相同的衬砌形式。采用衬砌机连续浇筑施工，可用人工切割成半缝形伸缩缝，缝宽 2.5cm，缝深 1/2 防渗层厚度；采用现场分块浇筑或混凝土预制施工，可采用梯形或矩形伸缩缝，缝宽，梯形缝 2.5（顶）～1.5cm（底），矩形缝 2cm，缝内用沥青水泥砂浆塞填密实。

⑤主要渠道建筑物设计。主要包括分水闸、节制闸，跌水和桥涵（图 8-12）。

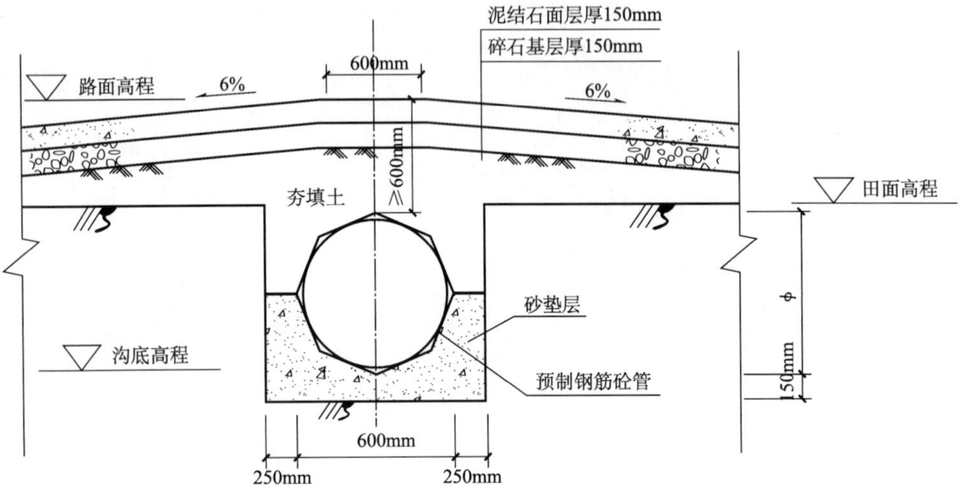

图 8-12　渠道过路涵洞

按照以上设计，灌排工程实施主要包含渠道衬砌、配套建筑物修建等。渠道衬砌采用人工修筑渠基、机械铺垫混凝土的方式施工，严格按照设计进行防冻处理及伸缩缝修筑等。

2）道路工程

（1）田间路与生产路设计。田间路与项目原有干道垂直相接，生产路与田间道相接，通往田块，为田间农业机械作业和人工作业服务。田间道一般与斗渠结合相间布置，间距视村庄位置确定；生产路垂直田间道结合引渠布设，间距视田块面积大小及地形确定。田间路路面宽度以满足当地机动车通行要求为准，宽度取 4.0m；生产路设计集中荷载 100kg，道路宽度 2.0m；桥涵 15 座。

（2）道路施工。道路施工按照放线-路基处理-面层顺序施工，确保路基压实度、面层材料符合设计质量要求。控制道路坡度、转弯弯度，与现有道路顺畅连接（图 8-13，图 8-14 和图 8-15）。

3）林网工程

为了充分利用光热资源，渠道及生产路不设防护林带，沿田间道两侧栽置防护林。项目内共植树 50 000 株。防护林栽植要做好基坑蓄水保墒，落实后续管护，确保成活率。

3. 工程量汇总

项目中各分项工程主要工程量如表 8-9 所示。

图 8-13　道路工程施工

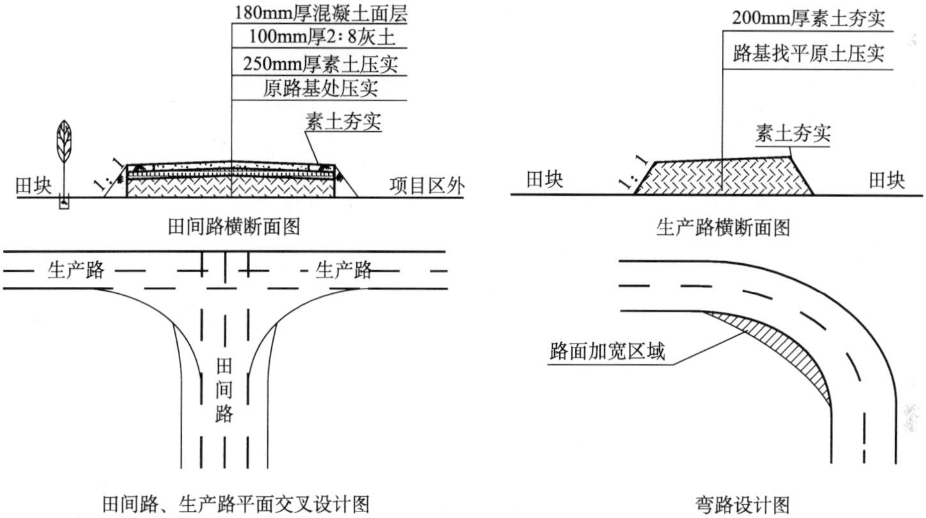

图 8-14　道路断面及弯道

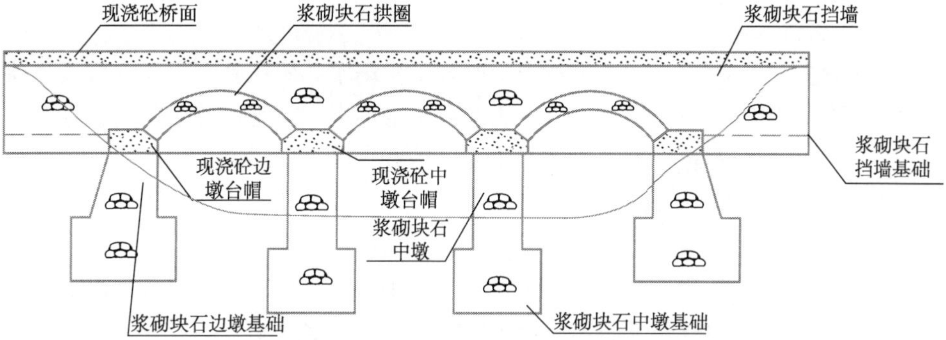

图 8-15　道路过沟道农桥

表 8-9　主要工程分类汇总表

序号	分项工程		单位	数量	备注
1	土体有机重构工程	耕地	hm^2	325.86	
		挖土方	m^3	1 038 422.02	
		填土方	m^3	1 268 920.48	
		覆土	m^3	182 226.5	
2	水源工程	有坝引水	座	1	九龙泉沟土地整治区内
		蓄水池	座	3	阳湾沟土地整治区内
3	输水工程	输水干渠	km	18.5	2 条
4	排水工程	排洪渠道	km	7.72	2 条
5	道路工程	田间道	km	6.48	
		生产路	km	4.70	
		桥涵	座	15	
6	防护林	田间道植树	株	50 000	
7	谷坊工程		座	10	

（四）效益分析

1. 社会效益分析

通过对沟道土地进行土体有机重构，改良土壤、植树造林和灌溉与排水工程建设，大面积改良了原来撂荒的土地，不仅增加了有效耕地面积，也提高了耕地质量，改善了该村农民生产和生活基本条件，促进了农村社会经济的发展，使经济效益、社会效益和生态效益同步发展，从而推动县域经济的可持续发展。

2. 生态效益分析

项目实施后，沿田间道两边栽植防护林带提高了区内植被覆盖率，对调节项目区小气候起到积极的作用。同时，通过对排水沟渠的治理完善以及支毛沟道建设谷坊工程，可有效防止水土流失、增强土地抗灾能力，形成生态环境和生物环境相互促进相得益彰的良性循环。

3. 经济效益分析

项目实施前只有少量地块种植作物，而且年产量较低，因此本次整治前经济效益可认为是零。项目实施后，结合该地农业生产，农作物主要以种植玉米、蔬菜、油菜、洋芋、谷类为主。项目建设有力地促进了农村经济发展，对当地农民脱贫、致富、全面建设小康社会起到促进作用。此外，工程建设极大地改善了当地生产条件，大大提高劳动生产效率，降低生产成本，间接经济效益也十分可观（表 8-10）。

表 8-10　收益概算表

作物	面积/hm^2	单产/(kg/hm^2)	总产/万 kg	总产值/万元
玉米	288.06	9000	259.254	311.1048
蔬菜	24.44	30 000	73.32	73.32
谷类	13.36	6750	9.018	10.8216
合计	325.86	—	341.592	395.2464

注：单价按当地市场价格确定，玉米 1.2 元/kg，蔬菜 1.0 元/kg，其他 1.2 元/kg。

4. 耕地质量等级评价

项目实施前，区内水浇地面积为 84.52 hm^2，旱地面积为 241.23 hm^2。项目实施后，旱地全部变为水浇地，区内水浇地面积为 325.86 hm^2。通过土地工程的实施，全面改善了农业生产条件和生态环境，增加了有效耕地面积和农田基础设施，基本控制了水土流失，全面提升了基本农田生产能力，实现了耕地数量、质量和生态协调发展的总体目标。

二、湖南省高标准城市建设工程实施

高标准城市建设工程主要用于解决城市建设用地集约利用问题，并进行建设用地集约利用评价。通过工程实施，提高了土地利用效率，实现了土地资源优化配置和合理利用，促进了土地由外延扩展向内涵挖潜的方向转化，对建设高标准建设用地具有重要的理论价值与现实意义。

（一）项目基础勘察

1. 湖南省区域概况

湖南省位于中国中南部长江中游以南，呈马蹄形的丘陵型盆地，地貌以中、低山地和丘陵为主，大致可划分为湘西北山和原山地区（张帆，2011）。2012 年末，湖南省人口为 6638.9 万人，其中城镇人口为 3097.06 万人，城镇化率 46.7%，该省地区生产总值 22 154.2 亿元，人均地区生产总值 33 480 元。根据湖南省 2008 年土地变更调查数据，土地总面积 2118.55 万 hm^2。其中农用地 1789.81 万 hm^2，占土地总面积的 84.48%；建设用地 139.00 万 hm^2，占土地总面积的 6.56%；未利用地 190.46 万 hm^2，占土地总面积的 8.96%。

2. 湖南省城市建设用地现状

1）建设用地变化情况

湖南省建设用地面积变化情况见表 8-11。

表 8-11 湖南省建设用地面积变化情况

土地类型	1999 年面积/hm^2	2008 年面积/hm^2	面积变化量/hm^2	占变化量的比率/%
居民点及工矿用地	1 021 879.32	1 087 901.37	+66 022.05	+67.84
交通用地	78 339.2	103 877.7	+25 538.41	+26.24
水利设施用地	192 544.35	198 297.34	+5753.0	+5.92
合计	1 292 762.87	1 390 076.41	+97 313.46	+100

注：各类土地面积来源于湖南省土地利用变更数据。

2）城市建设用地变化情况

（1）城市建设用地总体变化情况。1999～2008 年，湖南省城市建设用地面积由 7.43 万 hm^2 增加到 12.25 万 hm^2，共增加了 4.81 万 hm^2，增幅高达 64.73%；而耕地面积却由 2000 年的 392.16 万 hm^2 减少到 2008 年的 378.94 万 hm^2，共减少了 13.22 万 hm^2，降幅达到了 33.71%。

（2）各市（州）城市建设用地变化情况。1999～2008 年，湖南省各市（州）城市建设用面积均有不同程度的增加。其中长沙市、衡阳市、湘潭市的城市建设用地增加面积较大；从增加幅度上看，湘西土家族苗族自治州（以下简称湘西州）、永州市、娄底市的城市建设用地增加幅度较大。与此同时，湖南省城市内的非农业人口也有了较小的增长，这与城市建设用地面积的大幅增加形成了鲜明对比。

3. 湖南省城市建设用地中存在的主要问题

①城市建设用地增加迅速，耕地面积锐减。②城市建设用地增加速度大于人口增长速度且经济效益不高。③城市建设用地增长空间分布不均。④城市建设用地结构不合理。

（二）湖南省城市建设用地集约利用与评价

1. 城市建设用地集约利用评价指标体系的构建

根据评价指标选取的原则和城市建设用地集约利用的内涵，参考已有相关成果，结合湖南经济社会发展的特征，从土地投入强度、经济效益、社会效益和环境效益四个方面入手，构建了包括 12 个具体评价指标的城市建设用地集约利用评价指标体系。

2. BP 网络评价模型应用

利用训练好的 BP 神经网络进行仿真（邹子建，2010；袁丹，2010；马文勤，2010），测得2008年湖南各市（自治州）城市建设用地集约利用程度评价值。由表8-12中可以看出，2008年湖南省各市州中，只有省会长沙市城市建设用地处于高度集约利用状态；株洲、湘潭、岳阳、常德、娄底5市城市建设用地处于中度集约利用状态；衡阳、张家界市、郴州3市城市建设用地处于一般集约利用状态；邵阳市和益阳市城市建设用地处于一般粗放利用状态；永州、怀化、湘西自治州3市（自治州）城市建设用地处于中度粗放利用状态，各市（自治州）城市建设用地没有处于高度粗放利用状态的城市。从评价结果可以看出，湖南省北部和东部城市建设用地集约利用水平较高，南部和西部地区的集约利用水平较低。利用MapGis软件，对表8-12进行空间化分析。

表8-12　湖南各市（州）城市建设用地集约利用评价值（2008年）

地区	程度	分值	地区	程度	分值
长沙市	高度集约	0.86	张家界市	一般集约	0.65
株洲市	中度集约	0.82	益阳市	一般粗放	0.62
湘潭市	中度集约	0.83	郴州市	一般集约	0.69
衡阳市	一般集约	0.68	永州市	中度粗放	0.54
邵阳市	一般粗放	0.64	怀化市	中度粗放	0.53
岳阳市	中度集约	0.78	娄底市	中度集约	0.78
常德市	中度集约	0.82	湘西州	中度粗放	0.46

（三）湖南省城市建设用地集约利用潜力分析

湖南省城市建设用地集约利用潜力预测如下。

（1）人均城市建设用地面积现状（表8-13）。

表8-13　湖南省各市（州）人均城市建设用地面积现状（2008年）

地区	城市建设用地面积（市辖区）/hm^2	非农业人口（市辖区）/万人	人均城市建设用地面积/（m^2/人）	是否在标准规范上限范围内
长沙市	21 009	187.41	112.10	是
株洲市	9252	59.41	155.73	超出35.73
湘潭市	8346	57.91	144.12	超出24.12
衡阳市	9300	97.08	95.80	是
邵阳市	5740	40.66	141.17	超出21.17
岳阳市	7860	74.4	105.65	是
常德市	7071	51.98	136.03	超出16.03
张家界市	2758	15.46	178.40	超出58.40

续表

地区	城市建设用地面积（市辖区）/hm²	非农业人口（市辖区）/万人	人均城市建设用地面积/（m²/人）	是否在标准规范上限范围内
益阳市	5050	33.93	148.84	超出 28.84
郴州市	4170	46.19	90.28	是
永州市	5916	32.58	181.58	超出 61.58
怀化市	3900	23.73	164.35	超出 44.35
娄底市	4729	27.87	169.68	超出 49.68
湘西州	2378	12.81	185.64	超出 65.64

数据来源：城市建设用地面积数据来源于《2008 中国城市建设统计年报》，非农业人口数据来源于《2009 中国城市统计年鉴》。市辖区指市区及郊区，不包括市辖县。

整体来看，湖南省人均城市建设用地面积普遍偏高，缺乏典型的处于Ⅰ级和Ⅱ级城市的良好示范，有 71.43%的城市超过了 120m²/人的上限标准，且在超出上限标准的市州中，其超出的数量也偏高。以张家界市、永州市和湘西州为例，其人均城市建设用地面积分别为 178.40m²/人、181.58m²/人和 185.64m²/人，分别超出上限面积 58.40m²/人、61.58m²/人和 65.64m²/人。人均城市建设用地面积的整体偏高，反映了低效面积的普遍存在，提高城市建设用地集约利用水平大有潜力可挖。

（2）城市建设用地总体潜力。依据现状人均城市用地水平，按照《标准》的四级分类（长沙市、衡阳市、岳阳市和郴州市按所处级别的最低值计算，其他市州按规划人均城市建设用地的第 W 级上限值计算），计算各市人口应达到的规划人均建设用地面积，其差值为集约利用潜力面积（表 8-14）。

表 8-14 湖南省各市（州）城市建设用地集约利用潜力面积（2008 年）

地区	现状面积/（m²/人）	规划面积/（m²/人）	非农业人口/万人	潜力面积/hm²	潜力面积占现状城市建设用地面积比/%
长沙市	112.10	105.1	187.41	1312.2	6.25
株洲市	155.73	120.0	59.41	2122.8	22.94
湘潭市	144.12	120.0	57.91	1396.8	16.74
衡阳市	95.80	90.1	97.08	553.1	5.95
邵阳市	141.17	120.0	40.66	860.8	15.00
岳阳市	105.65	105.1	74.4	40.6	0.52
常德市	136.03	120.0	51.98	833.4	11.97
张家界市	178.40	120.0	15.46	902.8	32.73

续表

地区	现状面积/（m^2/人）	规划面积/（m^2/人）	非农业人口/万人	潜力面积/hm^2	潜力面积占现状城市建设用地面积比/%
益阳市	148.84	120.0	33.93	978.4	19.37
郴州市	90.28	90.1	46.19	8.3	0.20
永州市	181.58	120.0	32.58	2006.4	33.91
怀化市	164.35	120.0	23.73	1052.4	26.98
娄底市	169.68	120.0	27.87	1384.6	29.28
湘西州	185.64	120.0	12.81	840.8	35.36

从集约用地潜力面积来看，各市州均存在一定数量的集约利用潜力用地。其中，株洲市和永州市的集约用地潜力超过 2000hm^2，分别为 2122.8hm^2 和 2006.4hm^2；湘潭市、娄底市、长沙市和怀化市的集约用地潜力超过 1000hm^2；岳阳市和郴州市相对较小，分别为 40.6 hm^2 和 8.3hm^2。

从集约用地潜力面积占现状城市建设用地面积比例来看，湘西州、永州市和张家界市的比值超过了 30%，分别为 35.36%、33.91%和 32.73%；娄底市、怀化市和株洲市的比值也较高，超过了 20%，分别为 29.28%、26.98%和 22.94%。

整体来看，湖南省城市建设用地集约用地潜力达到了 14293.3hm^2，占已有城市建设用地面积的 14.66%。

（四）工程规划与实施

1. 加强土地开发整理

湖南省城市建设用地土地整理主要是对用地结构的调整，从调整旧城区产业结构入手，以“退二进三”为目标，运用土地地租地价理论，逐步完善、优化用地结构，改变湖南省城市建设用地中存在的绿地普遍偏低的现状，努力促使土地利用的综合效益向最大化发展。

2. 开展旧城改造

在城市现代化发展进程中，旧城区的功能相对退化，景观上也降低了城市整体形象。因此可在政府指导下，按照相应规划的要求，逐步对其进行改造，达到提高土地集约利用的目的。在符合原居民意愿的前提条件下，以改善居民的生活条件方面为工作重点，避免“大拆大建”和“见缝插针”两种极端情况的出现。旧城区改造规划充分利用已有的基础设施，使周边生态环境有所提升，确保能够提高城市的档次与品位。

3. 盘活存量土地资产

湖南省从内涵扩张和集约经营的层面，对闲置土地进行第二次开发或内涵式再开发，视不同情况开展相应形式的土地置换。可根据闲置地的地理位置、业主状况、收归整治难易程度等，采取“设法启动一批、依法收回一批、依法处罚一批、依法拆除一批”的工作方案，和“能储备的储备、能租赁的租赁、能供地的供地”办法进行处理，充分挖掘用地潜力。

4. 充分利用城市地上、地下空间

通过适度增加建筑密度和建筑物层数来增加城市综合容积率，充分利用地上空间。在地质条件和生态环境条件允许的前提下，在大城市通过合理规划建设轻轨、地铁和立交桥实现人车立体分流，围绕城市主要站点和换乘枢纽修建地下商场，建设住宅、商务和办公小区配套地下停车场，综合开发利用人防空间等扩大城市容量。

5. 完善土地用途管制制度

实施国土功能规划，在对生态用地内涵进行识别的基础上，更加注重调控生态用地和非生态用地，强调建设用地内部管制（居住用地绿化率、民生配套用地比例、工业用地比例等），建立生态补偿机制，实现更精细化的用途管理。

第九章　土地工程设计方法与原则

土地工程是对土地进行综合整治的工程，土地工程立项和设计内容包括了项目建议书编制、可行性研究报告编制、初步设计和施工图设计等内容。通过效益评估可对土地工程效果进行预评估。为了规范实施项目建议书、可行性研究报告、工程设计和施工等，需要相关标准与规范。因此，本章主要介绍土地工程的项目建议书编制、可行性研究报告编制、工程设计、土地工程的标准规范和土地工程的效益评估。

第一节　土地工程项目建议书与可行性研究报告

项目建议书是项目立项的依据，尤其是对大中型项目的比选和初步确定，就是通过审批项目建议书来进行的。对小型项目，审批后的项目建议书就是拟建项目的立项依据；对大中型项目，项目建议书审批通过后，还要编制可行性研究报告。经审批后的项目建议书是编制可行性研究报告的重要依据。项目建议书是初步选择项目，可行性研究则需要进行全面深入的技术经济分析论证，做多方案比较，推荐最佳方案，或者否定该项目并提出充分理由，为最终决策提供可靠依据。

一、项目建议书的编制

项目建议书是项目筹建单位或项目法人，根据国民经济的发展、国家和地方中长期规划、产业政策、生产力布局、国内外市场、所在地的内外部条件提出的某一具体项目的建议文件，是对拟建项目提出的框架性的总体设想。如果涉及利用外资的项目，在项目建议书批准后，方可开展对外工作。

项目建议书的内容一般应包括以下内容。

（一）项目概况

（1）项目背景。项目提出的原因。

（2）项目简介。说明项目类型、性质、规模、范围、任务目标、工期、投资等。

（3）合法性。说明实施项目是否符合土地利用总体规划及相关法规。

（二）项目区基本情况

（1）自然条件。介绍项目地理位置、地形地貌、土地利用现状、水文气象、土壤、水资源、植被及植物种类、开发潜力、主要障碍因素和自然灾害等。

（2）社会经济状况。介绍项目区行政隶属、人口及劳力户数、人均耕地、人均粮食、农民人均纯收入等。

（3）农林牧生产情况。说明项目区产业结构、生活水平等。

（4）生态环境状况。说明项目区水土流失、沙化、盐碱化等。

（5）基础设施现状。说明项目区水利工程、田间工程现状、交通与电力等基础设施现状情况。

（三）土地工程项目的任务和建设内容

（1）农用地开发整理项目的任务。包括开发、整理、复垦面积、新增水田、水浇地、旱地面积、利用方向等。

（2）建设用地整治项目的任务。包括住宅建设、道路建设、公共设施建设等。

（3）主要工程建设内容。包括土地平整工程、土壤改良、水利工程、道路工程、电力供应、防护林、清表工程、市政配套工程等。

（4）生态环境保护措施。包括防洪、排涝、治沙、治碱、水土保持等。

（四）投资估算与资金筹措

（1）投资估算。包括土地平整、土壤改良、水利工程、供电、道路、防护林等单项工程的投资估算。

（2）资金筹措方案。包括资金构成、来源及可能性等。

（3）群众投工投劳。包括投工工日、折合投资等。

（五）项目区内土地权属调整方案

项目区内土地权属调整方案包括项目区土地权属调整的内容、方法、程序等。

（六）项目组织管理与实施

（1）组织管理：包括组织机构设置、人员安排等。

（2）管理措施：包括工程建设管理、资金使用管理、进度安排等。

（七）效益分析

效益分析包括项目实施可以产生的经济效益、社会效益和生态效益。

（八）问题与建议

问题与建议包括提出项目立项的具体问题、要求以及相应的建议。

（九）结论

土地工程项目是否可行。

（十）附件

需要提供的相关附图、附表、投资估算等附件。

二、可行性研究报告编制的方法和步骤

可行性研究是土地工程项目立项、决策的主要依据。通过对项目所在地自然基础状况、生活生产情况和社会经济状况等进行调查、研究、分析，形成各种可能的工程建设方案并进行比较论证；同时对工程建成后的经济效益进行预测和评估的一种科学分析方法，进而评估工程技术上的先进性和适用性，经济上的盈利性和合理性，环境上的促进性和积极性，建设上的可能性和可行性。可行性研究报告编制一般通过以下三个阶段来完成。

（一）收集资料

可行性研究报告的编制需要深入项目区进行实地踏勘并收集资料，甚至进行工程测量或勘察，主要包括项目区的自然条件、水土资源条件、社会经济状况、现有基础设施情况、地方财力、有关本地区发展的规划、农业品种结构和种植情况、省级批准的项目计划投资和任务、有关行业技术规范等。

（二）分析研究

按照可行性研究内容，根据收集的资料，对项目区水土资源条件、项目建设的必要性和可行性、项目建设规模、建设内容、开发治理措施、实施进度、投资估算、资金筹措及综合效益（主要包括经济、社会、生态三个方面）等进行分析，设计出不同的建设方案。然后对各种方案进行比较论证，推选出最优方案，并形成可行性研究的结论。

（三）编写可行性研究报告

经过认真分析论证，按照规定的格式和要求编写可行性研究报告。报告初稿完成后，应组织有关部门的专家进行论证，根据论证意见对报告进行修订、补充、完善。

三、可行性研究报告的主要内容

土地工程可行性研究报告应包括以下内容。

（一）项目概况

（1）项目名称。项目命名规则为：地名＋项目性质＋项目。

（2）项目类型。说明项目类型，如土地开发整理项目分为重点项目、示范项目和补助项目三种类型。以上分类适用于国家投资土地开发整理项目，社会融资等其他类型项目可参照以上分类。

（3）项目性质。说明项目性质，如土地开发整理项目的性质可分为土地开发、土地整理、土地复垦、土地整理复垦、土地开发整理、土地开发复垦或土地开发整理复垦，以面积比例较大的作为主要性质。

（4）项目建设规模。项目建设规模是指项目区边界范围内土地面积减去不动工的面积，项目建设规模应符合有关规定。

（5）项目区位置和范围。说明项目区的位置和范围，项目区的位置即项目建设地点，用所在的县、乡、村或土地使用权属单位表示；项目区范围用四至和经纬度坐标表示。

（6）项目所在区地形地貌和项目区地貌类型。概述项目所在地区地形地貌和项目区的地貌类型。项目区地貌类型概分为平原（平坝）、丘陵（山地）和滩涂。地形复杂的项目区应以实际情况进行描述。

（7）项目区土地权属状况。概述项目区土地权属状况（土地所有权、使用权）。

（8）项目新增耕地面积、新增耕地率。概述项目新增耕地面积、新增耕地比例。

（9）项目主要建设内容。说明项目主要建设内容：①土地平整工程。②农田水利工程。③道路工程。④清表工程。⑤市政配套工程。⑥其他工程。

（10）项目区开发整理前后耕地质量变化情况。简要说明现状耕地质量状况及开发整理后耕地质量变化情况。

（11）项目建设目标。项目建设目标定位，是整个项目决策的原则性依据，应根据项目兴建的理由，对项目建议书提出的拟建项目的轮廓和预期达到的目标进行总体分析论证，分析论证的主要内容有：项目建设规模和新增耕地潜力；项目建设内容和建设标准；项目的社会、经济和生态环境效益等。

(12) 项目建设工期。概述项目建设工期。建设工期一般是指从拟建项目永久性工程开工之日到项目建设任务全面完成并交付使用所需的全部时间。国家投资土地开发整理重点和示范项目建设工期一般不超过 3 年，补助项目建设工期一般为 1 年。

(13) 项目估算投资。概述项目估算投资、项目总投资、亩均投资。

（二）项目背景

(1) 项目所在县简况。项目地点所在市（地）、县、乡（镇）、村的地理位置、自然条件、社会经济情况、土地利用情况。

(2) 项目提出的缘由。从土地资源、基础设施、生态环境和社会主义新农村建设等方面分析论证项目提出的缘由。

(3) 可行性研究报告编制依据。简述编制可行性研究报告依据的法律法规、相关政策、相关规划、技术标准和相关基础资料。

（三）项目区概况

(1) 自然条件。包括项目区地形地貌、气候、土壤、植被、水文地质、工程地质、天然建筑材料等。

(2) 自然资源条件。包括农业资源、矿产资源、国土资源、光热资源、水资源、生物资源等。

(3) 社会经济状况。说明项目所在乡和项目涉及村的人口和劳动力数量；概述与项目有关的社会经济现状；说明农业生产方式。

(4) 自然灾害。说明项目区发生的主要自然灾害情况，并说明这些自然灾害对农业生产的影响。

(5) 土地利用现状。根据土地利用现状图，按土地所有权属主体分别统计各类土地面积，编制土地利用现状表，包括土地利用结构、土地利用程度、耕地质量现状、土地利用经济效果。

(6) 基础设施条件。包括项目区交通条件、排灌设施、电力设施、农田防护等基础设施。

(7) 居民点建设发展现状。说明项目区农村居民点的人口规模、用地面积和建筑质量；说明农村居民点基础设施状况，包括居民点的地位和作用、居民点用地结构、居民点建筑情况。

（四）项目分析

(1) 项目合法性分析。包括项目建设与有关法律法规、土地利用总体规划、水利、农业、林业和交通等相关规划的一致性。

(2) 土地利用限制因素分析。分析土地利用主要限制因素，提出相应的改善措施。

(3) 土地适宜性评价。选择适当的评价因子和评价方法，说明分析过程，提出评价结果，确定各适宜地类面积及其分布。

(4) 新增耕地来源分析（农用地）。根据土地利用总体规划、土地利用限制性因素分析和土地适宜性评价结果，确定新增耕地来源。

(5) 水土资源平衡分析（农用地）：包括灌溉水源、灌溉设计标准、需水量预测、水土资源供需平衡分析等。

(6) 公众参与分析。说明公众参与的形式、过程、内容和结果。

（五）项目规划方案及建设内容

(1) 规划原则。根据相关法律、法规、政策和社会经济发展水平等因素，提出项目规划原则。

(2) 建设标准。确定各单项工程的建设标准，说明确定标准的依据。

(3) 规划方案比选。根据项目条件，提出土地利用布局和各单项工程可行的备选方案，进行分析比较，并选定规划方案。

(4) 总体布局。农用地总体布局包括土地利用布局、土地平整、农田水利、田间道路、农田保护等的平面布局；建设用地总体布局包括平整工程、市政配套等的平面布局。

(5) 建设内容。包括项目涉及的土地平整工程、灌溉排水工程、道路工程、农田防护工程、景观生态工程、拆迁工程、居民点用地整理工程、清表工程、市政配套工程等。

(6) 整理后土地利用结构。说明规划后各类用地面积，计算新增耕地面积，分析整理前后土地利用结构变化情况，分析规划后土地利用效果。

（六）土地权属调整

(1) 项目区土地权属现状。根据土地清查情况，说明项目建设范围内土地所有权和使用权等权属现状以及登记发证情况。

(2) 土地权属调整方案。基本确定土地所有权调整的原则、范围和措施。

(3) 权属调整程序。简述土地权属调整方案制定过程中各部门、相关组织和权属主体的参与形式、方法和所达成的意向，以及不同意见的处理情况。

（七）实施措施与工程管理

(1) 实施措施。包括组织机构、管理制度和实施控制措施。

(2) 工程管理。包括管理机构、管理措施和经费筹措。

(八) 施工组织管理

(1) 施工条件。简述工程布置特点、工程场地条件、自然条件和交通条件。简述主要建筑材料来源和当地提供修配加工的条件。

(2) 天然建筑材料。研究分析混凝土骨料、石料等的分布、储量、质量、开采运输条件、开采获得率与利用率及主要技术参数。通过技术经济比较选择料场，提出开采工艺，选择开采、运输及加工设备。研究各类开挖料的利用方式和利用率。

(3) 施工布置。在调查施工条件及拟建工程的基础上，进行施工布置，根据各项工程特点确定施工布置方式。

(4) 主要工程施工。简述主要工程施工方法和程序，说明新技术、新工艺、新设备、新材料等的采用情况。

(5) 施工进度。提出施工进度安排原则，基本确定施工进度和工期。

(九) 投资估算

(1) 编制说明。说明投资估算编制的定额、材料价格、费用构成和计算标准的依据。说明主要材料运输及费用计算，说明设备原价和运杂费计算。说明补偿标准等其他需要说明的问题。

(2) 估算费用构成。说明投资估算成果，编制总估算表、工程施工费估算表、设备购置费估算表和其他费用估算表。

(3) 资金筹措。说明资金筹措方式。

(4) 投资进度计划。根据施工进度安排，说明分年度投资计划。

(十) 效益分析

(1) 社会效益分析。结合项目建设所产生的社会影响，综合分析社会效益。

(2) 生态效益和环境影响分析。结合项目建设内容，综合分析生态效益。分析项目建设对环境的影响，初步提出防治措施，包括项目的景观生态效果、水土保持效果以及产生的生态、水环境、土壤环境影响及防治措施。

(3) 经济效益分析。根据土地利用方向，计算项目建设前后项目区农业生产的费用和收益，计算投入产出比和投资回收期，包括项目投资、生产投入、管理维护支出和其他支出等费用计算；直接收益、节省成本和其他间接收益等收益计算；单位面积投资、新增耕地单位面积投资、粮食生产经营改善系数等单位功能投资分析；静态投资回收期和静态投资收益率等静态评估指标。

(4) 项目建设风险因素及对策。主要对项目的技术风险、财务风险、组织风险、法律风险、经济及社会风险等因素进行分析，并制定规避风险的对策。

（十一）可行性研究结论与建议

(1) 可行性研究结论。从项目投资的必要性、技术的可行性、组织的可行性、经济效益的可行性、生态效益的可行性、社会效益的可行性等多个方面进行综合评估，用概括、精辟的语言提出可行性研究结论。

(2) 建议。提出项目下一步工作的建议。对项目实施中需要有关方面协调解决的问题和政策支持提出意见、建议。

（十二）附件

(1) 附图、附表。应列出可行性研究报告的附件，包括项目现状图、项目规划图、项目区土地所有权属调整方案图、土地承包经营情况统计表、省级专家评审论证意见、县级政府关于成立项目领导小组和权属领导小组的通知、县级相关部门评审意见、权属调整意向书。

(2) 其他附件。可根据需要列出可行性研究报告的其他附件，可能包括可行性研究报告编制单位资质证书或工商营业执照复印件、土地清查报告、项目现场踏勘报告、项目区照片及其他影像资料、可行性研究阶段收集的资料清单、相关部门的证明文件、有效的土地开发用地批复文件、有效的同意取水许可证明、有效的资金承诺函。

四、编制可行性研究报告的注意事项

(1) 土地工程项目可行性研究报告要按照规定的提纲编写，内容要完整。报告的基本格式等要符合规定要求。

(2) 可行性研究报告的编写应以解决问题为基本出发点，重在对项目的关键内容描述清楚。

(3) 编写可行性研究报告使用的语言应规范、准确，避免使用模棱两可的语句。

(4) 计量单位的使用要统一。在编写项目可行性研究报告时使用的计量单位要统一，最好以国际通用或国家规定的单位，如面积单位应使用公顷，前后必须保持一致，文、表要相符。

第二节　土地工程设计

土地工程设计是指以批复的可行性研究报告为依据，按照有关技术标准和规范、规程，在施工前对土地工程各单体工程的实施进行调查研究，通过技术经济

综合分析，阐明在既定时间、地点和投资内工程技术的可靠性和经济合理性，最后提出作为施工依据的设计文件和图纸的全过程。一般工程建设项目采用二阶段设计，即规划（初步）设计和施工图设计。

一、规划（初步）设计

土地工程规划（初步）设计应遵循因地制宜、安全可靠、技术先进、节约投资的原则。土地工程规划（初步）设计报告应有分析、有论证、有必要的方案比较，并有明确的结论和意见，文字简明扼要，图纸完整清晰。土地工程规划（初步）设计报告是在可行性研究报告的基础上编制的，其主要内容和深度应满足以下要求：①复核项目区土地利用现状。②复核建设规模、新增耕地面积等基本指标。③确定项目区土地利用限制因素。④复核项目区自然条件、社会经济条件和基础设施条件，提出相应的评价和结论。⑤复核项目建设标准，核定项目规划方案和具体建设内容。⑥确定各单项工程的技术参数和结构尺寸。⑦确定工程施工方案和施工总布置，选定主要工程的施工方法，确定控制性工期和进度安排。⑧提出分项工程量，编制项目投资概算。⑨确定权属调整方案。⑩进行社会效益、生态效益、经济效益和环境影响分析。⑪确定项目实施方案和工程管护方案。

（一）规划（初步）设计原则与目标

土地工程规划设计应该遵循以下基本原则：①十分珍惜、合理利用土地和切实保护耕地。②坚持社会效益、经济效益和生态效益相统一。③坚持土地资源的可持续利用。④坚持因地制宜的原则。

1. 农用地规划设计目标

农用地土地综合整治是采用工程技术措施，对农用地现状进行调整、整治和改造，提高农用地质量，增加土地有效供给量，提高土地利用率和产出率的过程。农用地项目规划设计的目标是：①提高农田集约化、机械化、水利化水平。②提高农村人口聚居程度。③完善给排水、通电、通路等配套设施。④提高土地质量。⑤增加有效耕地面积。⑥增加耕地收益，提高土地利用率。⑦改善生态环境。

2. 建设用地规划设计目标

根据社会经济发展需要、项目区土地的适宜用途、当地经济实力和技术水平，依据土地利用总体规划和城市规划，确定城市建设用地开发整理项目规划目标：①完善城市土地功能分区和布局。②提高城市土地利用效率，充分发挥土地资产效益。③增加绿地面积，改善生态环境。

（二）规划（初步）设计基本内容与步骤

土地工程涵盖非农用地转化为农业用地工程、建设用地整备工程、污损土地改良改造工程、低效土地提升工程。规划（初步）设计基本内容及步骤：①资料收集。②实地踏勘、工程测量。③总平面图设计、设计标准制定、工程量统计。④单体工程图集编制。⑤工程概算编制。⑥设计报告编制。

（三）规划（初步）设计的编制

1. 综合说明

简述土地工程项目可行性研究报告的批复情况，项目建设地点、建设范围、建设规模、项目类型、项目区地貌类型、项目区土地权属状况、建设期等相关情况。综合介绍项目建设内容与投资、项目设计目标、原则、依据等。说明项目主要建设内容和建设标准，简述项目投资预算和资金筹措。结合项目区的特点，提出并阐述既具有普遍意义又适用于具体项目建设工作开展的项目设计的具体原则。说明项目设计所依据的法律法规、相关政策、技术标准、工程设计相关的文献资料等。

2. 项目概况

简述项目所在地概况、项目区概况（包括自然条件、社会经济条件、土地利用现状）。

3. 项目建设条件分析

项目建设条件包括基础设施条件、农村居民点建设发展状况、土地利用限制因素和公众参与情况。

4. 新增耕地来源分析（农用地规划设计）

分析新增耕地的来源、数量和分布特征，涉及田坎减少或其他用地增加的应列举计算过程。对项目区内通过开发、复垦等方式新增的耕地需要进行土地适宜性评价，根据评价结果明确适宜的土地利用方式。

5. 水土资源分析（农用地规划设计）

(1) 供水量分析。说明项目区现有灌溉水源和拟利用水源的类型、位置、取水方式、水量、灌溉范围等。说明水源地与项目区之间的现有及拟建输水工程情况等。说明项目区内外水源工程的可供水量及时间分布情况，分析确定其可供项目区灌溉利用的水量。

(2) 需水量预测。根据地区经济社会发展要求和供水情况，通过技术经济比较确定灌溉面积，确定农业生产结构、种植结构、作物组成、轮作制度和耕地复种指数。说明灌溉制度、灌水定额、灌溉周期、灌水方式、灌水时间和灌水次数，确定灌溉保证率，选定灌溉水利用系数，计算项目区内灌溉需水量、农村人畜饮水用水量和工业需水量。

(3) 水土资源供需平衡分析。选定节水灌溉方式，分区进行平衡分析，提出年用水总量和年内分配量。项目区供需水不能实现平衡时，提出解决途径和措施。

6. 工程设计

在完成总平面布置图的评审后，进行分部工程设计，农用地项目和建设用地项目规划（初步）设计主要是从主体工程和配套工程两方面进行。下面以农用地规划（初步）设计为例进行说明。

1）主体工程

主体工程主要是土体有机重构工程，涉及土体力学重构、颗粒重构、剖面层级重构、生物化学重构和生物营养保障等。在土体有机重构工程初期，主要开展田块规划设计、土体表土剥离及整理等。首先，依据项目基础勘察资料，采取适宜的处理方法、保证其技术经济可行性，并提出相应的对策及工程措施；其次，根据作物种植要求及其他用地要求，确定进行土体重构的要求及实现的目标，并根据地形条件和用地类型进行分区，提出重构措施。

2）配套工程

（1）灌排工程。①水源工程、引水渠首先比较方案的地形、地质、布置、工程量、施工、投资、运行等条件，综合分析比较选定水源工程、引水渠首方案。②输水工程包括灌溉渠道、灌溉管道、喷微灌工程。③排水工程包括论述排水沟道系统各比较方案的工程量、施工、投资及运行等条件，综合分析比较选定排水方案。④渠系建筑物工程，说明取水、分水等建筑物的过水能力、水力衔接条件、消能防冲计算方法，提出计算成果。确定建筑物结构及防冻等基础处理措施，说明建筑物的结构尺寸，进行结构设计，提出各建筑物数量、分项工程量及基础处理工程量。⑤灌排电气，确定用电设备容量，计算用电负荷，确定变压器容量。进行输配电线路负荷计算，确定导线截面面积，确定输变电线路规格、型号，计算分项工程量。

（2）道路工程。①确定各级道路断面结构和路基处理措施，说明主要技术参数。②统计各级道路长度，计算分项工程量。

（3）农田防护与生态环境保持工程。①农田防护林。说明项目农田风害情况，确定农田防护林工程布设的范围、林带结构、林带走向。确定主、副林带的间距，选择防护林树种，计算分项工程量。确定整地措施、整地季节、苗木栽植季节和造林方法。②其他防护工程。根据防治目标，提出防治工程设计标准。按防治分区进行防护工程设计，计算分项工程量。

（4）典型田块。①论述典型田块的代表性。②说明各类典型田块周围及内部道路、沟渠、防护林等工程的布置关系。

（5）其他工程。确定居民点用地整理、拆迁、景观生态等工程的类型及技术参数，计算分项工程量。

7. 土地权属调整方案

说明项目区土地权属状况，包括项目区土地所有权、土地使用权和土地承包经营权的主体，各主体拥有的土地数量和具体位置；说明土地权属调整的法律法规、政策文件和村民意愿等依据；说明土地权属调整所遵循的原则；说明土地权属调整的程序和调整方法。土地权属调整主要内容如下：①说明土地权属调整的范围。②简述土地权属调整过程，说明调整的措施和公示情况，各方参与权属调整的情况和所达成的协议。③说明土地权属调整结果，说明权属调整后的土地和相关权利人的情况。

8. 工程施工组织设计

(1) 施工条件：说明施工场地、自然、交通、水电供应条件和当地能够提供的修配、加工的能力、劳动力情况；说明可能产生的不利影响和规避措施等；说明主要建筑材料的供应情况，分析混凝土骨料、石料、土料等各料场的分布、储量、质量、开采运输及加工条件，通过技术经济比较选定料场。

(2) 施工总布置：①说明施工总布置的原则。②说明分区布置原则，确定料场、施工工场、生活设施、大型设备的转移途径和交通运输等布置。

(3) 主要工程施工方法：介绍项目主要施工方法及施工工艺。

(4) 工程总进度计划：①说明施工总进度安排的原则和依据以及业主对本工程投入运行期限的要求。②安排施工总进度，确定施工总工期。③说明各项工程的施工顺序。

9. 项目实施管理

说明实施管理机构成立情况，确定各机构的职责、权利和责任人。在项目实施过程中，要达到以下两点要求：①根据项目区工程建设及技术要求，制定质量检验体系和项目实施与质量监督制度。②制定工程质量、资金、进度的控制措施。

中国政府［2005］29 号文件要求："按照谁使用、谁管护的原则，建立责任制，落实工程管护措施，严禁只用不管、破坏工程设施行为，确保工程长期发挥效益"。其中，建设用地项目实施完成后达到"三通一平""五通一平"或"七通一平"后，尽快进入一级市场，进行招拍挂。

10. 项目投资预算

项目投资预算包括：①编制说明。②投资预算。③资金筹措。④投资进度计划。

11. 效益分析

效益分析包括：①社会效益分析。②生态效益和环境影响分析。③经济效益分析。

二、施工图设计

（一）施工图设计原则与目标

土地工程施工图设计应在规划（初步）设计的基础上编制，其原则与目标为以下五个：

（1）工程施工设计图的编制符合相关标准、规范和政策。

（2）对已批准的规划（初步）设计中涉及的工程项目按施工要求逐项落实到每个工程项目。

（3）施工图设计必须坚持在规划项目量不减少、施工质量不降低、预算投资不突破的前提下进行施工图设计。

（4）对涉及结构安全的建筑物，在对建筑物地基承载力提出要求的基础上，应进一步进行各类建筑物结构设计（机耕桥、人行桥、泵站、水闸、堤坝、渡槽、倒虹吸、跌水等），核实原初步设计是否达到安全、稳定和使用要求。

（5）完善单体图设计，绘制各类建筑物施工图。施工图包括建筑施工图、结构施工图和安装施工图，各类施工图应编制目录、序号，首页应有总说明，提出施工要点、工艺要求、施工工序、主要材料和做法，并提出施工质量要求。

（二）施工图设计基本内容与步骤

施工图设计基本内容与步骤：①资料收集。②提出要求，完成工程勘察。③各类建（构）筑物结构设计。④完善单体图设计，绘制施工图。⑤施工图预算编制。⑥设计报告编制。

（三）施工图设计

1. 设计说明

设计说明是施工图设计的指导性文字说明，含有项目名称、规模、地理位置等概况说明，绘制依据、适用范围，标高、坐标的形式，标注以及各种材料的选用、处理和安装方法等的总体说明，还有图纸所包含的特殊符号的含义等。

2. 工程设计

1）农用地施工图设计

土地工程中农用地施工图设计主要包括主体工程即土体有机重构工程，配套工程即灌排工程、道路工程等。

（1）主体工程。

农用地施工中主体工程主要为土体有机重构，不同类型的农用地施工，土体有机重构的重点不一样，涉及的内容主要有土体颗粒重构、土体力学重构、土体剖面重构及生物化学结构重构等。在实现土体有机重构的目标之前，首先必须对土地田面进行规划，核实每个田块的工程量进行土方平衡计算，需要调配土方的应绘制土方调配图，明确土方的运移方向、移动土方量，绘制土方计算图，确定土方开挖、填埋的深度和范围。其次，绘制典型田块设计图，各种主要农用地用地类型均应根据不同地形条件分别进行典型田块设计。典型田块设计应能够代表该用地类型所处的地形条件，保证田面高差、田坎高度等，都是实现土体力学重构的重要因素。最后，在土体重构完成后，必须通过生物或者农艺措施的设计对土体生物化学结构进行重构，这也是实现土体营养保障的重要途径。

(2) 配套工程。

灌排工程：①计算灌排渠道流量，确定规格，绘制灌排渠道纵横断面图。根据纵断面图绘制各桩号相应横断面图并计算土方量，有护砌工程的硬化沟渠要说明做法并计算工程量。②对建（构）筑物绘制结构及基础部位图，标注尺寸、建筑材料、详细做法及施工质量要求，对剖切细部构造应绘制大样图。③对管道工程绘制管道布局图；对管道基础应绘制大样图、标注尺寸并说明做法；对管道接头和管道控制设备部位应绘制大样图，说明接头及管道控制设备部位做法；对管道中的每个管件绘制施工图，并说明规格、型号；对管道中的阀门井、沟槽开挖填埋等绘制施工图。④对机井绘制结构图，包括井口、井壁管、过滤管（含滤料）、井深、地层状况、管径材料、井管封闭。⑤对电气设备绘制设备安装图，标明设备规格型号、变压器容量型号、电动机型号、电线电缆型号、电杆型号、开关、熔断器、避雷针等。

道路工程：①绘制田间道路平面布置图，复杂地形道路有曲线半径、弯道超高、弯道加宽，平原地区道路平直可简化。②绘制田间道路纵断面图，应标明地面线、设计线、桥涵位置等。③根据纵断面图绘制横断面图，标明桩号，计算土方及路面工程量。土方路基应进行土方量平衡计算，土方不足时，应绘出土方调配图，说明土方来源、走向。横断面图应标明路面、路基、路肩、边坡、边沟，道路配套的路肩、防护等应注明尺寸、做法。

其他工程：①绘制水土保持工程施工图。②绘制林网工程施工图。③绘制设备安装工程施工图，标注安装部位和做法。

2) 建设用地施工图设计

(1) 主体工程。建设用地施工的主体工程即土体重构工程，其主要有清表工程和填筑工程等。

清表工程：①确定清表厚度。②制定区域规划方案，确定场地的坡度、高程以及土方调配情况。

填筑工程：①降排水设计，说明降排水方法，根据勘察报告，计算降排水深度，确定降排水措施。②围堰（河）海堤设计。③填砂、填石、填土设计，确定分层厚度、回填顺序。

（2）配套工程。①供水：依据水源、水站、水厂位置，绘制供水管网施工图，标注管径及施工高程。②供电：依据变电站容量，绘制开闭所单体图、供电线网布置图。③排水：绘制雨污水管网布置图，标注管径，完成污水处理厂分部工程图集。④道路：绘制道路布局图，确定路网标准，标注施工高程、路基处理方法。⑤通讯、燃气、绿化、供暖。

三、设计变更和现场签证

规划设计变更和现场签证是导致项目变化的两个重要原因，它们会给工程的进度、质量、投资控制以及各方关系的协调带来一定影响。因此，加强设计变更和现场签证的管理，可以提高工作效率，杜绝或减少因设计变更和现场签证而引起的工程造价纠纷。

（一）设计变更和现场签证的概念

设计变更是指在规划设计单位向施工单位进行规划设计交底会审中，决定对原规划设计图纸进行较大修改，或在工程开工前，或在施工过程中，发现原规划设计有差错或与实际情况不符，以及由于施工现场条件的改变、工程使用意图的变化等客观原因，对原规划设计进行的修改、增加或减少某些分项工程的施工任务。设计变更一般由项目建设单位提出，设计单位同意后再修改设计。监理工程师和设计单位也可根据现场情况对原设计不合理之处提出设计变更，经项目承担单位同意后再执行设计修改。施工单位也可根据现场条件提出合理化建议，请求项目承担单位进行设计变更。

现场签证是指施工单位就施工图纸、设计变更所确定的工程内容以外，预算中未包含而施工现场又实际发生费用的施工内容所办理的签证。现场签证由承包人提出，签字并加盖公章，再由现场施工管理人员、监理人员、建设单位人员共同核实签证内容。由施工单位专业工程师填写工程签证单，经施工单位项目经理或项目总工审核签字后进行连续无缺的唯一性序号登记，由填写人员递交监理工程师、项目总监逐级确认。经总监签字确认的签证单递交工程部，作为工程计价依据。

（二）发生的原因

（1）项目可行性研究存在问题。可行性研究是规划设计的依据和基础，因此项目可行性研究中存在的问题会导致项目设计存在相应的问题。如为了争取项目，在编制可行性研究报告时存在资料不实的现象，或者没有进行实地踏勘论证，征求项目区群众的意见。

（2）项目实施过程中因规模、范围发生变化。

(3) 项目实施过程中因质量标准发生变化。

(4) 项目实施过程中工程工作内容发生增减变化。

(5) 不可预见事件发生，工程量及内容发生变化，如在施工区域内存在暗河、溶洞、流沙或墓穴等需要另行处理，会增加费用。

(6) 临时其他增加费用，如工程停工、窝工引起的索赔。

第三节　土地工程标准规范

土地工程标准规范是为项目设计、实施和验收提供基础服务，是编制、评估项目可行性研究报告、编制项目规划设计、审批设计任务书的重要依据，是监督检查项目建设过程的标准尺度。

一、制定标准规范的目的和基本原则

(一) 制定标准规范的目的

为了加强土地工程项目管理，合理确定项目的工程建设类型及等级标准、项目投资水平，提高项目效益，土地工程建设应遵循国际、国家和地方相关法律、法规。具体来说，土地工程标准规范的制定是为土地工程开展项目申报、可行性研究、工程设计、项目施工、竣工验收、资金使用和管理等提供技术依据。

(二) 制定标准规范的基本原则

(1) 符合国家法律、法规的原则。土地工程建设必须符合国家、行业、地方的有关法律、法规、方针和政策，也要与现行相关规范、标准相协调。

(2) 因地制宜的原则。应从实际出发，结合项目区的地形地貌、地质、气候、水文、水资源和社会经济等条件，充分利用原有基础设施，合理确定土地工程项目建设内容，提出土地工程建设标准和技术要求。

(3) 科学及实用的原则。合理利用土地资源和水资源，充分考虑工程使用和安全要求，积极采用新技术、新工艺、新设备、新材料，做到技术先进、经济合理、安全实用。

(4) 可持续发展的原则。既要坚持土地工程建设内容的完整性，又要为未来发展提供框架和发展余地，以可持续性发展的眼光进行土地工程项目实施。

(5) 综合整治的原则。为改善生态环境，提高土地利用率，应根据项目区土地利用的建设条件和限制因素，提出土地工程建设主体工程和配套工程的主要建设标准，体现协调统一，综合整治的原则。

二、制定标准规范的依据和程序

（一）制定标准规范的依据

根据土地工程建设内容的需要，相关领域的一些标准可以满足土地工程建设的需要，能起到控制和指导的作用，可作为土地工程直接应用的标准，是土地工程标准规范制定的依据。此外，国家、地方的一些法律、法规、办法、方针和政策等也是制定土地工程标准规范的依据。

土地工程涉及相关领域的标准包括农田工程相关标准、水利工程相关标准、道路工程相关标准、电力工程相关标准、生态工程相关标准、市政工程相关标准以及居住住宅建设工程相关标准等。

（二）制定标准规范的程序

制定标准规范一般需经以下三个阶段。

1. 前期准备阶段

(1) 组建《标准》编制工作领导小组和课题组。领导小组主要负责对《标准》编制过程中涉及的重大问题进行指导和决策；课题组需由专业技术人员组成，同时明确一名课题组的核心专家。课题组成员的专业构成应涵盖《标准》编制所需的土地、水利、农业、交通、电力、林业、环保、水土保持、市政、消防等专业。

(2) 制定《标准》编制工作方案。工作方案应明确《标准》编制工作的指导思想、原则、目标、任务、技术路线、主要方法、步骤、工作分工、成果要求和保障措施等内容。

2. 编制及征求意见阶段

(1) 内业资料收集。主要收集各地自然条件的资料，各地的社会经济条件资料和土地利用、土地规划、农业区划、农用地分类等研究成果，以及土地、水利、农业等相关行业的标准资料。

(2) 外业补充调查。主要对已经实施的部分土地工程项目及水利、农业等相关项目进行实地调查，收集项目的现状条件，项目承担单位、农村基层组织等对工程建设的要求，项目设计及实施过程中工程建设的具体情况和相应的建设标准。

(3) 合理确定土地工程项目的建设内容，构建土地工程项目体系。围绕土地工程项目实现耕地保护、合理利用土地和支持社会主义新农村建设的目标任务，合理确定土地工程项目建设内容，总结规律，构建土地工程项目体系。

(4) 划分类型区，构建模式。应综合考虑地形地貌、土壤状况及土地利用方式、城市总体利用规划等因素，按照融合地域特征和工程特征区内一致性和区间差异性的原则来划分类型区和构建模式。

(5) 规范土地工程项目术语。收集、整理土地工程中的相关术语，按照与《标准》密切相关原则和重要性原则，准确界定《标准》的基本术语。

(6) 研究相关标准应用，确定应用的原则、依据、方法和内容。研究与土地工程相关的标准应用，确定应用的原则、依据、方法和内容。

(7) 对《标准》征求有关方面的意见。《标准》初稿编制完成后，应分别向有关专家、国土资源部门和同级水利、农业、交通、林业、环保、财政、市政、建设等部门征求意见，对《标准》初稿进行修改完善形成送审稿，并对所收集的意见进行归纳、汇总，形成《征求意见处理汇总表》。

3. 送审阶段

将《标准》条文、条文说明送审稿及相关材料（包括《标准》编制说明、专题研究报告、《征求意见处理汇总表》等）报上级主管部门，上级主管部门组织专家对送审稿进行审查论证，提出修改意见后反馈给编制人员，编制人员根据提出的修改意见修改后形成试行稿，试行稿经一段时间的试行，在考虑试行单位修改意见的基础上形成最终标准。

（三）标准规范的内容

土地工程标准规范应包括以下主要内容：①标准的目的、适用范围、基本原则、引用标准和术语等基本事项。②工程建设内容、构建土地工程施工体系。③工程的建设目标和项目建设条件。④工程类型区，构建土地工程模式。⑤工程总体布局和分区布局的原则和要求。⑥土地平整、灌溉、排水、田间道路、农田防护与生态环境保持、清表、市政配套及其他工程的具体建设标准。

三、标准规范适用范围

不同机构或部门出台的标准规范具有不同的适用范围，就土地工程标准规范的适用范围分可分为国际标准、国家标准、行业标准、地方标准以及规范和规程等。

（一）国际标准

国际标准是指国际标准化组织以及国际标准化组织确认并公布的其他国际组织制定的涉及土地工程行业的相关标准。国际标准在世界范围内统一使用。将一些国际标准引入土地工程标准规范体系，可以提高土地工程标准规范等级，促进与国际标准的接轨，如ISO9000质量认证、ISO9001管理认证等。

（二）国家标准

国家标准是指国家、各部委制定的土地工程方法、概念等相关的基础标准，如《农用地质量分等规程》（GB/T 28407—2012）、《城市用地分类与规划建设用地标准》（GB 50137—2011）。

（三）行业标准

行业标准是指国家、各部委颁布的土地工程行业制定的专项行业标准。行业标准针对行业制定，只适用于土地工程行业范围内，如《土地复垦质量控制标准》（TD/T 1036—2012）、《工程建设水文地质勘察标准》（CECS 241—2008）。

（四）地方标准

国家、各部委或省（市）地方颁布的土地工程项目标准为各省、市、县土地工程项目提供了技术指导和依据。各省、市、县参照国家标准，并结合当地实际，制定相应的执行细则属于地方标准。地方标准只对标准制定省、市、县有效，如《陕西省土地开发整理工程建设标准（试行）》、陕西省工程建设地方标准《居住建筑节能设计标准》（DB J61-65—2011）等。

（五）规范或规程

国家、各部委或省（市）对土地工程勘察、规划、设计、施工等通用技术事项做出的相关规定等称规范，如《水土保持综合治理技术规范》（GB/T 16453—1996）、《土地开发整理项目规划设计规范》（TD/T 1012—2000）。国家、各部委或省（市）发布的土地工程工艺、管理等专用技术要求称规程，如《市（地）级土地整治规划编制规程》（TD/T 1034—2012）、《县级土地整治规划编制规程》（TD/T 1035—2012）。

第四节　土地工程效益评估体系

土地工程效益评估是项目可行性研究的一个重要环节，是项目实施前期进行科学决策的重要内容，是项目评估、招投标所要求的。土地工程效益评估一般从经济效益、社会效益和生态效益等三个方面进行评估，三种效益评估均具有各自的评估指标和作用。

一、经济效益评估

（一）经济效益评估的作用

经济效益评估要分析物质技术要素组合和利用的经济性，分析可能实现的经济目标和实效性。经济效益评估是在投资估算的基础上，对其生产成本、收入、税金、利润、贷款偿还年限、资金利润率和内部效益率等进行计算后，对建设项目是否可行给出结论。就我国土地工程而言，面临的主要问题之一是资金不足，进行经济效益的评估能在很大程度上协助我们对区域土地工程总体效果的衡量，通过提高资金利用率达到总体效果最优。

（二）评估指标

常用经济效益指标包括土地利用率、投入产出率、技术措施增产率、人均收入、总产值、投资回报率、投资回收期等。

土地工程经济评估包括宏观层面和微观层面的经济效益评估。宏观层面的经济效益评估包括土地整治规模、工程量和资金预算等投入量，以及预期的净增加耕地产值等产出量。微观层面经济效益评估主要通过投入产出的分析手段，考察土地整治项目微观上的盈利能力、清偿能力以及在宏观上对国民经济的净贡献，从而评估经济上的合理性和对当地社会经济的贡献程度。按照营利性质的不同，土地工程项目可分为非营利性项目和营利性项目。

1. 非营利性项目经济效益评估指标

非营利性项目是指投资方以无偿的方式为项目区提供农田基础建设投资，不以盈利为主要目的的投资项目。这类项目主要以国家投资、地方政府投资和中央、地方政府联合投资为主。非营利性项目经济评估一般只进行简单和快速的经济效益评估。

非营利性项目经济效益评估通常通过静态投资收益率、静态投资回收期等静态经济效益评估指标；项目单位面积投资、新增耕地单位面积投资和每万元投资新增耕地数量等单位投资水平指标；项目运营成本率等运营效果来评估。

1）静态经济效益评估指标

（1）静态投资收益率：

$$\text{静态投资收益率}=\frac{\text{项目年新增净产值}}{\text{项目总投资}}\times 100\%$$

静态投资收益率是反映项目投入产出比大小的一个静态指标。在条件相同的情况下，静态投资收益率越高，表明项目获得的产出越高，经济效益也越大。

(2) 静态投资回收期：

$$静态投资回收期=\frac{项目总投资额}{项目年新增净产值}\times 100\%$$

静态投资回收期是反映以项目年净收益偿还项目全部投资所需时间长短的一个静态指标。通常静态投资回收期越短，表明项目的盈利能力和抗风险能力越好。

2) 单位投资水平指标

(1) 项目单位面积投资：

$$项目单位面积投资=\frac{项目总投资}{项目区总面积}\times 100\%$$

(2) 新增耕地单位面积投资：

$$新增耕地单位面积投资=\frac{项目总投资}{项目实施后新增耕地总面积}\times 100\%$$

(3) 每万元投资新增耕地数量：

$$每万元投资新增耕地数量=\frac{项目新增耕地面积}{项目总投资(万元)}\times 100\%$$

以上指标是反映项目投资效果的单位指标。进行方案比选时，在确保完成项目预期目标的前提下，项目单位面积投资或新增耕地单位面积投资越少、每万元投资新增耕地数量越多，其方案越优。

3) 项目运营效果

(1) 基础设施运营成本。该项指标是指项目为农业生产服务而新建或提供的农田基础设施的年正常运营成本，包括基础设施自身的运行成本以及正常维护管理成本。

(2) 运营成本率：

$$运营成本率=\frac{项目区基础设施年运营费用}{项目区年总产值}\times 100\%$$

项目基础设施运营成本率越高，项目实施后农户对基础设施的利用率就越低，最终将影响项目的经济效益。因此，在比选方案时，以基础设施运营成本率低的方案为优。

2. *营利性项目经济效益评估指标*

营利性项目经济效益评估除了考虑非营利性项目的评估指标外，还要进行财务评估和国民经济评估。

财务评估包括财务内部收益率、财务净现值、动态投资回收期和投资利润率等财务盈利能力分析指标，以及借款偿还期、利息备付率、偿债备付率等项目借款偿还能力分析指标。财务内部收益率是指项目在整个计算期内各年净现金流量现值累计等于零时的折现率，它反映项目所占用资金的盈利率，是评估项目盈利能力的主要动态指标。财务净现值是指按设定的折现率计算的项目计算期内各年净现金流量的现值之和，也是评估项目盈利能力的主要动态指标。动态投资回收期是指以项目的净收益偿还项目全部投资所需的时间，一般以年为单位，并从项目建设起始年算起。借款偿还期是指以项目投产后获得的可用于还本付息的资金，一般以年为单位表示。利息备付率是指项目在借款偿还期内，各年可用于支付利息的税息前利润与当期应付利息费用的比值。偿债备付率是指项目在借款偿还期内，各年可用于还本付息资金与当期应还本付息金额的比值。

二、社会效益评估

（一）社会效益评估的作用

社会效益评估是分析对社会环境系统产生的直接和间接影响及其宏观社会效应、维持社会稳定和耕地总量动态平衡方面的作用、社会风险评估等。项目社会效益评估可以促进在投资决策中全面衡量项目的财务、经济和社会效益，减轻项目对社会的不利影响，防止社会风险，促使项目与社会相互适应和协调发展，提高项目成功率，增进国民经济整体效益和社会发展目标与社会政策的顺利实现。土地工程项目社会效益是在获得经济效益、生态效益的基础上，从社会角度出发，为实现社会发展目标所做的贡献和影响程度，如促进农业、农村经济发展、增加就业机会、缩小城乡差距等。社会风险评估包括项目区群众对项目实施的支持程度、项目实施有可能产生的负面影响等不可预估的影响因素。

（二）评估指标

常用社会效益指标包括新增耕地面积和新增耕地率、就业机会增加量、对区域耕地总量动态平衡的贡献、生产和生活的改善程度、农产品人均占有量、农产品商品率、城乡居住和就业条件、交通水利等基础设施改善程度、单位面积耕地供养人数、农民满意程度、扶贫效果和生产力效果等。

1. 新增耕地面积和新增耕地率

土地整治是当前实现耕地总量动态平衡和解决粮食安全问题的一个具体举措，其最重要的目的就是增加耕地数量，提高耕地质量。这两项指标值越大，产生的社会效益越高。

$$\text{新增耕地面积}=\text{整治后耕地面积}-\text{整治前耕地面积}$$

$$\text{新增耕地率}=\frac{\text{新增耕地面积}}{\text{土地整治规模}}\times 100\%$$

2. 新增耕地可供养人数

人均耕地资源的增加意味着农民基本社会保障程度的提高。土地整治的实施将对项目区人均耕地资源有一定的提高，实践中可以通过计算新增耕地可供养人数的多少来反映项目所产生的社会效益的大小。

$$\text{新增耕地可供养人数}=\frac{\text{区域总人口}}{\text{区域耕地总数量}}\times\text{新增耕地面积}$$

3. 农民的收入水平

土地工程的效益不仅要体现在增加耕地数量和提高耕地质量上，其最终目的还是要体现在农民的增产和增收上，提高农民的收入水平，改善农民的生产、生活条件，这是调动和提高农民参与项目建设积极性的一个直接动因。因此，可以通过计算人均年纯收入增加量来分析农民收入水平的提高情况。

$$\text{人均年纯收入增加量}=\frac{\text{农户年纯收入增量之和}}{\text{人口数量}}$$

4. 就业效果

中国是个农业大国，农村存在大量的剩余劳动力，其就业是一个突出的问题，土地整治将会对农村劳动力就业问题产生较大的影响。土地整治单位投资就业人数是对项目就业效果进行衡量，单位投资就业人数值为正值，值越大说明规划就业效果越好；反之为负值，值越小说明就业效果越差。在项目规划方案择优时，对经济效益相同的若干方案，应优先选择就业效果好的方案。

$$\text{单位投资就业人数}=\frac{\text{新增总就业人数}}{\text{总投资估算}}$$

三、生态效益评估

（一）生态效益评估的作用

生态效益评估是分析对生态环境的改善程度。土地工程需借助一系列的生物、工程措施，在此过程中必然打破土地资源的原位状态，并对该区域的水资源、土壤、植物、生物等环境要素及其生态过程产生诸多直接或间接、有利或有害的影响。生态效益评估的主要作用是分析土地整治工程活动对自然生态系统结构与功能上的影响程度，从而评估对人类生产、生活条件和质量带来的生态效应。

（二）评估指标

常用的生态效益指标包括土地垦殖率、绿色植被覆盖率、水土流失治理面积、土地沙化治理面积、土壤盐碱化治理面积、土地污染治理面积、农田防护能力、抵御旱涝灾害的能力、人均绿地面积等。

(1) 土地垦殖率，即已开垦为耕地的面积与土地总面积的比率。

$$土地垦殖率=\frac{耕地面积}{土地总面积}\times 100\%$$

(2) 绿色植被覆盖率，即绿色植物面积与土地总面积之比。

$$绿色植被覆盖率=\frac{林地面积+草地面积+农作物面积}{土地总面积}\times 100\%$$

(3) 林草覆盖率，即林地、草地面积占土地总面积的比例。

$$林草覆盖率=\frac{林地、草地面积}{土地总面积}\times 100\%$$

(4) 草场载畜量指数，即草场实际载畜量与允许载畜量的比例。

$$草场载畜量指数=\frac{草场实际载畜量}{草场允许载畜量}\times 100\%$$

(5) 水土流失面积指数，即水土流失面积占土地总面积的比例。

$$水土流失面积指数=\frac{水土流失面积}{土地总面积}\times 100\%$$

(6) 土地退化面积比率。土地退化指土壤沙化、次生盐渍化、潜育化、沼泽化等的总称。

$$土地退化面积比率=\frac{土地中各类退化面积}{土地总面积}\times 100\%$$

(7) 旱涝灾率，即表示的是旱涝面积占耕地总面积的比例。

$$旱涝灾率=\frac{受旱涝灾害面积}{耕地总面积}\times 100\%$$

土地工程追求的是经济效益、社会效益和生态效益的综合效益最大化。生态效益是土地工程的基础和前提，社会效益是土地工程的目的和要求，经济效益则是实现可持续土地工程项目的核心。因此，土地工程项目应追求经济效益、社会效益和生态效益的统一，做到生态平衡、社会可行和经济有效。

第十章　土地工程经济管理

土地工程经济管理是一个系统工程，分布于土地工程实施的各个环节。为确保土地工程资金的合理、有效使用，必须做好项目成本控制、财务管理及项目审计工作，遵循一定的规律，在日常工作中加强相关经济数据的收集整理工作。

第一节　土地工程项目概预算与决算

为了土地工程事业良性持续地发展，确保国家用于土地工程的资金合理、有效使用，必须做好土地工程项目概预算与决算的编制工作。为准确地编制土地工程项目概预算与决算，必须要遵循预算编制的规律，按照一定的方法和步骤来进行。

一、土地工程项目概算

（一）土地工程项目概算的概念

土地工程项目概算是指在初步设计或扩大初步设计阶段，由设计单位根据初步设计或扩大初步设计文件（图纸、设备材料表、设计说明以及其他有关文件等）、概算定额或概算指标、费用定额以及与之配套使用的有关规定等资料，计算和确定土地工程项目费用的文件。

（二）土地工程项目概算的作用

（1）土地工程项目概算是编制土地工程项目计划的依据。初步设计和概算经国家批准后，才能将建设项目列入年度计划，确定国家基本建设投资。同时，工程建设的物资供应计划、劳动计划和施工计划等，均以设计概算为其计算依据。

（2）土地工程项目概算是控制工程建设投资的依据。报经国家批准的设计概算，是国家拨付投资的最高限额。同时，工程建设的年度计划、银行的拨款或贷款、施工图预算和竣工决算，均不得任意突破该投资限额。

（3）土地工程项目概算是签订工程合同、办理拨款的依据。实行设计概算包干的项目设计概算就成为建设单位和施工企业双方签订工程合同的依据。无论是签订总承包合同，或是分包合同，均应以设计概算中相应部分的造价为依据。同时，银行根据国家批准的设计概算，接受办理工程项目的拨款或贷款。但是，拨款或贷款的总额不能超过设计概算的限额。

（三）土地工程项目概算的编制依据

（1）国家、行业和地方政府有关建设和造价管理的法律、法规、规定。
（2）设计任务书或可行性研究文件和主管部门的有关规定。
（3）能满足编制设计概算的设计图纸、文字说明和主要设备表。
（4）正常的施工组织设计。
（5）当地和主管部门的现行土地工程概算定额（或预算定额）。
（6）建设场地的自然条件和施工条件。

（四）土地工程项目概算的编制方法

（1）列出土地工程项目中分项工程的项目名称，并计算其工程量。
（2）确定各分部分项工程项目的概算定额单价。
（3）计算分部分项工程的直接工程费，合计得到单位工程直接工程费总和。
（4）按照有关规定标准计算工程施工费、设备购置费、其他费用和不可预见费。
（5）计算土地工程项目概算造价。

二、土地工程项目预算

（一）土地工程项目预算的概念

土地工程项目预算是指根据拟建工程已批准的施工图纸，按国家或省市颁发的工程量计算规则，分部分项地把拟建工程各工程项目的工程量计算出来，在此基础上逐项地套用相应的现行预算定额，从而确定其单位价值，累计其全部直接工程费，再根据规定的各项费用的取费标准，计算出工程所需的工程施工费、设备购置费、其他费用和不可预见费，最后综合计算出该土地工程项目的造价和技术经济指标的文件。

（二）土地工程项目预算的作用

1. 土地工程项目预算对投资方的作用
（1）土地工程项目预算是控制造价及资金合理使用的依据。
（2）土地工程项目预算是确定工程项目招标控制价的依据。
（3）土地工程项目预算是拨付工程款及办理工程决算的依据。
2. 土地工程项目预算对施工企业的作用
（1）土地工程项目预算是施工企业投标时报价的主要参考依据。

（2）土地工程项目预算是签订施工合同的主要内容。
（3）土地工程项目预算是施工企业控制成本的依据。

（三）土地工程项目预算的编制依据

（1）国家、行业和地方政府有关建设和造价管理的法律、法规、规定。
（2）经过批准和会审的施工图设计文件和有关标准图集。
（3）当地和主管部门的现行土地工程预算定额。
（4）材料与构配件市场价格。
（5）施工组织设计或施工方案。
（6）经批准的拟建项目的概算文件。
（7）现行的有关设备原价及运杂费。
（8）建设场地的自然条件和施工条件。
（9）工程承包合同、招标文件。

（四）土地工程项目预算的编制方法

（1）计算工程数量。计算工程数量是编制土地工程项目预算的基础工作，工程数量是否准确直接影响项目预算的准确性。在计算工程数量时，首先要熟悉所选定额的编制说明及工程量计算规则，并能运用这些规则来指导工程量的计算。要依据设计图纸，准确地计算出与设计图纸相对应的工程量。当设计图纸深度有限时，还需要对设计进行延伸和细化。

（2）套用定额。在计算出工程量之后，要套用准确适用的定额子项。当实际项目与定额不能完全吻合时，应按照定额中规定允许换算的部分按实际调整；当所发生的项目定额中没有时，应做补充定额，补充定额中的工料机单价等均应执行定额标准。

（3）了解设备、材料的市场价格。工程中的设备费及材料费占工程造价比例很大，因此设备费及材料费的准确性非常重要。设备及材料的价格依据市场信息价格的平均值确定。为了准确把握设备及材料的价格，必须进行广泛的市场调研，掌握市场价格的最新信息，通过各种方式和各种渠道了解市场价格。

（4）套用正确的费率。除直接费是由定额计算出外，其他费用大多是以直接费或直接工程费为基数，乘以相应的费率得出。因此，费率的把握非常关键。一般来说，费率不是一个固定的系数，它是由政府有关部门确定的，是与所使用的定额相统一的。编制预算时，应以最新发布的各项费率为计算依据，同时还要根据工程类别的不同，套用相应的定额费率。

（5）确定不可预见费。不可预见费是指施工过程中因自然灾害、设计变更及其他不可预见因素的变化而增加的费用。在编制预算过程中，充分考虑不可预见费是准确编制预算的基础。

三、土地工程项目决算

（一）土地工程项目决算的概念

土地工程项目决算是指建设项目从筹建开始到项目竣工交付使用为止的全部建设费用、投资效果和财务状况的总结性文件。

（二）土地工程项目决算的作用

（1）土地工程项目决算是综合全面地反映竣工项目建设成果及财务情况的总结性文件。它采用货币指标、实物数量、建设工期和各种技术经济指标综合、全面地反映建设项目自开始建设到竣工为止的全部建设成果和财务状况。

（2）土地工程项目决算是办理交付使用资产的依据，也是竣工验收报告的重要组成部分。

（3）土地工程项目决算是分析和检查设计概算的执行情况，考核投资效果的依据。

（三）土地工程项目决算的编制依据

（1）经批准的可行性研究报告、投资估算书、初步设计或扩大初步设计，修正总概算及其批复文件。

（2）经批准的施工图纸设计及其施工图预算。

（3）设计交底或图纸会审会议纪要。

（4）设计变更记录、施工记录或施工签证单及其他施工发生的费用记录。

（5）招标控制价，承包合同、工程结算等有关资料。

（6）历年财务决算及批复文件。

（7）设备、材料调价文件和调价记录。

（8）有关财务核算制度、办法和其他有关资料。

（四）土地工程项目决算的编制方法

1. 土地工程项目决算的编制内容

（1）竣工财务决算说明书。竣工财务决算说明书包括建设项目概况，对工程总的评价，资金来源及运用等财务分析，基本建设收入、投资包干结余、竣工结余资金的上交分配情况，各项经济技术指标的分析。

（2）竣工财务决算报表。建设项目竣工财务决算报表包括：建设项目竣工财务决算审批表，建设项目概况表，建设项目竣工财务决算表，建设项目交付使用资产总表，建设项目交付使用资产明细表。

(3) 建设工程竣工图。

(4) 工程造价对比分析。

2. 土地工程项目决算的编制步骤

(1) 收集、整理和分析有关依据资料。

(2) 清理各项财务、债务和结余物资。

(3) 核实工程变动情况。

(4) 编制工程项目竣工决算说明。

(5) 填写竣工决算报表。

(6) 做好工程造价对比分析。

(7) 清理、装订竣工图。

(8) 上报主管部门审查。

四、土地工程项目概预算实例

(一) 非农用地转化为农业用地工程

1. 项目概况

某项目开发总规模为 158.28hm^2，土地利用类型为未利用盐碱地、其他草地。其中建筑安装工程包括主体工程即土体有机重构工程和配套工程（灌排工程、道路工程、设备安装工程和其他工程等）。通过田、水、电、路、林综合治理，新增高标准水浇地 130.99hm^2，新增耕地比例为 82.76%。

2. 工程量计算

工程量计算（表 10-1）依据设计图纸和现行土地工程预算定额［××省国土资源厅 2004 年编制的《××省土地开发整理项目预算定额及施工机械台班费用定额（试行）》及相配套的费用定额］。

表 10-1　主要工程量汇总表

项目	类型	项目	单位	工程量
主体工程	土体有机重构工程	推移土方	m^3	746 059
配套工程	灌排工程	机井	眼	30
		修建井台	台	30
		新建蓄水池	座	3
		新修提水泵站	座	3
		支渠	m	571
		农渠	m	1238
		毛渠	m	450

续表

项目	类型	项目	单位	工程量
配套工程	灌排工程	蓄水支沟	m	2804
		蓄水农沟	m	2552
		铺设地埋管道	m	3211
		喷灌机组	台	1
	道路工程	泥结石田间路	m	3719
		生产路	m	1834
		过路桥涵	座	1
	设备安装工程	高压线路	m	3006
		低压线路	m	8339
		变压器 S9-125/10	台	2
		变压器 S9-160/10	台	1
	防护林工程	植树	棵	18 043
	其他工程	配电房	座	3

3. 编制项目预算书

(1) 编制建筑安装工程预算表（表 10-2，表 10-3，表 10-4，表 10-5，表 10-6，表 10-7）。

表 10-2　某项目主体工程（土体有机重构工程）预算表

序号	工程或费用名称	单位	数量	单价/元	合计/元
1	土体有机重构工程				9 230 300. 02
(1)	推土机推土 80～100m	$100m^3$	7460. 59	1237. 21	9 230 300. 02
…	…	…	…	…	…
总计				9 230 300. 02	

表 10-3　某项目配套（灌排）工程预算表

序号	工程或费用名称	单位	数量	单价/元	合计/元
一	灌溉工程				4 620 398. 55
1	机井工程	眼	30		1 942 518. 11
(1)	机电井（松散层Ⅰ类）	100m	9. 00	64 720. 85	582 487. 69
(2)	机电井（松散层Ⅱ类）	100m	18. 00	73 489. 02	1 322 802. 29
(3)	井台制安	$100m^3$	0. 36	49 668. 19	17 880. 55

续表

序号	工程或费用名称	单位	数量	单价/元	合计/元
(4)	钢筋制作安装（人工）	t	2.88	6 717.91	19 347.58
2	埋设管道安装工程	m	3211.00		259 775.15
(1)	挖管沟土方	$100m^3$	81.88	450.44	36 881.85
(2)	管沟填土方	$100m^3$	81.88	402.44	32 952.09
(3)	管道安装	10m	321.10	409.92	131 625.42
(4)	管件安装	个	467.00	105.00	49 035.00
(5)	管道液压试验	100m	32.11	289.03	9280.79
3	支渠（60U 型）	m	571.00		370 435.81
(1)	渠底填方	$100m^3$	2.46	402.44	988.11
(2)	渠道填土夯实	$100m^3$	0.47	766.19	363.12
(3)	人工开挖渠道土方	$100m^3$	4.36	450.44	1963.97
(4)	机动翻斗车运送混凝土 500m	$100m^3$	7.03	1 429.77	10 048.23
(5)	机动翻斗车运送混凝土每增运 100m	$100m^3$	35.14	168.37	5916.41
(6)	C20 砼现浇	$100m^3$	7.03	49 668.19	349 061.51
(7)	M10 砂浆填伸缩缝	$100m^3$	0.74	2 821.58	2094.46
4	农渠（30U 型）	m	1238.00		58 774.19
(1)	人工开挖渠道土方	$100m^3$	1.91	450.44	858.76
(2)	渠道填土夯实	$100m^3$	9.88	766.19	7569.36
(3)	…	…	…	…	…
…	…	…	…	…	…
二	蓄水沟工程				267 934.08
1	蓄水支沟	m	2804.00		170 592.00
(1)	挖掘机 1.2m^3 挖土	$100m^3$	357.79	476.79	170 592.00
2	蓄水农沟	m	2552.00		97 342.08
(1)	挖掘机 1.2m^3 挖土	$100m^3$	204.16	476.79	97 342.08
总计					4 888 332.62

表 10-4　某项目配套工程（道路工程）预算表

序号	工程或费用名称	单位	数量	单价/元	合计/元
一	道路工程				847 699.70
1	田间路	m	3719.00		607 429.99
(1)	路基修整	$100m^3$	83.68	1482.81	124 078.25

续表

序号	工程或费用名称	单位	数量	单价/元	合计/元
(2)	600mm 厚素土压实	$100m^2$	111.57	1283.89	143 243.26
(3)	300mm 厚 1∶2∶4 三合土	$1000m^2$	13.02	18 642.58	242 661.09
(4)	20mm 厚碎石路面层	$1000m^2$	13.02	7486.45	97 447.40
2	生产路	m	1 834.00		237 944.70
(1)	路基修整	$100m^3$	45.85	1482.81	67 987.07
(2)	红砂石与土（1∶3）压实	$1000m^2$	9.17	18 534.09	169 957.63
3	过路桥涵	10m	0.80	2 906.26	2 325.01
总计					847 699.70

表 10-5 某项目配套工程（设备安装工程）预算表

序号	名称及规格	单位	数量	单价/元	合计/元
一	设备安装工程				706 172.14
1	电气工程				619 598.88
(1)	变压器安装	台	3	640.95	1922.86
(2)	配电柜安装	台	3	224.25	672.75
(3)	380V 电缆敷设	km	8.34	50 000.00	417 000.00
(4)	10kV 电力线路架设	km	3.01	63 730.52	191 828.87
(5)	避雷器	个	3	140.51	421.52
(6)	熔断器	个	3	117.81	353.43
(7)	无功补偿器	个	30	212.84	6385.32
(8)	接地制作安装	根	1	36.13	36.13
(9)	照明灯具	套	3	70.00	210.00
(10)	槽钢	m	54.00	7.00	378.00
(11)	电力电缆	m	27.00	5.50	148.50
(12)	钢管	m	24.00	5.00	120.00
(13)	照明电线	m	27.00	4.50	121.50
2	设备安装工程				86 573.26
(1)	潜水泵	台	30	687.64	20 629.20
(2)	加压泵	台	1	687.64	687.64
(3)	喷灌机组	台	1	10 026.34	10 026.34
(4)	封禁围栏	100m	46.00	1192.62	55 230.09
总计					706 172.14

表 10-6　某项目配套工程（防护林工程）预算表

序号	工程或费用名称	单位	数量	单价/元	合计/元
1	防护林工程				113 090.50
(1)	栽植旱柳	100 棵	70.79	626.78	44 369.98
(2)	栽植红柳	100 棵	109.64	626.78	68 720.51
…	…	…	…	…	…
总计					113 090.50

表 10-7　某项目配套工程（其他工程）预算表

序号	工程或费用名称	单位	数量	单价/元	合计/元
一	其他工程				65 016.00
1	配电房	座	3	21 672	65 016.00
(1)	配电管理房	m^2	54.18	1200	65 016.00
…	…	…	…	…	…
总计					65 016.00

（2）编制建筑安装工程预算汇总表（表 10-8）。

表 10-8　某项目建筑安装工程预算汇总表

序号	工程或费用名称	单位	数量	合计/元
一	土体有机重构工程			9 230 300.02
1	推土机推土			9 230 300.02
二	灌排工程			4 888 332.62
1	灌溉工程			4 620 398.55
(1)	机井			1 942 518.11
(2)	管道安装工程			259 775.15
(3)	60U 型渠道			370 435.81
(4)	30U 型渠道			58 774.19
(5)	…			…
…	…			…
三	道路工程			847 699.70
1	田间路工程			607 429.99
2	生产路工程			237 944.70
3	过路桥涵			2325.01

续表

序号	工程或费用名称	单位	数量	合计/元
四	设备安装工程			706 172.14
1	电气工程			619 598.88
2	设备安装工程			86 573.26
五	防护林工程			113 090.50
1	防护林工程			113 090.50
六	其他工程			65 016.00
1	配电房			65 016.00
总计				15 850 610.99

(3) 编制设备购置费预算表（表 10-9）。

表 10-9　某项目设备购置费预算表

序号	工程或费用名称	单位	数量	单价/元	合计/元
1	变压器 S9-125/10	台	2	26 000.00	52 000.00
2	变压器 S9-160/10	台	1	3000.00	33 000.00
3	避雷器 YH5WZ-17/45	个	3	880.00	2640.00
4	熔断器 RW7-10/50	个	2	580.00	1160.00
5	无功补偿器 BBX0.4-8-3	个	30	950.00	28 500.00
6	照明灯具	套	1	120.00	120.00
7	机井潜水泵 200QJ32-78	台	30	3500.00	105 000.00
8	加压泵	台	1	5300.00	5300.00
9	喷灌机组	台	1	989 000.00	989 000.00
总计					1 216 720.00

(4) 编制其他费用预算表（表 10-10）。

表 10-10　某项目其他费用预算表

序号	费用名称	计算基数/元	费率/%	合计/元
1	前期工作费			903 484.83
(1)	可行性研究费	15 850 610.99	1.00	158 506.11
(2)	土地清查项目勘察、评估费	15 850 610.99	0.30	47 551.83
(3)	项目规划设计费	15 850 610.99	2.75	435 891.80
(4)	项目招标费	15 850 610.99	0.15	23 775.92

续表

序号	费用名称	计算基数/元	费率/%	合计/元
(5)	项目监理费	15 850 610.99	1.50	237 759.16
2	业主管理费	17 212 912.93	2.00	344 258.26
3	竣工验收费			458 817.11
(1)	工程验收费	15 850 610.99	1.50	237 759.16
(2)	决算编制审计费	15 850 610.99	1.00	158 506.11
(3)	整理后土地重估费、登记费基本农田重划费	15 850 610.99	0.30	4755.83
(4)	标志设定费			15 000.00
4	其他			79 253.05
(1)	预算标准编制费	15 850 610.99	0.15	23 775.92
(2)	工程质量监督费	15 850 610.99	0.35	55 477.14
总计				1 785 813.25

注：业主管理费的计算基数为=建筑安装工程预算费+前期工作费+竣工验收费，其余的计算基数均为建筑安装工程预算费。

（5）编制项目总预算表（表 10-11）。

表 10-11　某项目总预算表

序号	工程或费用名称	建筑安装工程费/万元	设备费/万元	其他费用/万元	合计/万元	占基本费用/%
1	建筑安装工程	1585.06			1585.06	84.07
(1)	土体有机重构工程	923.03			923.03	48.96
(2)	灌排工程	488.83			488.83	25.93
(3)	道路工程	84.77			84.77	4.50
(4)	设备安装工程	70.62			70.62	3.75
(5)	防护林工程	11.31			11.31	0.60
(6)	其他工程	6.50			6.50	0.34
2	设备购置费		121.67		121.67	6.45
3	其他费用			178.58	178.58	9.47
4	基本费用				1885.31	100.00
5	不可预见费				51.64	2.74
总计					1936.95	

注：不可预见费=（建筑安装工程预算费+前期工作费+竣工验收费）×3%。

（6）编写预算的编制说明。①项目概况。②预算编制依据。③定额选用及费用计算标准。④项目技术经济指标分析。

（二）建设用地整备工程

1. 项目概况

某项目拆除改造总规模为 70.40hm^2，原有民宅 296 户，房屋建筑面积 20 688m^2，苗木 64hm^2，办公区及厂房 51 360m^2。通过拆除改造新增建设用地 70.4hm^2，达到三通一平（水、电考虑建设施工用量就近选取）。

2. 工程量计算

通过实地考察、丈量，计算工程量（表 10-12）。预算编制依据现行土地工程预算定额［××省国土资源厅 2004 年编制的《××省土地开发整理项目预算定额及施工机械台班费用定额（试行）》及相配套的费用定额］。

表 10-12　主要工程量汇总表

工程划分	序号	项目	单位	工程量
主体工程	1	房屋拆除	m^2	20 688
	2	办公区及厂房拆除	m^2	51 360
配套工程	3	清除苗木	hm^2	64
	4	新砌围墙	m	4236

3. 编制项目预算书

(1) 编制建筑安装工程预算表（表 10-13）。

表 10-13　某项目建筑安装工程预算表

序号	工程或费用名称	单位	数量	单价/元	合计/元
1	房屋拆除	m^2	20 688	1.25	25 860.00
2	办公区及厂房拆除	m^2	51 360	1.25	64 200.00
3	清表	m^2	640 320	1.80	1 152 576.00
4	清运建筑垃圾	m^3	32 421	29.87	968 415.27
5	清表后垃圾清运	m^3	256 128	29.87	7 650 543.36
6	平整工程	m^2	706 353	0.86	607 463.58
7	围墙砌筑	m	4 236	490.00	2 075 640.00
总计					12 544 698.21

(2) 编制拆迁补偿费。本项目暂未计入。

(3) 编制其他费用预算表（表 10-14）。

表 10-14　某项目其他费用预算表

序号	费用名称	计算基数/元	费率/%	合计/元
1	前期工作费			715 047.80
(1)	项目建议书编制及报批费			
(2)	可行性研究费	12 544 698.21	1.00	125 446.98
(3)	土地清查项目勘察、评估费	12 544 698.21	0.30	37 634.09
(4)	项目规划设计费	12 544 698.21	2.75	344 979.20
(5)	项目招标费	12 544 698.21	0.15	18 817.05
(6)	项目监理费	12 544 698.21	1.50	188 170.47
2	拆迁补偿费			
3	业主管理费	13 625 997.56	2.00	272 519.95
4	竣工验收费			366 251.55
(1)	工程验收费	12 544 698.21	1.50	188 170.47
(2)	决算编制审计费	12 544 698.21	1.00	125 446.98
(3)	整理后土地重估费、登记费基本农田重划费	12 544 698.21	0.30	37 634.09
(4)	标志设定费			15 000.00
5	其他			62 723.49
(1)	预算标准编制费	12 544 698.21	0.15	18 817.05
(2)	工程质量监督费	12 544 698.21	0.35	43 906.44
总计				1 416 542.79

注：业主管理费的计算基数＝建筑安装工程预算费＋前期工作费＋竣工验收费，其余的计算基数均为建筑安装工程预算费。

（4）编制不可预见费预算表（表 10-15）。

表 10-15　某项目不可预见费预算表

序号	费用名称	建筑安装工程预算费/万元	前期工作费/万元	竣工验收费/万元	小计/万元	费率/%	合计/万元
1	不可预见费	1254.47	71.50	36.63	1362.60	3.00	40.88
总计							40.88

注：不可预见费＝（建筑安装工程预算费＋前期工作费＋竣工验收费）×3%。

（5）编制项目总预算表（表 10-16）。

表 10-16 某项目总预算表

序号	工程或费用名称	预算金额/万元	各项费用占总费用的比例/%
一	建筑安装工程费	1254.47	87.30
二	设备购置费	0	0.00
三	其他费用	141.65	9.86
四	不可预见费	40.88	2.84
总计		1437.00	100.00

(6) 编写预算的编制说明。①项目概况。②预算编制依据。③定额选用及费用计算标准。

（三）污损土地土体有机重构工程

1. 项目概况

某矿井及选煤厂土地复垦总规模 1752.26hm²，原排矸厂压占土地 10.50hm²，采煤沉陷土地 1737.28hm²，施工生产临时损毁土地 4.48hm²。通过复垦新增耕地 575.67hm²，新增园地 566.73hm²，新增林地 359.55hm²，新增草地 250.31hm²。

2. 工程量计算

工程量计算（表 10-17）依据设计图纸和现行土地工程预算定额（中国财政部国土资源部 2012 年编制的《土地开发整理项目预算定额标准》）。

表 10-17 主要工程量汇总表

序号	工程名称	单位	工程量
一	土体有机重构工程	—	—
1	地裂缝充填	m³	179 818.00
2	裂缝区表土剥离	m³	131 399.00
3	清基及表土剥离	m³	54 000.00
4	裂缝区田面平整	m³	213 959.00
5	搬迁村庄平整	m³	488 550.00
6	土方回填及平整	m³	54 000.00
7	新增耕地土地耕翻	hm²	97.71
8	土地翻耕	hm²	4.48
9	土壤施肥	kg	479 505.00
10	建、构筑物拆除	m³	97 710.00
11	硬化物拆除	m³	136 794.00

续表

序号	工程名称	单位	工程量
二	防护林工程	—	—
1	园地果树补植	株	97 272
2	其他园地补植	株	45 009
3	油松补植	株	42 138
4	柠条补植	株	79 536
5	种植沙棘	株	105 000
6	草地（撒播）	hm^2	126.42
7	撒播草木樨	hm^2	14.90
8	种植乔木（毛白杨）	株	29 875
三	灌排工程	—	—
1	水窖	座	130
2	沉沙池	座	130
四	道路工程	—	—
1	沙砾石路面（20cm 厚）	m^2	47 800.00
2	素土路面（20cm 厚）	m^2	35 850.00

3. 编制项目概（预）算书

（1）编制工程施工费概（预）算表（表 10-18）。

表 10-18　某项目工程施工费概（预）算表

序号	工程名称	定额编号	单位	数量	综合单价/元	合计/元
一	土体重构工程					20 013 118.16
（一）	充填工程					
	地裂缝充填	10 333	$100m^3$	1 798.18	2 827.20	5 083 814.50
（二）	土壤剥覆工程					
	裂缝区表土剥离	10 002	$100m^3$	1 313.99	656.86	863 107.47
…	…	…	…	…	…	…
（三）	平整工程					
	裂缝区田面平整	10 327	$100m^3$	2 139.59	250.80	536 609.17
	搬迁村庄平整	10 327	$100m^3$	4 885.50	250.80	1 225 283.40
	新增耕地土地耕翻	10 044	hm^2	97.71	2 005.73	195 979.88
…	…	…	…	…	…	…

续表

序号	工程名称	定额编号	单位	数量	综合单价/元	合计/元
（四）	清理工程					
	建、构筑物拆除	10 159	$100m^3$	977.10	968.63	946 448.37
	硬化物拆除	10 159	$100m^3$	1 367.94	968.63	1 325 027.72
	基础挖除	20 309	$100m^3$	1 465.65	617.10	904 452.62
	垃圾清运	10 119	$100m^3$	3 810.69	2014.83	7 677 892.53
（五）	坡面工程-梯田					
	土方开挖	10 040	$100m^3$	183.44	656.86	120 494.40
…	…	…	…	…	…	…
二	植被重建工程					35 105 360.31
（一）	林草植被恢复					
	果园补植（苹果）	90004-1	100 株	972.72	14 636.83	14 237 537.28
	果园补植（梨）	90004-1	100 株	450.09	14 636.83	6 587 890.81
	林地补植（油松）	90004-1	100 株	421.38	14 636.83	6 167 667.43
	林地补植（柠条）	90014-1	100 株	795.36	4 614.40	3 670 109.18
	草地（撒播）	90030	hm^2	126.42	3 443.41	435 315.89
…	…	…	…	…	…	…
三	配套工程					9 637 690.93
（一）	集雨工程					
1	水窖		座	130		
	土方开挖	10 032	$100m^3$	91.0	2 087.41	189 954.31
	砂浆抹面	30 065	$100m^3$	2.86	1 160.30	3318.46
	混凝土底板	40 030	$100m^3$	1.38	45 856.32	63 281.72
2	沉沙池		座	130		
	土方开挖	10 032	$100m^3$	117.00	2 087.41	244 226.97
…	…	…	…	…	…	…
总计						64 756 169.40

(2) 编制其他费用概（预）算表（表 10-19）。

表 10-19　某项目其他费用概（预）算表

序号	费用名称	计算式/万元	预算金额/万元	比例/%
1	前期工作费		263.10	36.13
(1)	土地清查费	土地清查费＝工程施工费×0.5%	32.38	4.45
(2)	项目可行性研究费	项目可行性研究费＝18＋（26－18）×（工程施工费＋设备购置费－5000）÷（8000－5000）	21.93	3.01
(3)	项目勘测费	项目勘测费＝工程施工费×1.5%	97.13	13.34
(4)	项目设计与预算编制费	项目设计与预算编制费＝76＋（115－76）×（工程施工费＋设备购置费－5000）÷（8000－5000）	95.18	13.07
(5)	项目招标代理费	项目招标代理费＝15＋（工程施工费＋设备购置费－5000）×0.1%	16.48	2.26
2	工程监理费	工程监理费＝87＋（130－87）×（工程施工费＋设备购置费－5000）÷（8000－5000）	108.15	14.85
3	拆迁补偿费		0.00	0
4	竣工验收费		199.11	27.34
(1)	工程复核费	工程复核费＝29.75＋（工程施工费＋设备购置费－5000）×0.005	37.13	5.10
(2)	工程验收费	工程验收费＝59.5＋（工程施工费＋设备购置费－5000）×0.01	74.26	10.20
(3)	项目决算编制与审计费	项目决算编制与审计费＝39.5＋（工程施工费＋设备购置费－5000）×0.006	48.35	6.64
(4)	整理后土地重估与登记费	整理后土地重估与登记费＝27.25＋（工程施工费＋设备购置费－5000）×0.0045	33.89	4.65
(5)	标识设定费	标识设定费＝4.45＋（工程施工费＋设备购置费－5000）×0.0007	5.48	0.75
5	业主管理费	业主管理费＝119＋（工程施工费＋设备购置费＋前期工作费＋工程监理费＋拆迁补偿费＋竣工验收费－5000）×0.019	157.87	21.68
总计			728.23	100.00

（3）编制监测与管护费概（预）算表（表 10-20）。

表 10-20　某项目监测与管护费概（预）算表

序号	类别	单位	数量	综合单价/元	合计/元
一	监测工程				1 212 700.00
	沉陷区监测	观测点·次	4232	200.00	846 400.00
	重度土壤	个	1332	275.00	366 300.00

续表

序号	类别	单位	数量	综合单价/元	合计/元
二	管护工程				10 032 912.10
	园地、林地管护工日	工日	58 575	70.30	4 117 822.50
	防护林管护工日	工日	2782	70.300	195 574.60
	土壤施肥量	kg	479 505.00	3.00	1 438 515.00
	用水量	万 m^3	85.62	50 000.00	4 281 000.00
总计					11 245 612.10

(4) 编制不可预见费概（预）算表（表 10-21）。

表 10-21　某项目不可预见费概（预）算表

序号	费用名称	工程施工费/万元	设备购置费/万元	其他费用/万元	监测与管护费/万元	小计/万元	费率/%	合计/万元
1	不可预见费	6475.62	0.00	728.23	1124.56	8328.41	3.00	249.85
总计								249.85

注：不可预见费=(工程施工费+设备购置费+其他费用+监测与管护费）×3%。

(5) 编制项目总概（预）算表（表 10-22）。

表 10-22　某项目总概（预）算表

序号	工程或费用名称	预算金额/万元	各项费用占静态总投资的比例/%
1	工程施工费	6 475.62	75.49
2	设备购置费	0	0
3	其他费用	728.23	8.49
4	监测与管护费	1 124.56	13.11
(1)	复垦监测费	121.27	1.41
(2)	管护费	1003.29	11.70
5	不可预见费	249.85	2.91
6	静态总投资	8 578.26	100.00
7	价差预备费	16 605.09	193.57
8	风险金	2 518.34	29.36
9	动态总投资	27 701.69	322.93

注：①价差预备费= $\sum P\times[(1+i)^{(n-1)}-1]$。式中，$P$ 为每年静态投资总额（元）；i 为年工程造价增长率（%）；n 为复垦年限（年）。结合项目自身特点及物价上涨指数，i 取 7%。②风险金=（静态总投资+价差预备费）×10%。

(6) 编写概（预）算的编制说明。①项目概况。②概（预）算编制依据。③定额选用及费用计算标准。

(四) 低标准用地提升工程

1. 项目概况

某项目整治建设规模 139.58hm²，原有耕地 45.13hm²，通过闸沟造地和河滩地修筑实现耕地面积的大幅增加，新增耕地面积达 60.12hm²。主要建设内容为土体有机重构及配套工程的实施如灌排工程、道路工程及沟道植物防护工程等。

2. 工程量计算

工程量计算（表 10-23）依据设计图纸和现行土地工程预算定额（中国财政部国土资源部 2012 年编制的《土地开发整理项目预算定额标准》）。

表 10-23　主要工程量汇总表

序号	类型	单位	工程量
一	土体有机重构工程		
1	小型拦洪坝	座	1
2	修复小型坝	座	4
3	10KV 线路架设	m	814
4	骨干排洪渠	m	2 200
5	土地平整工程	m^3	683 932.03
二	配套工程		
1	灌排工程		
(1)	机井	眼	6
(2)	新建蓄水池	座	10
(3)	新修水窖	座	9
(4)	排洪渠	m	2 555
(5)	浆砌石排洪渠	m	3 831
(6)	380V 线路架设	m	3 579.2
(7)	10kV 线路移设	m	296
(8)	380V 线路移设	m	673
(9)	变压器	台	2
(10)	喷灌机组	台	6

续表

序号	类型	单位	工程量
2	道路工程	m	4 970.80
(1)	二级田间路		
(2)	生产路	m	4 796.60
(3)	错车道	m	330.00
3	防护林工程	株	35 659
(1)	栽植灌木		
(2)	栽植乔木	株	16 375
(3)	谷坊	座	12
(4)	沟头防护	m	360.40
(5)	截水沟	m	598.80
(6)	排水沟	m	232.60
4	其他工程		
(1)	配电房	座	2
(2)	井房	座	6

3. 编制项目概（预）算书

(1) 编制工程施工费概（预）算表（表 10-24）。

表 10-24 某项目工程施工费概（预）算表

序号	定额编号	单项名称	单位	工程量	综合单价/元	合计/元
骨干工程						2 637 136.21
一		骨干灌排工程				2 637 136.21
1		小型拦洪坝	座	1		514 730.47
1.1		坝体工程				348 408.44
	10231	清坝基土	m^3	559.33	11.17	6 250.44
	10041	削土坡	m^2	670.49	2.37	1 589.06
	10020	人工挖土结合槽	m^3	79.11	10.12	800.96
	10332	结合槽回填	m^3	86.53	4.39	379.96
	10218	挖运土	m^3	27 074.70	9.54	258 187.43
	10344	土方分层碾压	m^3	20 356.92	3.79	77 064.29
	100006	铺筑 $300g/m^2$ 土工布反滤层	m^2	140.18	8.71	1 221.64
	30019	浆砌石排水沟	m^3	10.84	249.20	2 700.93
	40211	伸缩缝	m^2	1.08	197.19	213.73

续表

序号	定额编号	单项名称	单位	工程量	综合单价/元	合计/元
1.2		溢洪道				103 056.88
	10029	人工挖沟槽（土）	m^3	1 332.57	10.57	14 079.72
	30019	浆砌块石（基础）	m^3	72.19	249.20	17 990.09
…	…	…	…	…	…	…
2		小型坝修复	座	4		829 928.75
2.1		坝体工程				348 533.95
	10231	清坝基土	m^3	501.20	11.17	5 600.76
	10041	削土坡	m^2	719.28	2.37	1 704.70
	10020	人工挖土结合槽	m^3	138.58	10.12	1 403.05
…	…	…	…	…	…	…
		田间工程				19 192 787.79
一		土地平整工程				11 819 634.90
1		耕作田块修筑工程				5 866 997.07
1.1		坝地条田修筑	hm^2	66.52		3 759 800.48
	10306	推土机推土 40～50m	m^3	273 796.32	4.12	1 128 656.77
	10307	推土机推土 50～60m	m^3	410 135.71	4.88	2 001 599.52
	10042	田坎修筑	m^3	26 075.84	24.14	629 544.19
1.2		河滩地修筑	hm^2	51.02		2 107 196.60
…	…	…	…	…	…	…
二		灌溉与排水工程				3 821 327.14
1		水源工程				1 698 302.36
1.1		机井	眼	6		48 092.54
	60008	钻机成孔	m	600.00	578.56	347 137.98
	60087	混凝土管安装	m	600.00	174.73	104 837.50
	60091	透水层填封	m	240.00	88.60	21 264.82
	60097	非透水层填封	m	360.00	8.58	3 087.65
	60105	机械洗井	m	240.00	9.43	2 262.31
	70090	水泵安装	台	6	389.21	2 335.29
1.2		小型集雨设施				1 217 376.81
1.2.1		蓄水池工程（500m^3）	座	2		517 633.50
…	…	…	…	…	…	…

续表

序号	定额编号	单项名称	单位	工程量	综合单价/元	合计/元
三		田间道路工程				472 227.58
1		二级田间道	m	4 970.80		274 653.72
1.1		路基				33 010.91
	80001	路床压实	m^2	19 883.20	1.66	33 010.91
1.2		路面				241 642.82
	80015	素土压实路面	m^2	14 912.40	1.58	23 619.82
	80023	砂砾石面层	m^2	14 912.40	14.62	218 022.99
2		生产路	m	4 796.60		179 340.22
2.1		路基				23 890.54
	80001	路床压实	m^2	14 389.80	1.66	23 890.54
2.2		路面				155 449.68
…	…	…	…	…	…	…
四		农田防护与生态环境保持工程				3 049 660.38
1		农田林网工程				465 238.46
1.1		沟头梁峁植物防护	株	3955		36 793.04
	90023	条播种草	hm^2	0.303 3	1794.14	544.22
	90013	栽植灌木	株	2 373	7.76	18 419.18
	90007	栽植乔木	株	1 582	11.27	17 829.64
1.2		开挖坡面植物防护	株	745		7 939.02
	90027	穴播种草	hm^2	0.5652	2 132.96	1 205.59
	90013	栽植灌木	株	474	7.76	3 679.18
…	…	…	…	…	…	…
五		其他工程				29 937.80
1		配电房	座	2		7 701.04
	100049	配电房	m^2	24.00	320.88	7 701.04
2		井房	座	6		22 236.76
	100049	井房	m^2	69.30	320.88	22 236.76
总计						21 829 924.00

（2）编制设备购置费概（预）算表（表 10-25）。

表 10-25　某项目设备购置费概（预）算表

序号	设备名称	规格	单位	数量	单价/元	合计/元
1	变压器	S9-50/10	台	2	6 500.00	13 000.00
2	避雷器	YH5WZ-17/45	组	2	880.00	1 760.00
3	熔断器	RW7-10/50	组	2	580.00	1 160.00
4	软启动器	STRA-030-3	个	2	2 700.00	5 400.00
5	无功补偿器	BBX0.4-8-3	个	2	1 000.00	2 000.00
6	机井潜水泵	200QJ32-78/6	台	6	3 150.00	18 900.00
7	照明灯具		套	8	120.00	960.00
8	喷灌机组		台	6	9 800.00	58 800.00
9	加压泵		台	6	1 500.00	9 000.00
总计						110 980.00

（3）编制其他费用概（预）算表（表 10-26）。

表 10-26　某项目其他费用概（预）算表

序号	费用名称	计算式/万元	预算金额/万元	比例/%
1	前期工作费		111.36	38.32
(1)	土地清查费	土地清查费＝工程施工费×0.5%	10.91	3.76
(2)	项目可行性研究费	项目可行性研究费＝6.5＋（13-6.5）×（工程施工费＋设备购置费－1000）÷（3000－1000）	10.38	3.57
(3)	项目勘测费	项目勘测费＝工程施工费×1.5%×1.1	36.02	12.40
(4)	项目设计与预算编制费	项目设计与预算编制费＝［27＋（51-27）×（工程施工费＋设备购置费－1000）÷（3000－1000）］×1.1	45.46	15.65
(5)	项目招标代理费	项目招标代理费＝5＋（工程施工费＋设备购置费－1000）×0.3%	8.58	2.95
2	工程监理费	工程监理费＝22＋（56-22）×（工程施工费＋设备购置费－1000）÷（3000－1000）	42.30	14.56
3	拆迁补偿费		0.00	0.00
4	竣工验收费		75.74	26.07
(1)	工程复核费	工程复核费＝6.75＋（工程施工费＋设备购置费－1000）×0.006	13.91	4.79
(2)	工程验收费	工程验收费＝13.5＋（工程施工费＋设备购置费－1000）×0.012	27.83	9.58
(3)	项目决算编制与审计费	项目决算编制与审计费＝9.5＋（工程施工费＋设备购置费－1000）×0.008	19.05	6.56

续表

序号	费用名称	计算式/万元	预算金额/万元	比例/%
(4)	整理后土地重估与登记费	整理后土地重估与登记费＝6.25＋（工程施工费＋设备购置费－1000）×0.0055	12.82	4.41
(5)	标识设定费	标识设定费＝1.05＋（工程施工费＋设备购置费－1000）×0.0009	2.12	0.73
5	业主管理费	业主管理费＝27＋（工程施工费＋设备购置费＋前期工作费＋工程监理费＋拆迁补偿费＋竣工验收费－1000）×0.024	61.16	21.05
总计			290.56	100.00

(4) 编制拆迁补偿费。本项目不涉及拆迁补偿费。

(5) 编制不可预见费概（预）算表（表 10-27）。

表 10-27　某项目不可预见费概（预）算表

序号	费用名称	工程施工费/万元	设备购置费/万元	其他费用/万元	小计/万元	费率/%	合计/万元
1	不可预见费	2182.99	11.10	290.56	2484.65	3.00	74.54
总计							74.54

注：不可预见费＝（工程施工费＋设备购置费＋其他费用）×3%。

(6) 编制工程施工费概（预）算汇总表（表 10-28）。

表 10-28　某项目工程施工费概（预）算汇总表

序号	单项名称	预算金额/万元	各项费用占工程施工费的比例/%
1	骨干工程	263.71	12.08
2	土地平整工程	1181.96	54.15
3	灌溉与排水工程	382.13	17.50
4	田间道路工程	47.22	2.16
5	农田防护与生态环境保持工程	304.97	13.97
6	其他工程	2.99	0.14
总计		2182.99	100

(7) 编制项目总概（预）算表（表 10-29）。

表 10-29　某项目总概（预）算表

序号	工程或费用名称	预算金额/万元	各项费用占总费用的比例/%
一	工程施工费	2182.99	85.30
二	设备购置费	11.10	0.43
三	其他费用	290.56	11.35
四	不可预见费	74.54	2.92
总计		2559.19	100.00

（8）编写概（预）算的编制说明。①项目概况。②概（预）算编制依据。③定额选用及费用计算标准。

第二节　土地工程项目成本控制

一、土地工程项目成本控制的概念

土地工程项目成本控制是指在土地工程项目成本形成过程中对各项生产经营活动进行指导、控制和监督，及时发现偏差，及时纠正，使各项具体的和全部的生产耗费控制在原来所规定的范围之内，并不断推广先进经验，采取改进措施，降低成本，以保证实现规定的成本目标。

成本控制包括成本预测、成本计划、成本核算和成本分析在内的全过程控制。土地工程项目的全过程成本控制一般可分为事前、事中、事后三个阶段的控制，在具体的实施中把三个阶段细化为工程项目决策阶段、设计阶段、项目招投标与施工阶段、竣工决算与后评价阶段。

全过程成本控制中的各阶段成本控制对工程造价的影响程度有所不同。据有关资料显示，在项目决策和设计阶段，影响建设项目造价的可能性为30%～75%，最高可达90%，但这两个阶段对造价的确定和控制不够具体，造价管理的效果难以体现。而在实施阶段影响建设项目造价的可能性为30%～35%，但这个阶段造价管理比较容易实现，效果亦比较显著，往往被工程管理人员所重视。竣工验收以及交付使用后的造价管理对工程造价的影响较小，在10%以下。显而易见，土地工程项目成本控制的关键在于投资决策和设计阶段。

二、土地工程项目投资决策阶段的成本控制

（一）土地工程项目投资决策的概念

土地工程项目投资决策是指在土地工程选择和决定投资行动方案前，对拟建项目的必要性和可行性进行技术经济论证，对不同建设方案进行技术经济比较及

做出判断和决定的过程。正确的项目投资行动来源于正确的项目投资决策。正确决策是合理控制成本的前提。

（二）土地工程项目决策阶段影响项目成本控制的主要因素

投资决策阶段各项技术经济决策对该项目的成本有很大影响，特别是建设规模、标准水平的确定、工艺的评选、设备选用以及可行性研究及投资估算等，直接关系到工程造价的高低。

1. 项目的建设规模

任何土地工程建设项目都应选择合理的建设规模。规模过小，资源得不到有效配置，建设和生产成本提高，经济效益低下；规模过大，管理水平、项目经济技术环境的制约也会使经济效益降低。因此，合理的建设规模是决策阶段控制成本的关键。

2. 项目的建设标准

建设标准是编制项目可行性研究和投资估算的重要依据。建设标准是否合理，对控制工程造价有很大影响。建设标准应根据技术进步和投资者的实际情况制定，标准定得过高，只能无谓地增加成本，浪费投资；标准定得过低，达不到先进、高效、安全、可行的技术标准，不利于技术进步。因此，现阶段大多数建设项目应采用适当超前、安全、可行的标准，既考虑现时投入，又考虑长远效益。

3. 设备方案选择

针对不同的土地工程项目，项目规模和标准的不同，主要设备和辅助设备的配备是不一样的。根据施工组织设计，定制设备方案。设备方案选择应符合以下五个要求：

(1) 主要设备方案应与确定的建设规模、技术方案相适应，并满足项目使用的要求。

(2) 主要设备之间、主要设备与辅助设备之间能力要相互匹配。

(3) 设备质量可靠、性能成熟，保证生产和产品质量稳定。

(4) 在保证设备性能前提下，力求经济合理。

(5) 选择的设备应符合政府部门或专业机构发布的技术标准要求。

4. 项目的可行性研究及投资估算

项目的决策依据是可行性研究。在可行性研究报告批准后，估算作为设计任务下达的投资限额对初步设计概算起控制作用，并可作为资金筹措以及向银行贷款的依据。因此，从估算开始就要正确完整地反映工程项目的建设投资。这就要求设计人员从工程规模和项目内容上真实反映设计意图，对主要工艺要进行多方案比较和优化，设计方案不仅技术上可行，而且更应经济上合理。在进行可行性分析时，不仅要对项目建设的投资进行预测分析，同时还要充分考虑项目的全寿命费用，即项目建设投资和工程交付使用后的经常开支费以及项目使用期满后的报废拆除费用等，因为只有考虑了项目的全寿命使用费用，才能真正地做到对项目投资的控制，最大限度地提高投资效益。

三、土地工程项目设计阶段的成本控制

（一）土地工程项目设计的概念

土地工程项目设计是指在土地工程项目开始施工之前，设计者根据已批准的设计任务书，为具体实现拟建项目的技术、经济要求，对拟建项目所做的规划、图纸、数据等技术文件的工作。设计是建设项目由计划变为现实具有决定意义的工作阶段。

（二）土地工程项目设计阶段成本控制的意义

土地工程项目设计阶段是一个重要阶段，设计阶段的成本控制对工程造价有着关键性影响。设计在土地工程建设全过程费用中比例不大，但对工程造价的影响可达75%以上，设计质量直接影响工程造价的多少和建设工期的长短，决定人力、物力和财力投入的多少。所以，土地工程项目设计阶段成本控制有着很重要的意义，具体表现有：①提高资金利用效率。②提高投资控制效率。③使控制工作更为主动。④便于技术与经济相结合。⑤在设计阶段控制项目成本效果最显著。

（三）土地工程项目设计的原则

土地工程设计的原则应遵循技术第一、效益三统一、因地制宜等原则，具体包括：①土地工程项目应优先采用先进技术和高新技术。②社会效益、经济效益、生态效益三者相统一。③因地制宜，材料选用尽可能就地取材。④合理规划水源，施工用水及投产后的生产用水就近选取。

（四）土地工程项目设计阶段成本控制的方法

土地工程设计是土地工程项目进行全面规划和具体描述实施意图的过程，是工程建设的灵魂，是处理技术与经济关系的关键性环节，是确定与控制成本的重点阶段。

1. 优化设计方案，有效控制工程成本

设计质量是否达到国家规定，功能是否满足使用要求，不仅关系到建设项目一次性投资的多少，而且关系到项目建成交付使用后的经济效益。虽然设计费用

占工程总投资的比例很小（不到1%），但它对工程造价的影响程度达到75%。很显然，设计阶段是项目成本控制的重点，控制工程费用应从设计抓起。因此，在审查设计单位的设计时，要重视多方案比较，优化设计方案。

2. 对工程项目实行限额设计

控制工程成本，在设计过程中采用限额设计。所谓限额设计就是按照批准的可行性研究报告的投资估算控制初步设计，按照批准的初步设计总概算控制技术设计和施工图设计；同时各专业在保证达到使用功能的前提下，按分配的投资限额控制设计，严格控制不合理变更，保证总投资额不被突破。分解投资和工程量是实行限额设计的有效途径和主要方法，它是将上阶段设计审定的投资额和工程量分解到各个专业，然后再分解到各单位工程和各分部工程。通过层层分解，实现对投资限额的控制和管理，也实现了对设计规范、设计标准、工程数量与概预算指标等各方面的控制。设计方案比选过程中采用成本比较法。

四、土地工程项目招投标阶段的成本控制

（一）土地工程项目招投标的概念

土地工程项目招投标是指招标人在发包建设土地工程项目之前，依据法定程序，以公开招标或邀请招标方式，鼓励潜在的投标人依据招标文件参与竞争，通过评定，从中择优选定中标人的一种经济活动。

（二）土地工程项目招投标的意义

(1) 实行项目招标投标基本形成了由市场定价的价格机制，使工程成本更加趋于合理。

(2) 实行项目招标投标能够不断降低社会平均劳动消耗水平，使工程成本得到有效控制。

(3) 实行项目招标投标便于供求双方更好地相互选择，使工程价格更加符合价值基础，进而更好地控制工程成本。

(4) 实行项目招标投标有利于规范价格行为，使公开、公平、公正的原则得以贯彻。

（三）土地工程项目招投标阶段成本控制的方法

土地工程招标投标包括设备、材料采购招投标和施工招投标两个方面。通过招投标选择施工单位或材料供应商，对项目投资乃至质量、进度的控制都是至关重要的。

(1) 做好招标文件的编制工作。招标文件是合同的重要组成部分，招标文件

编制是招投标阶段的核心工作，招标文件编制要做到全面、具体，符合相关国家法律法规的要求。对影响工程成本的各种因素进行鉴别、预测、分析和评价。对招标文件中涉及费用的条款要反复推敲，尽量做到“知己知彼”，以利于日后的造价控制。为规避风险，招标文件编制完成后须经法律顾问审核后报发标人批准。

(2) 做好开标、评标、定标工作。首先要严格按照程序进行开标、评标、定标工作，评标应当遵循公平、公正、科学、择优的原则，应当采取措施，保证评标在严格保密的情况下进行，任何单位和个人都不得非法干预，影响评标过程和结果。

(3) 合理低价中标。推行合理低价中标，应杜绝一味寻求绝对低价中标，以避免投标单位以低于成本价恶意竞争，给施工过程埋下隐患。所谓合理低价，是在保证质量、安全、工期前提下的最低报价。

(4) 做好合同的签订工作。应按招标文件及合同内容明确协议条款，对合同中涉及费用的条款（如工期、价款的结算方式、违约争议处理等）应有明确的约定。

五、土地工程项目施工阶段的成本控制

土地工程项目的施工阶段是项目实体形成阶段，是人力、物力、财力消耗的主要阶段。工程量大、涉及面广、影响因素多、施工周期长等特点决定了施工阶段在土地工程成本控制中具有不可忽视的重要地位。控制工程成本，提高建设质量，发挥投资效益，都要靠施工阶段加强工程建设的管理和监督来实现，这就要求加强施工阶段的成本控制，进而实现对工程项目建设的全方位、全过程的成本控制。施工阶段的成本控制主要包括以下四方面。

1. 严格审核工程施工图预算

严格执行先设计后施工制度，杜绝边设计边施工。在施工图设计完成后，及时做出施工图预算，确保施工图预算不超相应概算。

2. 有效控制工程设计变更

在土地工程项目建设过程中，工程变更是不可避免的，但工程变更会带来工程造价的变化，为了有效地控制工程造价，就要对工程变更进行有效控制。

在施工过程中引起变更的原因很多，如工程设计粗糙，会使工程的实际情况与发包商提供的图纸不符；又如，当前市场供应的材料规格不符合设计要求等，这些问题的出现都会给工程造价的控制带来麻烦。因此，必须严把变更关，严禁通过设计变更扩大建设规模、提高设计标准、增加建设内容等，实行“分级控制、限额变更”的制度。对必须发生的设计变更，尤其是涉及费用增减的设计变更，必须经设计单位代表、建设单位现场代表、监理工程师共同签字，以减少损

失。若已完成或部分完成的工程内容还需拆除，则会造成更大的损失。因此，对工程的变更应该尽可能提前进行，因为工程变更发生得越早，就能够将损失降低到最小；相反，工程变更发现越晚，损失就会更加严重。坚持“施工图设计漏洞消灭在开工之前”的原则，严把各个关口。加强设计变更管理，尤其对影响工程造价的重大设计变更，做严格控制，使工程成本得到有效控制。

3. 严格现场签证管理，掌握工程造价的变化

在土地工程项目的施工过程中，建设单位要加强现场施工管理，督促施工方按图施工，严格控制变更洽商、材料代用、现场签证、额外用工及各种预算外费用，对必要的变更，应做到先算账后花钱。若一旦发生变更，应及时计算因工作量变更而发生增减的费用，随时掌握项目费用额度，以免事情积压成堆，影响工程造价的控制。建设单位的现场代表还要督促施工方做好各种记录，特别是隐蔽工程记录和签证工作，以减少结算时的扯皮现象。许多工程就是由于现场签证不严肃，为工程结算带来许多不必要的麻烦，造成相当大的经济损失。因此，严格现场签证管理在施工阶段工程成本控制中是非常重要的。

4. 正确处理索赔与反索赔

工程索赔是工程施工中经常发生的现象。它的发生必然导致工程造价的变化，为了有效控制工程成本必须做好索赔控制工作，严格控制索赔事件发生，并做好反索赔证据的收集整理工作。

六、土地工程项目竣工决算及项目后评价阶段的成本控制

土地工程项目竣工决算阶段是土地项目建设全过程中全面考核建设工作，检查设计、工程质量是否符合要求，审查投资是否合理的重要环节，它对促进建设项目及其投产，发挥投资效益，总结经验教训都有重要作用。在此阶段，应全面汇集在工程建设中实际花费的全部费用，编制好竣工决算，要做好以下工作：①按照规定组织竣工验收，保证竣工决算的及时性。②积累、整理竣工项目资料，保证竣工决算的完整性。③清理、核对各项账目，保证竣工决算的正确性。

土地工程项目后评价是在土地工程项目投资完成以后，通过对项目目的、执行过程、效益、作用和影响所进行的全面系统的分析。其目的是通过对工程建设从立项到竣工的全部过程、环节的分析，总结在工程成本控制和管理中的成功经验和失败教训，分析各阶段的失误，找出引起各阶段工程成本失控的原因，制定和修改一些管理措施，达到肯定成绩、总结经验、研究问题、吸取教训、提出建议、改进工作、不断提高项目管理和建设水平。

第三节　土地工程财务管理

一、土地工程财务管理的概念及作用

（一）土地工程财务管理的概念

土地工程财务管理是指在一定的整体目标下，关于土地工程资产的购置（投资），资本的融通（筹资）和经营中现金流量（营运资金），以及利润分配的管理。财务管理是企业管理的一个组成部分，它是根据财经法规制度，按照财务管理的原则，组织企业财务活动，处理财务关系的一项经济管理活动。

（二）土地工程财务管理的作用

1. 收集反馈有用的项目成本数据，制定资金计划

土地工程财务管理可以根据决策需求制定数据收集形式、范围和方法，分科目安排好财务数据的收集和管理工作，对成本进行预测，制定资金计划，按实际情况随时调整资金计划，实行动态化的常规管理，及时为决策层提供真实、可靠的成本数据，降低决策风险。

2. 控制项目成本并寻找应对措施

土地工程项目的成本数据是土地工程项目进行正确经营决策的基础。及时收集成本数据能更好地了解行业的市场环境，项目成本一旦发生偏差，就要采取相应的应对措施来降低成本。

3. 应用财务分析手段评估工程效益

充分应用财务管理来进行土地工程项目的财务分析，科学合理预测和评价土地工程项目收益。

4. 指导工程项目施工

工程项目中积累的各种财务、成本数据能够为项目施工提供指导意见。以这些已经发生的成本数据为基础，来评估新工程项目的合理价格，最大化减少新工程项目的成本。此外，还可以根据工程项目不同施工阶段对资金需求量的不同，充分考虑资金的时间价值，合理预测工程项目不同阶段所需的资金量，制定相应的分阶段资金计划。

二、土地工程财务管理的要求

土地工程财务管理应该遵守国家有关的法律法规、方针政策。对于土地工程项目投资，从预算控制到核算分析应该进行全过程管理。土地工程财务管理的核心内容是资金管理，在进行财务管理的同时应该把资金预算、资金计划的编制和

落实作为工作重点。要依法合理的筹集项目资金，合理节约的进行安排使用。依法使用和筹集项目资金，根据资金成本和实际需要筹集并保持合理的施工项目规模和结构，使筹集的资金及时到位，避免工程延期影响效益。在确保高质高效完成项目的同时，应该尽可能控制项目成本、提高项目效益。

三、土地工程财务管理的方法

土地工程财务管理对于任何一个土地工程项目都是非常核心的一个工作，如果能够优化财务管理的每个环节，必将能够极大地改善和提高工作效率。同时，财务工作还要结合现代科技手段，实现科学高效的管理。

1. 要建立一支符合现代企业发展的会计队伍

财务管理工作离不开高素质的会计人才，他们不仅要具备现代先进的管理理念，还要有扎实的理论知识，同时要有丰富的管理经验。在财务管理过程中，不要拘泥于以往的模式和经验，要有新的思路和想法，并在实践中不断尝试总结，把新的理念渗透到财务管理的各个环节。

2. 以预算为主体，实行全面财务预算管理

在目前中国财政体制下，财务管理是一个非常复杂的系统工程，因为它所涉及的内容和环节众多，只有在各个环节进行有效的干预和管理，才能控制成本，做好财务分配。财务管理的首要工作是依据成本预测，制定合理的弹性的财务预算，然后在执行过程中做好跟踪和考核，严格控制预算目标，把年度预算细分为季度或月份预算，通过合理地控制成本，实现项目财务管理的根本目标，增加项目经济效益。会计凭证及账目要求真实准确，能够如实反映经济业务的真实性、合法性和合理性，为会计监督提供重要依据。

3. 进行资金管理，提高资金使用效率

现代社会的经济运行是以资金的流动为基础的，资金流动出现问题，社会经济活动就要受到影响。财务管理工作的核心就是资金的管理，如何提高资金的流动效率，体现资金的时间价值，使其发挥出潜在的经济影响力，是现代市场经济对资金的客观要求。因此，财务管理工作要加强对资金的管理，让其极大地发挥应有的作用和影响，避免出现资金的停滞流动和浪费现象。

4. 以财务管理为基础，参与企业的经营决策

财务工作是反映经营成果的晴雨表，必须及时做好财务报表的审核和分析工作，只有这样才能提供最全面的参考信息给决策者，以便制定出下一步的战略部署。

5. 进行成本费用控制，提高项目经济效益

财务管理中的成本控制是非常重要的一项任务，它存在于土地工程管理工作的方方面面，繁杂而琐碎，但它却是一个绝对不能忽视的环节，它大到大型设备

的采购，小到办公用品的采买，都必须进行有效的监督和核实，坚决避免浪费现象，否则成本控制就可能成为空谈。

四、土地工程资金管理的办法

1. 财务机构的设置

项目承担单位必须单独设有财务机构和一定数量的会计人员，在单位负责人的领导下，具体负责项目资金日常管理工作。

在财务管理上，应按项目资金管理的要求，设置管理岗位，明确各岗位的职责和权限，具体负责项目资金日常管理工作。

2. 资金管理的建章建制

必须建立项目资金管理的各项规章制度，如实物资产管理、工程合同管理、项目成本管理、费用开支标准及审批程序等。

3. 项目预算和资金计划

项目资金使用和管理应严格执行预算、经批准的项目预算和年度资金计划，原则上不得随意变更，如因特殊原因确需调整预算，应按有关规定报批。

4. 项目资金专款专用

项目资金必须专款专用，按照规定的用途和支出标准安排使用。不得挪用、侵占和转移项目资金；不得擅自改变资金用途、扩大使用范围和提高支出标准；不得用于购建项目配套设备以外的固定资产；不得用于对外投资；不得用于支付滞纳金、罚款、违约金、赔偿金等；不得用于捐赠和赞助。

5. 会计核算

项目承担单位应对项目资金进行单独核算。采用集中核算形式的，应单独设置账户，单独反映项目资金收支情况和项目成本构成情况；采用二级核算形式的，应按照单独核算要求，完整地设置账簿，反映项目资金运行全过程；要严格划清项目资金与其他资金的界限，项目资金与经营资金的界限，不同项目资金之间的界限，项目资金与留存基金的界限，对土地工程项目实行全成本核算。及时上报会计报表和项目竣工决算，保证会计信息质量。

6. 资金管理的监督检查

首先，强化内部监督机制，充分发挥内部监督机构对项目资金管理的监督作用；其次，接受上级主管部门、财政部门、审计机构等的监督检查，并对检查中的问题及时整改。

第四节 土地工程项目审计

一、土地工程项目审计的概念

土地工程项目审计是指审计机构依据国家的法令和财务制度、企业的经营方针、管理标准和规章制度，对土地工程项目的活动用科学的方法和程序进行审核检查，判断其是否合法、合理和有效的一种活动。项目审计是对项目管理工作的全面检查，包括项目的文件记录、管理的方法和程序、财产情况、预算和费用支出情况以及项目工作的完成情况。项目审计既可以对拟建、在建或竣工的项目进行审计，也可以对项目的整体进行审计，还可以对项目的部分进行审计。

二、土地工程项目审计的作用

通过审计，可以提高土地工程项目效益。项目效益分为两部分，一是项目建成以后的效益，二是项目建设期间的效益。前者的物质表现是多产出，后者的物质表现是少投入。

(1) 通过审计，可以及时发现不合理的经济活动，并能提出相应的改正建议，促使土地工程项目管理人员最大限度地实现对人、财、物使用的综合优化，从而尽可能降低项目造价，提高项目收益。

(2) 通过审计，保证投资决策和项目建设期间的重大决策的正确、可行。项目审计可以对项目决策是否遵循了科学的程序、决策依据是否充分、方案是否经过了优选等做出正确评价，而避免或终止错误的决策。这一点，对防止盲目投资和建设决策中的重大失误非常重要。

(3) 通过审计，可以揭露错误和舞弊，制止违法违纪行为，维护投资者的权益。

(4) 通过审计，可以交流经验，吸取教训，提高土地工程项目管理水平。任何时期的项目审计都会发现经验和暴露问题，这些经验和问题会帮助项目经理以及企业高层管理部门改善管理状况，避免或减少再次出现类似的错误。如此良性循环会大大提高企业的项目管理水平。

(5) 通过审计，可以激发项目管理人员的积极性和创造性。在审计过程中，通过对管理和项目现状的评价，使渎职舞弊的人员受到处理或批评，使成绩优异的部门和管理人员受到承认和荣誉，从而激励项目管理人员恪尽职守，努力工作。

三、土地工程项目审计的程序

（一）土地工程项目审计启动工作

首先应明确审计目的、确定审计范围，其次建立审计小组，然后了解工程项目概况，熟悉工程项目有关资料，最后制定出工程项目的审计计划。

（二）建立项目审计基准

依据土地工程的具体项目类型和不同投资主体，预先建立项目审计标准，可从以下六方面进行考虑。

(1) 项目建设任务完成情况。主要审查项目建设是否按批准的规划设计和计划完成，质量是否符合设计标准，各项目工程量是否已经验收核实，设计变更事项是否办理了批准手续；有无自行变更设计、提高或降低建设标准、扩大或缩小建设规模、增减工程量等问题，有无重大质量事故和经济损失。

(2) 项目预算执行情况。主要审查各项工程建设和相关工作费用是否严格按照批准的预算内容及控制额度执行，有关预算调整事项是否办理了批准手续；有无自行改变预算内容、扩大支出范围、提高预算标准等问题，有无用预算资金搞计划外工程问题。

(3) 项目费用支出情况。主要审查计入项目成本的各项费用支出是否符合规定的开支范围和标准，核算是否正确，内容是否真实，手续是否完备，竣工项目费用支出与其他项目支出、单位经费支出界限划分界限是否清晰，有无虚列支出、扩大开支范围和标准、挤占成本等问题。

(4) 项目资金管理及使用情况。主要审查项目实施单位是否按照规定要求管理和使用项目资金，各项制度是否健全并严格执行，内部控制是否严密，有无转移、截留、侵占项目资金问题。

(5) 项目资金结余。主要是核实竣工项目结余资金，重点是审查剩余物资的处理和债权债务的清理，有无转移、挪用剩余物资、虚列往来欠款、隐匿结余资金等问题。

(6) 项目竣工决算的编制。主要审查编制依据是否充分，编制内容是否全面，各项数据是否正确真实，应附送的资料是否齐全，签报手续是否完备，各项收尾工作是否全面、彻底，有无遗留问题，对遗留问题的处理是否合规；决算报表有无错报、漏报和以少报多、虚列支出等现象。

（三）实施土地工程项目审计

(1) 针对确定的审计范围实施审查，从中发现常规性的错误和弊端。

(2) 协同土地工程项目管理人员纠正错误和弊端。

(3) 报告审计结果并对土地工程项目各方面提出改进建议。

(4) 土地工程项目审计终结。审计小组在实施审计后应及时向项目主管领导汇报审计情况，并同时向被审单位提出审计报告。

四、土地工程项目不同时期审计工作的内容与方法

(一) 土地工程项目建设前期阶段的审计内容与方法

在土地工程项目建设前期对土地工程项目进行审计，保证建设项目严格执行国家关于固定资产投资政策、法规和制度，对投资方向、规模等进行决策性审计，防止决策失误。

土地工程项目建设前期阶段的审计工作包括工程项目前期的合法性审查、建设方案的审查、可行性研究的审查。

1. 土地工程项目前期的合法性审查

土地工程项目前期审计工作，需要在项目筹建初期进行，向项目建设主管单位或拟建单位索取有关项目的筹建文件和资料，审查项目的合法性。对于已批准的投资项目，需要审查项目设计任务书、设计概算、预算，项目总投资额和年度投资计划等。

2. 建设方案的审查

为减少由于建设方案考虑不周而造成不应有的经济损失，需要审查建设方案。重点审查：①项目建设的必要性。是否属国家需要且符合全面经济效益的要求，选址布局是否恰当，对环境的影响程度如何。②项目建设的可靠性。审查经济资源和自然资源条件的可靠程度，如地质资源、地质条件、能源、供水、供电、交通运输等条件的适应能力，预防项目建成后由于资源不足可能造成的损失。审查技术条件是否具备新技术、新工艺、新材料的有效性，施工水平，施工能力的可能解决程度等，避免由于施工技术或新工艺不能保证或达不到预期的设计目标，造成项目低效益或浪费的失误。审查项目投资效益的可靠性，分析项目的未来收支情况，评价建设方案所预计的投资回收利润率、偿还期、投资净现值和内部收益率等评价指标的可能性和可靠程度。③项目建设的适度性。审查工程项目规模、工期和投资总额是否符合客观实际，设计是否遵守相应的标准、规范等。

3. 可行性研究的审查

可行性研究审查是投资决策的必经步骤，是做出最后的投资决策的经济依据，是基本建设投资决策性审计的重要环节。中国已经规定国家投资项目必须进行可行性的研究论证和报批。审计机关重点对项目投资及资金来源、财务分析与

投资效益评价进行审查。参加建设单位或其主管部门举行的可行性研究论证会，听取有关专家的见解，说明审计人员的观点，共同交换意见。若审计意见确有根据且理由正确，应及时通过审计机关正式向工程项目有关主管部门提出可行性审计意见备忘录，将参加可行性研究论证会的情况和审计机关意见整理撰写可行性审计报告，必要时应采取审计权限内的纠正措施。

（二）土地工程项目建设实施阶段的审计内容与方法

1. 土地工程项目投资构成审计

土地工程项目投资计划经过前期审计并经国家正式批准投资后，审计工作并未终止，转入建设过程审计。特别是实行投资包干的项目，不因包干而放任不管，应加强事中审计，做好项目投资构成的审计，即对项目或单项工程概算、预算、建筑安装工程费用、设备工器具购置和其他费用支出的审查。依据项目初步设计文件、施工图纸、可行性研究报告及论证会意见、工程正式批文和建设管理法规等有关信息资料，审查概算、预算，与正式批准的投资概算是否一致，分析超减原因。特别审查有无超规模、超项目、超标准和未按规定取费等问题。发现后，应切实进行纠正。

2. 工程招标和合同审计

在土地工程项目建设中，必须加强招标承包审计和合同监督，要求建设单位严格执行中国建设投资规定，按照国家对建设项目招投标的规定，实事求是，依法办事，提高工程质量和投资效益。

同时，要求做好工程项目支出审计，防止材料使用、工程质量、工期和工程成本中出现的经济和技术上的失误与损失。例如，施工中违反技术规范操作，出现质量隐患不及时彻底处理，施工进度故意拖延，工程成本中虚报工时、耗料，不按图施工或擅自提高工程标准、增添项目、扩大建筑面积等违纪行为。

（三）土地工程项目建设完成后阶段的审计内容与方法

土地工程项目建设完成后阶段的审计主要针对三方面：①竣工工程交付使用的审计。②项目完工财务决算审计。③项目投产后经济效益评价与投资效益审计。

1. 竣工工程交付使用的审计

土地工程项目建设完成后，办理工程项目验收，并交付使用，审计机关需要确认项目是否符合设计标准、验收规范和合同条款要求，查验竣工验收报告。如发现不符合设计和验收规范的要求，无论问题大小，要求建设单位负责督促施工单位整改，直至重新建造。对未按规定进行技术处理的，审计机关要求建设单位及相关机构提出拒绝验收；同时写出审计报告，并通知暂停支付工程价款。被审计单位拒不执行的，审计机关应当通报有关主管部门，有关主管部门应当依照有关法律、行政法规的规定予以扣缴或者采取其他处理措施，并将结果书面通知审计机关。被审计单位的财政收支、财务收支违反法律、行政法规的规定，构成犯罪的，依法追究刑事责任。

2. 项目完工财务决算审计

土地工程验收交付使用后，建设单位依照规定程序，编制竣工决算并上报。审计机关根据竣工决算中的竣工工程概况表，交付使用资产总表及其明细表，验收说明和鉴证资料，实地查勘，与项目批复文件及预算进行对比，按照相关规定进行审核。核查项目中有无计划外工程，交付使用资产的名称、型号、规格、质量、数量等是否正确，产品配件是否齐全，有关验收程序、记录、签证和账务处理等方面是否一致，如发现差错，及时指出并采取必要的纠正措施。同时，运用财务审计方法，对工程项目投资财务收支进行审计。审查工程项目拨款和贷款使用情况、投资完成额、建设成本、建设项目结余资金与分布，核查有关原始记录和会计凭证、账簿记录，相关单位与责任人员是否遵守各种会计细则，是否符合建设项目财务法令和会计制度要求。

3. 项目投产后经济效益评价与投资效益审计

提高工程项目建设效益，是工程项目审计的重要目的。建成完工投产阶段的经济效益审计，即对工程项目质量、建设速度、建设成本和投产后的全面经济效益进行评审。工程质量审查在施工过程和竣工验收过程两个关键环节中深入细致的进行审计。土地工程的效益评价应从经济效益、社会效益、生态效益等三个部分，合理的构建评价指标体系，应用评价指标体系与设计说明、可行性研究报告中的相应指标进行对比，得出适当的审计结论。对于设计不当、施工不良、建设管理疏忽产生的低效或无效工程，审计机关会同有关主管单位查清事实，审计机关认为对负有直接责任的主管人员和其他直接责任人员依法应当给予行政处分的，应当提出给予行政处分的建议；被审计单位或者其上级机关、监察机关应当依法及时作出决定，并将结果书面通知审计机关；构成犯罪的，依法追究刑事责任。

第十一章　土地工程项目管理

项目管理是指通过一定的组织形式，用系统工程的观点、理论和方法对工程建设项目生命周期内的所有工作，包括项目建议书、可行性研究报告、项目决策、设计、设备询价、施工、签证、验收等系统运行全过程进行计划、组织、指挥、协调和控制，以达到保证工程质量、缩短工期、提高投资效益的目的。本章结合项目管理的理论和方法，通过在土地工程实践中积累的成功管理经验和现行相关政策，对土地工程项目管理的特性进行研究，总结出土地工程项目的一个完整的项目管理过程。

第一节　土地工程项目管理特点

一、土地工程项目特点

土地工程项目是指通过组建项目运作机构，按照可持续利用的原则，根据土地利用规划或城市规划确定的目标和用途，对一定区域内的土地进行调整规划及综合整治，以形成新的固定资产和生产力，达到提高土地产出率和利用率，改善生产条件和生态环境的一种投资建设活动。其主要特点包括以下六点（郝建新和邓娇娇，2011）。

（1）土地工程项目是建设周期长、投资额度大的基础设施项目，属于国家的政策性投融资范围，它主要由政府集中必要的财力、物力，通过经济实体担当投资主体。

（2）项目产出具有公共性。土地工程本身是一项公共事业，是实现城市化、工业化、农业和农村现代化，改善生活环境和生产条件的基础工程。

（3）项目投资目的具有非营利性。实施土地工程项目旨在改善农业生产条件或城市居住条件，提高农业生产率，改善生态环境等，而不是追求项目本身的直接经济效益。

（4）项目效益具有滞后性和隐蔽性。由于土地生产力的提高或者形成需要一定的周期，因此土地工程项目效益呈现出滞后性，而滞后性又导致了项目效益的隐蔽性，即项目效益需要经过一定时期才能完全反映出来。

（5）项目内容具有独特性。土地工程项目所覆盖的区域面积通常涉及不同的土地权属主体，在实施土地工程项目的同时，必须处理好土地权属问题。

(6) 项目实施所需的专业知识具有综合性。土地工程项目实施过程中涉及的工程类型多，涵盖土地、农业、水利、建筑、交通、电力、林业和环保等行业。在项目实施过程中，需综合这些行业的专业知识及工程进度，合理安排各专业之间的交叉作业。

二、土地工程项目管理要点

土地工程项目具有多目标、多管理层次、多管理部门等特点，因此形成科学的项目管理体系有利于规范项目管理、保证各项项目的顺利实施。土地工程项目管理要点包含以下四个方面。

1. 注重规划

土地工程的实施，一是要以土地利用总体规划为依据编制土地利用专项规划；二是要处理好土地工程与生态环境保护的关系，注意保护和改善生态环境；三是围绕土地工程规划，综合考虑各种工程措施，做好工程设计，确保工程顺利实施。

2. 严格加强资金管理

为保证土地工程项目的顺利进行，必须有足够的资金注入。建立健全资金监督检查制度，定期开展项目资金专项检查，强化资金的管理监督，建立健全项目承担单位资金的内部稽核制度，并自觉接受财政、审计、纪检监察等部门的监督检查，确保资金使用效果。

3. 科学组织

土地工程属于政府行为，因此从编制规划、制定政策、筹集资金到组织实施都要在各级政府的统一领导下进行。土地工程项目涉及农、林、水、建设、财政部门等，应该形成人力、物力、财力的合力，综合运用法律、行政、经济、工程和科技手段，取得经济效益、社会效益和生态效益相统一的综合效益。

4. 理清和明确权属

土地工程项目必须注意理清和明确土地权属关系：一是土地工程前期要依据土地调查和土地登记资料，认真做好工程开展之前权属状况的确认工作；二是对涉及土地权属调整的，一定要依法确认调整后的权属，再进行变更登记，防止引发土地纠纷；三是注意保护农民利益，稳定土地承包经营权，对整理后需要对承包地进行适当调整的，要充分尊重原土地承包经营者的意愿。

三、土地工程项目管理流程

项目先后衔接各个阶段的全体被称为项目管理流程。土地工程项目管理流程分为五个阶段：前期管理、施工管理、工程监理、竣工验收和后评价阶段。

(1) 前期管理：主要是土地相关部门对项目申报单位提交的项目建议书、可行性研究报告、项目初步设计以及施工图设计进行审批。项目审核批准后项目承担单位对项目进行组织、公告、招投标和合同管理等项目管理的前期准备。

（2）施工管理：主要是编制施工组织设计，进行施工进度、质量、成本的控制，施工生产要素管理，设计变更，签证管理以及施工现场安全管理。

（3）工程监理：主要是依据国家有关土地工程项目建设的法律、法规、技术标准、实施方案、监理合同等，对工程建设的质量、进度、投资进行控制，并组织协调工程各参与方之间工作关系以及对合同、信息的管理。

（4）竣工验收，也称范围核实或移交。它是核查项目计划规定范围内各项工作或活动是否已经全部完成，可交付成果是否令人满意，并将核查结果记录在验收文件中的一系列活动。项目验收时，要明确项目的起点和终点、项目的最后成果以及各子项目成果的标志。

（5）后评价。项目评价是对正在实施或已经完成的项目所进行的一种系统而又客观的分析评价，以明确项目的目标、效果、效益的实现程度。

土地工程项目管理流程图如图 11-1 所示。

四、土地工程项目管理制度

按照中国法律、法规等规定，在工程建设管理过程中实行严格的管理制度。当前中国已建立了主要以项目法人责任制、招投标制、工程监理制、合同制及公告制为基础的工程项目建设管理制度。这些制度相互关联、互为补充，共同构成了一个较为完整的工程建设管理制度体系。

土地工程项目属于工程建设管理项目的范畴，必须有一系列的管理制度相配套，才能保证其规范有序地运作。土地工程项目作为政府投资的基础性项目具有公共性、公益性，公众参与成为项目顺利实施并取得良好效益的重要保障，因此形成了以项目法人为主体的工程招标发包体系，以规划设计、施工、材料供应等为主体的投标承包体系，以工程监理单位为主体的中介服务体系的三元结构，同时辅以项目公告制为主要实现方式的公众参与体系。

第二节　土地工程项目前期管理

一、项目建议书的审批

项目建议书是项目发展周期的初始阶段，是国家选择项目的依据，也是可行性研究的依据。项目建议书是由投资单位或项目法人提出申请，并由投资单位（或项目法人）自行编制或委托具有相应资质的工程咨询机构编制项目建议书，经县（市、区）国土资源主管部门对项目建设的必要性、拟建地点、拟建规模、投资估算、资金筹措、建设模式以及经济效益和社会效益等进行审核后，报市国

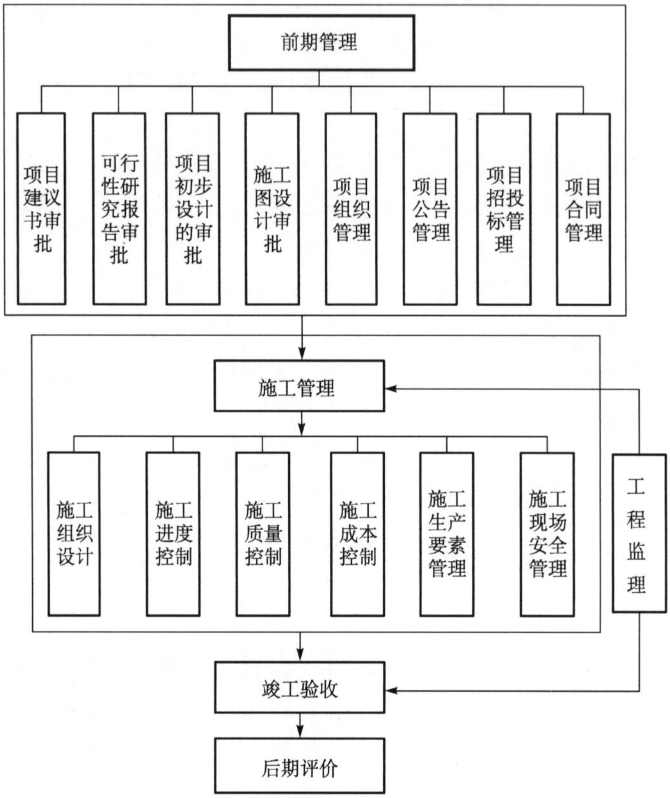

图 11-1　土地工程项目管理流程图

土资源局审批，再上报省级国土资源厅备案。

二、可行性研究报告的审批

由地方土地行政主管部门组织或委托有资质的设计或咨询机构进行研究，设计或咨询单位接受可行性研究任务后，通过实地调查研究、分析预测、方案比选和经济评价等一系列的技术经济活动，推荐出项目最佳方案，并在此基础上编制可行性研究报告，提交项目申报单位。小型项目可由县级国土部门评审后批准。大中型项目由县一级土地部门签署同意后上报，由有权批准的土地行政主管部门从是否符合国家行业政策；是否符合法规、政策、宏观规划、土地利用规划以及土地整理规划；论证投资估算是否合理、正确等方面进行筛选和评审，对符合立项条件的，再经有权批准立项的国土部门进行审批。

三、项目初步设计的审批

项目初步设计是指项目可行性研究报告在通过前期审核、批准的框架内，按照有关技术规范和技术标准，对土地工程项目的主体工程（土体有机重构）和配套工程（灌排工程、道路工程、农田防护与生态环境保持工程等）进行设计，并编制投资概算。

土地整理项目初步设计应组织土地整理项目所在县（或地、省）级国土资源部门、水利、农业、林业、环保等专家进行咨询、论证，并听取当地群众意见。设计单位根据咨询论证意见，对初步设计文件进行补充、修改。初步设计文件经审查批准后，主要内容不得随意修改、变更，并作为项目工程建设实施的技术文件基础。建设单位对项目初步设计如有修改、变更，须经初步设计单位同意；如有重要或重大修改和变更，须经原审批机关复审同意。

项目初步设计的审批分四种情况：①项目属利用社会资金的，项目初步设计和预算由县级国土资源部门委托专业技术机构或组织专业技术人员审核后批准。②属使用县级财政资金的，由县级国土资源部门负责项目初步设计方案审核和预算初审及行文报送同级财政部门进行项目预算审批。③属使用市级财政资金的，项目初步设计方案与预算由县级国土资源部门会同级财政部门上报，并由市级国土资源部门负责项目初步设计方案审核和预算初审及行文报送同级财政部门进行项目预算审批。④属使用省级财政资金的，项目初步设计方案与预算由县级国土资源部门会同级财政部门行文报送省级国土资源厅、省财政厅进行项目预算审批。

初步设计不得随意更改已被批准的可行性研究报告所确定的建设规模、工程标准、建设范围、布局和设计方案、工程投资等控制指标。如果初步设计提出的总概算超过了可行性研究报告总额的10%以上，或者其他主要指标需要变更时，应该说明原因和计算依据，并重新向原审批单位报批。

四、施工图设计的审批

项目初步设计经批准后，项目承担单位应尽快组织设计单位编制项目施工图设计。项目施工图设计是已定方案的具体化，包括所有专业的设计图纸（含图纸目录、说明和必要的设备、材料表）以及图纸总封面、工程预算书。

施工图设计应由项目执行（或建设）单位组织专家审批，施工图技术性审查应该包括以下内容：勘察、设计企业和注册执业人员以及相关人员的行为是否符合国家和地方有关法律、法规、规章的规定；是否符合《工程建设标准强制性条文》和其他有关工程建设强制性标准；施工图是否达到规定的设计深度要求；是否符合作为设计依据的政府有关部门的标准文件的要求。工程预算应在概算的范围内，超过概算的要报原审批单位报批。

五、项目组织管理

工程项目组织主要是指参与主体内部针对具体工程项目所建立的组织关系或组织结构，一般包括管理层次、管理跨度、管理部门和管理职能四大要素。工程项目组织的建立首先必须考虑工程项目各参与方之间的相互组织关系，即确定工程承发包模式；其次是项目各参与方根据项目特点和合同关系建立本单位的项目组织，以确定项目管理目标、确定项目管理工作内容、确定项目组织结构形式、确定项目组织结构的管理层次和跨度、确定工作岗位和职责、配置工作人员、确定工作流程和信息流程、制定考核标准。

六、项目公告管理

土地工程项目公告属于专业性的法定事项公告，并且依据其内容不同，可以划分为项目招投标公告、项目基本情况公告及权属管理公告三种基本类型。土地工程项目公告一般采用设立项目标志牌、公开张贴、广播、电视、报刊和互联网发布等形式。

七、项目招投标管理

目前，土地工程项目还没有完全配套的招投标机制，实行的招投标办法是借鉴工业和民用建筑项目以及水利水电工程项目的做法。

根据《工程建设项目招标范围和规模标准规定》，土地工程项目中勘察、设计、施工、监理以及与工程建设相关的重要设备、材料等的采购，达到下列标准之一的，必须进行招标。

(1) 施工单项合同估算价在 200 万元人民币以上的。

(2) 重要设备、材料等货物的采购，单项合同估算在 100 万元人民币以上的。

(3) 勘察、设计、监理等服务的采购，单项合同估算在 50 万元人民币以上的。

(4) 单项合同估算价低于第 1、第 2、第 3 项规定的标准，但项目总投资额在 3000 万元人民币以上的。

土地工程项目的招标条件除了满足一般工程建设项目招标需要具备的条件之外，还必须满足项目区土地权属调整方案已经确定这一条件。

土地工程项目的招投标按照项目委托任务可以分为施工招投标、监理招投标、工程设计招投标、项目可行性研究招投标、材料设备采购招投标；按照项目承包的范围可分为项目总承包招标、专项工程承包招标。

八、项目合同管理

合同管理是工程项目管理的重要内容之一。在土地工程项目的实施过程中，往往涉及许多合同，诸如设计合同、咨询合同、科研合同、总承包合同、监理合同、施工承包合同、供货（设备）合同、分包合同等。大型土地工程项目还分若干个标段，每个标段都涉及上述合同，合同数量可能上百个。合同管理的主要内容有：根据项目的特点和要求确定设计任务委托模式和施工任务承包模式（合同结构）、选择合同文本、确定合同计价办法和支付办法、合同履行过程的管理与控制、合同索赔等。项目合同关系的形成体现出以项目为主线，以项目承担单位为主导，以承包单位为重点的合同网络。土地工程项目的主要合同关系如图 11-2 所示。

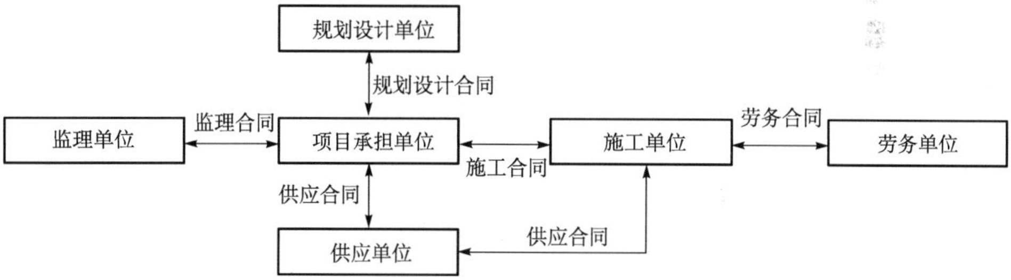

图 11-2　土地工程项目的主要合同关系图

第三节　土地工程项目施工管理

工程施工是项目建设全过程的重要阶段之一，施工管理也是项目管理的重要组成部分。土地工程项目的施工管理是指施工单位承揽土地工程项目任务后从施工准备工作开始，经过施工过程到竣工验收的全部管理过程，同时包括项目施工企业对各项工作的检查、监督、控制、协调等。

一、施工组织设计

通常根据设计阶段、拟建工程规模、特点及技术复杂程度以及编制的广度、深度和具体作用等不同，将施工组织设计分为施工组织设计大纲、施工组织总设计和单位工程组织设计。

（一）编制依据

（1）可行性研究报告及审批意见。

(2) 项目施工图及承包合同。

(3) 工程所在地有关基本建设的法规政策。

(4) 当地土地工程建设的施工设备、管理水平及技术特点。

(5) 工程所在地自然社会经济条件等。

(6) 项目区勘测设计资料。

(二) 主要任务

确定开工前必须完成的各项准备工作；根据拟建工程的规模、特点和施工条件，做好施工部署，确定经济、合理、有效的施工方案，选择合适的施工方法和施工机具；合理安排施工顺序，确定合理可行的施工进度计划，确保工程按合同工期完成；采用技术上先进、经济上合理的施工方法和技术组织措施；选定最有效的施工机械和劳动组织，计算人力、物力需用量，确定先后使用顺序，尽量做到均衡施工；对施工现场的总平面和空间进行合理布置；拟定保证工程质量、降低成本、确保施工安全和防火的各项措施。

(三) 基本内容

根据施工组织设计的任务，编制施工组织设计的基本内容，包括以下五个方面：

1. 工程概况和施工条件分析

对拟建工程的建设地点、内容、规模、地质概况、概（预）算价格等进行说明；对工程的总工期、承建方式、业主单位要求、主要建筑材料供应和运输进行说明；对自然条件、交通条件、劳动力供应、水电和施工机械供应等进行分析说明。

2. 施工方案

根据上述分析，结合人力、机械、资金及施工方法等可变因素在时间、空间上的安排，对工程采用的多个施工方案进行技术经济评价，从中选定最适宜的施工方案。

3. 施工进度计划及各种资源需用量计划的编制

根据实际施工条件，应用网络计划技术、流水作业原理等，合理安排工程进度。根据进度计划及工程量，拟定人力、材料、施工机具、构配件等的需用量计划以及与之相关的各项施工准备工作计划。

4. 施工（总）平面图

根据上述安排，结合施工现场条件，设计项目施工总平面图或单位工程施工平面布置图。

5. 其他

施工组织设计还可能包括保证工程质量措施、保证施工进度措施、控制工程成本措施、安全技术措施、冬雨季施工措施以及文明施工措施等。

二、施工进度控制

（一）施工进度控制的概念

施工进度控制是保证施工项目按期完成、合理安排资源供应、节约工程成本的重要措施。它是指在既定的工期内，编制出最优的施工进度计划，在执行该计划的施工中，经常检查施工实际进度情况，并将其与计划进度相比较，若出现偏差，要分析产生的原因和对工期的影响程度，找出必要的调整措施，修改原计划，不断地如此循环，直至工程竣工验收。施工项目进度控制的总目标是确保施工项目的既定目标工期的实现，或者在保证施工质量和不增加施工实际成本的条件下，适当缩短施工工期。

（二）施工进度控制方法、措施和主要任务

1. 施工进度控制方法

施工进度控制方法主要是规划、控制和协调。规划是指确定施工项目总进度控制目标和分进度控制目标，并编制其进度计划。控制是指在施工项目实施的全过程中，进行施工实际进度与施工计划进度的比较，出现偏差及时采取措施调整。协调是指协调与施工进度有关的单位、部门和工作队组之间的进度关系。

2. 施工进度控制的措施

施工进度控制采取的主要措施有组织措施、技术措施、合同措施、经济措施和信息管理措施等。

组织措施主要是指落实各层次的进度控制人员分配、具体任务和工作责任；建立进度控制的组织系统；按着施工项目的结构、进展的阶段或合同结构等进行项目分解，确定其进度目标，建立控制目标体系；确定进度控制工作制度，如检查时间、方法、协调会议时间、参加人数等；对影响进度的因素分析和预测。技术措施主要是采取加快施工进度的技术方法。合同措施是指与分包单位签订施工合同的工期同有关进度计划目标相协调。经济措施是指实现进度计划的资金保证措施。信息管理措施是指不断地收集施工实际进度的有关信息进行整理统计，并与计划进度比较，定期地向建设单位提供比较报告。

3. 施工进度控制的任务

施工进度控制的主要任务是编制施工总进度计划并控制其执行，按期完成整个施工项目的任务；编制单位工程施工进度计划并控制其执行，按期完成单位工

程的施工任务；编制分部分项工程施工进度计划，并控制其执行，按期完成分部分项工程的施工任务；编制季度、月（旬）作业计划，并控制其执行，按期完成规定的目标等。

（三）影响施工进度的因素

依据工程项目的施工特点，尤其是较大和复杂的施工项目，工期较长，影响进度因素较多。编制控制施工进度计划和执行计划时必须充分认识和估计这些因素，才能克服其影响，使施工进度尽可能按计划进行，当出现偏差时，应考虑有关影响因素，分析产生的原因。其主要影响因素有以下五个：

1. 有关单位的影响

主要施工单位对施工进度起决定性作用，但是建设单位与业主、设计单位、材料设备供应部门、运输部门、水、电供应部门及政府的有关主管部门都可能给施工某些方面造成困难而影响施工进度，其中经常发生设计单位出图纸不及时、有错误以及有关部门或业主对设计方案进行变动等情况。材料和设备不能按期供应，或质量、规格不符合要求，都将使施工停顿。资金不能保证也会使施工进度中断或速度减慢。

2. 施工条件的变化

施工中工程地质条件和水文地质条件与勘查设计的不符，如地质断层、地下障碍物、软弱地基以及恶劣的气候、暴雨、高温和洪水等都对施工进度产生影响，造成临时停工或破坏。

3. 技术失误

施工单位采用技术措施不当，施工中发生技术事故；应用新技术、新材料、新结构缺乏经验，不能保证质量等都要影响施工进度。

4. 施工组织管理不利

施工组织不合理、劳动力和施工机械调配不当、施工平面布置不合理等都将影响施工进度计划的执行。

5. 意外事件的出现

施工中如果出现意外的事件，如严重自然灾害、火灾、重大工程事故、工人罢工等都会影响施工进度。

（四）施工进度控制原理

1. 动态控制原理

施工进度控制是一个不断进行的动态控制，也是一个循环进行的过程。它是从项目施工开始，实际进度出现了运动的轨迹，也就是计划进入执行的动态。实际进度按照计划进度进行时，两者相吻合；当实际进度与计划进度不一致时，便产生超前或落后的偏差。分析偏差的原因，采取相应的措施，调整原来计划，使两者在新的起点上重合，继续按其进行施工活动，并且尽量发挥组织管理的作用，使实际工作按计划进行。但是在新的干扰因素作用下，又会产生新的偏差。施工进度计划控制就是采用这种动态循环的控制方法。

2. 系统原理

（1）施工计划系统。为了对施工实行进度计划控制，首先必须编制施工的各种进度计划，其中有施工总进度计划、单位工程进度计划、分部分项工程进度计划、季度和月（旬）作业计划，这些计划组成一个施工项目进度计划系统。计划的编制对象由大到小，计划的内容从粗到细。执行计划时，从月（旬）作业计划开始实施，逐级按目标控制，从而达到对施工项目整体进度目标控制。

（2）施工进度实施组织系统。施工全过程的各专业队伍都是遵照计划规定的目标去努力完成各项任务的。项目经理和有关劳动调配、材料设备、采购运输等各职能部门都按照施工进度规定的要求进行严格管理、落实和完成各自的任务。

（3）施工进度控制组织系统。为了保证施工进度实施有一个项目进度的检查控制系统。从公司经理、项目经理，一直到作业班组都设有专门职能部门或人员负责向其做检查汇报，统计整理实际施工进度的资料，并与计划进度比较分析和进行调整。

3. 信息反馈原理

信息反馈是施工进度控制的主要环节，施工的实际进度通过信息反馈给基层施工进度控制的工作人员，在分工的职责范围内，经过对其加工，再将信息逐级向上反馈，直到主控制室。主控制室统计整理各方面的信息，经比较分析做出决策，调整进度计划，使其仍符合预定工期目标。若不应用信息反馈原理，不断地进行信息反馈，则无法进行计划控制。施工进度控制的过程就是信息反馈的过程。

4. 弹性原理

施工进度计划工期长、影响进度的原因有很多，其中有的已被人们掌握，可以根据统计经验估计影响程度和问题出现的可能性，并在确定进度目标时，进行实现目标的风险分析。在计划编制者具备了这些知识和实践经验之后，编制施工进度计划时就会留有余地，使施工进度计划具有弹性。

5. 封闭循环原理

项目的进度计划控制的全过程是计划、实施、检查、比较分析、确定调整措施、再计划。从编制项目施工进度计划开始，经过实施过程中的跟踪检查、收集有关实际进度的信息、比较和分析实际进度与施工计划进度之间的偏差、找出产生原因和解决办法、确定调整措施、再修改原进度计划，形成一个封闭的循环系统。

6. 网络计划技术原理

网络计划技术原理是施工进度控制完整的计划管理和分析计算理论基础。在施工进度的控制中利用网络计划技术原理编制进度计划，根据收集的实际进度信息，比较和分析进度计划，并利用网络计划的工期优化、工期与成本优化和资源优化的理论调整计划。

（五）施工进度控制的过程

1. 施工进度计划的编制

施工进度计划是进度控制的依据，因此编制施工进度计划是提高进度控制中进度管理质量的关键所在。施工进度计划分为施工总进度计划和单位工程施工进度计划两类。

(1) 施工总进度计划，是对整体工程编制的施工进度计划。由于施工的内容较多，工期较长，故其计划项目综合性大、控制性较多、作业性较弱。

(2) 单位工程施工进度计划，是对单位工程、单体工程或单项工程编制的施工进度计划的总称。由于它所包含的施工内容比较具体明确，施工期较短，故其作业性较强，是进度控制的直接依据。

2. 施工进度计划的实施

施工进度计划的实施就是用施工进度计划指导施工活动、落实和完成计划。施工进度计划逐步实施的进程就是施工项目建造的逐步完成过程。为了保证施工进度计划的实施并且尽量按编制的计划时间推进，保证各进度目标实现，应从以下四个方面进行。

(1) 施工进度计划执行准备。做好进度计划执行的准备工作是施工进度计划顺利执行的保证，因此要对执行中可能出现的问题做出正确的估计和预测，要保证进度计划的准确性和可行性。

(2) 签发施工任务书。编制好月（旬）作业计划以后，将每项具体任务通过签发施工任务书的方式使其进一步落实。施工任务书包括施工任务单（分项工程施工任务、工程量、劳动量、开工及完工日期、工艺、质量和安全要求等）、限额领料单、考勤表等。

(3) 做好施工进度记录，填好施工进度统计表。

(4) 做好施工中的调度工作。施工调度是指在施工过程中不断组织新的平衡，建立和维护正常的施工条件及施工程序所做的工作。其主要任务是督促、检查工程项目计划和工程合同执行情况，调度物资、设备、劳力，解决施工现场出现的矛盾，协调内外部的配合关系，促进和确保各项计划指标的落实。

3. 施工进度计划的检查

为了能够经常掌握项目施工的进度情况，在进度计划执行一定时间后就要检查、监督实际进度是否按照计划进度顺利进行。进度控制人员应定期跟踪检查施工实际进度情况，主要是收集施工进度材料，进行统计整理和对比分析，确定实际进度与计划进度之间的关系。

三、施工质量控制

（一）影响施工质量的因素

施工质量控制是围绕控制的任务展开，不同区域的项目由于建设内容和所属的自然区划、水文地质不同，其控制的内容也会有所不同。从工程质量的总体状况、工程整体结构和各部分应具备的功能看，影响施工质量控制的因素主要包括参与施工的人员；原材料、构配件；所用施工机械设备；采用施工方法、检验方法以及生产技术环境、劳动环境、管理环境等，对这五个方面严加控制，是保证施工质量的关键。

（二）质量控制的内容

施工质量控制的内容围绕控制任务展开，主要包括准备阶段的质量控制、施工阶段的质量控制和竣工验收阶段的质量控制。

(1) 准备阶段的质量控制，主要包括图纸会审、编制施工组织设计、组织技术交底、控制物资采购、严格选择分包单位五项内容。在施工组织设计中，对质量控制起主要作用的是施工方案。

(2) 施工阶段的质量控制，主要包括严格进行材料、构配件试验和施工试验，实施工序质量监控，组织过程质量检验，重视设计变更管理，加强成品保护，积累工程施工技术资料。

(3) 竣工验收阶段的质量控制，主要是坚持竣工标准、做好竣工预检和整理工程竣工验收资料。

（三）质量控制流程

为了保证施工单位建立的施工质量保证体系正常运行，采用 PDCA（计划—实施—检查—处理）循环原理的工作流程。

1. 计划

计划（plan，P）由目标和实现目标的手段组成，质量控制的计划包括确定质量目标和制定实现质量目标的行动方案两个方面。计划可理解为施工质量计划阶段，主要是确定为达到预期的各项质量目标而制定实现质量目标的实施方案。在施工质量计划阶段，现场施工管理组织应根据其任务目标和责任范围，建立施工质量控制的管理制度，对质量工作程序、技术方法、业务流程、资源配置、检验试验要求、质量记录方式、不合格处理、管理措施等内容做出具体规定并形成相关管理文件。施工质量计划编制完成后，还需要对其实现预期目标的可行性、有效性、经济合理性等方面进行分析论证，并按规定的程序与权限经过审批后执行。

2. 实施

实施（do，D）在于将质量的目标值，通过生产要素的投入、作业技术活动和产出过程，转换为质量的实际值，是进行质量计划目标和施工方案的交底，落实相关条件并按质量计划的目标所确定的程序和方法展开施工作业技术活动。交底的目的在于使具体的作业者和管理者明确质量计划意图和要求，掌握质量标准及其实现的程序与方法，正确执行质量计划的实施方案，努力实现预期的施工质量目标。

3. 检查

检查（check，C）是指对计划实施过程进行各种检查以及作业者的自检、互检和专职管理者专检。首先是检查是否严格按照预定计划认真执行，实际条件是否发生了变化，没按计划执行的原因；其次是检查计划执行的结果，即施工质量是否达到标准要求，并对此进行评价和确认。

4. 处理

处理（action，A）是指对质量检查中发现的施工质量问题或质量不合格问题，及时分析原因，采取必要的措施予以纠正，保持施工质量始终处于受控状态。处置包括纠偏处置和预防处置。纠偏是采取应急措施，解决当前的质量问题和缺陷。预防是将信息反馈至管理部门，分析问题的症结或计划的不周，为今后类似质量问题的预防提供借鉴。

四、施工成本控制

（一）影响施工成本的因素

影响施工成本最主要也是最基本的因素，主要包括施工质量、施工工期、耗用资源的价格和施工管理水平。

1. 施工质量对施工成本的影响

这一部分成本属于质量保证成本，即为保证和提高工程质量采取相关措施而耗费的开支，如购置监测设备、增加监测工序、提高监测水平、保证施工质量所耗费的开支等。质量保证成本随质量的变化而变化。一旦质量出现问题，还需要对质量进行补救、修正，这时发生的成本也属于施工质量范畴内对施工成本的影响。

2. 施工工期对施工成本的影响

施工工期越长，施工企业的人工费、设备折旧费和财务费用也就越多。缩短工期通常意味着需要加大资源投入，也会增加成本。

3. 耗用资源的价格变化对施工成本的影响

项目施工通常都需要一个较长的周期，在此周期内，建筑材料、机械设备价格和人工费用从客观上讲必然有一定的变动，但施工成本是在开工前就已经计划确定，这一部分成本的变化较难掌握，应在合同条款中做出必要规定。

4. 施工管理水平对施工成本的影响

这里既包括施工企业的管理水平，也包括项目承担单位的管理水平。由于管理不善造成预算成本估计不准，或由于资金、原材料供应不及时造成工期拖延以及由于施工组织混乱造成材料、人工和设备浪费等，都会影响施工成本。

（二）施工成本控制的手段

施工成本控制的手段包括计划控制、预算控制、会计控制和制度控制等。

1. 计划控制

计划控制是指通过制订成本计划的方式对施工成本进行控制，其过程是依据工程承包合同和施工组织设计等编制成本计划，内容包括单项或单位工程成本的分解以及成本控制技术或管理措施等，目标是将施工成本控制在成本计划标准范围内。

2. 预算控制

预算是施工前根据一定标准或市场状况对施工项目价格进行估计的过程，也称承包价格。作为一种施工的最高限制，预算等于预期利润加上工程成本，因此它可用作成本控制标准。

3. 会计控制

会计控制是指用会计手段，通过记录实际发生的成本及其凭证，对成本支出进行核算与监督，从而发挥成本控制作用，其优点是系统性强、严格而具体、计算准确、政策性强，是理想的和必需的成本控制手段。

4. 制度控制

制度控制是指通过制订成本管理制度，对成本控制做出具体规定，作为行动准则约束施工人员和管理人员的活动，以达到控制成本的目的，其主要内容包括成本管理责任制度、技术组织措施制度、定额管理制度、材料管理制度、劳动工资管理制度、固定资产管理制度等。

在施工成本控制过程中，上述手段往往是相互联系的，通过各种手段的综合运用以达到成本控制的总体目标。

（三）施工成本控制的要点

1. 成本的综合性控制

施工成本目标不是孤立的，它只有与质量目标、进度目标、效率、工作质量要求、消耗等相结合才有价值。①施工成本目标必须与详细的技术质量要求、进度要求、工作范围、工作量等同时落实到责任者，并作为业绩评价的尺度。②在施工成本分析中必须同时分析进度、效率、质量状况，才能得到反映实际的信息，才有实际意义和作用，否则容易产生误导。有时虽然实际和计划成本相吻合，但却隐藏着很大的风险。③不能片面强调施工成本目标，否则容易造成误导。④施工成本控制必须与质量控制、进度控制、合同控制同步进行。

2. 施工成本控制的周期

施工成本控制周期不可太长，通常按月进行核算、对比、分析，而实施中的控制以近期成本为主，这样才能提高控制的准确性和详细程度。

3. 降低施工项目成本的途径

对施工成本分析评价之后，应该分析它今后的可能趋势，找出偏差可能产生的原因，最后落实措施，实现控制计划成本的目标。降低施工项目成本的途径主要有：①寻求效率更高的技术方案。②重新选择供应商。③调整组织管理中某些人员或运行环节。④改变重要的实施过程。⑤依据合同，对项目承担单位、分包商或供应商的违约进行索赔。

五、施工生产要素管理

施工生产要素也称施工资源，是指形成生产力的各种要素，即投入到项目中的人力、材料、机械设备、技术和资金等诸要素的总称。

（一）人力资源管理

人力资源管理是指根据企业发展战略的要求，有计划地对人力资源进行合理配置，是对企业中员工进行招聘、培训、使用、考核、激励、调整等一系列过程。施工企业或项目经理部的人力资源构成具有各种用工形式，包括固定工、临时工、劳务分包公司所属的合同工等。

（二）材料管理

施工材料管理是项目经理部为顺利完成工程项目施工任务，合理使用和节约材料，努力降低材料成本所进行的材料计划、订货采购、运输、库存保管、供应加工、使用、回收等一系列的组织和管理工作。

（三）机械设备管理

施工机械设备管理是指项目经理部根据所承担施工的具体情况，科学优化地选择和配备施工机械，并在生产过程中做好合理使用、维修保养等各项管理工作。机械设备的合理配置、优化使用、重视保养和维修等方面加强机械设备的管理，这对土地工程高质量、高效率的完成具有重要意义。

加强机械设备管理，需按照企业机械设备管理办法的规定，结合项目实际情况，制定一套适合本项目特点的操作性强、行之有效的机械管理办法、逐步实现管理的科学化、制度化和规范化（董如堂，2003）。

（四）技术管理

施工技术管理是确保施工质量和企业经济效益科学的技术管理工作，是项目经理部在项目施工过程中，对各项技术活动过程和技术工作的各种要素进行科学管理的总称。

施工技术管理的主要内容有：审查技术文件、施工技术调查、施工组织设计、开工报告、技术交底、测量管理、在施工中提出变更设计报告、试验及计量、技术资料管理、施工技术总结、竣工文件编制及归档等。

施工技术管理的任务主要包括：①认真贯彻国家和行政主管部门的技术政策，贯彻上级对技术工作的指示与决定。②研究、认识和利用技术规律，科学地组织各项技术工作，充分发挥技术管理的作用。③建立正常的生产技术秩序，进行文明施工，以技术确保工程质量。④努力提高技术工作的经济效果，使技术与经济有机地结合（郝建新和邓娇娇，2011）。

（五）资金管理

施工的资金管理是指施工企业项目经理部根据工程项目施工过程中资金运行的规律，进行资金收支预测、编制资金计划、筹集投入资金、资金使用、资金核算与分析等一系列的资金管理工作。

六、设计变更和签证管理

在施工过程中，由于各方面的原因而引起的设计变更和签证，都会给工程的进度、质量、投资控制以及各方关系的协调带来一定影响，因此加强设计变更和签证的管理，可以提高工作效率，杜绝或减少因设计变更和签证而引起的工程造价纠纷。

（一）设计变更

土地工程项目设计变更一般由项目承担单位提出，设计单位同意后再修改设计。监理工程师和设计单位也可根据现场情况对原设计不合理之处提出设计变更，经项目承担单位同意后再执行设计修改。施工单位也可根据现场条件提出合理建议，请求项目承担单位进行设计变更。

设计变更通知单应由设计单位做出，并经由设计单位项目负责人或其委托的代理人签字、加盖设计单位图章，报送发包人。发包人确认同意时，须签字并加盖公章，然后按约定的程序送达现场工程师和承包人。承包人在收到设计变更通知单后，应在规定时间内提出变更合同价款的报告，报发包人和现场工程师进行审查确认，否则该项设计变更视为不涉及合同价款的变更。发包人和现场工程师应在 7 天内就变更合同价款的报告给予答复，逾期没有答复的，变更合同价款的报告视为已被认可。经发包人确认的设计变更和变更合同价款的报告，可以作为工程计价依据。

（二）现场签证

施工中的签证是指施工单位就施工图纸、设计变更所确定的工程内容以外，预算中未包含而施工现场又实际发生费用的施工内容所办理的签证。

签证由承包人提出，签字并加盖公章，再由现场施工管理人员、监理人员、建设单位人员共同核实签证内容。在办理设计变更和签证程序中，发包人、承包人、设计、监理等单位之间的函件往来均须办理有关签收手续，并作为工程计价的有效证据。经批准的施工组织设计和施工方案，如果涉及工程造价的变更时，必须另行办理现场签证，未办理签证的，视为批准的施工组织设计和施工方案不涉及工程造价的变更。经发包人或其委托的现场工程师确认的停工、窝工签证，可以作为工程计价的依据。

七、施工现场安全管理

(1) 施工现场的安全由施工单位负责，实行施工总承包的工程项目，由总承包单位负责，分包单位向总承包单位负责，服从总承包单位对施工现场的安全管理。总承包单位和分包单位应当在施工合同中明确安全管理范围，承担各自相应的安全管理责任。

(2) 施工单位应当建立工程项目安全保障体系。项目经理是本项目安全生产的第一负责人，对本项目的安全生产全面负责。工程项目应当建立以第一责任人为核心的分级负责的安全生产责任制。项目施工前，施工单位应当进行安全技术交底，被交底人员应当在书面交底上签字，并在施工中接受安全管理人员的监督检查。

(3) 施工现场实行封闭管理，施工安全防护措施应当符合建设工程安全标准。施工单位应当根据不同施工阶段和周围环境及天气条件的变化，采取相应的安全防护措施。施工单位应当在施工现场的显著或危险部位设置符合国家标准的安全警示标牌。

(4) 施工单位应当对施工中可能导致损害的毗邻建筑物、构筑物和特殊设施等做好专项防护。

(5) 对暂时停工的施工现场，责任方应当做好现场安全防护，并承担所需费用。

(6) 施工单位应当根据《中华人民共和国消防法》的规定，建立健全消防管理制度，在施工现场设置有效的消防措施。在火灾易发生部位作业或者储存、使用易燃易爆物品时，应当采取特殊消防措施。

(7) 施工单位应当在施工现场采取措施防止或者减少各种粉尘、废气、废水、固体废物及噪声、振动对人和环境的污染和危害。

(8) 施工单位应当将施工现场的工作区与生活区分开设置。施工现场临时搭设的建筑物应当经过设计计算，装配式的活动房屋应当具有产品合格证，项目经理对上述建筑物和活动房屋的安全使用负责。施工现场应当设置必要的医疗和急救设备。作业人员的膳食、饮水等供应必须符合卫生标准。

(9) 作业人员应当遵守建设工程安全标准、操作规程和规章制度，进入施工现场必须正确使用合格的安全防护用具及机械设备等。

(10) 作业人员有权对危害人身安全、健康的作业条件、作业程序和作业方式提出批评、检举和控告，有权拒绝违章指挥。在发生危及人身安全的紧急情况下，有权立即停止作业并撤离危险区域。管理人员不得违章指挥。

(11) 施工单位应当建立安全防护用具及机械设备的采购、使用、定期检查、维修和保养责任制度。

(12) 施工单位必须采购具有生产许可证、产品合格证的安全防护用具及机械设备，该用具和设备进场使用之前必须经过检查，检查不合格的，不得投入使用。施工现场的安全防护用具及机械设备必须由专人管理，按照标准规范定期进行检查、维修和保养，并建立相应的资料档案。

(13) 进入施工现场的垂直运输和吊装、提升机械设备应当经检测检验机构检测检验合格后方可投入使用，检测检验机构对检测检验结果承担相应的责任。

第四节　土地工程项目监理

土地工程项目监理是监理单位受土地工程项目承担单位的委托，在监理合同约定的范围内，依据国家有关土地工程项目建设的法律、法规、技术标准以及国家批准的年度项目计划与预算、实施方案等，对承包单位在工程质量、建设工程和资金使用等方面实施的监督管理活动。

一、土地工程项目监理的特点

土地工程项目监理是一项特殊的建设活动，它除了具有服务性、独立性、公正性和科学性之外，还具备土地工程行业的特殊性。特殊性主要包括以下三个方面。

(1) 活动地域分散。土地工程项目尤其是省级以上投资的项目，其建设规模少则几千亩，多则上万亩，大部分是田间基础设施建设工程，而且工程区域分散，这从客观上增加了工程监理的工作量和监理难度。

(2) 工作内容多样。土地工程项目是综合性的系统工程，建设内容多样，既有土方工程、林网工程，又有建筑物工程、道路工程、农田水利工程等。工作内容的多样，对监理单位协调组织能力、专业化水平的要求也随之提高。

(3) 监理关系复杂。土地工程项目的监理单位需要对项目承担单位负责，有时还要向项目监管单位、项目承担单位的上级单位负责，存在多头领导的问题。此外，在监理过程中除了需要协调项目承担单位与承包单位之间的关系，还需要协调承包单位与当地群众之间的关系。

二、土地工程项目监理机构及职责

土地工程项目监理机构是指监理单位与项目承担单位签订委托监理合同后，依照合同约定，在施工现场建立的项目监理组织机构。项目监理机构是临时组织，在完成委托监理合同约定的监理工作任务后，即可撤离施工现场。监理组织机构应视工程规模与土地工程监理工作的具体要求，配备一定数量的监理工程师，在项目总监理的统一领导下开展监理工作（张希来，2009）。

1. 总监理工程师的职责

确定项目监理机构人员的分工和岗位职责，负责管理项目监理机构的日常工作；主持编写项目监理规划、审批项目监理实施细则；签发项目监理机构的重要文件和指令，定期检查项目监理日志；组织编写并签发监理月报、监理工作阶段报告、专题报告和项目监理工作总结；审定承包单位提交的开工报告、实施组织设计、技术方案和进度计划；审查分包单位的资质；审核签认分部工程和单位工程的质量验收资料，审查承包单位的竣工申请，组织工程竣工预验收，参与项目的竣工验收，签署《竣工移交证书》；主持审查和处理工程变更，审批工程延期；审核签署承包单位的付款申请、工程款支付证书和竣工结算；参与工程质量事故及安全事故的调查；主持整理并移交工程项目监理资料。

2. 监理工程师的职责

参与编制监理规划，负责编制本专业的监理实施细则；负责本专业监理工作的具体实施；组织、指导、检查和监督本专业监理员的工作；审查承包单位提交的涉及本专业的计划、方案、申请、变更和施工组织设计中本专业部分；负责本专业分项工程验收及隐蔽工程验收；定期向总监理工程师汇报本专业监理工作实施情况，对重大问题及时向总监理工程师报告和请示；负责收集、汇总、整理本专业监理资料，参与编制监理月报，填写监理日志；核查进场材料、设备、构配件的原始凭证、检测报告等质量证明文件及其质量情况，根据实际情况认为有必要时对进场材料、设备、构配件进行平行检验，合格时予以签认；负责本专业的工程计量工作，审核工程计量的数据和原始凭证，协助总监理工程师处理变更、质量和安全事故，并提出初步意见；协助总监理工程师协调参加各方之间的工作关系，按照职责权限处理施工过程发生的有关问题。

3. 监理员的职责

在专业监理工程师的指导下开展现场监理工作；检查承包单位投入工程项目的人力、材料、主要设备及其使用、运行状况，并做好现场检查记录；核实进场原材料质量检验报告和施工测量成果报告等原始资料，进行见证取样；核查关键岗位施工人员的上岗资格，检查、监督工程现场的施工安全和环境保护措施的落实情况，发现异常情况及时向监理工程师报告；按设计及有关标准，对承包单位的工艺过程或施工工序等进行检查和记录；复核或从施工现场直接获取工程计量的有关数据并签署原始凭证；担任旁站工作，发现问题及时指出并向专业监理工程师报告；做好监理日记和相关的监理记录。

三、土地工程项目监理的程序

实施土地工程项目监理一般应按下列程序进行。

1. 组建项目监理机构

项目监理机构的组建工作由总监理工程师负责。总监理工程师首先应根据委托监理合同的约定确定监理机构的工作总目标及其阶段性的监理工作目标；其次，应选择并确定适合该项目的监理机构的组织形式；最后，确定专业配套、数量满足项目监理工作需要的监理人员。

2. 编制项目监理规划

项目监理规划是指导各项监理活动的技术、经济、组织和管理的综合性文件。它是在签订项目委托监理合同之后，在总监理工程师主持下编制的。

3. 编制工程监理实施细则

各专业监理工程师应在总监理工程师的组织领导下，根据监理项目各专业的特点，按工程建设计划进度，分专业编制监理实施细则。

4. 实施监理

实施监理是项目监理最具实质性的一步，也是监理工作的实体部分，作为一种科学的工程项目管理制度，监理工作应按照监理规划、监理实施细则进行。

5. 协助项目竣工自验，并参与工程竣工验收

工程竣工验收阶段，监理单位有责任协助国土资源管理部门和项目承担单位或其委托的项目实施单位，组织工程项目的竣工自验，签署监理意见，并参加工程竣工验收。

6. 监理工作总结

监理业务完成后，进行监理工作总结。监理工作总结包括两部分内容：一是向项目承担单位或其委托的项目实施单位提交工程监理工作总结报告和档案材料；二是向监理单位提交监理工作总结，内容主要是监理工作经验。

四、土地工程项目监理方法

土地工程项目监理使用的方法主要有指令性文件、工程计算、工程变更与工程确认、旁站监理、见证取样、巡视监理、平行检查、测量、测验、拒绝支付和费用索赔等。

五、土地工程项目监理的内容

土地工程项目监理的基本内容概括起来为：三控制（即项目建设的质量、进度和投资控制）、二管理（即项目建设的合同管理和信息管理）、一协调（即组织协调）。

1. 质量控制

质量控制是项目监理最重要和最核心的环节。它贯穿于项目建设的全过程，从可行性研究、规划设计、施工准备、实施、竣工、启用到后期评价的全过程。

(1) 规划设计阶段的质量控制。规划设计阶段的质量控制是工程总体质量控制的基础，主要包括优选规划设计方案、进行设计方案协商及图纸审核等。

(2) 施工阶段的质量控制。在施工前审查承包单位资质，督促承包单位建立工程项目的质量监控保障体系，对施工材料、设备和机具等进行质量控制，对施工工艺进行质量控制，在施工中通过多种控制手段检查监督标准、规范的贯彻执行情况。

(3) 验收阶段的质量控制。通过阶段验收和竣工验收把好质量关等。

总之，质量控制应采取事前控制、事中控制和事后控制相结合的方法。土地工程项目各个实施阶段都对项目的质量起着重要的作用，因此监理单位应当根据各阶段的特点，确定各个阶段的质量控制目标和任务，以便实施全过程的控制。

2. 进度控制

进度控制首先要在建设前期，经分析研究确定合理的工期目标，并在实施前将工期要求纳入承包合同。在建设实施期通过横道图、网络计划技术等科学手段，审查、修改施工组织设计和进度计划，做好协调与监督，排除干扰，使单项工程及其分阶段目标工期逐步实现，最终保证项目建设总工期的实现。

在实际土地工程项目实施过程中，影响进度能否按计划实现的因素有很多，要实现有效的进度控制，必须对各个影响因素实施控制，采取措施减少或避免不利影响。

3. 投资控制

投资控制的任务主要是在建设前期进行可行性研究，协助建设单位正确地进行投资决策；在设计阶段对设计方案、设计标准、总预算进行审查；在建设准备阶段协助确定标底和合同造价；在实施阶段审核设计变更，核实已完成的工程量，进行工程进度款签证和索赔控制；在工程竣工阶段审核工程结算等。

在土地工程项目监理过程中，投资控制不仅仅是简单地将项目中实际发生的投资控制在计划投资的范围内。投资控制是与质量控制和进度控制同时发生的，是在整个项目过程中对建设项目实施控制活动的一个组成部分，在实现投资控制的同时需要兼顾质量和进度目标。

4. 合同管理

合同管理是进行“三控制”的手段。因为合同是监理单位站在公正立场采取各种控制、协调与监督措施，履行纠纷调节职责的依据，也是实施质量、进度、投资三大控制目标的出发点和归宿。

5. 信息管理

信息管理主要是妥善管理在监理过程中监理单位产出的文档资料和项目承担单位提交给监理方的文档资料，对三方共同参与的过程和活动进行监理记录，要求项目承担单位和承包单位妥善保管与工程建设相关的文档资料等。

6. 组织协调

组织协调工作贯穿于土地工程项目从设计到实施直至验收的全过程，可以采取例会制度、专题会议制度、里程碑会议制度、文件传送制度等，建立项目承担单位、承包单位和监理单位的三方沟通机制，从而协调项目建设过程中发生的变更、争议和索赔等。

第五节　土地工程项目验收

土地工程项目验收是工程建设进入到某一阶段的程序，借以全面考核该阶段工程是否符合批准的设计文件要求，以确定工程能否继续进行、进入下一阶段施工或投入运行，并履行相关的签证和交接验收手续的一系列活动。

一、土地工程的组成

一项工程由若干个单位工程组成，单位工程是指具有单独设计和独立施工条件，但不能独立发挥生产能力或效益的工程，如土地工程可以分为主体工程（土体有机重构）和配套工程（灌排工程、道路工程、电力工程等），有些也包括分项工程和隐蔽工程。分项工程是指大项工程的组成部分，是施工图预算中最基本的计算单位，它是按照不同的施工方法、不同材料等，将分部工程进一步划分的；隐蔽工程则是工程完成后，被覆盖或包裹起来的无法看到的工程（序），它可能只是分项工程的一部分。另外，对于规模较大的工程可在单位工程前再划分子工程。

二、土地工程项目验收分类

按照工程组成，工程项目验收一般可分为中间验收和竣工验收两个阶段，其中中间验收包括隐蔽工程验收、分项工程验收、分部工程验收、单位工程验收。

(1) 隐蔽工程在隐蔽前，施工单位以书面形式通知监理工程师验收，验收合格后方可进行隐蔽和继续施工。

(2) 分项工程均应由监理工程师或建设单位项目技术负责人组织验收。

(3) 分部工程应由总监理工程师或建设单位项目负责人组织施工单位项目负责人和项目技术、质量负责人等进行验收。

(4) 单位工程应由建设单位（项目）负责人组织施工、设计、监理等单位负责人进行验收。

(5) 竣工验收按照“谁立项、谁验收”的原则分为以下四种情况：①县级土地部门批准立项的项目，由县级土地部门初验，市级国土资源主管部门终验。②市级国土资源主管部门批准立项的项目，由县级土地部门组织初验，市级国土资源主管部门组织终验。③省级国土资源厅批准立项的项目由县一级土地部门自验，市级国土资源主管部门组织初验，省级国土资源厅组织终验。④国土资源部批准立项的项目由县一级土地部门自验，省市级国土资源主管部门组织初验，国土资源部组织终验。特殊情况下，上级国土资源管理部门可授权下一级国土资源管理部门组织终验。

三、竣工自验

（一）竣工自验的含义

土地工程竣工自验是指在项目承担单位向县级或地（市）级国土资源管理部门正式申请项目竣工自验之前，组织设计、施工、监理等有关单位，按照土地工程项目竣工验收的内容、程序、要求等，对项目计划任务完成情况、项目规划设计与预算执行情况、工程建设质量、工程项目决算及使用范围、土地权属管理、档案资料管理情况以及工程管护措施等进行全面验收的一系列活动。

（二）竣工自验的特点

土地工程项目竣工自验是承发包方之间进行的验收。它的特点是：项目竣工自验是以单项工程验收为基础，涉及建设全过程，是全面的和全方位的验收。由项目承担单位组织，实施竣工自验的过程实际也是进行建设项目总结和自我完善、改进工作的过程。

（三）申请自验的条件

项目必须符合以下条件才可以申请竣工自验：工程主要建设内容已按批准设计全部完成；工程投资已基本到位，并具备财务决算条件；隐蔽工程、分部工程、单位工程合格；有关验收报告等档案材料已向项目承担单位提出竣工自验申请。

（四）自验工作组织及验收步骤

土地工程竣工自验由项目承担单位组织，邀请工程设计、监理、施工单位参加。必要时，也可以邀请县级或地市级国土资源管理部门参加。

项目竣工自验组应包括项目承担单位代表以及土地、工程、财会、项目管理等方面的专家。具体验收步骤为：听取设计、施工、监理、质量监督等单位的工程建设工作汇报，审查有关文件资料；检查工程建设情况，鉴定工程质量；检查历次验收中的遗留问题和已投入使用单位工程在运行中所发现问题的处理情况；确定尾工内容清单、完成期限和责任单位等；对重大技术问题做出评价；检查工程档案资料的准备情况；根据专业技术组的要求，对工程质量进行全面验收；提出竣工验收的建议日期；形成竣工自验报告。

四、竣工初验

土地工程项目竣工初验是指县级或地（市）国土资源管理部门向省级国土资源管理部门正式申请项目竣工验收之前，组织设计、施工、监理等有关单位，按照土地工程项目竣工验收的内容、程序、要求等，对项目实施建设的整体完成情况、工程建设质量情况、工程竣工决算与审计情况、五项制度执行情况、土地权属管理、竣工档案资料管理情况等进行全面验收的一系列活动。

五、竣工终验

（一）终验依据

项目竣工终验的依据不仅应包括有关计划批复和技术文本资料，还要包括相关政策法规及技术规范。根据竣工终验的内容要求和工作实际，竣工终验依据可归纳为以下四个方面。

1. 计划批复

经中国国土资源部、财政部下达的国家投资土地开发整理项目投资计划和预算。

2. 技术经济指标

经核定的土地工程项目规划设计；经核定的项目预算书；土地工程项目利用规划图；土地工程项目规划图；经批准的项目规划设计变更文件及图纸；经确定的项目招标文件；有关工程施工、工程建设监理、物资采购等合同文本。

3. 政策与法规

(1)《土地开发整理若干意见》(国土资发［2003］363号)。

(2)《国家投资土地开发整理项目竣工验收暂行办法》(国土资发［2003］21号)。

(3)《国家投资土地开发整理项目管理暂行办法》(国土资发［2000］316号)。

(4)《国家投资土地开发整理项目资金管理暂行办法》(国土资发［2000］282号)。

(5)《国家投资土地开发整理项目实施管理暂行办法》(国土资发［2003］122号)。

(6)《土地开发整理项目预算编制暂行办法》(财［2001］41号)。

(7)《新增建设用地土地有偿使用费收缴使用管理办法》(财综字［1999］117号)。

(8)《新增建设用地土地有偿使用费财务管理暂行办法》(财建［2001］330号)。

(9)《关于加强和改进土地开发整理工作的通知》(国土资发［2005］29号)。

(10)《关于印发试行〈土地分类〉的通知》(国土资发［2001］255号)。

4. 其他资料

土地权属调整方案、土地权属和利用现状报告、土地登记资料、相关土地权属调整协议等；有关施工记录，所用材料、构件和设备的质检合格文件；有关工程建设监理日记和月报、工程监理总结报告等；工程质量检验资料及有关质检部门意见；工程竣工验收图。

（二）申请终验的条件

工程已按批准设计规定的内容全部建成；各单位工程能正常运行；归档资料符合工程档案资料管理的有关规定，项目竣工终验申请材料和备案材料已经齐备；项目竣工初验合格；项目竣工决算已经完成并通过竣工审计；自验、初验中所发现的问题已基本处理完毕。

（三）竣工终验的工作组织及验收步骤

1. 终验工作组织

按照现行项目管理有关规定，土地工程项目实行分级管理，划分为国家、省级、市级和县级四级，具体管理部门为国土资源部、省级国土资源管理部门和地市级或县级国土资源管理部门。

2. 终验步骤

(1) 项目竣工终验小组的组成。项目竣工验收组应邀请有关人员参加，其中包括土地、工程技术、财务等相关专业人员。

(2) 终验的步骤。听取项目承担单位、监理单位等分别向验收组报告有关项目建设情况；实地查验工程建设、新增耕地和土地权属调整等情况；查阅项目相关资料；反馈项目竣工验收情况；编写《项目竣工验收报告》。

第六节　土地工程项目后评价

一、土地工程项目后评价的意义

土地工程项目后评价是指对照土地工程项目立项决策、设计的技术经济要求及其项目投资的目标，通过对土地工程投资活动实践的检查总结，找出项目实施的实际和项目规划设计目标的差异，客观分析土地工程项目在运营管理过程中取得的成绩和存在的问题，评价项目的效果、效益、作用和影响，判断项目目标是否达到，规划、设计是否合理，项目的主要效益指标是否实现（罗林涛，2008）。

全面开展土地工程项目后评价是现实工作的迫切需要。通过项目后评价，可以判断国家巨额投资是否达到了预期目标；土地工程在多大程度上缓解了我国的人地矛盾；在多大程度上提高了土地质量；土地利用率和土地收益提高多少；全面判断土地工程建设过程中产生的一些正的、负的以及内外部效益等一系列问题。具体意义表现在以下五个方面：①项目后评价是稀缺的资金资源分配的重要依据。②项目后评价有利于促进土地工程项目效益最大化。③项目后评价有利于提高土地工程决策水平，为土地工程政策的制定提供依据。④项目后评价有利于实现项目的监督和考核，明确项目责任。⑤项目后评价是土地工程事业可持续性的必要保证。

二、土地工程项目后评价内容

根据土地工程项目类型和运营目标，土地工程项目后评价主要内容归纳起来，可以包括工程质量后评价、生产能力后评价、项目经济后评价、项目影响后评价、综合后评价等五个方面。

（一）工程质量后评价

土地工程项目质量后评价主要是在土地工程项目竣工投产营运一段时间后的某一时点，对土地工程项目建设的各项工程进行质量、利用、维护等情况清查，通过实际项目工程情况与项目规划设计时预期的工程情况进行比较分析，从而判断土地工程项目工程质量是否达标、土地工程项目工程设计是否合理、工程施工和使用是否适当等问题，分析造成项目工程相关问题的原因，完善项目工程的使用与维护，并总结经验，指导拟进行土地工程项目的规划、设计、施工等环节（赵国杰，2001）。

（二）生产能力后评价

土地工程项目生产能力后评价主要反映土地工程项目投入营运，土地工程影响和效果初步显示出来后的某个时点，与区域建设前土地生产条件相比较，对项目区土地生产的实际条件进行评价，以明确在一定的利用方式和管理条件下，通过土地工程项目的实施，是否改善了项目区设施条件，是否提高了土地生产能力等问题。土地工程项目生产能力后评价，实质上是通过比较土地工程前后项目区土地质量的变化，来评价土地工程项目实施对项目区土地生产能力提高方面的贡献（龙花楼，2001）。

（三）项目经济后评价

土地工程项目经济后评价主要是在项目实施营运期间的特定时期，对项目实际发生的各种收入、成本、利润等方面进行核算和平衡，分析项目实际带来的经济效益，并与项目预期的成本、收入、利润相比较，找出项目营运过程中的实际成本、收入与项目预期目标的差异，分析导致该差异产生的原因，以便及时总结经验教训，提出改善项目经济状况和改良类似项目决策的措施建议，促进该项目或拟建项目提高经济效益（白思强和王保强，1999）。

（四）项目影响后评价

土地工程项目实施效益不但包括项目内部效益，而且包括项目外部效益；既包括项目的经济效益，又包括项目实施对自然环境、生态、社会、景观等方面的影响效益；既有直接影响，又有间接影响；既有有利影响，又有不利影响，是多角度、多层次、全过程的评价。土地工程项目影响后评价主要包括社会影响、生态影响、环境影响、景观影响等几个方面。

（五）综合后评价

农用地开发整理综合后评价是在对当前项目产出是否达到预期效果、设施是否得到合理利用或维护、项目是否被社会广泛接受等评价的基础上，从整体上得出项目实施与营运是否成功，并找出影响项目持续存在与发展的障碍因素，提出消除障碍并推动项目持续发展的建议。

三、项目后评价的主要方法

项目后评价的方法很多，考虑到土地工程项目的特殊性和复杂性，同时结合目前国内外项目普遍采用的方法包括有无对比方法、成功度评价方法、模糊综合评价方法和因素分析法。

（一）有无对比方法

土地工程项目大多数为改建或扩建项目，因此在项目投资效果的计算时，应采用项目有无时效果增量的概念。项目有无时效果增量不同于项目投资前与投资后两种状态的对比，而是对将来有无项目两种预见状态的对比，即用土地工程项目区将来有项目时的投资效果减去该区将来无项目时的效果，通过这种比较来计算分析土地工程项目效果的方法，便是有无对比法。有无对比法能真实地度量项目的投资效益、影响和作用，是土地工程项目后评价的一个重要方法（李锦华和何佰森，1998）。

（二）成功度评价方法

成功度评价方法是对照土地工程项目立项评估所确定的目标和计划，以项目实施的实际情况为基础，分析土地工程项目实际实现的结果与立项目标的差异，并对各分项指标的差异进行综合整理，以评价土地工程项目目标的实现程度，即项目实施的成功程度。采用成功度评价方法进行土地工程项目综合性后评价时，应注意土地工程项目原定目标的合理性、实际性以及项目相关的各种条件变化带来的影响，以便根据实际情况，评价土地工程项目实施的成功度（吕晓军和罗林涛，2004）。

（三）模糊综合评价方法

模糊综合评价法是将模糊集理论引入综合评价中，以实现对事物多种因素进行总的评判。通常是由若干专家根据项目所处的环境及国家有关政策，对各项指标进行分析、评分，并确定其在评价中的重要程度，给出相应的权重，然后通过计算求得项目的综合效益。模糊综合评价方法应用于土地工程项目后评价，具有针对性与科学性，能有效评价实施土地工程项目对社会各方面造成的影响。

（四）因素分析法

因素分析法是针对同时受两个或两个以上因素影响的指标在不同时期表现出的差异，分析指标影响因素对该差异的影响程度，找出引起指标变化的主要影响因素，以抓住主要矛盾、总结经验，采取有效措施解决所存在的问题。传统统计中常采用连锁替代方法进行因素分析，该方法具有简便和直观的优点，但也存在两大不足：一是连锁替代因素分析法以因素间存在固定顺序的假设为基础，即应用连锁替代因素分析法时，先要确定各因素排列次序，如果因素的替换次序变动，则分析的结果会随之变化；二是连锁替代因素分析法属于单因素分析方法。连锁替代法是假定某个因素变动时，其他因素固定不变的情况下，计算因素对指标差异的影响。而现实中影响指标的各种因素总是互相影响的，只有将各种因素同时置于整个系统中加以综合分析，才能揭示因素间的关系。不考虑因素同时变动对指标影响的单因素分析方法，往往会颠倒各因素的主次地位，难以反映因素对指标影响的真实情况。将微分法与主成分法的结果直接应用于土地工程项目经济后评价中，能较好地解决连锁替代因素分析方法的不足。

四、土地工程项目后评价组织管理

实施不同类型、不同方式的土地工程投资项目后评价的组织形式会略有不同。由于土地工程项目所处的自然、社会、经济、生态环境等条件不同，土地整理项目后评价工作可采用不同的后评价组织形式（罗林涛，2008）。

（一）项目审批机关组织后评价

由土地工程项目审批机关直接组织相关单位和人员，包括行政管理人员、相关专家、建设单位、使用单位、施工单位、设计单位、监理单位、质量监督部门以及有关单位（如环保），参加土地工程项目后评价工作。根据土地工程投资项目后评价的内容和指标体系对项目逐类进行后评价。它的主要适用范围是由国家直接投资项目。

（二）项目建设单位组织后评价

由项目建设单位组织土地行政管理人员、专家、使用单位、施工单位、设计单位、监理单位、质量监督部门以及有关单位（如环保）参加，对土地工程项目进行后评价，根据土地工程投资项目后评价的内容和指标体系，对项目逐类进行评价，主要适用范围是由建设单位自筹资金的项目。

（三）委托专业中介机构组织后评价

可由项目审批机关或建设单位委托具备相关资质的中介专业机构组织，分别从项目实施前现状、项目规划设计、工程建设、工程结算及资金审计、工程后土地质量、工程监理、土地产权调整、土地经济能力、环境影响等方面组织专家专题评价，主要适用范围工程规模大、区域经济特点明显的项目。

五、项目后评价结论的反馈与扩散

评价成果的反馈是项目后评价的主要特点，评价成果反馈的好坏是后评价能否达到其最终目的的关键之一。因此，反馈机制是后评价体系中的一个决定性环节，它是一个表达和扩散评价成果信息的动态过程，同时该机制还应保证这些成果在新建和已有项目中以及其他开发活动中得到采纳和应用。因此，后评价的关键取决于所总结的经验教训在项目和开发活动被采纳和应用的效果。

通过反馈，项目后评价的成果应反映到新项目的决策和管理过程中。首先，要建立和健全投资管理机制，从法律、制度、程序上形成体系，建立必要的执行和管理机构；其次，要建立项目管理的信息数据库，从项目筛选、立项、实施、完工到运营全过程进行监测管理；最后，大力发展后评价业务团队，在实践中运用和发展与国际接轨的评价理论和方法，不断提高后评价质量。

第十二章　土地利用与保护

土地利用伴随人类的出现而产生，在原始捕猎阶段，“土地最初以食物和现成的生活资料供给人类”，“劳动者身上的器官是唯一的劳动资料”。人与自然（土地）的关系是消极地依赖与适应，行为上受到自然的限制。随着人类对自然（土地）利用能力的提高，向大自然索取的力度也开始加大，索取的领域从土地延伸到整个生物圈，大大地加速了自然资源（土地资源）在经济过程中的消耗速度。随着工业化和城市化的发展，耕地数量减少、质量退化，土地污染和破坏日益加剧，急待重视土地保护对土地利用的重要性。时至今日，土地利用和土地保护已成为世界性问题。

第一节　土地利用工程

土地利用是针对人的需求而展开的，虽然目前人们对土地利用含义的认识并不统一，但实质是相同的。土地利用是指人类通过特定的行为，以土地作为劳动对象或手段，利用土地的特性来满足自身需要的过程。满足自身需要包括满足人类生产和生活需要以及满足人类生存舒适的需要（吴次芳和宋戈，2009）。土地利用是一个综合的概念，土地利用反映了人与人、人与地的种种关系，决定着人们在生产生活过程中所建立的社会关系和利益分配机制。

土地资源有限，而人类对土地的需求日益增加。因而，在进行土地利用时，应把握一定的利用原则，以发挥土地资源最大效用的目标，其中包括两项基本原则和两项最终目标。其中基本原则是开发与保护并重原则和规划引导原则。土地利用最终目标是实现土地利用的生态目标和经济目标。其根本法则是土地的“最有效使用原则”，即土地总是区域采取能产生最大收益的利用方式。从理论上讲，任何一块土地的利用必须满足土地所有者获取最大利润的愿望，而土地使用者总是选择能给自己带来最大收益的区位来生产、生活。

一、土地利用规划

土地利用是人类为了某种目的，对土地所进行的干预活动，当人类发展到一定阶段，土地利用必须是更全面的计划行为，土地利用与规划必然结合为一体，成为土地利用规划。

（一）土地利用规划的概念

土地利用规划是指人们根据社会发展要求和当地自然、经济、社会条件，对一定区域范围内的土地进行空间布局上的优化组合，并对实现该组合在时间和措施上做出安排，以求最大限度的发挥土地的总体功能，它是利用和管理土地的手段和措施。

土地利用规划依其对象的不同可分为城市土地利用规划和乡村土地利用规划；依其范围可分为区域性土地利用规划和用地单位土地利用规划；依其任务可分为土地利用总体规划、土地利用详细规划和土地利用专项规划。

（1）土地利用总体规划：土地利用总体规划是宏观的和长远的规划，主要解决的问题包括：①一定区域内人地平衡，城乡统一安排。②合理分配土地，各部门综合协调发展。③宏观控制的战略安排：建设用地与农业用地、开发利用与整治保护有机地结合起来。

（2）土地利用详细规划：属微观土地规划，在单位内部（进行）的土地开发、整治、保护进行的规划，或在土地划拨、调整或若干个土地使用（所有）之间的土地权属定界，或为某一项目做出规划设计。

（3）土地利用专项规划：兼有微观和宏观之间的性质，是单项用地规划，如保护区、开发区规划。由主管部门和土地管理部门（土地开发规划）以及无主管部门进行的规划（土地复垦规划），以土地利用总体规划为控制。

（二）土地利用规划的任务

土地利用规划的主要任务是根据社会经济发展计划、国土规划和区域规划的要求，结合区域内的自然生态和社会经济具体条件，寻求符合区域特点和土地资源利用效益最大化要求的土地利用优化体系。

1. 土地供需综合平衡

人口的不断增长和社会经济发展对土地的需求呈逐步扩大的趋势，而土地供给却有一定的限度，因此土地的供给与需求之间常常产生矛盾，土地供需不协调往往会导致国民经济结构失衡，也会导致土地资源的破坏和浪费。协调土地供需矛盾是土地利用规划的首要任务。在协调土地的供给与需求综合平衡时，必须遵从经济规律、自然规律和社会发展规律，使土地利用达到经济、生态、社会效益的总体最优（或满意）。

2. 土地利用结构优化

土地利用结构是土地利用系统的核心内容，结构决定功能。土地利用结构的实质是国民经济各部门用地面积的数量比例关系，土地利用结构调整和优化，是在不增加土地投入的条件下，实现土地产出增长以获得结构效应的有效途径。土地利用规划的核心内容就是在资源约束条件下寻求最优的土地利用结构。

3. 土地利用宏观布局

土地利用总是立足于一定的空间，土地利用规划属于空间规划，不同空间的内涵特定要素之间存在明显的差异性，为了解决上述土地利用与空间的内涵特定要素之间的不一致性，要求对土地利用进行宏观布局。土地利用的宏观布局和合理配置，就是要最终确定在何时、何地和何种部门使用土地的数量及其分布状态，并结合土地质量和环境条件进行区位选择，最终将各业用地落实于土地之上。

4. 土地利用微观设计

各类用地的数量和位置一经确定，紧接着要解决土地利用的微观设计。宏观布局主要解决用地的数量和位置，微观设计则要在此基础上合理组织利用，以最大限度地提高其产出率和利用率，降低其废弃率。土地利用的微观设计是扩大土地利用以及改善生态环境的重要途径和有效措施，是土地持续利用的巨大潜力源。

（三）土地利用规划的程序

土地利用规划在区域规划体系中处于子系统地位，土地利用规划方案的拟订和选取应在区域社会经济发展指导下，紧密结合其他资源利用规划。土地利用规划是一个复杂的大系统，由许多子系统组成，其边界模糊，关系复杂，要解决好如此复杂的系统问题，应当运用系统工程方法。要把系统内外的各种联系和关系整理好，使其发挥整体效益，必须遵循以下规划工作程序。

(1) 明确任务。明确规划任务和规划范围，以指导后规划项目的数量、内容和规划深度以及规划的组织工作。

(2) 组织人员。规划人员应由多层次、多学科、多方面的人才组成，应包括主管部门的领导和决策人员，还应吸收综合经济部门和主要生产部门有关人员，具体负责基础资料收集、整理、分析和规划的编制工作。

(3) 收集资料。收集社会经济资料、自然条件资料、有关规划资料和野外实地调查资料。

(4) 明确目标。明确规划范围与边界、规划性质、规划期限、规划目标和要求等。明确规划区域社会经济发展计划、国土规划、区域规划以及上一层次土地利用规划与待编制土地利用规划之间关系。

(5) 总体框架。在明确目标和分析所收集资料的基础上，结合近期和远期的发展前景，提出区域土地利用模式和拟订规划目标评价指标体系，以保证规划目标的先进性、实施规划的可能性、规划数据的可靠性、规划方案的科学性、应变能力和规划政策的合理性。

（6）系统分析。根据土地利用系统的组成与边界范围，研究分析组成系统的各要素（或子系统）之间相互关系、系统与周围环境之间的联系。在构造各种单项用地规划方案的基础上，揭示其间的内在关联性和差异性；在土地利用大系统与子系统、子系统与子系统之间进行多次反馈组合，以求得各层次系统与系统、系统与环境之间的总体协调，在此基础上产生数个符合规划目标的供选方案。系统综合时要参照规划目标评价指标体系，使规划尽可能满足各项预期要求。

（7）系统优化。在各层次用地系统和系统之间的多次反馈、协调和组合的基础上，选用适当的数学方法对土地利用规划方案加以优选，寻求更贴近规划目标的方案。

（8）方案确定。采用技术经济方法综合论证与分析各项供选方案，以确定其系统的合理性和实施的可能性，为决策者提供科学依据。

（9）规划实施。通过对土地利用系统运行的监控，不断协调规划方案与实际情况之间差异，使规划方案逐步得以实施。

二、生态文明建设

生态文明是人类文明的一种形式，它以尊重和维护生态环境为主旨，以可持续发展为根据，以未来人类的继续发展为着眼点。这种文明观强调人的自觉与自律，强调人与自然环境的相互依存、相互促进、共处共融。党的十八大明确提出，建设生态文明是关系人民福祉、关乎民族未来的长远大计。要促进人与自然和谐发展，促进经济社会实现可持续发展，使生态文明的建设成果由人民共享。建设生态文明，需要突破“先污染、后治理”的被动发展模式，实现农业文明与工业文明向生态文明的跨越式发展，需要用科学发展观来审视生态环境，这既是全国经济和社会发展的生态屏障，又是社会经济持续快速健康发展的物质保证。

（一）生态化建设

生态化建设的目标是生态文明，是实现社会、经济与自然环境这一复合生态系统的整体协调，从而达到一种稳定有序状态的演进过程。它以资源环境承载力为基础，以自然规律为准则，以可持续发展为目标，注重复合生态的整体效益。在生态化建设中，水资源、土地资源、能源资源能够被高效合理利用，自然资源、人文资源能够得到充分发挥，使城镇、乡村等人类生活聚居区乃至更大范围即人类生存活动的地球能够在人力作用下朝生态平衡、生物多样化、人类宜居的方向发展。总的来说，生态化建设已经成为一种新的发展模式和发展方向，并且成为科学、可持续发展的首选途径。

（二）土地生态

土地生态主要包括土地生态类型、土地生态评价、土地生态规划设计、土地生态整治和土地生态管理五个方面。它们之间相互紧密联系、不可分割（杨子生，2000）。目前，全球土地生态退化问题已涉及100多个国家。中国是土地生态退化最严重的国家之一，由于水土流失、沙漠化、土壤盐碱化等生态问题造成的损失巨大，迫切需要对退化土地进行生态重建，一切土地开发利用活动必须以生态学理论为指导，做到人类社会经济发展与自然生态规律协调一致，实现“人与自然共生”，否则必将受到大自然的惩罚。

（三）土地工程中的水土资源配置

水土资源是基础性的自然资源和战略性的经济资源，是生态与环境的控制性要素，水土资源的可持续利用是经济社会可持续发展的重要保证。水土资源优化配置是以达到一定的生态效益和经济效益为最优目标。依据水土特性和水土系统原理，依靠一定的技术和管理手段，对区域有限的水土资源的利用结构、方向在时空尺度上分层次进行安排、设计、组合和布局，以提高水土资源的利用效率和效益，维持水土生态系统的相对平衡，实现水土资源的可持续利用。（潘宜等，2010；荣浩和刘艳萍，2005）。

土地工程中水土资源配置工程的目标不是追求单独的水资源或土地资源的优化配置，而是二者相互影响、相互支撑的耦合优化配置。水土利用活动对环境的影响是长期性的、累积性的，甚至是不可逆转的，不合理的水土资源开发利用可能会引发消极的环境影响。水土资源利用总体规划作为配置和合理利用水土资源的重要手段，与生态环境保护和建设息息相关，应提高水土利用总体规划的科学性和合理性。

（四）土地工程中的生态文明建设

土地工程是一个由自然因素、技术因素和经济因素构成的典型复合系统。通过一系列的工程措施和生物措施，对田、水、路、林、村进行综合整治工程，是人类在发展进程中利用自然、改造自然的重要手段。土地工程要真正做到“在开发中保护，在保护中开发”，就必须因地制宜，将追求生态和谐作为终极目标，追求生产能力必须服从这一目标。

（五）土地工程中的文化建设

土地文化是自然条件和经济社会发展的产物，它是人类社会文化体系的“根”，其变化过程真实表现了不同时期的人地关系。近年来，由于人口增长和城市化进程的加速，人地矛盾异常突出，土地文化内涵、结构和功能变化剧烈，这是人们土地文化意识薄弱造成的（吴晔，2008）。

土地文化是中国传统文化的重要分支，弘扬先进的土地文化，可解决土地管理法不能很好解决的问题，通过提高土地管理人员和使用人员的道德修养，确立正确的价值观、人生观和奋斗目标，自觉约束自己的行为，从而提高土地管理能力，减少违法用地行为。

要搞好当代中国的土地管理事业，一个不可忽略的重要任务，就是正确认识并继承中华民族优秀的土地文化传统，持续加强土地文化建设力度。在土地工程实施过程中，只有在深厚的、深入人心的土地文化的影响下，土地工程带来的文化效应和生态效应才能是可持续发展的。

（六）案例

多年来，各地依据规划大力推进土地工程，采取工程、生物等整治措施，控制了土地沙化、盐碱化、石漠化，减少了水土流失，提高了土地生态涵养能力。通过整治，建设了一大批适应现代农业发展要求的高标准、成规模的基本农田，提高了高产稳产农田比重，为实现粮食产量“九连增”提供了重要物质基础。土地是农业生态的重要组成部分，发挥着湿地、绿地、景观等多种自然生态功能，对土地的有效保护、合理利用和综合整治，不仅维护了农业生态系统的稳定、优化了农田景观，也为区域生态环境保护提供了保障。在长三角、珠三角建设用地集中区和大中城市周边，耕地已成为重要的生态屏障；新疆等西北干旱地区，通过农田整治，盐碱地得到治理，植被覆盖率得到提高，防风固沙能力得到增强；贵州等石漠化地区，结合生态退耕，建设保水、保土、保肥“三保田”，既治理了水土流失，又保障了粮食生产，实现了生态安全和粮食安全的双重保障；宁夏通过实施生态移民土地整治工程，不仅保护了生态环境，还引导移民依靠整治后的优质耕地积极发展设施农业、特色产业，走上了靠产业致富的道路。通过推进农民住宅向镇区和中心村集中、工业向园区集中、土地向适度规模经营集中，减少了生活污水和生活垃圾的排放，改变了农村脏、乱、差的面貌，增强了工业废水、废气、废渣处理能力，提高了能源使用效率。

陕西省土地工程建设集团在十多年的土地工程建设中始终将生态化建设作为立业之本，以土地工程科研创新为龙头，通过研究和探索，建立了科学的土地工程规划技术体系；根据不同的自然资源禀赋及资源限制条件合理选址，根据区域实际情况有重点地开展耕地后备资源适宜性、土地工程环境影响等评价分析，积极推动基于生态化建设理念的土地整治理论、方法、技术研究；同时实施了关中和陕北地区盐碱地治理、废弃宅基地复垦、河漫滩及荒草地整治以及陕北沙地治理等多项大中型项目，累计整治土地超过 1.3 万 hm^2。

在实践过程中，该集团取得了多项科技创新成果，其中“改排为蓄”的盐碱地改造技术、“砒砂岩与沙复配成土”沙地治理技术、“土地整治与高效农业”对接模式等达到了世界领先水平，真正做到了在增加耕地数量、提高耕地质量的同时，改善生态环境，将土地利用的经济效益、社会效益和生态效益整合到最佳水平，达到建设和谐生态环境、促进可持续发展的目的。

1. 顺其自然，水土分离，改造盐碱地同时保留湿地环境

土壤盐碱化是典型的生态环境问题，盐碱地作为一种重要的土地资源，其治理和改良的意义重大。传统盐碱地的治理方法是“淡水压盐、排水洗盐”，通过建立健全的灌排系统，蓄淡压盐，灌水洗盐，排掉盐碱水改良盐碱地。这种治理方法存在洗盐排水消耗过多水资源、灌溉排水量大、区域地下水位下降、气候趋于干旱、排走的盐碱水污染下游水源等诸多问题，难以达到生态文明的目标。

通过研究科学掌握水盐运移规律，合理规划布置工程体系，率先在卤泊滩盐碱地治理中采取“改排为蓄、水地共处、生态文明”的治理模式，强化盐碱地自我调节、自我修复能力，实现水土资源的动态转换和平衡。将盐碱地改良为高质量农田，耕地和水面共同组成了一个复杂的网格状生态系统，农田作物种类多样，田间野生动物增加，沟内多种鱼类、浮游动物生存，生物种群日益丰腴，区域环境得到明显改善（图 12-1）。

图 12-1　陕西卤泊滩盐碱地综合治理工程整治前后对比图

2. 运用物理方法治理沙地，使沙地生态发生本质变化

毛乌素沙地是陕北长城沿线和鄂尔多斯高原东南部沙地的统称。陕西省榆林市境内未利用地中有 35 万 hm^2 沙荒地，这种沙荒地主要由并称“两害”的砒砂岩和沙组成。当地人称砒砂岩为“红胶泥”，它一旦裸露就风化，一遇风就起尘，一遇雨水就松散，随水大量流失，被誉为“环境癌症”；沙子则结构松散、漏水漏肥，形成不了土壤的团粒结构，也是导致土地资源生态退化的“罪魁祸首”。

砒砂岩和沙，一个保水一个漏水、一个板结一个透气，刚好形成互补。在对其物质特性、胶结作用及其成土核心技术深入、系统研究后发现，砒砂岩与沙的复配土壤具有较好的保水、保肥性能，利用不同比例砒砂岩与沙的复配土壤种植作物具有广泛性和适宜性。这种技术在榆林市榆阳区小纪汗乡大纪汗村和孟家湾乡孟家湾村沙荒地整治项目中示范推广，取得了显著效果，沙地生态更加和谐，

经济效益、社会效益和生态效益显著（图 12-2）。

图 12-2　陕北毛乌素沙地整治前后对比图

3. 对未利用土地顺其自然进行整治

在工程项目前期选址时，认真研究实施区域的地域性特点和土地适宜性，充分了解当地的自然环境、气候状况、土壤及地形条件，因地制宜，合理选址；在规划设计上秉承科学原则，将生态化建设目标贯穿始终，统筹兼顾，合理规划；在具体实施过程中，重视生态修复和完善，做好水土保持，减少生态损坏；在后期管护利用中，依托专业化养殖公司和种植大户，将高标准基本农田建设与现代化经营充分结合，实现土地工程生态化建设与现代高效农业无缝对接。

土地工程不仅是坚守耕地红线、保障粮食安全和解决三农问题的重要手段，在延伸层次上，更是维护生态和谐、建设生态文明和保障民族生存安全的举措。只有统筹兼顾确定增加耕地数量、提高耕地质量和建设生态文明三位一体目标，作为土地工程的最高理念，才能使土地工程真正成为推动人类社会科学发展的重大力量。

三、土地工程与现代农业

土地工程在不同时期都与农业息息相关。土地工程是节约集约利用土地资源，改善农村基础设施、生产生活条件和生态及景观环境，提高农业综合生产能力的重要技术和改革土地制度，促进农业增产、农民增收、农村发展的有效措施（高明秀，2008）。当前，中国正处于传统农业向现代农业转变的重要历史时期，农业发展必然走建设现代农业的道路，以应对激烈的农业市场竞争。因此，当代土地工程必须与中国新时期对高效农业、生态农业、现代化农业的建设相结合，从而使农村经济得到发展，提高农业专业化和集约化水平。将土地工程与现代农业结合，避免土地工程实施区域出现“一年种，两年荒，三年回到老模样”的现象，使现代农业更好地为社会主义新农村建设和和谐社会建设服务，是土地工程要解决的重要问题。

（一）土地工程整治综合模式

以三门峡库区（华阴段）的土地整治工程为例，构建了区域可持续发展的“3I”土地工程整治模式，即土地集中、生产集约、产业集成。该土地工程整治模式从宏观上讲，有“3I”土地工程整治模式、土地工程整治项目管理模式、土地工程整治综合模式及后续经营模式；从微观上讲，有项目组织模式、资金筹集模式、资金管理模式、工程承包模式、权属关系调整、合作农业经营模式、循环农业模式等。每一种模式的应用都严格参照高效农业、生态农业和现代农业的相关理论。

1.“3I”土地工程整治总体目标

“3I”模式是指土地集中（ingathering）、生产集约（intensiveness）和产业集成（integration）。待整理区域通过土地工程整治项目，将分散的土地整理成片，通过权属调配等使土地实现集中管理、经营，进一步促进生产集约化，提高收益，最终形成多种产业结合，延伸产业链，实现产业的集成，形成促进整理区域发展的土地工程整理模式（图 12-3）。

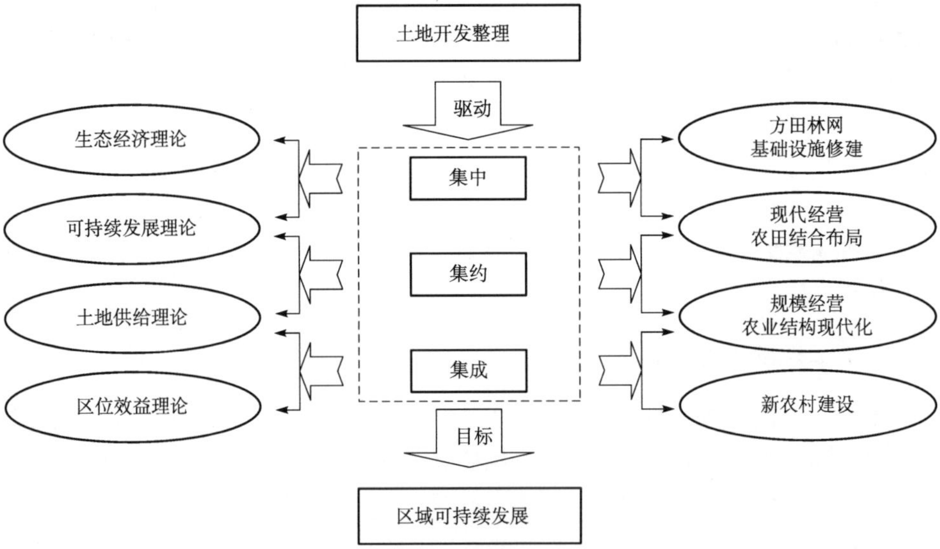

图 12-3　土地工程整治的“3I”模式

1）土地的集中整治

土地的集中整治是指通过对待整治区土地的整治，把被毁的农田、未开发的荒地、不平整的土地等整理成规则的、集中的块状耕地，并且地势平坦、路渠畅通、土壤肥沃，它是整治后高质量耕地的集中，结合了现代农田经营布局的理念，为以后待整治区高效农业、生态农业和现代化农业的发展奠定了基础。

2）农业集约化生产

集约，即通过技术进步和改善管理，提高生产要素的质量和效益来实现经济增长。它要求在人力资源利用上不断提高劳动生产率，不断提高科学技术在经济增长中的作用；在物质资源利用上不断降低物耗水平，不断降低产品成本；在财力资源利用上不断提高投资收益率和资金使用效果。这里的集约是指依据土地可持续发展等理论，通过土地工程整治，把集中整治好的耕地结合现代农田经营布局，实现了规模化机械生产、科学化管理、集中化经营，节约投资成本，减少劳动力投入，实现集约化农业经营管理，最终达到现代化农业结构经营。

3）产业模式与技术集成

集成，即一些孤立的事物通过某种方式集中在一起，产生联系，从而构成一个有机整体的过程。待整治区应充分利用当地资源，因地制宜，在土地工程整治过程中以土地供给理论、生态经济理论、区位效益理论和可持续发展理论等为科学依据，实现耕地集中，进一步形成“农-工-贸”、“产-供-销”等产业集成及系列理论与技术集成，从而通过田成方、林成网、渠相连、路相通等基础设施建设，结合现代化农田经营管理，围绕当地新农村建设，最终实现当地区域的可持续发展，为建设社会主义和谐社会做出贡献。

2.“3I”土地工程整治模式的发展阶段

“3I”土地工程整治模式分三个阶段：第一阶段为土地集中整治；第二阶段为农业集约化生产；第三阶段为产业与技术集成（图 12-4）。三者相互依赖，相互促进，实现区域的可持续发展。

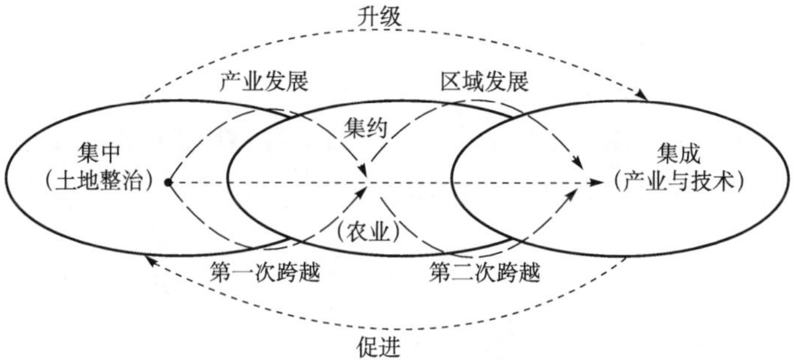

图 12-4　土地工程整治“3I”模式发展阶段

土地集中整治是“3I”土地工程整治模式的起点，把被毁的农田、未开发的荒地、不平整的土地等整理成地势平坦、路渠畅通、土壤肥沃、规则集中的块状耕地，为后期的产业发展奠定基础，同时也为第二阶段农业集约化生产提供良好的耕地条件。第二阶段把集中整理好的耕地，结合现代农田经营布局，通过规模化机械生产、科学化管理、集中化经营，节约投资成本，减少劳动力投入，实现集约化农业经营管理，达到现代化农业结构经营。通过以上两个阶段的实施，土地工程实现第一次跨越，实现了产业的发展。为待整治区后期的区域发展打下基础，进一步提出适合当地的经济发展模式，最终实现产业与技术集成，完成土地工程的第二次跨越，实现区域发展。

从土地的集中整治到产业与技术的集成，实现跨越式升级，同时凸显出土地集中整治完成的重点工作，相反产业与技术的集成又进一步促进了土地的集中整治，形成良性循环。

3.“3I”土地工程综合整治模式的微观形式内容

土地工程是涉及多学科、多专业的系统工程，其施工特点和条件具有差异性。根据项目的不同，将不同企业按照一定的组织方式联合起来，进行项目实施工作。根据经济发展水平的差异，项目组织模式主要有经济发达区项目组织模式和经济欠发达区项目组织模式。资金筹集模式受地方经济发展差异影响，分为经济发达区资金筹集模式和经济欠发达区资金筹集模式。为确保把有限的资金按工程规划设计要求使用到各项工程上，做到专款专用，确保资金的运行安全，资金管理模式有集中管理模式和分级管理模式。工程承包模式主要有总分包式、平行承包式、施工联合体和施工合作体 4 种模式。权属关系调整包括国有土地与集体土地之间土地所有权关系调整、集体之间土地所有权关系调整、农户土地经营承包权的关系调整、整治后新增耕地使用权关系调整、开发复垦中权属关系调整等。工程质量实行“项目法人负责，施工保证，监理控制，政府监督”相结合的质量管理体系。实行科学管理，保证施工进度。科学划分工程标段，合理编制施工计划，严格计划要求，提高工程质量（戴锡花和吴志龙，2009）。

4.“3I”土地工程整治模式的效益

三门峡库区（华阴段）土地工程整治项目成功运用了“3I”土地工程整治模式，取得了明显的经济、社会、生态效益，也充分发挥了“3I”土地工程整治模式的优越性。

（1）经济效益。三门峡库区（华阴段）在 2003 年洪水中遭受了重大经济损失，土地遭受洪水淹没，大面积耕地失去生产能力。2007 年，三门峡库区（华阴段）开展了土地工程整治项目，完成了对水毁地的治理，较整治前经济作物种植面积增加了 62.86％，单位面积产量提高了 15.15％，单位土地收益得到了有效提高，采用多元化的经营管理模式，实现了“产供销”一体化，从而加速了现代农业的发展。

（2）社会效益。在库区移民返迁、洪涝灾害等特殊的背景下，三门峡库区

（华阴段）土地工程整治项目表现出了灾后重建与返迁移民安置的社会效益。通过土地工程整治，改善了农业生产条件；通过发展完善产业链，带动了周边乡镇生产，实现了农场与周边乡镇和谐发展。

（3）生态效益。以 2007 年土地工程整治项目为依托，三门峡库区（华阴段）土地工程整治项目完成后增加了绿色植被覆盖度，治理了水毁地，增加了有效耕地面积，提高了土地生产能力，有效减少了农业污染，建立了良好循环的生态系统。同时，完善排洪系统，整体提高了区域抗洪能力，使土地生态系统生产功能得到了提高，抵御自然灾害的能力有所增强。

5.“3I”土地工程整治模式研究展望

土地集约利用是发展循环经济和建设节约型社会的必然要求，未来土地集约利用应加强以下四个方面的研究。

（1）在研究视角上，区域产业结构与区域土地利用结构的耦合关系有待深入探索。

（2）在研究内容上，土地集约利用标准体系研究尚处于起步阶段，研究力度仍不能满足建设节约型社会的迫切需求。土地资源节约集约利用状况调查标准、土地集约利用评价标准和审核标准体系有待制定或完善，同时要进一步发挥技术集中与产业集成的效益。

（3）在研究尺度上，应加强开展多层次，分区域，包括大城市以外的中小城市、小城镇和农村土地集约利用的研究。

（4）在研究方法上，改变传统的定性分析和简单的定量分析，积极开展基于 GIS 技术、系统动力学模型、人工神经网络等现代方法、模型、技术的融合和应用研究。

（二）土地工程后期运营体制

土地工程是实现社会主义新农村建设目标的重要途径和重要环节，如何选择适合待整治区土地工程的后续经营模式是亟待解决的现实问题。土地工程涉及面广、技术要求高、政策性强，加之土地工程整治情况复杂，制约因素多，又不能立竿见影，在一定程度上制约了土地工程整治工作的开展。

1. 农垦式经营与现代农业发展

“改造传统农业，建设现代农业”成为当今中国农业发展的重点。尽管政府和学术界确定了现代农业的概念、特征、发展方向，但是并没有指出在中国这样一个农业大国如何实践、推进现代农业建设，寻找中国现代农业发展道路和实践模型成为必须研究的课题。科技是农垦发展现代农业之动力；发挥农垦“企业”与“加工”升华农业的作用，处理好种植户、农场、公司与农垦之间关系。

2. 合作式与散户式经营与现代农业发展

鼓励农业生产专业化龙头企业、科研单位、农户等以资金、技术、土地承包经营权、实物、劳动力等生产要素作为股份，按照自愿互利原则兴办公司制农场，实行企业化经营。附近村庄的剩余劳动力可以在企业上班，也可以从事农业生产，成为农场工人，还可以在服从公司统一规划管理的情况下，在原属自己的承包地里种植经济作物或从事养殖，让村里的劳动力基本实现不离乡就业。

3. 家庭农场经营模式

引导同村同组农户以互换形式使土地相对集中于一户，改善土地少而散的状况，以家庭成员为主要劳动力，从事农业规模化、集约化、商业化生产经营，发展生态高效农业，这种模式成为家庭农场经营模式。2013 年中国政府“一号文件”中首次提到了“家庭农场”的概念。

(1) 家庭农场经营条件。要有适当的土地资源，土地能够集中，便于大规模机械作业和综合经营管理；必须具备一定文化知识和种植或养殖经验，家庭成员中有人会使用各种农机具，并具备排除一般机械故障的能力；国家和集体要给予适当扶持措施。

(2) 家庭农场新模式的类型与特点。随着改革的不断深化，家庭农场普遍实行了“两自理四到户”，其经营地位发生了巨大变化。职工家庭农场从单纯劳务型，逐渐向土地主体型的方向转变。复合式家庭农场组织形式可以有以机带地式复合家庭农场、以牲畜带地式复合型家庭农场、以奶带地式复合型家庭农场 3 种类型。

(3) 家庭农场新模式的经济论证。复合式家庭农场对土地工程整治项目完成后的垦区二次开发、优化结构、加快发展，改善经营环境和农场的经济结构起重要作用。职工不愿包地的农场，采取复合式经营，能够给经济合同的落实带来一线生机，采取复合式经营，农牧结合，便于市场剩余的粮食增值，从这个意义上来讲以机带地式等复合式家庭农场改善经济结构和农业内部种植结构的调整起到推动和保证作用。

4. 循环农业经营模式

(1) 循环农业特点：①依靠食物链条，农业内部参与循环的物体往往互为食物，以生态食物链的形式循环，循环中的各个主体互补互动、共生共利性更强。②纯天然绿色生产，对产品的安全性更为强调，控制化肥、农药的施用量。③实现干净消费，农业的主副产品在“吃干榨净”后回归大地。④要求土、水净化，“万物土中生”，“万物离不开水”，土壤、耕地和水资源的保护和可持续利用要予以特别关注。⑤涉及领域宽广，不仅包括农业内部生产方式的循环，而且包括了对农产品加工后废弃物的再利用。⑥实现双赢，清洁和增收有机结合，既要干净，又要增收，二者不可偏废。

（2）家庭循环模式。农村家庭是一个相对独立的经济单元，家庭型循环经济模式把居住环境和生产环境有机结合起来，适用于广大的农村用户特别是西部地区。家庭型循环经济模式是区域生态农业模式的基础，是以沼气为纽带，把种植业、养殖业和家庭的能源、化肥的供应结合起来，是充分循环利用有机废气物的一种自给自足型家庭农业经济方式。这对于节约家庭支出，实现农村废弃物的高效利用具有更为重要的现实意义，如图 12-5 所示（岳思羽，2010）。

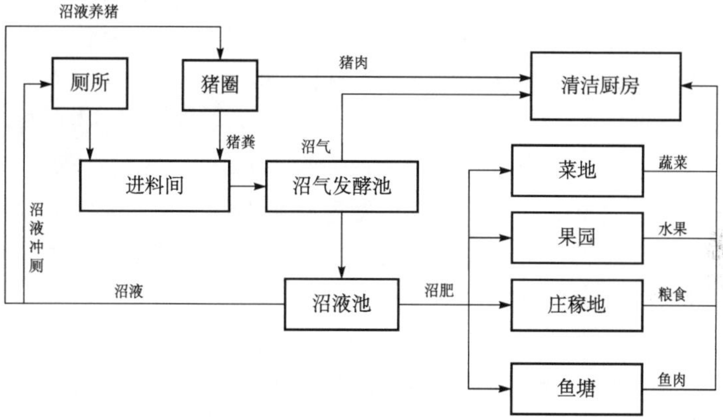

图 12-5　家庭型循环经济农业模式

（3）综合生态循环模式。①生态整合模式。循环农业强调农业发展的生态整合效应，通过建立“资源—产品—再利用—再生产”的循环机制，实现经济发展与生态平衡的协调，实现“两低一高”（资源低消耗、污染物的低排放、物质和能量的高利用）。②生态链连接与转换模式。主要指农业内部粮食生产与不同经济作物生产之间基于生态链的物质与能量转换关系所建立的农业经营方式，（张锡金等，2007）。生态链连接模式适用于具有一定规模经营的产业化农业经营。③生态农业园模式。生态农业园模式强调集中化生产，利用农业产业模块之间的链接关系来实现对能量与物质的循环利用。生态农业园模式的基础是“项目＋基地”，实施以基地建设为依托的项目带动战略。④区域型循环经济模式。从循环经济的角度，依据区域布局优化与分工优化的原则，通过建立健全区域生态整合机制与产业共生机制实现经济增长与生态保护的动态均衡。

上述几种土地工程后续经营模式各有其优缺点，在选择的时候，要结合整治区特殊的地理区位，进行选择实施。当地各级政府也应积极响应国家政策，努力解决当地农业、农村、农民问题。根据当地实际情况，充分利用当地资源，因地制宜，以土地整治为载体，以土地供给、生态经济、区位效益和可持续发展等理论为科学依据，对适宜进行土地工程整治的土地等进行专项整治并形成了相应的管理经营模式，运用土壤改良、生态工程等技术，最终以建设生态旅游、生态产业为目标而实施各项工程，促进当地区域可持续发展，为建设资源节约型和环境友好型社会服务。

第二节　土地评价工程

土地评价概念的界定目前尚不统一，代表性的观点主要有以下四种：一是指特定目的之下，对土地生产力高低的鉴定、评定或估价；二是估计土地用于不同目的的潜力的过程；三是当土地用于特定目的的时候对土地性状进行估计的过程；四是估价土地生产力和适宜性的过程。不难看出，无论是哪种观点都有其共性，都是以不同土地利用为目的，对土地质量高低进行鉴定、分类、评级和估价的过程，其实质是对土地生产力高低的鉴定，基本特征是比较土地利用的要求和土地质量的供给。可见，土地评价的最终目标是为了衡量土地的经济价值，土地估价是土地评价的结果。

土地评价的分类多种多样。按评价目的，土地评价可分为土地潜力评价、土地适宜性评价、土地利用持续性评价、土地生态评价和土地经济评价；按评价途径，土地评价分为直接评价和间接评价；按评价方法，土地评价分为定性评价和定量评价；按照服务目标，土地评价分为单目标评价和多目标评价。土地工程是改变土地质量的唯一方法，是影响土地评价的重要因素，因此土地工程评价也成为土地评价的重要组成部分。

一、土地工程评价

土地类型按利用方式分为农用地和非农用地，本节分别对农用地和非农用地中的建设用地土地工程质量评价方法进行说明。

（一）农用地土地工程质量评价

1. 农用地土地工程质量评价的依据

依据中国国土资源部颁布的《土地开发整理项目验收规程》所体现的因地制宜原则，即新增耕地的综合质量不得低于当地耕地的平均水平，限制性因素指标不得低于当地耕地可耕种的平均水平。在调查研究的基础上，参照《土地开发整理项目验收规程》和《农用地分等定级规程》的相关规定结合农业生产对耕地的具体要求，构建了农用地土地工程质量评价体系。

2. 农用地土地工程质量评价的方法

土地工程质量评价属于多目标多层次的评价，由于目标的类别不统一，指标属性多样性，在评价指标与评价方法构建与定量化评价的实现方面始终是个难点。目前，对土地工程质量进行系统和全面的评价方法是国土资源部制定的农用地质量分等定级评价方法。在其他评价方法中，许多专家学者进行了大量的探索，大多是为解决质量评价多目标多层次，评价对象定性难量化的主要问题，大量引用数学方法进行定量化评价的研究。目前，主要采用的评价方法有综合指数法、层次分析法、特尔菲法、模糊综合评价法、回归分析法、成功度法、多目标决策法、预测树法、权重指数和法、综合指数计算法、多因素综合分析法、主成分分析法、模糊神经网络模型法、传统市场法、替代市场法等（鞠正山等，2012）。

3. 农用地土地工程质量评价指标体系与指标值的确定

1）评价要素

土地工程质量评价要素包括土地工程质量现状要素和质量效益要素两个方面。评价要素不进行重要性分级，其重要性通过每一要素下的评价指标体现。质量现状要素包括土地整理工程质量、田间土壤质量、农业生产条件、资源利用集约程度四个要素。质量效益要素包括区域耕地资源保障能力、社会效益、经济效益、生态环境效益四个要素。

2）不同要素评价指标

评价指标是针对不同评价要素之下的表达指标，是对不同评价要素的刻画。评价指标从性质上分为核心指标、参考指标和统计指标三种类型，在具体评价过程中起到不同的作用。

(1) 土地工程质量指标（P_1）。土地工程质量指标分为土地平整工程质量、田间道路工程质量、灌排渠系工程质量、农田防护与生态环境保持工程质量四项。

A. 平整工程质量（P_{11}）。

指标值：平整工程质量指标（P_{11}）＝（优等、达标、不达标）。

指标属性：核心指标。

确定方法：从项目工程验收或监理报告资料中提取。

指标评价标准：依据现行的行业或地方相关工程质量标准，根据项目规划设计要求，鉴定工程内容是否达到设计标准，主要从田块平整程度、连片程度、田面坡比等因素考虑。

B. 田间道路工程质量指标（P_{12}）。

指标值：田间道路工程质量指标（P_{12}）＝（优等、达标、不达标）。

指标属性：核心指标。

确定方法：从项目工程验收或监理报告资料中提取。

指标评价标准：依据现行的行业或地方相关工程质量标准和项目规划设计要求，鉴定工程内容是否达到设计标准，主要从道路宽度、分层厚度、压实度、平整度等因素考虑。

C. 灌溉与排水工程质量指标（P_{13}）。

指标值：灌溉与排水工程质量指标（P_{13}）=（优等、达标、不达标）。

指标属性：核心指标。

确定方法：从项目工程验收或监理报告资料中提取或根据项目实地条件测定。

指标评价标准：依据现行的行业或地方相关工程质量标准和项目规划设计要求，鉴定工程内容是否达到设计标准，主要从灌溉保证率、排水条件、水源出水量情况等因素考虑。

D. 农田防护与生态环境保持工程质量指标（P_{14}）。

推荐方法1：

指标值：农田防护与生态环境保持工程质量指标（P_{14}）=（优等、达标、不达标）。

指标属性：参考指标。

确定方法：从项目工程验收或监理报告资料中提取或项目现场抽样调查。

指标评价标准：依据现行的国家或行业相关工程质量标准和项目规划设计要求，鉴定工程内容是否达到设计标准，主要从林木种植形式、数量等因素考虑。

推荐方法2：

指标值1：林木成活率指数=已成活的林木数量/已栽种的林木数量（计划栽种的林木数量）。

指标属性：参考指标。

确定方法：现场抽样调查、高分遥感影像统计、项目存档资料获取。

指标值2：防护林品种=（当地乡土品种，非乡土品种）。

指标属性：参考指标。

确定方法：调研确认/项目存档资料获取。

(2) 田间土壤质量指标（P_2）。田间土壤质量分为有效土层厚度、土壤有机质、土壤剖面构型、土壤主要障碍因子治理4项指标。

A. 有效土层厚度（P_{21}）。

$$\text{指标值：有效土层厚度}（P_{21}）=\begin{cases}1，\text{有效土层厚度}\geqslant 60\text{cm}\\ \dfrac{\text{有效土层厚度}}{\text{标准值}}，\text{有效土层厚度}<60\text{cm}\end{cases}$$

指标属性：核心指标。

确定方法：实际有效土层厚度采用选取不少于3个点的实际测量数值取平均值。

指标评价标准：以60cm有效土层厚度或当地同等条件下平均有效土层厚度

为标准值判定整治后有效土层厚度情况。

有效土层厚度评价等级（P_{21}）：a，$P_{21} \geqslant 1$；b，$0.8 \leqslant P_{21} < 1$；c，$P_{21} < 0.8$。

B. 土壤有机质（P_{22}）。

$$\text{指标值：土壤有机质指数}(P_{22}) = \begin{cases} 1，\text{实测土壤有机质含量} \geqslant 1\% \\ \dfrac{\text{实测土壤有机质含量}}{\text{标准值}}, \\ (\text{实测土壤有机质含量} < 1\%) \end{cases}$$

指标属性：核心指标。

确定方法：土壤有机质的测定方法依据土壤有机质测定法（NY/T 85-1988）标准执行。

指标评价标准：以 1%的土壤有机质含量或以当地同等条件下的平均土壤有机质含量为标准值判定整治后土壤有机质指数情况。

土壤有机质评价等级（P_{22}）：a，$P_{22} \geqslant 1$；b，$0.6 \leqslant P_{22} < 1$；c，$P_{22} < 0.6$。

C. 土壤剖面构型（P_{23}）。

指标值：土壤剖面构型为表述性指标。

指标属性：参考指标。

确定方法：现场土壤剖面构型描述。

指标评价标准：以土壤剖面构型与评价标准推荐的土壤剖面构型为判定标准。

土壤剖面构型评价等级：A，B，C。

D. 土壤主要障碍因子治理（P_{24}）。

指标值：土壤主要障碍因子治理（P_{24}）为定性指标，指标值为（没有治理、部分治理、治理）。

指标属性：参考指标。

确定方法：根据改良措施定性判断或现场实测。

指标评价标准：根据项目区土壤类型和区域土壤发育特点确定项目区的土壤主要障碍因子，土地整理中是否采取了必要的改良治理措施来判断或现场评价土壤主要障碍因子改良现状。

(3) 农业生产条件（P_3）。农业生产条件分为灌溉保证率、农机耕作条件满足率和防洪排涝能力 3 项指标。

A. 灌溉保证率（P_{31}）。

指标值：灌溉保证率（P_{31}）$= \dfrac{m}{n} \times 1$。其中，m 为有灌溉保证的年份，n 为总年份。

指标属性：核心指标。

确定方法：通过项目区排灌系统设计标准获取。

评价标准：根据灌溉保证率的满足程度评价。灌溉保证率评价等级（P_{31}）：a，$P_{31}\geqslant75\%$；b，$50\%\leqslant P_{31}<75\%$；c，$P_{31}<50\%$。

B. 农机耕作条件满足率（P_{32}）。

指标值：农机耕作条件满足率（P_{32}）＝满足机械化耕作的田块数量/项目区田块总数。

指标属性：核心指标。

确定方法：现场调查统计或项目区归档资料统计汇总，满足机械化耕作田块的标准是：长≥100m，宽≥20m。

评价标准：农机耕作条件满足率评价等级（P_{32}）：a，$P_{32}\geqslant0.9$；b，$0.6\leqslant P_{32}<0.9$；c，$P_{32}<0.6$。

C. 防洪排涝能力（P_{33}）。

指标值：防洪排涝能力（P_{33}）＝项目防洪和排涝标准评估。

指标属性：参考指标。

确定方法：根据工程设计和地区灾害性降水条件评估。

评价标准：防洪排涝能力评价等级（P_{33}）：a，$P_{33}\geqslant10$ 年；b，5 年$\leqslant P_{33}<10$ 年；c，$P_{33}<5$ 年。其中，a 表示抗灾害能力强；b 表示抗灾害能力中等；c 表示抗灾害能力偏弱。

(4) 资源利用集约程度（P_4）。项目资源利用集约程度分为田坎系数指数、灌溉水利用系数和单位面积能耗指数 3 项指标。

A. 田坎系数指数（P_{41}）。

指标值：田坎系数指数（P_{41}）＝整理后田坎系数/整理前田坎系数。

指标属性：核心指标。

确定方法：整理前后遥感影像图量测量或现场典型区实际测量计算。

评价标准：田坎系数评价等级（P_{41}）：a，$P_{41}<0.85$；b，$0.85\leqslant P_{41}<1$；c，$P_{41}\geqslant1$。其中，a 表示土地利用率提高，田块规模扩大显著；b 表示田块规模中等；c 表示田块规模小，土地利用程度降低。

B. 灌溉水利用系数（P_{42}）。

指标值：灌溉水利用系数（P_{42}）。

指标属性：核心指标。

确定方法：通过项目区排灌系统设计标准获取或实际测定。

评价标准：通过评测项目区灌溉水利用系数与全国平均灌溉水利用系数（0.55）或区域灌溉水利用系数对比判断。灌溉水利用系数评价等级（P_{42}）：a，$P_{42}\geqslant0.55$；b，$0.5\leqslant P_{42}<0.55$；c，$P_{42}<0.5$。其中，a 表示达到目标水平；b 表示高于现状水平；c 表示低于现状水平。

C. 单位面积能耗指数（P_{43}）。

指标值：单位面积能耗指数（P_{43}）＝（整理前单位面积能耗-整理后单位面积能耗）/整理前单位面积能耗×100％，单位面积能耗测算以相同类型的拖拉机深翻 25cm 所消耗的柴油量（升/亩）为标准。

指标属性：参考指标。

确定方法：现场实测对比或经验评估。

评价标准：单位面积能耗评价等级（P_{43}）：a，$P_{43}\geqslant 10\%$；b，$5\%\leqslant P_{43}<10\%$；c，$P_{43}<5\%$。

(5) 区域耕地资源保障能力（P_5）。区域耕地资源保障能力分为土地整治面积、新增耕地面积、耕地质量提升等级（粮食生产能力提高率）三项指标。

A. 土地整治面积（P_{51}）。

指标值：土地整治面积（P_{51}）＝项目区土地整治总面积。

指标属性：统计指标。

确定方法：项目区验收或监理报告资料中提取。

评价标准：不作规定，评价时参考具体项目特点自行确定。

B. 新增耕地面积（P_{52}）。

指标值：新增耕地面积（P_{52}）＝整理后耕地面积-整理前耕地面积。

指标属性：统计指标。

确定方法：项目区验收或监理报告中提取。

评价标准：不作具体规定，评价时参考具体项目特点自行确定。

C. 耕地质量提升等级（P_{53}）。

指标值：耕地质量提升等级（P_{53}）＝整理前农用地等级（$P_{53前}$）—整理后农用地等级（$P_{53后}$）。

指标属性：核心指标。

确定方法：根据农用地分等定级规程评价。

评价标准：耕地质量提升等级（P_{53}）：a，$P_{53后}\leqslant 8$ 或 $P_{53}\geqslant 2$；b，$9\leqslant P_{53后}\leqslant 12$ 或 $P_{53}=1$；c，$P_{53后}\geqslant 13$ 或 $P_{53}<1$。其中，a 表示高等地；b 表示中等地；c 表示低等地。

(6) 社会效益（P_6）。社会效益分为国内生产总值贡献量、新增耕地保障人数和公众满意度三项指标。

A. 国内生产总值贡献量（P_{61}）。

指标值：国内生产总值贡献量（P_{61}）＝项目总投资额。

指标属性：参考指标。

确定方法：项目财务决算报表，根据项目投资额度与当地一般投资项目大小划分标准确定整理项目的类型，分为大型项目、中型项目和小型项目。

评价标准：国内生产总值贡献量评价等级（P_{61}）：a，P_{61}大型项目；b，P_{61}中型项目；c，P_{61}小型项目。其中，a 表示贡献量大；b 表示贡献量中等；c 表示贡献量小。

B. 新增耕地保障人数（P_{62}）。

指标值：新增耕地保障人数（P_{62}）＝项目新增耕地面积/项目所在县域人均耕地。

指标属性：核心指标。

确定方法：项目所在县域人均耕地直接从官方出版统计资料中获取，或根据统计资料中获取人口数、国土资源调查统计中获取耕地数计算获取。

评价标准：新增耕地保障人数评价等级（P_{62}）：a，$P_{62}\geqslant 100$；b，$50\leqslant P_{62}<100$；c，$P_{62}<50$。其中，a 表示贡献量大；b 表示贡献量中等；c 表示贡献量小。

C. 公众满意度（P_{63}）。

指标值：公众满意度（P_{63}）$=\frac{s}{p}\times 100\%$。其中，s 表示项目建设整体上感到满意的社会公众数；p 表示项目区的总人数。

指标属性：核心指标。

确定方法：设计公众满意度调查表，采用抽样调查方式获得。

评价标准：公众满意度评价等级（P_{63}）：a，$P_{63}\geqslant 90\%$；b，$80\%\leqslant P_{63}<90\%$；c，$P_{63}<80\%$。其中，a 表示满意；b 表示基本满意；c 表示不满意。

(7) 生态环境质量（P_7）。生态环境质量分为土壤侵蚀治理率、生态用地保护率、土壤污染分级指数、项目对生态环境稳定性影响四项指标。

A. 土壤侵蚀治理率（P_{71}）。

指标值：土壤侵蚀治理率（P_{71}）＝（1－整理后土壤侵蚀模数/整理前土壤侵蚀模数）或土壤侵蚀治理率（P_{71}）＝已经治理的土地面积/土地整理项目总面积。

指标属性：核心指标。

确定方法：现场测定。

评价标准：土壤侵蚀治理率评价等级（P_{71}）：a，$P_{71}\geqslant 0.8$；b，$0.5\leqslant P_{71}<0.8$；c，$0\leqslant P_{71}<0.5$；e，$P_{71}<0$。其中，a 表示有效治理；b 表示一定程度治理；c 表示无效治理；e 表示恶化。

B. 生态用地保护率（P_{72}）。

指标值：生态用地保护率（P_{72}）＝整理后生态用地/整理前生态用地。

指标属性：核心指标。

确定方法：整理前后土地利用现状统计数据或现场调查。

评价标准：生态用地保护率评价等级（P_{72}）：a，$P_{72} \geqslant 0.9$；b，$0.8 \leqslant P_{72} < 0.9$；c，$0.6 \leqslant P_{72} < 0.8$；e，$P_{72} < 0.6$。其中，a 表示有效保护；b 表示一定程度保护；c 表示无效保护；e 表示恶化。

C. 土壤污染分级指数（P_{73}）。

指标值：土壤污染分级指数（P_{73}）根据农田土壤环境质量监测技术规范（NY/T 395—2000）土壤综合污染指数分级标准执行。

指标属性：参考指标。

确定方法：已有资料获取或现场实测，现场实测依据农田土壤环境质量监测技术规范（NY/T 395—2000）执行。

评价标准：根据农田土壤环境质量监测技术规范执行；土壤污染分级指数（P_{73}）：a，$P_{73} \leqslant 0.7$；b，$0.7 < P_{73} \leqslant 1.0$；c，$1.0 < P_{73} \leqslant 2.0$；d，$2.0 < P_{73} \leqslant 3.0$；e，$P_{73} \geqslant 3.0$。其中，a 表示清洁；b 表示尚清洁；c 表示轻度污染；d 表示中度污染；e 表示严重污染。

D. 项目对生态环境稳定性影响（P_{74}）。

指标值：项目对生态环境稳定性影响（P_{74}）：分为有利影响、基本无影响、存在一定影响、存在严重影响。

指标属性：参考指标。

确定方法与标准：现场调研和推荐的评价因素与评价逻辑判断。项目对区域生态环境稳定性影响评价等级：a 表示有利影响；b 表示基本影响；c 表示存在一定影响；e 表示存在严重影响。

(8) 项目经济效益（P_8）。项目经济效益分为项目投入产出比、单位面积土地产值增加率两项指标。

A. 项目投入产出比（P_{81}）。

指标值：项目投入产出比。

$$(P_{81}) = \frac{10\text{ 年投资期内单位面积静态土地产出}-\text{单位面积土地投资额}}{\text{单位面积土地投资额}} \times 100\%$$

指标属性：参考指标。

确定方法：单位面积土地投资额度以项目决算报表为依据计算；单位面积土地产出按照项目整治后的利用方式估算，一般采用作物产值计算。

评价标准：项目的投入产出比与社会平均利润率比较，以当前 10%平均利润率一半作为参考标准，该标准可根据实际情况调整。投入产出比评价等级（P_{81}）：a，$P_{81} \geqslant 5\%$；b，$0 \leqslant P_{81} < 5\%$；c，$P_{81} < 0$。其中，a 表示经济可行；b 表示经济基本可行；c 表示经济不可行。

B. 单位面积土地产值增加率（P_{82}）。

指标值：单位面积土地产值增加率（P_{82}）

$$=\frac{\text{整理后土地产值}-\text{整理前土地产值}}{\text{整理前土地产值}}\times 100\%$$

指标属性：核心指标。

确定方法：进行单位面积产值的调查评估。

评价标准：单位面积土地产值增加率评价等级（P_{82}）：a，$P_{82}\geqslant 10\%$；b，$5\%\leqslant P_{82}<10\%$；c，$P_{82}<5\%$。其中，a 表示经济可行；b 表示经济基本可行；c 表示经济不可行（鞠正山等，2012）。

4. 案例

1）案例一、中国陕西省卤泊滩盐碱地综合治理工程

卤泊滩古称“卤阳湖”，位于陕西省蒲城县和富平县境内，东西长约 30km，南北宽 1.5～7km，总面积 8160hm^2。由于地壳构造作用，明朝末年湖水逐渐渗没成滩，形成四周高中间低的槽形封闭式洼地。由于卤泊滩自身地形特点，滩区内排水沟道淤积，滩区地下水位上升，土地盐碱化逐渐严重，土地长期荒芜，不利于农作物生长。卤泊滩项目自 1999 年由陕西省地产开发服务总公司实施以来，四期工程累计开发盐碱荒地超过 800hm^2，新增耕地超过 680hm^2。

（1）评价因素的确定方法及过程。

A. 确定待选因素。

参照《农用地分等定级规程》和《土地开发整理项目验收规程》的相关规定以及农业生产对耕地的规定。《农用地分等定级规程》提出有效土层厚度、表层土壤质地、剖面构型、盐渍化程度和土壤污染等 13 项因素对耕地质量影响显著。《土地开发整理项目验收规程》提出平整程度、连片程度、通达性以及区域布局合理性对土地开发整理的综合质量影响较大；土层厚度、耕层有机质含量、土壤酸碱度和含盐量等 6 项因素对新增耕地质量影响显著。而土壤有机质含量、土壤酸碱度、耕层含盐量、灌排保障率和土壤质地等因素是盐碱地利用的主要限制因素。综合以上三方面考虑，拟定了田面坡降、连片程度、通达性以及区域布局合理性等 16 项为待选评价因素。

B. 确定参评因素。

依据确定的待选因素，应用专家集体评议法（特尔斐法），由专家对各待选因素打分，再依据打分结果进行量化汇总排序，最后一致同意土地平整程度、连片程度、通达性、区域布局合理性和土层厚度等 12 项因素作为土地质量评价参评因素（韩霁昌，2002）。以卤泊滩盐碱地综合治理工程为例，详见表 12-1。

表 12-1　土地工程质量相关评价因素（潘宜等，2009）

因素来源	评价因素
《农用地分等定级规程》中农用地质量评价因素	有效土层厚度、表层土壤质地、剖面构型、盐渍化程度和土壤污染状况、土壤有机质含量、障碍层次、排水条件、地形坡度、灌溉保证率、地表岩石露头状况、灌溉水源
《土地开发整理验收规程》中新增耕地质量验收内容	土地平整程度、连片程度、通达性以及区域布局合理性、土层厚度、耕层有机质含量、土壤酸碱度、耕层土壤含盐量、灌排保障率、土壤质地
盐碱地利用的主要限制因素	平整程度、土壤有机质含量、土壤酸碱度、耕层土壤含盐量、灌排保障率、土壤质地
卤泊滩新增耕地质量评价参评因素	平整程度、连片程度、通达性、区域布局合理性、土层厚度、耕层有机质含量、土壤酸碱度、盐渍化程度、排水条件、灌溉保证率、土壤质地、灌溉水源

（2）土地质量评价指标级别。

评价因素级别划分主要参照《农用地分等定级规程》的指标要求，调查项目区新增耕地、周边高产田、周边中产田的各项评价因素指标值（表 12-2）。

表 12-2　土地质量评价指标级别说明表

评价指标	项目区	周边高产田	周边中产田
	指标值	指标值	指标值
平整程度	土地平整、地形坡比 1/1000，小于 2°	梯田，小于 2°	土地平整，小于 2°
连片程度	集中连片，便于机械耕作	集中连片，便于机械耕作	集中连片，不影响机械耕作
通达性	项目区主干路宽 8m，辅助路宽 4m，距最近的居民点约 1km	临张一施公路，路宽大于 4m，距最近的居民点小于 2km	路面宽度大于 4m，距最近的居民点小于 2km
区域布局	以农用地为主，耕地占 81%，路、渠、林、沟布局合理	布局合理	布局合理
土层厚度	有效土层厚度大于 1.5m	有效土层厚度大于 1.5m	有效土层厚度大于 1.5m
耕层有机质含量/%	0.92	1.18	1.07
土壤 pH	8.29	8.32	8.42
土壤盐渍化程度/%	0.085，以硫酸盐为主	0.073	0.070

续表

评价指标	项目区	周边高产田	周边中产田
	指标值	指标值	指标值
灌溉保证率	具有很好的灌溉设施，能基本满足作物的生长需要	基本满足	一般满足
排水条件	有健全的排水系统	无洪涝灾害	无洪涝灾害
土壤质地	属中黏质土	属中黏质土	属中黏质土
灌溉水源	引黄河水灌溉	引洛河水灌溉	引洛河水灌溉

(3) 权重和级别分值的确定及方法。

权重限定在0～1且和为1，级别分值限定在1～10。

① 依据确定的评价因素和级别，编制因素-级别对照表，送专家分别对权重和级别分值打分。

② 根据专家返回打分表，首先依据式（12-1）确定各因素权重。

$$w_i = \frac{1}{L}\sum_{k=1}^{L} w_{ikj} \tag{12-1}$$

式中，$i=1, 2, 3, \cdots, S$（S 为因素个数）；w_i 为第 i 个因素的专家集体权重均值；w_{ikj} 为第 k 个专家对第 i 个因素第 j 个评价单元的意见；L 为参加评审的专家数。

③ 经整理、汇总、归纳后，再反馈给各参与人员。经各位专家进一步分析判断，重新打分。

④ 依据各位专家的最后判定，再经公式（12-1）计算，确定各因素最终权重。

级别分值的确定也是采用专家集体打分的方法，只是在最终确定时采用众数法和分值靠近原则，使每一个级别对应一个平均整数，便于以后的计算（韩霁昌，2002）。

(4) 评分结果量化。

根据土地质量评价指标及其分级标准确定项目区耕地各项指标的等级和分值（表12-3）。

表 12-3　项目区耕地各项指标的等级和分值

评价指标	权系数/%	项目区	高产田	中产田
平整程度（P_1）	8	10	10	10
连片程度（P_2）	6	10	10	8
通达性（P_3）	6	10	10	10
区域布局（P_4）	6	10	10	10

续表

评价指标	权系数/%	项目区	高产田	中产田
土层厚度（P_5）	6	10	10	10
耕层有机质含量（P_6）	11	6	7	6
土壤酸碱度（P_7）	11	9	9	9
土壤盐渍化程度（P_8）	11	10	10	9
灌溉保证率（P_9）	11	7	9	7
排水条件（P_{10}）	8	10	10	10
土壤质地（P_{11}）	8	9	9	9
灌溉水源（P_{12}）	8	10	10	10

（5）数学模型的构建。

耕地质量评价涉及多种因素和多种指标，根据这些因素和指标对耕地作出综合评价，而不能从某一种因素情况去评价（刘黎明，1994）。模糊综合评判决策是对受多种因素影响的事物做出全面评价的一种有效方法，步骤如下。

① 建立模糊评判矩阵。设 $u_{ij}(i=1, 2, 3, \cdots, S; j=l, 2, 3, \cdots, n)$表示第 j 个评价单元第 i 个因素值；令 $r_{ij}=\dfrac{u_{ij}}{\sum_{k=1}^{n} u_{ik}}(i=1, 2, 3, \cdots, S; j=l, 2, 3, \cdots, n)$即表示第 j 个评价单元的第 i 个因素值在 n 个评价单元的同一因素值的总和中所占的比例，得到模糊评判矩阵：$R=(r_{ij})_{s\times n}$。设第 j 个评价单元的权系数为 w_i，则可得到权系数向量：$A=(w_1, w_i, \cdots, w_s)$，满足 $\sum_{i=1}^{s} w_i=1$，$w_i\geqslant 0$。

② 综合评判。考虑到耕地质量评价的全面性，所有参评因素必须依据权重大小均衡兼顾，从实际出发，选用了模糊评判决策中的模型Ⅲ M(·，＋)加权平均模型得到综合模糊评判矩阵 B。

$$B=A\cdot R(W_1, W_2, \cdots, W_s)\cdot\begin{pmatrix} r_{11} & r_{12} & \cdots & r_{1n} \\ r_{21} & r_{22} & \cdots & r_{2n} \\ \vdots & \vdots & & \vdots \\ r_{s1} & r_{s2} & \cdots & r_{sn} \end{pmatrix}=(b_1, b_2, \cdots, b_n)$$

综合模糊评判矩阵 $B=(b_1, b_2, \cdots, b_n)$表示各个参评单元在整体中的质量优劣位置(刘承平，2003)。

（6）评价结果。根据模糊数学综合评判结论以及新增耕地的各项指标，可以得出以下结论：①新增耕地质量高于当地中产田平均水平，略低于高产田平均水平；②新增耕地的主要限制性指标接近当地的平均水平。

本方法研究的初衷主要是为了解决卤泊滩盐碱地开发新增耕地质量的评价量

化问题，所以在因素选取、权重确定等方面主要考虑了盐碱地利用的限制因素，如在其他地区应用本方法，必须依据当地实际情况对参评因素和权重做适当的修正和完善。

2）案例二、中国北京市平谷区农村居民点整理项目

该项目以北京市平谷区为研究区，将区内 2325 个农村居民点地块作为评价单元（曲衍波等，2012）。依据耕地自然质量等评价方法体系，采用 GIS 空间分析技术和邻域替代法，建立农村居民点整理后耕地分等数据库，对农村居民点整理后耕地的自然适宜性与质量等别进行鉴定和评价；并将研究成果应用于平谷区农村居民点整理规划，对规划实施过程中补充耕地的目标设定、项目区的时空安排和相应关键性工程措施进行探讨。

易于改造的影响耕地质量的评价指标分值从 2006 年平谷区农用地分等地块的属性数据中获取，如灌溉保证率、排水条件、盐渍化程度等，用于农村居民点地块相应指标分值的邻域替代；农村居民点整理规划布局从平谷区土地利用总体规划（2006—2020 年）图中获取。最后，在 ARCGIS9.3 工作平台下，统一各专题图件的空间投影坐标系统，并将评价农村居民点地块、规划整理农村居民点地块以及农用地分等地块进行配准与叠加，形成农村居民点整理后地块分等数据库。

(1) 农村居民点整理后耕地质量评价。自然质量分（C_L）是农用地分等工作的基础性成果和重要中间成果。它是以分等地块为评价单元，对作物光温生产潜力的自然质量修正，包含了分等因素的全部信息，是指导土地整理方向和划分整理类型的主导因素（郭丽娜，2009）。所以，针对此研究的地块尺度，选用农用地分等理论和方法（张凤荣等，2008）中的自然质量分评价指标体系、权重值（表 12-4）与计算方法式（12-2），评价农村居民点整理后耕地质量。此研究区评价体系是考虑自然条件和农业生产的区域差异，划分为平原区和山地区 2 个评价指标区。

$$C_L = \frac{\sum_{k=1}^{m} W_k f_k}{100} \tag{12-2}$$

式中，C_L 为分等地块的自然质量分；k 为评价因素编号；m 为评价指标的数目；W_k 为第 k 个评价指标的权重；f_k 为影响耕地质量的评价指标分值，由于评价指标受整理工程类型的影响程度不同，研究中采用邻域替代法和因素现状值比照法对不同的指标分值进行测算。C_L 为介于 0～1 的分值，研究中按照小于 0.6，0.6～0.7，0.7～0.8，0.8～0.9 四个节点划分的 5 个范围进行级别划分（分值越高，表明农村居民点自然条件越优，整理后适宜复垦为耕地）。

表 12-4　平谷区耕地自然质量等别评价因素分值与权重

分值标准	平原区						山地区						
	土壤质地	土体构型	土壤有机质质量分数/%	灌溉保证率	排水条件	盐渍化程度	土壤质地	土体构型	土壤有机质质量分数/%	灌溉保证率	地形坡度/(°)	土层厚度	土壤砾石质量分数/%
100	重壤土	1级	≥4.0	充分满足	一级健全	无	中壤土	1级	≥4.0	充分满足	≤2	无限制	≤5
90	黏土	2级	3.0～4.0	基本满足	二级健全	轻度	重壤土	2级	3.0～4.0	基本满足	2～5	厚层	5～10
80	中壤土	3级	2.0～3.0				黏土	3级	2.0～3.0	一般满足	5～8		
70	轻壤土	4级	1.0～2.0	一般满足	三级健全	中度	轻壤土	4级	1.0～2.0				10～30
60	沙壤土	5级	0.6～1.0				沙壤土	5级	0.6～1.0		8～15	中层	
50	沙土	6级	≤0.6	无灌溉条件			沙土	6级	≤0.6				
40		7级			四级健全	重度	砾质土	7级		无灌溉条件			≥30
30	砾质土										15～25	薄层	
20													
10											≥25		
权重	0.2	0.15	0.13	0.25	0.15	0.12	0.15	0.12	0.11	0.2	0.12	0.2	0.1

注：①平谷平原区包括马坊镇、马昌营镇、大兴庄镇和平谷镇；山地区包括东高村镇、夏各庄镇、金海湖镇、山东庄镇、王辛庄镇、峪口镇、刘家店镇、大华山镇、镇罗营镇、南独乐河镇、黄松峪乡和熊儿寨乡。②表中土体构型分级按照《北京市农用地分等技术方案》确定：1级为黏底轻壤、均质中壤、均质轻壤、黏体轻壤；2级为沙底重壤；沙底黏土、壤底黏土；3级为夹黏轻壤、沙底轻壤；4级为均质沙壤、砾石体轻壤、沙底沙壤、沙体沙壤；5级为砾石底沙壤、砾石体沙壤、砂浆底沙质；6级为黏体沙土、黏底沙土；7级为砂砾。

(2) 农村居民点整理后耕地质量评价结果。平谷区农村居民点不适宜整理为耕地的地块为 1048 块，占全区农村居民点面积的 22.64%，主要位于北部山地生态涵养区，地块规模少、耕作半径大和立地条件差，农村居民点不适宜整理为耕地，应从生态安全的角度复垦为林地、牧草地或园地。

平谷区农村居民点适宜整理为耕地的地块为 1277 块，占全区农村居民点面积的 77.34%，在农村居民点地块的质量等别与相应的等别统计如图 12-6 和表 12-5 所示。结果表明，平谷区农村居民点整理后耕地自然质量分在 0.3910～0.9745，均值为 0.7337，处于中等水平。划分的五个等级中，一等地面积占全区分等地块面积的 10.27%；二等地面积占 18.48%；该区域是全区优质农田的分布区，土壤肥力高，整理后耕地质量较高；三等地面积占全区分等地块面积的 41.90%，是农村居民点整理后的主要耕地等别，该区域地势相对平坦，土壤有机质含量和地形坡度影响不大，整理后耕地质量中等；四等地面积占全区分等地块面积的 20.82%；五等地面积占全区分等地块面积的 8.53%，该类区域地形坡度相对较大，农用地多是草地，土层瘠薄，土壤质地比较粗，整理后耕地质量偏低。

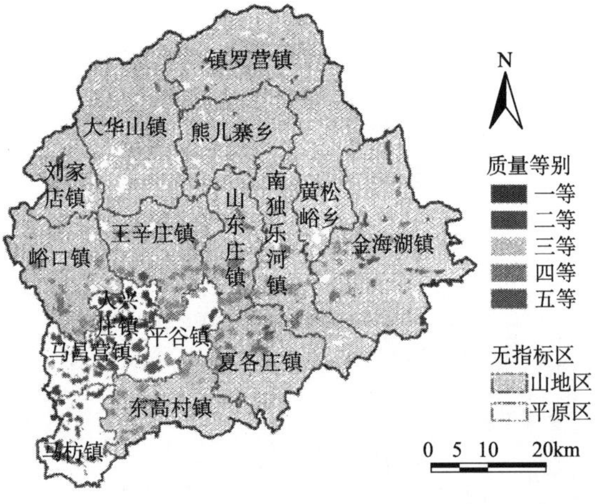

图 12-6 平谷区农村居民点整理后耕地质量等别

表 12-5 平谷区农村居民点整理后耕地等别统计

土地等别	分值区间	均值	标准差	面积/hm^2	比例/%
一等	0.9024～0.9745	0.9379	0.0221	433.91	10.27
二等	0.8018～0.8956	0.8696	0.0304	780.94	18.48
三等	0.7051～0.7987	0.7295	0.0252	1770.30	41.90
四等	0.6002～0.6982	0.6360	0.0234	879.44	20.82
五等	0.3910～0.5991	0.4963	0.0216	360.29	8.53

（二）建设用地土地工程质量评价

建设用地土地工程开发，是指由政府或其授权委托的企业，对一定区域范围内的城市国有土地（毛地）或乡村集体土地（生地）进行统一的征地、拆迁、安置、补偿，并进行适当的市政配套设施建设，使该区域范围内的土地达到“三通一平”“五通一平”或“七通一平”的建设条件（熟地），再对熟地进行有偿出让或转让的过程。建设用地工程应在保护和改善生态环境的前提下，坚持以内涵挖潜为重点，力争实现经济效益、社会效益、生态效益的统一。

（1）交通条件。交通条件是影响建设用地土地质量级别的重要因素。无论是商业用地、住宅用地，还是工业用地，道路交通问题都是最主要考虑的因素之一，但三者在道路因素的重要性上有差别。

（2）基础设施。①通气。随着环保问题的日益突出、生产工艺的不断改进和生活方式的不断变革，通气在基础设施中的地位越来越高。这一因素是建设用地土地质量评价所必需的。②通水。通水设施是建设用地最重要的基础设施之一，是建设用地土地质量评价必须考虑的因素。它的发展状况直接影响着人们对土地的利用，直接影响着土地的质量级别。③通热力。供热状况对人们的生产活动会产生很大影响，是影响建设用地土地质量的重要因素。④通排水。建设用地排水和排污管道排水能力的好坏，对土地级别的影响较大。⑤通电力。指建设区内电缆的铺设，电力要求能否满足，直接影响建设区内的正常生活工作需要。⑥通电讯。指建设区内基本通讯设施畅通。通讯设施是指电话、传真、邮件、宽带网络、光缆等。电讯成为建设用地土地质量评价中应考虑的因素之一。

（三）土地工程环境评价

环境评价是环境影响评价和环境质量评价的简称。土地工程环境评价是指以土地工程环境资源持续利用为目的，通过评价土地所具有的物理、环境性价值，判断需要保护的土地环境功能或评价附近的开发对特定土地环境影响的过程。土地工程环境评价过程与土地适宜性评价类似，可分为两个阶段：根据土地环境基础资料及环境信息，进行环境适宜性分析的阶段；根据适宜性分析结果，划分保护适宜地等级阶段。土地工程环境评价成果有土地工程环境评价图或者环境敏感地分布图。

（四）土地工程社会风险评价

社会风险评价是对可能影响项目的各种社会因素进行识别和排序，选择影响面大、持续时间长、并容易导致较大矛盾的社会因素进行预测，分析可能出现这种风险的社会环境和条件。土地工程社会风险是指项目在实施和运营过程中，存在的对社会民众影响面大、持续时间长、并容易导致较大社会冲突的不确定性（杨琳和罗鄂湘，2010）。目前，中国土地工程社会风险评价通常是作为其社会评价的一部分进行的，主要包括生态生活环境和经济影响方面的评价研究，对土地工程项目引发民众冲突的社会风险源研究方面还不够深入和系统。

通过对各重大工程项目引发社会冲突的社会风险因素进行分析，社会风险因素包括：①经济方面的社会风险因素，主要指工程项目造成的居民失业率、收入下降、征迁补偿程度及相关服务价格上涨等。②生态环境方面的社会风险因素，主要指施工过程中的各种噪音、空气质量、水污染等。③社会方面的社会风险因素，主要指人文景观的破坏、风俗习惯的改变等。④制度方面的社会风险因素，主要指政策的改变、信息公开不到位、公众参与率低、应急制度不够完善等。

二、土地经济与土地估价

土地评价在偏重土地质量自然评价的同时，越来越重视土地质量的经济评价，其中既包括建设用地的经济评价也包括农用地的经济评价。土地经济评价是运用经济指标对土地质量进行评定，即对土地进行投入和产出分析，通过比较不同土地利用的投入与效益，决定土地的适宜性类型及其适应性等级。土地经济评价强调从土地经济属性出发，从土地利用的经济学等方面评价土地的质量。通过一系列经济指标和经济量度，比较不同土地类型对一种确定用途的适宜性，或不同利用对一种土地类型的适宜性。土地经济评价是对土地利用经济效益的评定。土地作为十分重要的自然资源和资产，具有价值和价格。随着中国土地市场的逐步活跃，土地分等定级和价格评估成为了土地经济评价的一个热点。

（一）地价

土地价格实际上是土地经济价值的反映，是为购买获取土地预期收益的权利而支付的代价，即地租的资本化。换言之，土地价格高低取决于可以获取到的预期土地收益（地租）高低。对于土地来讲，购买土地实际上是购买土地的权利，不同的土地权利为购买者带来的收益不同，因此其价格也不同，在实际中可以表现为所有权价格、使用权价格、抵押权价格等形式。

影响土地价格的因素，可按照因素与土地的关系及影响范围分为一般因素、区域因素和个别因素。一般因素是指影响土地价格的一般、普遍、共同的因素。这些因素对土地价格总体水平产生影响，是决定各个地块土地价格的基础，包括行政因素（土地制度、住房制度、城市规划、地价政策、税收政策、交通管制和行政隶属变更等）、人口因素（人口密度、人口素质、家庭人口构成等）、社会因素（政治安定状况、社会治安状况、房地产投机、城市化进程）、国际因素（国际经济状况、国际政治因素）、经济因素（经济发展状况、储蓄和投资水平、财政收支与金融状况、物价变动、利率水平等)。

（二）土地估价

土地估价是依据土地估价的原则、理论和方法，在充分掌握土地市场交易资料的基础上，根据土地的经济和自然属性，按产地的质量、等级及其在经济活动中的一般收益状况，充分考虑社会经济发展、土地利用方式、土地预期收益和土地利用政策等因素对土地收益的影响，综合评定出某块土地或多块土地在某一权利状态下、某一时点价格的过程。

1. 土地估价原则

土地价格是由其效用、相对稀缺性及有效需求三者相互作用、相互影响所形成的。而这些因素又经常处于变动之中，土地价格必须要对此做细致分析并正确判断其变动趋势，了解土地价格组成的各项因素及各因素之间的相互作用，才能做出正确的估价。因此在讨论土地估价方法之前，首先要掌握土地估价的基本原则。

(1) 替代原则。土地价格水平由具有相同性质的替代性土地的价格所决定，由最了解市场行情的买卖者按市场的交易案例相互比较后所决定的价格，可以通过比较地块的条件及实用价值来确定。

(2) 预期收益原则。对于土地价格的评估，重要的并非过去而是未来，土地投资者是在预测该土地将来所能带来的收益或效用后进行投资的。

(3) 最有效使用原则。根据土地价格以其最有效使用为前提的原则进行估价时候，就不应该受现实的使用状况所限制，而应对何种情况下才能最有效使用做出正确的判断。

(4) 报酬递增、递减原则。经济学中的边际效应递减原则是指增加各生产要素的单位投入量时，纯收益随之增加；但达到某一数值以后，如继续追加投资，其纯收益不再会与追加的投资成比例增加。

(5) 需求与供给原则。由于土地具有地理位置的固定性、不增性、个别性等自然特性，使价格独占性较强，需求与供给都限于局部地区，供给量有限，竞争主要是在需求方面进行，即土地不能实行完全竞争，其价格的独占倾向性较强。

(6) 贡献原则。按经济学中的边际收益原则，衡量各生产要素的价值大小，可依据其对总收益的贡献大小来 决定。对于土地估价，这一原则是指不动产的总收益是由土地及建筑物等构成因素共同作用的结果。

(7) 变动原则。在土地估价时，必须分析该土地的效用、稀缺性、个别性及有效需求，以及使这些因素发生变动的一般因素、区域因素及个别因素。由于这些因素都在变动之中，所以应把握各因素之间的因果关系及其变动规律，以便根据目前的地价水平预测未来的土地价格。

(8) 协调原则。土地总是处于一定的自然与社会环境之中，必须与周围环境相协调。如果土地能适应周围环境，则该土地的收益或效用能最大限度的发挥，所以分析土地是否与所处环境协调，即可判定该地块是否为最有效使用，这直接关系到该地块的收益量和价格。

2. 土地估价方法

土地估价方法可以分为基本估价法和应用估计法。基本估价方法又分为收益还原法、市场比较法、剩余法和成本逼近法。应用估价法又称为大量估价法，即在应用基本估价方法评估样点宗地地价的基础上，对整个城市或城市内一定区域内的土地价格、地价影响因素和地价变化规律进行分析，建立起一套大范围内宗地价格与宗地条件及影响因素间的相关关系，作为该范围内宗地价格的评估标准，从而在需要时可以循序的评估出该区域内各个宗地价格。此类方法关键在于建立评估标准，需进行大量资料调查、处理和分析，根据评估标准评估宗地地价则相对简便快速，因此此类方法多适用于政府管理需要而进行的政策性大量估价。属于此类的方法有路线价估价法、标准宗地估价法、基准地价系数修正法等。

第三节 土地工程与土地政策

政策，是国家机关、政党在特定时期为实现一定的社会政治、经济、文化目标而采取的政治行为或制定的行为准则，它是一系列谋略、法令、措施、办法、方针、条例等的总称。土地政策自国家产生后就作为一种制度规则而开始存在了。土地政策由国家权力机关实施，是宏观的、方向性明确的，是一系列土地准则和制度的总和。它指导着土地工程的研究方向和实施过程。同时，土地政策是生产力在生产关系层面上的表现，是根据现有社会生产水平制定的，具有时效性的政策法规。在社会生产力飞速发展的今天，土地政策必须随着社会生产力做出适时调整。变更土地政策的依据是粮食产量和土地价值实现的系数（邓祥征等，2009）。土地政策一般分为最广义与广义、狭义与最狭义四种：①最广义的土地政策包括了土地法律、土地法规与土地规章等。②广义的土地政策泛指凡是与土地有关的一切政策都是土地政策。③狭义的土地政策是指直接的或间接制定的用以调整人地关系的一切土地政策。④最狭义的土地政策是国家和政党直接制定的，以土地政策名义发布的所有的土地政策（姜爱林，2001）。

土地政策按不同的分类标准可分为：①按土地利用现状分为规范性土地政策和法定性土地政策。②按政策特征分为区域性土地政策、土地资源政策、土地生态政策、土地环境政策、土地可持续发展政策等。③按政策主体层次可分为国家土地政策、党政土地政策与人民团体土地政策；中国土地政策、地方土地政策与基层土地政策；部门土地政策、地区土地政策与企业土地政策。④按照政策的功能可分为土地基本国策、方针性土地政策、法规性土地政策、法律性土地政策。⑤按政策时限可分为长期土地政策、中期土地政策、短期土地政策、即时土地政策（王宏新，2009）。

一、土地政策与土地工程的关系

土地工程是保护及增加耕地的工程，是提高土地利用率的工程，也是协调人与社会及自然资源和谐发展的工程。土地工程必须在国家政策框架下实施，其发展方向与社会的发展需要及国家政策息息相关。

通过对土地工程四个研究方向的阐述可以看出：土地工程能够改变粮食产量和土地价值实现系数，能够引起土地政策的调整，两者之间存在辩证关系（刘彦随，2001）。一方面，土地政策指导土地工程的研究和发展方向，土地工程须在土地政策框架下实施，反映了土地政策的重要内容；另一方面，土地工程是完善、落实土地政策的重要措施和手段。随着土地工程研究的不断深入，工程措施不断改进，土地工程将推动土地政策的进一步调整。

二、土地政策对土地工程的作用

（一）土地政策对土地工程的指导作用

1. 土地政策对耕地保护的指导作用

耕地是中国社会主义市场经济建设中最为重要的生产要素之一，特别是对保护国家粮食安全、维持社会稳定有着至关重要的作用。国家相继颁布和出台各种相关法规及政策来加强农用地的管理，特别是对耕地的保护，鼓励单位或个人从事土地整理及复垦等方面的活动。

中国现行耕地保护政策大致可以归并为法律政策、行政审批政策、行政责任政策、税收政策四个方面，主要包括耕地总量动态平衡、土地用途管制、农用地专用审批、占用耕地补偿制度、基本农田保护、禁止闲置荒芜耕地、土地开发、复垦整理、耕地税费、耕地保护目标责任制、耕地保护法律责任等。

中国实行世界上最严格的耕地保护制度。《中华人民共和国刑法》第三百四十二条规定："违反土地管理法规，非法占用耕地改作他用，数量较大，造成耕地大量损坏的，处五年以下有期徒刑或者拘役，并处或者单处罚金。"《土地管理法》第四条、第三十一～三十四条、第三十七条、第七十四条等内容均明确规定，禁止非法占用耕地、闲置荒芜耕地等条例。2006 年中国政府印发并实施了《体现科学发展观要求的地方党政领导班子和领导干部综合考核评价试行办法》，首次将耕地资源保护纳入地方领导的政绩考核体系，表明了中国政府对耕地保护日益重视。

2. 土地政策对建设用地整备工程的指导作用

建设用地整备工程应按照落实国家区域发展总体战略的要求，立足形成国土开发新格局，优化配置各业各类用地，引导人口、产业和生产要素合理流动，坚持需求引导与供给调节，加强建设用地空间管制，严格划定城乡建设用地扩展边界，控制建设用地无序扩张，积极盘活存量建设用地，鼓励深度开发地上地下空间，促进城乡统筹和区域协调发展。

2004 年《国务院关于深化改革严格土地管理的决定》（国发［2004］28 号文件）明确提出集约用地的控制要求，并鼓励工业用地提高容积率，各地政府也出台了细化的操作标准；同时提出“鼓励农村建设用地整理，城镇建设用地增加要与农村建设用地减少相挂钩”。2008 年 1 月中国政府下发的《国务院关于促进节约集约用地的通知》中要求“要充分利用现有建设用地，大力提高建设用地利用效率，积极引导使用未利用地和废弃地，对适宜开发的未利用地做出规划，引导和鼓励将适宜建设的未利用地开发成建设用地，利用废弃地积极复垦。”同年 11 月，中国国土资源部又颁布了《建设项目用地预审管理办法》，其中第三条规定，“预审应当遵循下列原则：①符合土地利用总体规划。②保护耕地，特别是基本农田。③合理和集约节约利用土地。④符合国家供地政策。”此后，中国政府多次会议精神和法律法规均为建设用地整备提出了指导方针。

3. 土地政策对污损土地改良改造工程的指导作用

1986 年，中国政府颁布了《中华人民共和国矿产资源法》，要求对关闭矿山进行土地复垦利用；开始煤矿造地复田综合治理研究。2006 年，发布《关于加强生产建设项目土地复垦管理工作的通知》，要求加强土地复垦前期管理，并提出“县级以上国土资源管理部门要对被破坏的土地进行调查和适宜性评价”，按照“……因地制宜，综合利用”的原则，依据土地利用总体规划，合理确定复垦土地用途，宜农则农、宜建则建。被破坏的土地要优先复垦为农用地，用于种植、林果、畜牧、渔业等农业生产；确实不适宜农业生产的，可以依法复垦为非农建设用地。《土地复垦条例》第四条规定，“……土地复垦应当坚持科学规划、因地制宜、综合治理、经济可行、合理利用的原则。复垦的土地应当优先用于农业。”生产建设活动损毁的土地，按照“谁损毁，谁复垦”的原则，由生产建设单位或者个人负责复垦，对历史遗留损毁土地和自然灾害损毁土地，县级以上人民政府应当投入资金进行复垦，或者按照“谁投资，谁受益”的原则，吸引社会投资进行复垦。

4. 土地政策对提升土地利用效率的指导作用

在农业用地方面，2008 年中共十七届三中全会提出高标准基本农田建设，2011 年、2012 年两个中国政府 1 号文件要求加强高标准农田建设，要求制定全国高标准农田建设总体规划。在城市用地方面，2008 年中国政府《国务院关于促进节约集约用地的通知》（国发［2008］3 号），提出“……严格土地使用标准……严格执行限制土地处置政策……鼓励开发区土地利用效率”；2012 年，中国国土资源部提出关于大力推进节约集约用地制度建设的意见，明确了建立健全节约集约用地制度的基本原则、内容，并强调了集约用地各项制度的落实工作，确立了土地工程在提升土地利用效率中的作用。种种政策表明，推进节约集约用地已经成为了当今土地政策的重点方向。

（二）土地政策对土地工程的促进作用

近年来，土地工程在土地整治、土地复垦、耕地保护、闲置土地处置、矿山修复、城乡规划及高标准农田建设等方面的作用日益突显，中国政府制定和颁布了多项政策和法规鼓励单位和个人从事土地工程方面的活动。《土地管理法》第 38 条规定，“国家鼓励单位和个人按照土地利用总体规划，在保护和改善生态环境、防止水土流失和土地荒漠化的前提下，开发未利用的土地；适宜开发为农用地的，应当优先开发成农用地。国家依法保护开发者的合法权益。”第 41 条规定，“鼓励县、乡（镇）人民政府组织农村集体经济组织，按照土地利用总体规划，对田、水、路、林、村进行综合整治，提高耕地质量，增加有效耕地面积，改善农业生产条件和生态环境。”《土地复垦条例》第九条规定，“鼓励和支持土地复垦科学研究和技术创新，推广先进的土地复垦技术，对在土地复垦工作中做出突出贡献的单位和个人，由县级以上人民政府给予表彰。”

同时，中国实施耕地占用补偿机制和城乡建设用地“增减挂钩”政策，国家在与土地工程相关的土地整治及土地规划利用方面的投入越来越大。据中国国土资源部公布数据显示，2001 年以来，中国通过实施农业土地整治工程，新增耕地 276 万 hm^2，建成高产稳产基本农田超过 1333.3 万 hm^2，涉及资金按万亿元计。

（三）土地政策对土地工程的规范作用

土地工程前期应当按照经济效益、社会效益、环境效益相统一的原则，实行全面规划、合理布局、综合开发、配套建设。2002 年 4 月中国国土资源部发布的《土地开发整理规划管理若干意见》中提到，土地开发整理规划的主要任务是“对土地开发整理活动进行统筹规划，确定土地开发整理的目标和方向，提出重点区域、工程和项目等，拟订实施规划的保障措施，保障规划目标的实现。”在实施过程中应严格执行规划，严格管理、健全机制，切实保证项目实施规范有序、监管工作落实到位。《土地管理法》第三十九条规定“开垦未利用的土地，必须经过科学论证和评估，在土地利用总体规划划定的可开垦的区域内，经依法批准后进行。禁止毁坏森林、草原来开垦耕地，禁止围湖造田和侵占江河滩地。

对破坏生态环境开垦、围垦的土地，有计划有步骤地退耕还林、还牧、还湖。”

在土地工程方面，应当坚持科学规划、经济可行、合理利用的原则。复垦的土地应当优先用于农业发展。对整治为农用地的，中国国土资源主管部门应当会同有关部门在验收合格后的5年内对土地复垦效果进行跟踪评价，并提出改善土地质量的建议和措施；在闲置土地处置方面，应当符合土地利用总体规划和城乡总体规划，并遵循依法依规、促进利用、保障权益、信息公开的原则；在推行城乡建设用地“增加挂钩”政策时，严禁突破挂钩周转指标，要尊重农民意愿并考虑农民实际承受能力，防止不顾条件盲目推进、大拆大建，严禁侵害农民权益。

第四节　土地监管与保护

土地保护和监管工作一直是土地资源管理的核心工作，是土地工程健康顺利发展的护航船，世界各国在保护与监管方面都建立了完善的土地保护和监管制度。国外许多国家实行土地总监制，建立专门的执法监督队伍，对土地违法行为严厉查处，如俄罗斯设立了土地总监察长；白俄罗斯设立国家土地总监；新加坡土地局下设土地管理与监督署；美国在特定区域设立了穿制服的巡逻队；日本法律规定对拒绝、妨碍或逃避对其土地进行检查的处以罚款。对政府土地征用权实行严格限制，为防止政府滥用征地权而导致政府对土地所有者利益的侵害，许多国家对土地征用都依法定于公共利益范围内，规定了严格的征用程序，并按原用途地价进行补偿。如德国土地征用以“绝对需要”为条件，即只有在为公共利益需要且无其他方法替代的情况下，方可行使征用权；以色列“开发住宅尽量不占用耕地”；法国“全民监督以利合理用地”；新加坡“区分用途详细规划”等。

中国《土地管理法》第三条规定：十分珍惜、合理利用土地和切实保护耕地是中国的基本国策。中国土地保护内容主要包括：①加强土地资源的调查和规划，科学开发利用土地。②严格控制城乡建设用地，保护耕地。③农业发展主要靠提高单产，走集约经营道路。④积极治理已退化的土地。⑤预防土地破坏和退化，加强土地管理。

土地监管即对土地利用的监督管理。在监管方面目前我国逐步建立了土地执法监察制度和土地督察制度，全面围绕土地利用规划、建设用地审批、地籍管理和耕地保护，充分运用各种必要的监管手段，包括一些比较先进的监测技术，开展定期不定期的观测、检查、整治。

一、土地利用规划管理

土地利用规划管理是为了合理利用和保护土地资源，维护土地利用的社会整体利益，组织编制和审批土地利用规划，并依据规划对城乡各项土地利用进行控制、引导和监督的行政管理活动。现有的规划主要包括土地利用总体规划、土地利用专项规划和详细规划。

土地利用规划管理的原则包括依法行政原则、民主管理原则、集中统一管理原则、政务公开原则和经济效益原则。其方法包括行政、法治、经济、社会和科技的方法。其主要任务包括土地利用规划的组织编制和审批管理、土地利用规划的实施管理、土地利用规划实施的监督检查管理和土地利用规划的基础保障管理。

（一）土地利用总体规划

土地利用总体规划是指在一定区域内，根据国家社会经济可持续发展的要求和当地自然、经济、社会条件，对土地的开发、利用、治理、保护在空间上、时间上所作的总体安排和布局。按行政区划划分为全国、省（自治区、直辖市）、市（地、州）、县（市）和乡（镇）五级。

（二）土地利用专项规划

土地利用专项规划是单项用地的利用规划或为解决土地的开发、利用、整治、保护中某一单项问题而进行的规划，如土地开发规划、土地整理规划、基本农田保护规划等。

土地利用专项规划是在土地利用总体规划的框架控制下，对土地开发利用、整治和保护的某一专门问题而进行的规划，是对土地利用总体规划的补充和深化。

（三）土地利用详细规划

土地利用详细规划是在总体规划或土地利用专项规划的控制和指导下，直接对某一地段或某一土地使用单位的土地利用及其配套设施做出具体的安排，它是土地利用总体规划或土地利用专项规划的深入和细化。

从土地利用详细规划的作用来看，可以分为两种类型：控制性土地利用详细规划和开发性土地利用详细规划。控制性土地利用详细规划是地方政府为规范和控制土地使用者的微观土地利用行为而编制的规划，它详细规定了各类土地的使用范围、使用界限、使用强度、利用要求、限制条件等。开发性土地利用详细规划是为了指导某一区域、地块或某一土地使用单位的土地如何开发利用而进行的具体规划。

根据中国目前的土地使用情况，控制性土地利用详细规划主要包括两种类型：城市（镇）土地利用规划和乡村土地利用规划。城市（镇）土地利用规划，即合理地确定城市用地的总体布局与功能分区，规定各区域、各种用途的具体用地范围、用地强度、用地要求和用地限制。乡村土地利用规划，即合理地安排各类用地，在总体规划的基础上，详细编定各单元的具体用途，并对各类用地的要求，限制条件等做出具体的规定。

二、地籍管理

地籍是指作为维护国家土地制度的工具，记载土地的位置、界址、权属、数量、质量、地价和用途（地类）等基本状况、信息的图册。

地籍管理又称为地籍工作，是指国家为取得有关地籍资料和为全面掌握和研究土地的权属、自然和经济状况而采取的以土地调查、土地登记、土地统计、地籍档案工作等为主要内容的行政措施。

（一）土地调查

土地调查是为查清土地的数量、质量、分布、利用和权属状况而进行的调查。《土地管理法》规定："国家建立土地调查制度。县级以上人民政府土地行政主管部门会同同级有关部门进行土地调查。"这一规定明确了土地调查是各级土地行政主管部门的一项法定的职责和义务。

《土地管理法实施条例》规定：土地调查内容包括土地权属和土地利用现状。

土地权属调查是指对土地权属单位的土地权源及其权利所及的位置、界址、数量和用途等基本情况的调查。土地权属调查是以宗地为基本单位进行的。土地权属调查的主要内容有宗地位置、界线、权属（权属性质和权源）和使用状况（土地用途、土地等级、地价和共用情况）等。土地权属调查的范围主要是城镇范围内的土地，农村土地的权属确定由土地利用现状调查来进行。

土地利用现状调查是为查清土地的利用现状而进行的全面性的调查。根据中国《土地利用现状调查技术规程》，中国的土地按土地利用现状用途分为 8 个一类，并以利用方式、经营方式和覆盖特征等分为 46 个二级类。

（二）土地登记

土地登记是国家依照法律程序将土地的权属关系、坐落、面积、用途、等级、价格等记录在专门簿册上，它是一项重要的土地行政管理工作与制度。土地登记分两类：初始土地登记和变更土地登记。

依照《土地管理法》，土地登记的工作程序为：土地登记申请、地籍调查、权属审核、注册登记和核发证书。

土地登记在中国国民经济和社会生活中有着十分重要的意义：①它确认了土地权属关系，是维护土地的社会主义公有制，保护土地所有者、使用者合法权益的法律保障。②它作为土地统管体制的主体内容，是土地实现全面、依法、统

一、科学管理的一个重要条件。③它是对房地产市场实施有效管理的关键措施。④它是土地用途管制的重要组成部分，是保护耕地的有效措施。⑤它是土地管理部门掌握土地动态变化的一个重要信息源，是土地管理业务主要的基础性工作，也有助于促进人民安定团结和国家的长治久安。

（三）土地统计

土地统计的特点是统计数据不仅反映在文字和数字上，同时一定要在相应的图纸上得到证实，表示其空间位置，做到图数一致。土地统计分土地数量统计和土地质量统计，又分为原始统计和年度统计。中国现行的土地统计制度，按土地统计的目的、内容和时间的不同可以分为初始土地统计和经常土地统计两类。

土地统计既是土地管理工作的重要组成部分，也是社会经济统计的重要组成部分，它是反映国情、国力和社会经济活动分布的重要途径和必要手段。其任务是既应获取全面、准确和统一的资料，同时还应使统计资料随时保持其现势性，因此土地统计必须随土地变化而持续不断地进行。

（四）地籍档案管理

根据《中华人民共和国档案法》的规定，档案工作实行统一领导、分组管理的原则，以维护地籍档案的完整、准确、系统与安全，便于社会各方面有效利用。总之，实现地籍档案的存在价值，充分发挥地籍档案的作用是地籍档案管理工作的根本目的，地籍档案的完整、准确、系统与安全，是发挥地籍档案作用的前提。

根据 1988 年中国国家土地管理局和国家档案局联合颁布的《土地管理档案工作暂行规定》的有关规定，地籍档案同其他土地管理档案一起应分别由中国政府和其地方县以上人民政府土地行政主管部门分别负责，集中统一管理，并在业务上受国家和地方县以上同级档案主管部门的指导。

通过地籍管理，为维护社会主义土地公有制，保护土地所有者和使用者的合法权益，调解和处理土地权属纠纷，制止侵占、买卖，或以其他形式非法转让土地的行为提供法律凭证。

三、建设用地管理

建设用地管理是指国家调整建设用地关系，合理组织建设用地利用而采取的行政、法律、经济和工程的综合性措施。

（一）管理内容

建设用地管理的内容按其工作过程和业务要求主要分为：规划和计划管理、供应管理、征用管理、农村建设用地管理。

（二）审批制度

新的建设用地审批制度主要包括：实行建设用地预审、农用地转用审批、土地征用审批。

现行《土地管理法》将农用地转用及征地审批权上收至省级以上人民政府，其中省会城市等部分城市的审批权全部上收至中国国务院。农村村民申请使用宅基地的，改为由乡（镇）人民政府审核，县级人民政府批准；宅基地使用涉及农用地的，也要办理农用地转用审批手续，审批权同样在省级以上人民政府。其中，部分城市的审批权在国务院。

（三）审批程序

1. 国有建设用地审批

用地单位向县级国土部门申请用地预审（涉及占用耕地的须一并提交耕地补充方案）；项目通过预审后，用地业主提供相关资料，县级国土部门向市国土部门申请用地计划；用地计划下达后，由用地业主提供相关资料，县级国土部门报市级国土部门审查通过后报省级国土部门审批（不在省级审批权限范围内的报国务院审批）。

2. 集体建设用地审批

农村居民建房用地审批，由建房人向所在农业集体经济组织提出申请。经农村集体经济组织审核签字后由国土房管所审查，街道、镇乡审核；涉及规划、路政、防洪等部门签署意见的，须经规划、路政及防洪等部门同意，再报县级国土部门审核和县级人民政府审批。

3. 临时用地审批

临时用地使用单位向县级国土部门提出申请，经审查，乡镇及相关部门签署意见后报县级国土部门审批。

四、耕地保护管理

中国耕地保护工作包括耕地数量保护和耕地质量保护两个方面。耕地的数量保护是对耕地面积的保护。耕地的质量保护是对耕地的地力和农业生态环境的保护，目的是保持耕地地力的相对稳定，并不断培育耕地肥力，保持和维护耕地良好的生态环境，防止耕地污染、盐渍化、水土流失、掠夺性经营耕地等。

中国现行耕地保护政策大致可以归纳为四个方面：法律政策、制度保障、行政责任、税收政策；主要包括耕地占补平衡、土地用途管制、农用地转用审批、占用耕地补偿制度、基本农田保护、禁止闲置荒芜耕地、土地开发复垦整理、耕地税费、耕地保护目标责任制、耕地保护法律责任等（王宏新，2009）。

（一）法律政策

1. 耕地保护法律责任

中国《土地管理法》第七十四条：违反本法规定，占用耕地建窑、建坟或者擅自在耕地上建房、挖沙、采石、采矿、取土等，破坏种植条件的，或者因开发土地造成土地荒漠化、盐渍化的，由县级以上人民政府土地行政主管部门责令限期改正或者治理，可以并处罚款；构成犯罪的，依法追究刑事责任。《中华人民共和国刑法》第三百四十二条规定违反土地管理法规，非法占用耕地、林地等农用地，改变被占用土地用途，数量较大，造成耕地、林地等农用地大量毁坏的，处五年以下有期徒刑或者拘役，并处或者单处罚金。

2. 禁止闲置荒芜耕地

中国《土地管理法》第三十七条规定：禁止任何单位和个人闲置、荒芜耕地。已经办理审批手续的非农业建设占用耕地，一年内不用而又可以耕种并收获的，应当由原耕种该幅耕地的集体或者个人恢复耕种，也可以由用地单位组织耕种；一年以上未动工建设的，应当按照省、自治区、直辖市的规定缴纳闲置费；连续两年未使用的，经原批准机关批准，由县级以上人民政府无偿收回用地单位的土地使用权；该幅土地原为农民集体所有的，应当交由原农村集体经济组织恢复耕种。

（二）制度保障

1. 土地整治项目制度

《土地管理法》第三十八条规定：中国政府鼓励单位和个人按照土地利用总体规划，在保护和改善生态环境、防止水土流失和土地荒漠化的前提下，开发未利用的土地；适宜开发为农用地的，应当优先开发成农用地。国家依法保护开发者的合法权益。第四十一条规定中国政府鼓励土地整理。县、乡（镇）人民政府应当组织农村集体经济组织，按照土地利用总体规划，对田、水、路、林、村综合整治，提高耕地质量，增加有效耕地面积，改善农业生产条件和生态环境。地方各级人民政府应当采取措施，改造中、低产田，整治闲散地和废弃地。第四十二条规定因挖损、塌陷、压占等造成土地破坏，用地单位和个人应当按照国家有关规定负责复垦；没有条件复垦或者复垦不符合要求的，应当缴纳土地复垦费，专项用于土地复垦。复垦的土地应当优先用于农业。

2. 占用耕地补偿制度

《土地管理法》第三十一条规定中国实行占用耕地补偿制度。非农业建设经批准占用耕地的，按照“占多少，垦多少”的原则，由占用耕地的单位负责开垦与所占用耕地的数量和质量相当的耕地；没有条件开垦或者开垦的耕地不符合要求的，应当按照省、自治区、直辖市的规定缴纳耕地开垦费，专款用于开垦新的耕地。省、自治区、直辖市人民政府应当制定开垦耕地计划，监督占用耕地的单位按照计划开垦耕地或者按照计划组织开垦耕地，并进行验收。第三十二条规定县级以土地方人民政府可以要求占用耕地的单位将所占用耕地耕作层的土壤，用于新开垦耕地、劣质地或者其他耕地的土壤改良。

3. 基本农田保护制度

《土地管理法》第三十四条规定中国实行基本农田保护制度、下列耕地应当根据土地利用总体规划划入基本农田保护区，严格管理：经国务院有关主管部门或者县级以上地方人民政府批准确定的粮、棉、油生产基地内的耕地；有良好的水利与水土保持设施的耕地，正在实施改造计划以及可以改造的中、低产田；蔬菜生产基地；农业科研、教学试验田；国务院规定应当划入基本农田保护区的其他耕地。各省、自治区、直辖市划定的基本农田应当占本行政区域内耕地的百分之八十以上。基本农田保护区以乡（镇）为单位进行划区定界，由县级人民政府土地行政主管部门会同同级农业行政主管部门组织实施。

（三）行政责任

1. 耕地占补平衡

1996 年中国土地管理局提出保护耕地总量动态平衡的战略目标，要求保证现有耕地只能增加、不能减少（王世忠等，2007）。《土地管理法》第三十三条规定“省、自治区、直辖市人民政府应当严格执行土地利用总体规划和土地利用年度计划，采取措施，确保本行政区域内耕地总量不减少；耕地总量减少的，由国务院责令在规定期限内组织开垦与所减少耕地的数量与质量相当的耕地，并由国务院土地行政主管部门会同农业行政主管部门验收。个别省、直辖市确因土地后备资源匮乏，新增建设用地后，新开垦耕地的数量不足以补偿所占用耕地的数量的，必须报经国务院批准减免本行政区域内开垦耕地的数量，进行异地开垦。”

2. 耕地保护目标责任

2006 年中央组织部印发并实施了《体现科学发展观要求的地方党政领导班子和领导干部综合考核评价试行办法》，首次将耕地资源保护纳入地方领导的政绩考核体系。

在建立基本农田保护区的地方，县级以上地方人民政府应当与下一级人民政府签订基本农田保护责任书；乡（镇）人民政府应当根据与县级人民政府签订基本农田保护责任书的要求，与农村集体经济组织或村民委员会签订基本农田保护责任书。

（四）耕地税费

通过税费手段进行调控，以税收限制各种耕地占用行为、以税收反哺农村、以税收刺激土地整理和复垦来实现耕地保护。具体而言，中国针对耕地而设立的税种主要包括耕地占用税和土地闲置税。

开征耕地占用税是要限制非农业建设占用耕地，鼓励在不影响水土保持、不破坏生态平衡的前提下，尽可能利用非农用土地，以有效地保护农田土地资源（路秋兰等，2007）。土地闲置税是一种惩罚性税收，目的是为了减少大量存在的土地闲置。

五、执法监察与督察

（一）土地执法监察

土地监察是指土地管理部门按照一定的程序和方式，依法对机关、团体、单位和个人遵守土地管理法律法规情况进行监督检查和对违法者实施行政制裁的行政执法活动。土地监察自1986年纳入土地管理范畴以来，在保护耕地方面取得了一定成效。

1. 工作要求

监督土地法律、法规的执行和遵守情况；受理对土地违法行为的检举、控告；调查处理土地违法案件；协助有关部门调查处理土地管理工作人员依法执行职务被报复案件；监督下级人民政府土地行政主管部门履行土地管理职责的情况；指导或领导下级人民政府土地行政主管部门的土地监察工作。

2. 工作手段

(1) 卫片执法检查。制定规范的卫片执法监察工作规程，严格审查每宗合法用地图斑资料。对每宗合法用地图斑，必须提供转征收批准文件、供地批准文件或房地产权证复印件。若属国家、省、市重点工程项目，则需提供发改部门或其他部门的批准书；若属其他可免于处理情形的，则需要提供合法合规的证明文件；若部分合法用地图斑的供地方式与现行供地政策有矛盾，则需另附对该宗变化图斑供地方式的情况说明。同时，附现状变化照片（四张以上），全面反映现状变化状况。

(2) 网上监管系统。全力推进建设用地全程跟踪管理系统，实时采集全省建设用地预审、全省建设用地审批、征地实施、土地供应、土地使用及土地转让情况等动态信息，及时、全面分析建设用地项目的动态实施情况，提供土地供应率、土地利用率、土地供应价格走势等专项分析功能。同时，完善国土资源“批、供、用、补、查”管理综合信息监管平台建设，实现对重点区域、重点城市重要信息的实时获取，为宏观管理、科学决策和有效监督提供科学技术平台。信息化条件许可的单位和地区将土地利用总体规划图、现状图、现状照片和批准文件全面输入“一张图”系统中，实现“一张图”管理。

(3) 严格执法办案。各级国土资源执法监察部门要敢于碰硬，铁面执法，切实维护法律尊严和管理权威。要严格实行查办案件量化指标制度，或者采取发现国土资源违法案件数的一定比例确定查办案件指标。要坚持既查处事，又查处人，坚决追究违法者的行政、党纪和刑事责任。要加强联合办案，对重大违法案件进行曝光和公开查处，采取多种手段和措施强化执法效果，树立法律权威和执法部门良好形象。

(4) 建立考核问责制度。为切实转变作风，提升执行力，确保政令畅通，要实行国土资源执法监察责任制考核制度，检查考核实行自查自评与实地检查、定性考核与定量考核、平时检查与定期检查、社会评议与测评相结合等方法。在国土资源系统范围内通报考核结果，对考核等次为“好”或“较好”的，给予表扬、肯定；对考核等次为“一般”或“差”的，由厅领导进行约谈，责令限期改正；对考核等次为“差”或“不称职”取消其当年评先、评优资格和给予通报批评。对严重违反《国土资源执法监察错案责任制追究办法》条款的，根据有关规定追究责任人的领导责任。国土资源执法责任制执行情况的考核结果，是对国土资源执法监察干部的业绩评定、奖励惩处、选拔任用的重要依据。

（二）土地督察制度

2004 年，中国政府为全面落实科学发展观，适应构建社会主义和谐社会和全面建设小康社会的要求，切实加强土地管理工作，完善土地执法监察体系，颁布了《国务院关于深化改革严格土地管理的决定》（国发〔2004〕28 号）文件，建立国家土地督察制度。

中国政府授权国土资源部代表国务院对各省、自治区、直辖市，以及计划单列市人民政府土地利用和管理情况进行监督检查，并设立国家土地总督察及其办公室，全面负责拟订并组织实施国家土地督察工作的具体办法和管理制度；协调国家土地督察局工作人员的派驻工作；指导和监督检查国家土地督察局的工作；协助国土资源部人事部门考核和管理国家土地督察局工作人员；负责与国家土地督察局的日常联系、情况沟通和信息反馈工作。

中国国土资源部在全国设立了北京、沈阳、西安等 9 个国家土地督察局。派驻地方的国家土地督察局，代表国家土地总督察履行监督检查职责。其主要负责监督检查省级以及计划单列市人民政府耕地保护责任目标的落实情况；监督省级以及计划单列市人民政府土地执法情况，核查土地利用和管理中的合法性和真实性，监督检查土地管理审批事项和土地管理法定职责履行情况；监督检查省级以及计划单列市人民政府贯彻中央关于运用土地政策参与宏观调控要求情况；开展土地管理的调查研究，提出加强土地管理的政策建议。

（三）督察的工作要求

依照法律规定由国务院审批的农用地转用和土地征收事项，省级人民政府在报国务院时，应将上报文件同时抄送派驻地区的国家土地督察局。派驻地区的国家土地督察局发现有违法违规问题的，应及时向国家土地总督察报告。依照法律规定由省级和计划单列市人民政府审批的农用地转用和土地征收事项，应及时将批准文件抄送派驻地区的国家土地督察局。派驻地区的国家土地督察局发现有违法违规问题的，应在 30 个工作日内提出纠正意见。对监督检查中发现的问题，派驻地区的国家土地督察局应及时向其督察范围内的相关省级和计划单列市人民政府提出整改意见。对整改不力的，由国家土地总督察依照有关规定责令限期整改。整改期间，暂停被责令限期整改地区的农用地转用和土地征收的受理和审批。整改工作由省级和计划单列市人民政府组织实施。结束对该地区整改，由派驻地区的国家土地督察局审核后，报国家土地总督察批准。

（四）土地督察内容

土地督察与执法监察协调联动，加强对地方各级人民政府土地管理、利用、耕地保护及违法违规用地行为的监督检查，进一步促进各地严格土地管理，加强耕地保护和节约集约用地，有效遏制了土地违法违规行为，土地督察工作从以下五方面进行。

(1) 监督检查地方人民政府耕地保护情况。通过日常巡察，督促省级人民政府与地市人民政府签订耕地保护目标责任书，落实耕地保护目标责任制。实地核查建设用地项目的耕地占补平衡情况，督促纠正耕地补充不落实、基本农田未补划、耕地开垦费欠缴等问题。会同农业部、国家统计局开展省级人民政府耕地保护责任目标考核，监督检查各地耕地保护责任制度建设情况、责任书签订情况、责任目标分解下达、执行和考核情况，综合评价各省（区、市）耕地保护责任目标履行情况。

(2) 监督检查地方人民政府土地调控政策执行情况。贯彻落实国务院关于房地产市场调控的决策部署，针对闲置房地产用地问题，向省（区、市）人民政府发出整改意见书，督促有关地方人民政府加大整改力度。

(3) 监督检查地方人民政府土地利用和管理情况。对中国政府地级以上城市土地利用和管理情况开展例行督察，并将督察工作延伸至地方人民政府及其组成部门，实现对地方人民政府土地审批、征转、供应、开发利用、执法和抵押融资等环节的全程监管。

(4) 监督检查地方人民政府土地审批情况，主要是对建设用地审批、土地供应、耕地占补平衡、新增建设用地土地有偿使用费缴纳和征地补偿等方面存在的问题进行督察、纠正和整改。

(5) 监督检查地方人民政府土地执法情况。开展覆盖中国国内的土地卫片执法检查，针对一些地区违法批地，违法占地违规开发房地产等，违规设立开发区占用土地，违规供地等问题开展专项督察。

总体来看，通过土地执法与督察，地方各级人民政府进一步加强土地利用和管理工作，保障了中央耕地保护战略和土地调控政策的落实，遏制了违法用地高发势头，进一步提高了依法依规管地用地的意识。

第十三章　土地工程信息化

随着当今世界信息化的迅猛发展，国土资源的空间信息技术呈现出全球化、整合化和可视化的趋势，在很大程度上带动了土地工程信息化的发展。土地工程涉及土壤、水利、地质、生态、气象、社会经济等多个领域，信息源和信息组织方式多样，技术、标准和规范种类繁多，土地工程信息化将有力推动土地工程的研究和实施。

第一节　土地工程信息化技术

一、遥感技术

遥感（remote sensing，RS）是20世纪60年代兴起并迅速发展起来的一门综合性探测技术，它是在航空摄影测量的基础上，随着空间技术、电子计算机技术等现代科技的迅速发展，以及地学、生物、环境科学等学科发展的需要，形成的一门新兴交叉技术学科。

遥感作为一门应用性很强的学科，其应用分析已从单一遥感资料向多时相、多数据源的融合与分析发展，从静态分析向动态监测发展。遥感有其宏观、综合和快速的优点。现代遥感技术主要特征表现在它的多传感器、高分辨率和多时相。它的总体发展趋势是提高遥感器的分辨率和综合利用信息的能力，开发研制先进遥感器、信息传输和处理设备，以实现遥感系统全天候工作和实时获取信息，以及增强遥感系统的抗干扰能力。

二、全球定位系统技术

全球定位系统（global positioning system，GPS）是利用人造地球卫星进行点位测量导航技术的一种。现阶段的卫星定位导航系统有俄罗斯的GLONASS、欧洲的NAVSAT、国际移动卫星组织的INMARSAT和中国的BDS（北斗卫星导航系统）等。GPS包括空间部分（GPS卫星）、地面控制部分（地面监控系统）和用户设备（GPS信号接收机）三部分。GPS以全天候、高精度、自动化、高效益等显著特点，广泛应用于军事和民用交通（船舶、飞机、汽车等）导航、大地测量、摄影测量、野外考察探险、土地利用调查、精确农业以及日常生活（人员定位、休闲娱乐）等不同领域。

三、地理信息系统技术

地理信息系统技术（geographic information system，GIS）是以地理空间数据库为基础，在计算机软硬件环境的支持下，采集、储存、管理、分析和描述整个或部分地球表面（包括大气层在内）与空间和地理分布有关数据的空间信息系统。

中国地理信息系统的研究与应用始于20世纪80年代初，先后完成了中国地理信息系统（或数据库）、区域地理信息系统、城市地理信息系统的研究和建设。90年代以来，中国GIS进入了全面发展阶段。在GIS设计的理论与方法、地理数据采集与数据精度、数据结构与不同数据转化算法、数据库的设计与建立、分析模型和数字地图制图等方面进行了研究。MAPGIS、GeoStar、方正智绘等一系列国产软件相继问世。GIS在资源管理与监测、灾害预警与评估、环境资源评估与保护以及城市规划与管理等多个领域得到应用。

四、数字摄影测量系统技术

数字摄影测量系统（digital photograetry system，DPS）利用人工和自动化技术，由数字影像经过各种数字摄影测量处理而生成各种数字和模拟的产品。广义上来说包含了硬拷贝的机助测图和软拷贝的数字测图，现在多指全数字化摄影测量，它是一种基于数字影像的摄影测量计算机处理系统。空中三角测量测定点位的过程已经可以实现全自动化。数字摄影测量系统已广泛应用于地物的自动测绘和地物识别，并与遥感技术、计算机图像处理技术等结合应用。

五、专家系统技术

专家系统（expert system，ES）是一种智能计算机程序，它是使用计算机知识和推理来解决十分困难的问题，是人工智能领域中最为活跃的一个分支，它设法将人类专家的特殊知识赋予机器，使计算机对问题的求解达到专家水平。专家系统解决的关键问题是知识工程，即知识的获取、表示和利用三方面的问题，在土地工程信息中，大量的信息隐藏在GIS数据库中，其发展与GIS是相互促进的。

六、空间数据挖掘技术

空间数据挖掘是指从空间数据库中抽取没有清楚表现出来的隐含的知识和空间关系，并发现其中有用的特征和模式的理论、方法和技术。空间数据挖掘和知识发现的过程大致可分为以下几个步骤：数据准备、数据选择、数据预处理、数据缩减或者数据变换、确定数据挖掘目标、确定知识发现算法、数据挖掘、模式解释、知识评价等，而数据挖掘只是其中的一个关键步骤。

七、虚拟现实技术

虚拟现实（virtual reality，VR）是一项综合集成技术，涉及计算机图形学、人机交互技术、传感技术、人工智能等领域，它用计算机生成逼真的三维视觉、听觉、嗅觉等感觉，使人作为参与者通过适当装置，自然地对虚拟世界进行体验和交互作用。使用者进行位置移动时，电脑可以立即进行复杂的运算，将精确的3D世界影像传回产生临场感。该技术集成了计算机图形技术、计算机仿真技术、人工智能、传感技术、显示技术、网络并行处理等技术的最新发展成果，是一种由计算机技术辅助生成的高技术模拟系统。

八、大数据支撑技术

大数据，一般意义上是指无法在可容忍的时间内用现有信息技术和软硬件工具对其进行感知、获取、管理、处理和服务的数据集合。所谓数据“大的程度”，认为是数据关联复杂度×价值尺度×发掘难度。现有大数据发展可分为两种类型，第一种类型大数据，是指企业自身的产品和服务产生了大量的密集型“超大规模”或“海量数据”，通过对这些数据进行深入的挖掘分析，改进自身业务，改进后的业务吸引更多用户或客户，产生更大量的数据，形成正向的循环。第二种类型大数据，是网络大数据，通常是指在互联网上发生的、蕴含有丰富的、可被发掘的具有社会价值、商业价值或科研价值的大数据。土地工程研究的大数据正属于第二种类型。大数据具有的4V特性［volume（规模巨大），velocity（速度极快），variety（模态多样），veracity（真伪难辨）］，符合土地工程学科“能动协调人地关系”这一研究对象和过程。大数据提供了大量关于“人”的数据，使人地关系研究更能够关注“人”，更好地体现以人为本。可以从宏观—中观—微观等层次，动态揭示人的空间活动与空间行为模式规律，为土地工程的研究由静态空间转向动态空间。宏观层面：社交网络大数据、搜索大数据、移动通信大数据、航天遥感大数据的获取和应用，可以动态揭示土地工程学科中建设用地整备的城镇化和农村空心化的动态发展，为城镇和农村的规划和发展研究以及土地工程综合整治提供科学依据。中观层面：定位导航大数据，交通智能大数据等的分析与应用，可以揭示城镇和农村人员的时空及行为轨迹，反映农用地、建设用地开发与整理潜力及后期利用方式，为规划和设计提供科学依据。微观层面：精细化农业机械运营大数据、生产生活耗能大数据、物联网农业生产大数据（作物长势、作物产量、土体稳定、土壤理化指标动态变化）等分析和应用，可以揭示水、土、气、生的机理和动态变化过程，为新增耕地、新增建设用地的可持续利用提供数据和决策支持。

“大数据”是继“云计算”之后互联网时代掀起的又一个热潮。与“云计算”相比，“大数据”具有更强的张力。当云计算还掌握在少数机构与人群手中，高挂在云里雾里的时候，大数据已从IT领域迅速向外扩散，在各学科领域乃至社会民生中引起了高度的关注与热烈的反响。在互联网时代，“大数据”已经成为人类社会的一种重要资源，而且这种资源是呈几何级数般的增长，并且迅猛地影响着当今人类社会的发展与转型。2015年10月4日，中国政府正式印发了《促进大数据发展行动纲要》。这一行动纲要的出台意味着大数据发展正式成为国家战略。大数据多样性、真实性、代表性、动态性等特点，可以分别从宏观、中观、微观等层次，动态揭示人的空间活动与空间行为模式的规律，为土地工程学科研究提供动态的空间组织依据，促土体有机重构研究由静态空间转向动态空间、由土地空间转向行为空间。传统土地整治规划的理论基础之一是统计学及线性预测模型，对于不确定性日益加强的复杂土地工程系统，规划与设计新的技术方法应对非线性、自组织、高维度的复杂性问题，规划内容应从单一专项规划向综合整体规划转变。传统的规划工具GIS侧重于“地”的表达与分析，是面向“地”的GIS，对区域人地系统中的“人”，即个体、群体、组织等表达不足，应建立基于大数据的“人机交互”动态规划平台，将土地工程领域的数据、信息、知识有效组织和应用，未来的规划和设计工作应通过动态规划平台，突显人的主导决策和规划设计地位，不应因数据获取和处理不足和滞后而影响规划和设计的过程和效果，充分发挥数据挖掘、计算实验等大数据的技术，避免数据只是在规划编制过程中以碎片的方式出现，横向缺少协同，纵向缺少流动，跳出传统规划、尤其是法定规划的窠臼，延伸和拓展规划的内容、实效和执行力。大数据驱动下的另外一个重要影响就是土地工程学科研究范式的变化趋势。在大数据发展下土地工程涌现出“自下向上”的大数据驱动下的观察实证的研究。大数据驱动下的观察实证和知识发现，样本量大，成本低、周期短，但数据样本质量差次不齐，需要大量的数据预处理、机器学习和数据挖掘技术作支撑。空间大数据支撑下的土地工程相关研究需要考虑结果可验证性、尺度变化性、不确定性、因果关系而不只是相关关系等重要因素。

九、部分应用软件简介

ERDAS IMAGINE是一款遥感图像处理系统软件。它以其先进的图像处理技术，友好、灵活的用户界面和操作方式，面向广阔应用领域的产品模块，服务于不同层次用户的模型开发工具以及高度的RS/GIS（遥感图像处理和地理信息系统）集成功能，为遥感及土地工程应用领域提供了内容丰富而功能强大的图像处理工具，对地形情况、坡度计算一目了然。Erdas应用于土地工程领域最大的一个特点就是可以创建自己的三维数字地球，从而进行沙盘推演，三维浏览查询和检索，使整个土地工程项目的运行直观明了。

ENVI（the environment for visualizing images）是采用 IDL 开发的一套功能强大的遥感图像处理软件。ENVI 已广泛应用于科研、环境保护、气象、石油矿产勘探、农业、林业、医学、国防安全、地球科学、公用设施管理、遥感工程、水利、海洋测绘勘察和城市、区域规划与土地工程等领域。它与 GIS 的整合，有强大的影像显示、处理和分析系统，强大的多光谱影像处理功能，更便捷地集成栅格和矢量数据，能快速处理遥感影像数据，DEM 及地形信息提取分析，三维立体显示分析，并备份影像、分析影像，对土地数据及光谱的分析和共享也是一流的。

ArcGIS 为用户提供一个可伸缩的、全面的 GIS 平台。ArcObjects 包含了大量的可编程组件，从细粒度的对象（如单个的几何对象）到粗粒度的对象（如与现有 ArcMap 文档交互的地图对象），涉及面极广，这些对象为开发者集成了全面的 GIS 功能。每一个使用 ArcObjects 建成的 ArcGIS 产品都为开发者提供了一个应用开发的容器，包括桌面 GIS（ArcGIS Desktop）、嵌入式 GIS（ArcGIS Engine）以及服务端 GIS（ArcGIS Server）。

MapGIS 是中地数码集团的产品名称，是中国具有完全自主知识版权的地理信息系统，是全球唯一的搭建式 GIS 数据中心集成开发平台，实现遥感处理与 GIS 完全融合，支持空中、地上、地表、地下全空间真三维一体化的 GIS 开发平台。系统采用面向服务的设计思想、多层体系结构，实现了面向空间实体及其关系的数据组织、高效海量空间数据的存储与索引、大尺度多维动态空间信息数据库、三维实体建模和分析，具有 TB 级空间数据处理能力，可以支持局域和广域网络环境下空间数据的分布式计算，支持分布式空间信息分发与共享、网络化空间信息服务，能够支持海量、分布式的国家空间基础设施建设。它的功能主要包括海量无缝图库管理，数据库管理，完备的空间分析工具，实用的网络分能，多源图像分析与处理。

AutoCAD（auto computer aided design）是美国 Autodesk 公司于 1982 年生产的自动计算机辅助设计软件，用于二维绘图、详细绘制、设计文档和基本三维设计。现已经成为国际上广为流行的绘图工具。它的多文档设计环境，让非计算机专业人员能很快地学会使用。在不断实践的过程中更好地掌握它的各种应用和开发技巧，从而不断提高工作效率。AutoCAD 具有广泛的适应性，特别在土地勘测、规划设计、施工应用广泛。

MapInfo 是美国 MapInfo 公司的桌面地理信息系统软件，是一种数据可视化、信息地图化的桌面解决方案。它依据地图及其应用的概念采用办公自动化的操作，集成多种数据库数据，融合计算机地图方法，使用地理数据库技术，加入了地理信息系统分析功能，形成了极具实用价值的、可以为各行各业所用的大众化小型软件系统。MapInfo 含义是"Mapping＋Information（地图＋信息）"，即地图对象＋属性数据。MapInfo 是个功能强大，操作简便的桌面地图信息系统，它具有图形的输入与编辑、图形的查询与显示、数据库操作、空间分析和图形的输出等基本操作。系统采用菜单驱动图形用户界面的方式，为用户提供了 5 种工具条（主工具条、绘图工具条、常用工具条、ODBC 工具条和 MapBasic 工具条）。用户通过菜单条上的命令或工具条上的按钮进入到对话状态。系统提供的查看表窗口为地图窗口、浏览窗口、统计窗口及帮助输出设计的布局窗口，并可将输出结果方便地输出到打印机或绘图仪。

ER Mapper 是由澳大利亚 Earth Resource Mapping 公司开发的，ER Mapper 除了具有传统图像处理功能外，它在开发起点和设计思想等方面完全区别于早期的传统图像处理系统。

土地整理规划设计软件（GLand V9.0）是一款基于 AutoCAD2000—2012 平台的土地整理规划设计软件，用于土地整理规划设计项目、新农村农田建设、农田复垦改造等领域。高标准粮田规划设计软件（NLand V9.0）是基于 AutoCAD2000—2012 平台针对高标准粮田的设计软件，适用于高标准粮田规划设计、种粮大户标准粮田设计、新农村农田规划设计、农田复垦改造设计等领域。

第二节　信息化在土地工程中的应用

信息化技术在土地工程中的应用越来越广泛，已经成为土地工程的有效平台。在土地工程技术研究、土地调查、利用和规划以及土地工程施工和评价中，信息技术均发挥着举足轻重的作用。

一、信息化在土地工程技术研究中的应用

信息化是土地工程技术研究的有效手段，其应用可结合通信、智能和仿真等先进技术，研究土壤、水分、盐分、作物、环境和气候等相互关系，进行长期持久观测、实验、总结和验证土地工程技术，主要包括在线监测和模拟仿真两个方面。

（一）在线监测的应用

在线监测主要是通过有线或无线的方式实现数据的采集和保存，其他功能包括数据浏览、历史曲线查询和分析、数据分析及信息共享等。土地工程技术研究中，常需要对工程实施后的土地质量变化进行监测。不同的土地工程类型监测的指标有所差异，如盐碱地的改造需要监测土壤中盐分含量变化以及地下水位的变化等，而沙地整治中则需要对其水分和养分含量进行实时或定期监测，以验证工

程技术效果。实时监测为土地工程技术研究提供了有效的技术手段。传统的监测工作主要以人工现场采样和实验室分析为主，由于其采样频次低、数据分散、不能及时反映土地相关信息，而难以满足需求。在线监测最大的优势在于可以实时、快速而准确的获得监测数据，为工程技术研究和工程质量监测提供足量的数据。在线监测系统通常由传感器和无线（有线）网络采集节点以及安装软件平台的应用服务器等组成。其中传感器需要根据监测的参数不同进行选择，土地工程中常用的监测参数包括土壤水分、温度、电导率、地下水位、沟渠水位和水的 pH 值及电导率等，同时也会包含一些风速、风向、太阳辐射、空气温湿度和降水等气象因子参数。

（二）模拟仿真的应用

模拟仿真是应用计算机对系统的结构、功能和行为以及参与系统控制的人的思维过程和行为进行动态性比较逼真的模仿。它是一种描述性技术，是一种定量分析方法。通过建立某一过程和某一系统的模式，来描述该过程或该系统，然后用一系列有目的、有条件的计算机仿真实验来刻画系统的特征，从而得出数量指标，为决策者提供有关这一过程或系统的定量分析结果，作为决策的理论依据。模拟仿真应用具有缩短试验周期和节约成本的作用，虽然模拟计算量受到有限元划分、边界条件和初始条件变化的影响，但比原始分析方法的试验周期大大减少，一般传统实验方法需要近半年或更长时间来完成一次监测实验，而计算机只需几天的时间就能够完成，缩短了试验周期并节约了成本，数值模拟有着其他方法不可比拟的优点。随着计算机技术的发展，模型数值模拟计算是未来的发展趋势，是传统科学研究方式的重要手段。

模拟仿真的研究是由试验分析转向机理研究及数值模拟，三者是紧密联系、相互融合的。试验分析有利于机理研究和理解，进而建立精确的数学公式描述奠定基础，成为数值模拟的先决条件；而数值模拟的过程反过来会加深对机理的认识，指导科研工作者开展更好的试验研究。土地工程所涉及的模型很多，现以土地工程开发整理为例，说明如何通过建立一系列模型来实现规划设计工作。

1. 综合预测模型

各种预测方法都有它的适用范围和缺点，综合预测是定性预测和定量预测的综合，可以得到较为可靠和精确的预测结果。

土地工程涉及人口、粮食、经济、生产能力等诸多因素。建立综合预测模型的步骤：①根据预测的任务确定预测目标。②收集和分析有关资料，建立基础数据库。③构思和选用模型。④建立模型。⑤计算。⑥综合评估验证。资料质量、预测人员的分析判断能力、预测方法、未来各种因素出现的新变化等都会影响预测的结果。

2. 线性规划模型

线性规划是决策系统静态的优化数学规划法之一，它是系统研究合理利用资源的有效方法。自 20 世纪 50 年代以来相继应用在工业、农业、商业、交通等领域，近几年常被用作经济结构调整的优化平衡技术，已取得明显的经济效益。在土地工程规划设计中，主要对各种预测结果进行方案优化平衡和合理设计研究。土地工程规划是对土地工程项目的因地制宜治理的具体实施落实，因此在方案优化平衡中，将生态指标、经济指标和社会指标列入考虑范围。考虑到土地整治的具体情况以生态和经济指标作为目标函数，而将新增耕地数量、新增耕地质量、人均粮食、资金投入、生态效益作为主要约束条件列入约束方程集。

3. 模糊识别模型和模糊聚类模型

这两个模型主要用于土地工程决策控制管理上。它们的共同点是对被识别的或被聚类的每一个土地开发单元（土地片），通过一些主要指标（评价因子）体系 X，用一个模糊子集来描述，这样每片土地就成为论域 X（即评价体系）上的一个模糊子集。工程中给区域土地的所有模糊子集的集合，就成为该工程后期土地利用用途的土地片模糊识别的（或聚类）对象集。在对项目区中每一片区域规划设计时，按评价因子体系提出要求，按照“接近”程度在模糊数学中用“贴近度”来描述，贴近度越大，表明这两个模糊子集越接近，土地整治工程决策后期利用方向越正确。

二、信息化在土地调查中的应用

土地调查是土地工程的前期准备工作，通过调查对工程项目区进行普探，获取项目区相关信息，为土地工程实施提供技术信息支持。传统的调查方法费时费力且成本高，信息化技术的发展和应用极大地提高了土地调查的效率，尤其以遥感、地理信息系统等信息化技术的应用效果更为显著。

（一）遥感技术的应用

遥感作为一种高效获取信息的手段，其蕴涵的信息量丰富、全天候、信息获取周期短和多光谱特性，在中国土地资源调查监测工作中得到广泛应用。通过遥感影像的解译实现土地调查，目前常用的遥感影像种类主要有航片和卫片，卫片主要包括 TM、ETM、Spot、Modis、Quickbird 等卫星影像。遥感技术发展很快，如法国 SPOT5 卫星影像分辨率可达到 2.5m，并可获得立体像对，进行立体观测，为高精度的基础地理信息数据采集提供了可靠保障，也为遥感影像解译标志的建立和遥感影像信息模型的开发与研究提供了有利条件。遥感影像解译首先需要根据需求对影像进行增强、校正、配准的前处理操作。

遥感影像解译分为人工目视解译和计算机自动解译。目视解译是最原始、最准确，但却最耗时费力的分类方法，其原理是利用影像的色调色彩、形状大小等光谱特征及空间特征，建立判读标志，并采用由表及里、去伪存真的综合分析和逻辑推理的手段进行分类的过程（鞠正山等，2003）。一般认为，遥感图像目视解译分为五个阶段：①目视解译准备工作阶段。遥感图像反映的是地球表层信息，由于地理环境的综合性和区域性特点，以及受大气吸收与散射影响等，遥感影像有时存在同质异谱或异质同谱现象，使得遥感图像目视解译存在着一定的不确定性和多解性。为了提高目视解译质量，需要认真做好目视解译前的准备工作。一般来说，准备工作包括明确解译任务与要求、搜集与分析有关资料、选择合适波段与恰当时相的遥感影像。②初步解译与判读区的野外考察。初步解译的主要任务是掌握解译区域特点，确立典型解译样区，建立目视解译标志，探索解译方法，为全面解译奠定基础。③室内详细判读。初步解译与判读区的野外考察，为室内判读奠定基础。建立遥感影像判读标志后，就可以在室内进行详细判读。④野外验证与补判。室内目视判读的初步结果，需要进行野外验证，以检验目视判读的质量和解译精度。对详细判读中出现的疑难点、难以判读地方则需要在野外验证过程中补充判读。⑤目视解译成果的转绘与制图。遥感图像目视判读成果，一般以专题图或遥感影像图的形式表现出来。计算机自动解译主要有基于像元的遥感影像分类和面向对象的遥感影像分类，前者是以图像单个像元为分类单元的分类方法，后者是指以“对象”或“区域”而非像元为分类主体，利用包括光谱、形状、纹理等在内的全部有用影像信息完成分类的技术。基于像元的影像分类技术分为非监督分类和监督分类。非监督分类直接利用软件中的光谱数据库为依据，对影像进行分类，然后对分类影像进行修改，最后进行精度验证，满足则完成，不满足，重新开始；而监督分类则以建立统计识别函数为理论基础，依据典型样本训练方法进行分类的技术，即根据已知训练区提供的样本，通过选择特征参数，求出特征参数作为决策规则，建立判别函数以对各待分类影像进行的图像分类，需要首先建立 ROI（感兴趣区域），通过 ROI 对影像进行分类，并进行精度验证，具体分类方法包括平行六面体法、最大似然法、最小距离法、马氏距离法、二值编码分类法、波谱角填图分类法、费歇尔线性判别法等。1999 年以来，中国开始采用高分辨率、多时段卫星数据，全面开展了国土资源利用动态遥感监测工作，并逐步建立起全国的土地遥感监测体系。通过对重点城市建设占用耕地等土地利用遥感动态监测，为加强土地管理工作提供了重要的技术支撑。

遥感影像具有多时相性，利用遥感影像进行土地利用更新调查是一种有效的技术手段，主要以航空、航天正射影像图和地形图为基础调查资料，再与原有土地利用现状图套合对比，并经实地调绘和补充调查，实现对土地利用现状的更新。

(二) 3S 及集成技术的应用

在土地调查中，GPS 主要用于定位和导航，通过选择合适的 GPS 机型和测量模式，提高调查的精度和效率，节省人力、物力。GPS 测量具有快速、精度高、无需通视、可全天候作业和测量操作简单等优点。此外，GPS 测量数据可直接进入 GIS 系统，避免了传统方法多次转绘、清绘带来的误差。目前随着 3S 技术的日益成熟，3S 集成技术在土地调查监测数据野外采集、处理和数据产品生成中，呈现着强大的生命力，在土地利用更新调查、土地利用动态监测中表现出良好的应用前景。随着 3S 技术和数据采集、处理技术的进步，土地调查信息系统越来越注重土地利用现状/变更数据库、调查数据采集系统的耦合，整合土地利用信息的空间统计、查询、汇总、制图、制表、自动变更等多种工程和程序。通过多年的土地调查工作，积淀并形成了海量的土地资源调查数据，这些数据是国家空间基础设施的重要组成部分，是进行国土资源管理和决策的重要支撑。

三、信息化在土地利用规划设计中的应用

在土地工程中，采用先进的空间信息技术和数据库技术及时准确地掌握土地利用的动态变化趋势，实现数据的快速更新和有效管理，为土地工程管理提供了高效的辅助手段。数据的采集与处理是土地工程中的基础性工作。数据的完整性、时效性和准确性是数据可靠性的前提，因此在土地工程规划前必须做好基础数据的采集和处理工作。

在土地工程利用规划过程中，主要涉及 GPS 实测数据、遥感调查统计数据和航片数据的采集与处理。通过 RS 和 GPS 对土地利用变化进行快速的动态更新，利于提高土地资源合理开发与利用的科学性，为土地资源的可持续发展提供决策信息。同时，建立基于时空变化的土地利用动态更新管理系统，能快速准确提供土地利用各地类图斑面积及其分布动态变化状况，保证土地资源的协调、发展、规划建立在科学翔实的资料基础之上，也是实现资源保护的基本手段。

信息化在土地规划设计中应用的较为广泛，在项目定位的基础上，对其进行较具体的规划及总体上的设计，使其功能、风格符合土地工程的定位，其中包含土地整理规划设计及整理之后的农田规划等内容。计算机应用在土地规划中应该完成的功能有：①能够在最短的时间内计算出土方量（批量计算出几十至千块格田土方量，具有高度的智能化、自动化的特征）。②对田块进行批量整理。③进行挖填区域分析，土方调配。④批量添加封闭线拐点编号和批量生成地块坐标表。⑤可以对沟渠路林进行规划设计，并制作出沟渠路及格田设计明细表、估算表、统计表。⑥可以绘制农涵、桥及渡槽等水工建筑物位置表。⑦绘制纵横断面

图，支持标准分幅功能。⑧土方调配图、沟渠配水图及沟渠路纵断面图自动绘制。

空间信息技术已日益广泛应用于土地利用规划过程，并呈现出巨大的发展潜力。在自上而下的土地利用规划体系中，如何保证下级土地利用规划符合上级规划，仅仅运用传统的手工核查或传统的数据库检测手段已经远远不能适应要求，利用空间信息技术建立一个统一、科学、快速的土地利用规划数据核查系统十分必要。

传统土地利用规划数据检测方法存在诸多弊端。土地利用和规划数据具有要素复杂、形式多样、量大面广的特点，单靠手工检验，其工作量和工作效率无法想象，而传统数据库检测方法又存在一定缺陷。①数据的多源异构性造成数据交换和共享困难，处于不同阶段甚至同一阶段的土地数据库建设，都可能使用不同的软件平台，导致存在众多数据格式，区域间交换和共享数据困难重重。②数据检验形式简单、范围不全使检验结果的真实性大打折扣。传统检测通常采用“抽查”方式，不仅效率低，且不能百分之百地检测出数据问题，难以满足对土地利用规划数据检测全面精确的要求。③数据格式不一、标准化程度低影响数据信息化建设进程。传统数据库没有根据国家、行业标准统一数据格式，使数据成果不能完全无缝地进入高一级的数据库系统，不仅影响检测效果，也对未来各级土地利用规划信息化建设构成障碍。

借助空间信息技术建立新的土地利用规划系统，主要服务于辅助制订土地利用总体规划和专项规划，就是充分利用 GIS 技术手段，建立包括土地利用现状、土地利用规划、建设用地报批、土地储备供应、土地开发整理等在内的统一数据库，在此基础上建立数据库资料真实性、统一性、完整性的常规检查验收系统，实现土地数据真实性检查的自动、高效管理。

四、信息化在土地工程评价中的应用

常规的土地工程评价一般只局限于点位评价，通过对多点调查、采样和分析进行评价工程质量，而信息化的应用不仅可以将土地工程评价由点向面拓展，而且可以实现评价结果的可视化。信息化在土地工程评价中的应用通常分为以下六部分。

1. 评价单元的确定

土地评价必须落到一定的地块或实体上。以地貌—土壤—植被—利用现状的相对一致性作为依据，使评价趋于合理。同时，尽量保持境界和权属界的完整，便于成果应用、土地登记、土地承包、土地转让和征地补偿应用，减少量算面积的工作量。

2. 参评因素的选择及其权重

按照构成土地的各要素对土地工程较长期且易于定量的影响程度，采取经验法与改进的层次分析法相结合选择参评因素，并以百分制打分确定其权重。

3. 参评因素等级指标值的确定

对土地工程各评价因子确定出临界指标，这些指标是从对该类土地的正常合理利用的角度制定；也表明在该利用类的情况下，土地上的经济活动能正常进行获得效益，而土地资源本身又不致遭到破坏，可永续利用的临界指标。

4. 划分土地工程评价等级的指数

根据土地类的各参评因素等级的高低，分别赋以相应的等级分，进行划分土地工程评价等级的指数。用等级分乘以参评因素相应的权重值，即为各参评因素的指数值。评价单元的各参评因素指数值之和，称为土地综合质量指数，其计算模型为

$$G_i = \sum P_{ij} X_{ij} (j = 1, 2, \cdots, n) \tag{13-1}$$

式中，G_i 为 i 块土地工程质量指数；P_{ij} 为 i 块 j 参评因素的权重；X_{ij} 为 i 块 j 参评因素的等级分；i 为地块的图斑号。

5. 评价图的编制

在表现形式上是按以下两点进行的：①以底色、符号在两层平面上全面地反映土地工程评价等级分布和符号。②附以必要的插图和统计表，充实、丰富主图内容。实际上是利用地理信息系统的制图功能，对图形进行编辑和图形矢量化处理、拓扑处理和拓扑重建，并为其赋上相应的属性。

6. 面积的统计与汇总

利用评价图进行空间分析，检索出各个评价单元的面积，从而对其进行统计、分析、处理，并按各行政村各类、各等、各型进行面积汇总；最后汇总不同土地工程质量等级的面积。

五、信息化在土地工程大数据分析中的应用

由于土地工程中统计数据的多样性，数据分析的方法大不相同。可以将数据根据下述标准分为几类：根据观察和测量得到的定性或定量数据，根据参数数量得到的一元或多元数据。此外，有些工作对领域相关的算法进行了总结。Manimom 等对数据挖掘算法进行了分类，将其分为描述性、预测性和验证性，Bhatt 等则将多媒体分析方法划分为特征提取、变形、表示和统计数据挖掘，然而并没有对大数据处理方法进行分类的工作。Blackett 等根据数据分析深度将数据分析分为三个层次：描述性分析、预测性分析和规则性分析。①描述性分析：基于历史数据描述发生了什么。例如：利用回归技术从数据集中发现简单的趋势，可视化技术用于更有意义地表示数据，数据建模则以更有效的方式收集、存储和删减

数据。描述性分析通常应用在科研智能和试验可见性系统。②预测性分析：用于预测未来的概率和趋势。例如，预测性模型使用线性和对数回归等统计技术发现数据趋势，预测未来的输出结果，并使用数据挖掘技术提取数据模式给出试验的预计结果。③规则性分析：解决决策制定和提高分析效率。例如，仿真用于分析复杂系统以了解系统行为并发现问题，而优化技术则在给定约束条件下给出项目最优解决方案。

科学研究的许多领域中高生产量的传感器和仪器将产生大量的数据，如天文学、海洋学、基因学、环境研究和土地工程等学科领域。美国 NSF 宣布对 BIG-DATA 项目进行立项，促进数据分享和分析。有些科学研究学科以前已开发出对海量数据的分析平台，并取得了有效地成果。例如，在生物学科，iPlant 利用信息基础设施，物理计算资源和支持互操作的分析软件等，向致力于丰富植物科学知识的研究者、教育者和学生提供数据服务。iPlant 数据集是多样性的数据，包含权威的和供参考的数据、实验数据、仿真建模数据、观察数据和其他处理后的数据。在这方面，大数据在土地工程学科研究的应用潜力巨大。

六、信息化在土地工程其他方面的应用

（一）在综合性土地管理中的应用

综合性土地管理是综合了大多数土地管理专项业务和日常行政办公业务（包括窗口办文）的一类综合性业务应用。它将各项土地管理专项业务与日常管理、办公流程有机地结合起来，既提高了办公的效率，也提高了决策的科学性，在中国各地的土地管理业务系统建设工作中受到普遍重视。综合性土地管理信息系统（图 13-1）大多数是以办公自动化系统为基础，在同一平台上对各种专项业务应用系统进行集成。据不完全统计，目前中国已有约 300 个县市建立了集成程度不同的综合性业务系统。总体看来，由于省和部分地市的技术、财力相对较强，业务系统在省级和地市级的建设和应用水平相对较高。当前，各种综合管理信息系统的发展面临的主要问题是由于缺乏统一的开发标准，系统本身难以集成；或集成于一个系统内的各个组件、与其他地方的系统内的类似组件，开发的工具和标准也不一样，也难以有效沟通。

（二）在项目管理中的应用

土地工程项目是以工程建设及配套措施为载体的项目，是作为被管理对象的一次性工程建设任务。它以土地及和土地相关物体为目标产出物，需要支付一定费用、按照一定程序、在一定时间内完成，并应符合质量要求。土地项目管理系统功能包括：①项目合同管理模块。②项目内审管理模块。③项目预算管理模

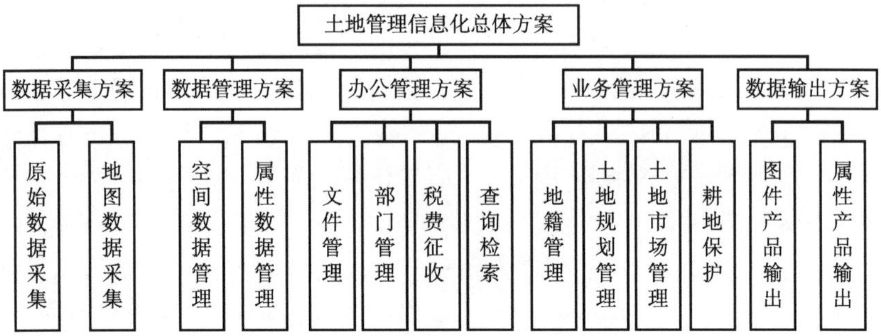

图 13-1　土地管理信息化总体方案图

块。④项目施工进度管理模块。⑤项目档案（如施工日志、验收资料、审批文件等）管理模块。⑥材料及设备管理模块。⑦项目施工质量管理模块。⑧项目验收及报备管理模块。

工程监理是项目管理的重要内容，建设工程监理管理系统的目标是监理工作的三控两管一协调，保证项目监理部良好、高效、低成本的运行，适合于施工单位、监理公司与专业监理人员使用，达到事半功倍的效果。工程监理管理系统是针对施工阶段的项目监理，对建设监理各类信息进行收集、加工、存储、检索、传递和输出的计算机辅助管理系统。其目的是实现对监理信息的全面、系统、规范及科学化管理，同时降低监理工作人员的工作强度、减少重复或繁重的工作从而提高工作效率。规范化管理不仅是保证监理工作质量、提高监理工作成效的重要措施，也是业主对监理单位实现监理工作管理的重要手段与措施，能更好服务于土地工程项目。

（三）在地籍管理中的应用

地籍管理处于土地管理的基础和核心地位，它在各种专项业务应用系统中是发展的最迅速、相对成熟、应用水平相对较高的。根据中国地籍管理工作的特点，在地籍信息系统建设方面，城镇地籍信息系统建设速度较快，到 2004 年已有约 300 余个市县建立了城镇地籍信息系统，建成的城镇信息系统近 400 个。但农村地籍信息系统建设尚处于试点阶段。从系统的应用环境上看，中国地籍管理信息系统目前正处于由单机环境向网络环境发展的阶段。从地籍管理信息系统的标准化看，自 2001 年 10 月国土资源部试行《城镇地籍数据库标准》以来，地籍管理信息系统正在向统一的标准迈进。但是由于种种因素，各种系统的兼容性还有待进一步提高。

（四）在建设用地管理中的应用

当前，国家级建设用地管理信息系统主要是批次用地报盘系统，可初步满足国家对建设用地信息管理审批、备案的需求，网络化应用水平也需进一步提高。地方各级土地管理部门在国家报盘系统的基础上开发了一些建设用地管理信息系统。但是，总体上应用水平还有待提高。其功能包括查询建设用地宗案信息，统计建设用地分类数据，征地呈报件管理，地形图数据库管理，建设用地数据库管理等。

（五）在地价监测与评估中的应用

伴随着中国土地市场的发育和成熟，地价监测与评估信息系统的作用越来越重要。1999 年，中国土地勘测规划院筹备建立全国的地价监测信息系统，经过几年的发展和完善，监测城市从 30 多个省会城市、计划单列市发展到目前 70 多个城市，监测信息日益完善，监测信息的发布周期越来越短，目前已经达到可每月发一次中国土地价格监测报告。在地方层次上，广东、安徽、河北等省市地价监测系统运行较早的地区，监测技术和监测体系发展日趋成熟。当前，地价监测系统正朝着多功能集成、网络化服务、区域网络化信息共享和系统集成方向发展。地价监测信息系统主要功能包括基准地价评估、房地产价格评估、土地出让金评估、房地产价格信息管理、房地产价格咨询服务等。但是，由于中国统一的土地市场体系尚不十分成熟、中国国内范围的基准地价体系尚未确立，中国地价监测系统的集成需要在整个土地管理体制和机制改革的过程中提高整合水平及信息共享水平。另外，在不断提高监测能力的同时，地价评估和土地市场评估技术也需要进一步提高；农用地和农村地价的监测与评估工作比较薄弱，农用地价评估系统的建设与实际需求也有一定差距。

第三节　土地工程信息化典型案例

土地工程涉及土壤、水利、地质、生态、气象、社会经济等多学科，涉及业务领域较广，信息组织方式多种多样，技术、标准、规范种类繁多，以往的研究成果和关键技术都分散在不同的学科领域、有不同软件和系统的支持，没有达到有机、系统整合土地整治工程信息技术和在科研、工程、推广方面整体推进学科发展的目的。为了满足加大基础研究进度、共享数据资源、推广关键技术、动态监测、新增耕地利用方向和耕地灾害预警机制的需要，迫切需要有解决复杂问题的新思路指导，迫切需要构建基于信息技术、遥感技术、实验分析等技术的土地整治工程关键技术的综合集成平台。

土地工程信息综合集成平台总体框架设计分为三个层次（图 13-2）：①资源层。数据中心包括实时监测数据、Modis 遥感数据、图像数据、基础资料数据的接收以及数据集成，为上层应用提供统一的数据资源。②应用支撑平台层：包括决策服务、计算服务和信息服务等部分。③应用层：包括有移动服务平台、遥感及 GIS 服务、应急监测数据平台、决策支持平台。

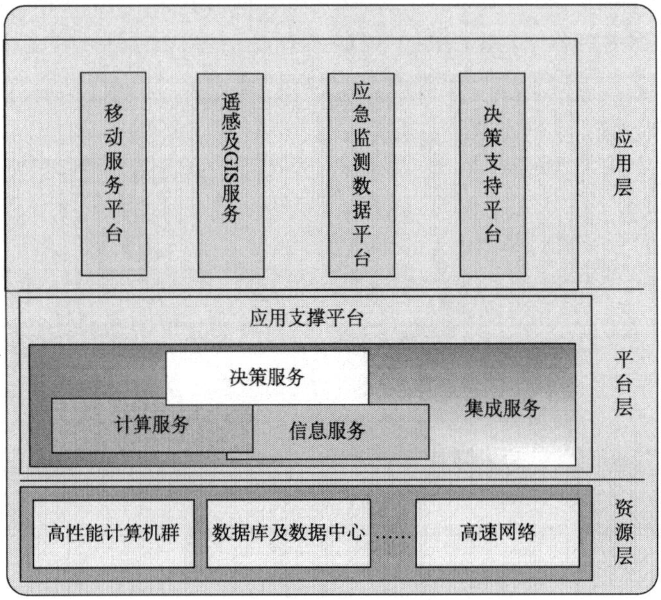

图 13-2　土地工程信息综合集成平台系统总体框架界面

土地工程信息综合集成平台总体功能组成（图 13-3）：①数据层是系统建设和运行分析的基础。在计算机网络和数据分中心系统的支持下，按照统一的数据标准体系，对有关监测数据管理和监督管理的不同来源、不同尺度、不同属性的基础数据收集整理，存入数据库，为整个系统提供原始基础数据支持。数据库内容包括实时监测数据、实验室数据和地理空间基础数据库（遥感影像数据）。②平台层包括内置构件和业务构件（实时监测数据、实验室数据、统计信息服务、计算服务、地理信息服务）。

以综合平台在农村土地整治项目的应用为背景，将区域景观分析及规划遥感监测、科研实验数据的无线传输及管理、计算机仿真和信息服务为应用场景，分别阐明土地工程中的信息化应用。

(1) 科学研究及实验应用。项目立项和施工前，针对不同土地类型的未利用或退化土地整治的关键技术进行土壤、地质、水文等方面的科学研究，为可行性研究、规划设计及施工过程提供基础数据、信息服务和决策支持。

(2) 项目区模拟仿真及预测应用。结合科学研究及实验阶段所得出的研究结论，在计算机中将现实项目重构，推演土地整治整个过程，通过不同边界条件、设计方案、施工方法改变，预测项目区内田、水、路、林、村对生态、环境等方面的影响，为现实项目的实践提供进一步支撑。

(3) 项目可行性研究、规划、设计、施工和监察应用。结合科学研究及实验阶段所得出的研究结论，通过遥感技术对项目区整个地形地貌、水文地质、社会经济、生态环境进行全面分析，选择可行的土地整治思路、设计可行的规划设计方案、采取合理的施工技术和工程管理方式，进而为该类项目的示范推广服务。

(4) 项目成果及示范推广应用。运用信息技术及计算机手段，将整个过程标准化、系统化和科学化，为项目的推广奠定基础。

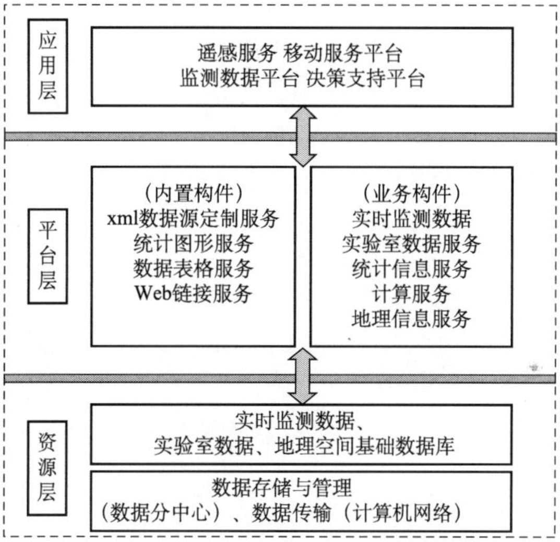

图 13-3　系统总体功能结构图

一、科学研究及实验应用——以陕西省卤泊滩水盐实时动态监测为例

1. 系统需求

利用先进的信息技术手段，建立长期卤泊滩盐碱地水盐动态监测体系以及水盐动态监测信息服务平台，是进行卤泊滩盐碱地综合治理模式及机理深入研究的需要。对降雨量、蒸发量、温度、地下水位、蓄水沟水位、土壤含水量、土壤及蓄水沟含盐量、土壤及蓄水沟 pH 测量、土壤有机物、土壤主要离子等监测因子进行实时监测，对盐碱化土壤的分布、演变规律以及土壤质量进行长期的跟踪监测，寻求最佳的定性和定量的盐碱地综合治理模式。

2. 设计实现

陕西省卤泊滩水盐实时动态监测信息服务平台包含以下三个方面的设计要求：

(1) 自动监测站软硬件环境建设，实时监测数据采集、无线传输及数据通信，包括四部分内容：自动监测站硬件网络设备建设、实时监测数据采集、实时监测数据传输和实时监测数据接收。

(2) 监测综合信息服务平台的建设，包括四个部分：数据库设计、数据标准化以及数据集成；移动服务平台（移动管理平台子系统、WAP平台子系统、SMS平台子系统）；监测数据的对比分析；监测数据综合查询分析系统。平台提供WAP方式浏览监测数据；阈值报警，设定阈值，控制报警的时间等多种查询和短信发送方式。

(3) 监测数据综合查询分析系统。各种监测数据的表、图形查询分析功能，提供个性化定制功能。

3. 实例

(1) 监测站无线传输及数据通信（图13-4）。

图13-4　监测因子录入及无线传输界面

（2）监测信息综合查询分析（图 13-5）。

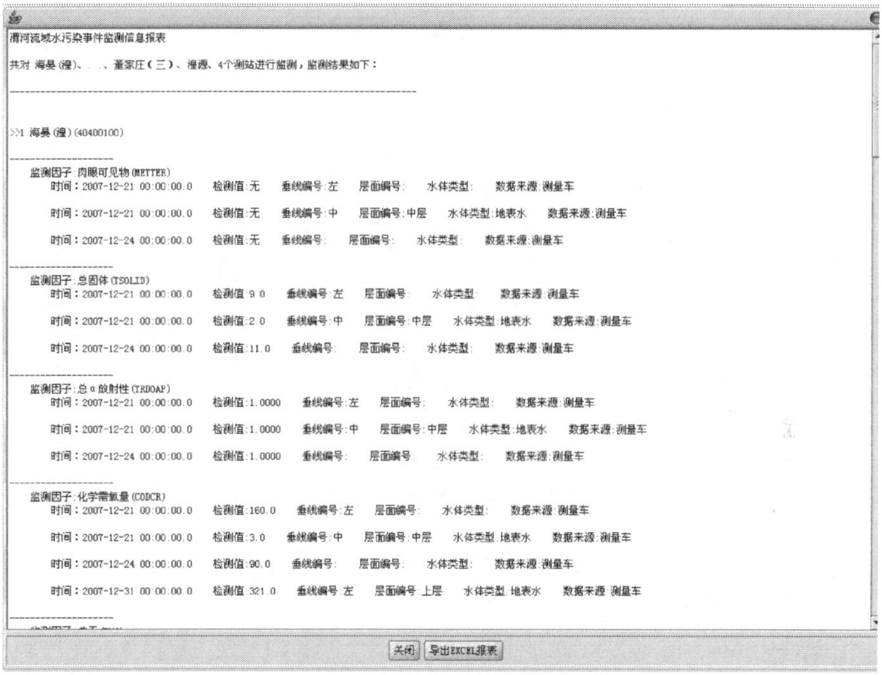

图 13-5 监测因子查询界面

（3）趋势分析（图 13-6）。

（4）移动服务平台（图 13-7）。信息类型包括物理特性项目、非金属无机物项目、金属无机物项目、酚类有机物项目等。

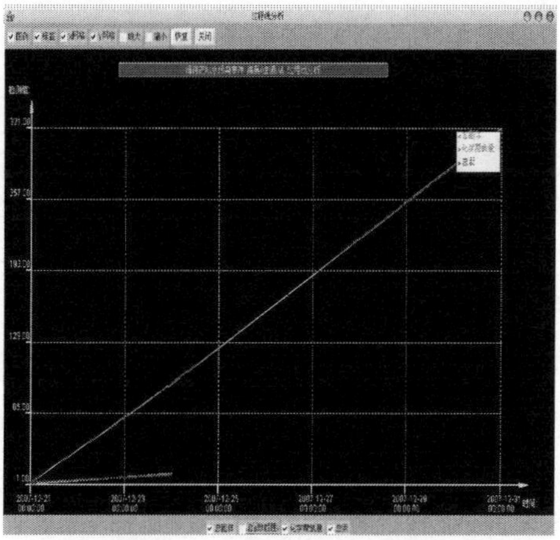

图 13-6 趋势线查询界面

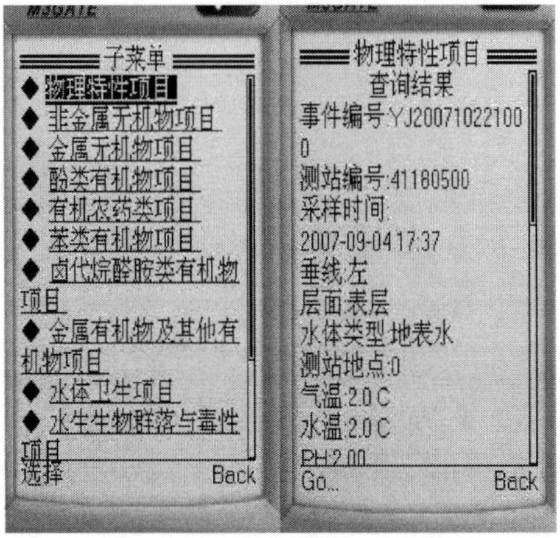

图 13-7　移动端物理特性监测指标查询

二、项目模拟仿真、预测及评价应用——以砒砂岩与沙成土过程计算机仿真模拟为例

在土地工程中，前期的工程实验仿真是使工程设计科学化、降低成本、保证质量的必备技术手段。

1. 需求分析

土壤的形成或性质受自然成土因素和人为因素的共同影响。对自然土壤而言，自然因素（气候、母质、生物和地形）在土壤形成中起着主导作用，它们相互作用，紧密联系，又错综复杂地作用于土壤，并随着时间的延长，这些作用不断加强。对耕作土壤而言，人类活动同样对土壤形成产生重大影响，并随作用时间延长，程度不断增大。土壤形成与各种自然要素之间的定性联系可以用如下表达式描述（道库恰耶夫，1890）：

$$S = f(C, O, P, R)T \tag{13-2}$$

式中，S 为土壤的形成过程，它以一种尚未知晓的函数关系 f 与各种要素相联系；C 为成土的气候要素；O 为成土的生物要素；P 为成土的基底母质要素；R 为成土的地形要素；T 为独立变量，是成土的时间要素。

2. 设计实现

(1) 砒砂岩与沙人工配比混合成土和土壤重构过程。通过土体中黏粒的生成或淋溶、淀积而导致黏粒含量增加的过程，也就是土壤的黏化过程（黏化过程是指土体中的矿质颗粒由粗变细而成黏粒，以及黏粒在剖面中积聚的过程）。砒砂岩与沙在合理配比混合后，经过熟化在土体中层、下层有明显的黏粒聚积，形成一个相对较黏重的层次，形成黏化层。

(2) 基于 Hydrus 的成土后土壤水运移数值模拟。Hydrus 是一个可用来模拟土壤水流及溶质三维运动的有限元计算机模型。该模型的水流状态为三维饱和——非饱和达西水流，忽略空气对土壤水流运动的影响，水流控制方程采用修改过的 Richards 方程，即嵌入汇源项以考虑作物根系吸水。模拟软件可以灵活处理各类水流边界，包括定水头和变水头边界、给定流量边界、渗水边界、大气边界以及排水沟等。水流区域本身可以是不规则水流边界，甚至还可以由各向异性的非均质土壤组成。通过对水流区域进行不规则三角形网格剖分，水流控制方程采用伽辽金线状有限元法进行求解。无论饱和或非饱和条件，对时间的离散均采用隐式差分。采用迭代法将离散化后的非线性控制方程组线性化。成土后土壤水运移数值模拟采用基于 Hydrus 的数值模拟方法。

3. 实例

砒砂岩以棕红色存在。研究土层厚度共 70cm，砒砂岩与沙混合搅拌厚度为 30cm，岩石块选择大小不一，表层 30cm 以下全为沙。在降水与灌溉影响下，砒砂岩一部分分解为粉状与沙混合，向下沉降，土层情况如图 13-8(a)～(d)所示。

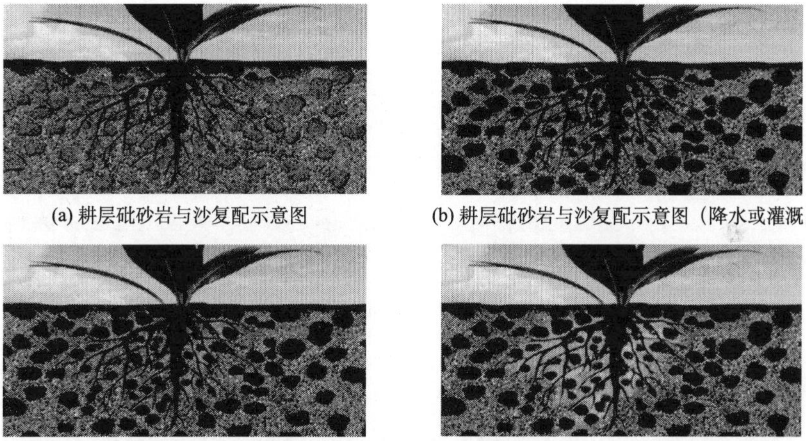

(a) 耕层砒砂岩与沙复配示意图　(b) 耕层砒砂岩与沙复配示意图（降水或灌溉）

(c) 耕层砒砂岩与沙复配作物基质势作用吸水示意图　(d) 基质势作用吸水中后期吸水示意图

图 13-8　耕层砒砂岩与沙不同阶段示意图

三、项目可行性研究、规划、设计、施工和监察应用——以黄土高原沟壑区可视化区域景观分析及规划遥感监测为例

黄土高原沟壑区可视化区域景观分析、规划及监督系统，以沟壑区土地整治遥感前期可行性研究为研究对象，利用遥感技术监测，实现项目的可视化分析、规划及项目完成情况的判读，建立可视化信息系统。

1. 需求分析

黄土高原沟壑区治沟造地工程施工阶段的信息化需求包括：①项目区土地利用现状、范围及项目区概况调查。②项目区规划方案制定。③项目立项及施工管理。④项目评价。

2. 设计实现

(1) 项目区范围及概况遥感解译与数据提取。利用3S技术强大的信息获取、空间定位、空间处理、数据分析等功能，提取出项目区遥感及GIS量化数据。

(2) 可行性研究数据收集及野外采样分析。通过对研究区野外实际踏查，并采集土壤、水等样品，带回实验室分析；收集土地利用现状图、收集项目区资料，形成可行性分析报告。

(3) 项目区规划方案制定。规划平整工程、电力工程、农田水利工程、林网工程，提出土方调配图、沟渠配水图及沟渠路纵断面图、农涵、桥及渡槽等水工建筑物、林网布设等最优设计方案。

(4) 项目立项及施工管理。基于遥感及GIS技术的监测施工监管。利用综合集成平台软件实现项目的实施进展情况解译、判读、监管。通过后时相与前时相对比，得出施工进度，监管施工过程。

(5) 项目评价。根据计算适宜程度综合分值，基于一定面积的格网尺度，把项目区叠加于适宜性评价结果图上，判断项目建设片区的耕地适宜性的级别与程度，并在此基础上得出土地适宜性分级分区图。

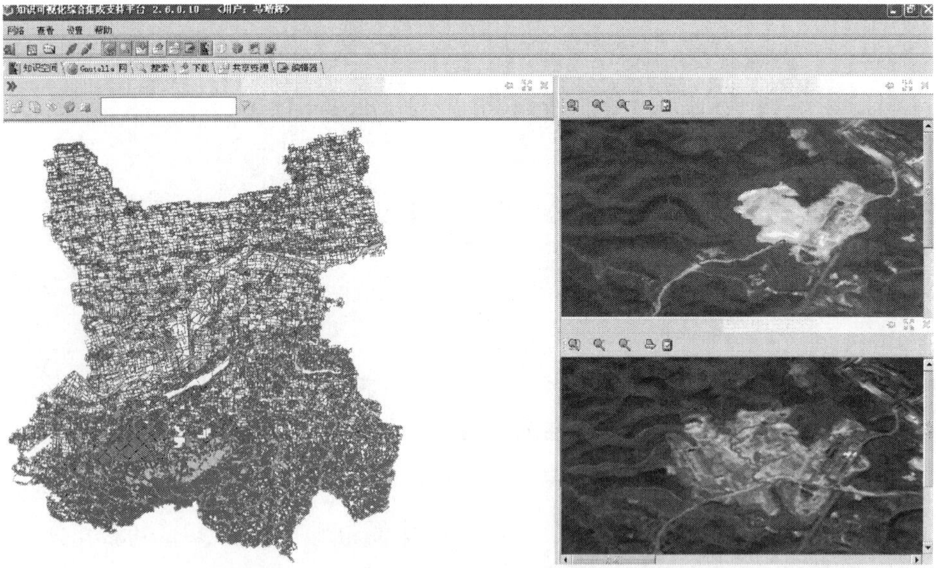

图13-9　可视化区域景观分析及规划系统及工程完成情况遥感监督界面

3. 实例

利用综合集成平台软件可实现项目可视化分析、规划及项目完成情况的判读。该应用以项目规划、实施进展情况解译、判读、监管为例，说明在该过程的信息化应用。图 13-9左侧为土地利用现状图，右侧为项目开工前遥感影像图（前时相），右侧下方为开工后遥感影像图（后时相）。由图 13-9 可见，后时相与前时相相比有明显的推土痕迹，可知平整工程基本结束。

四、大数据管理的应用——以土地工程中未利用地后备资源分析为例

利用大数据软件很容易查到一个地区的未利用地情况，根据未利用地图，实地考察后方可进行未利用地的转化工作。例如，在苍穹软件海量的数据库中打开一个地区全部未利用地情况，可使人一目了然。如图 13-10 为陕西省白水县未利用地分布情况。

图 13-10　白水县未利用地分布图

目前未利用地一般转化为农用地，或直接整治为耕地，以此来增加耕地面积，同时达到治理环境保护生态的目的。从图 13-10 可以看出，单看其他草地，白水县就有大量的未利用地有待开发，开发的情况根据实际情况而定。苍穹软件在此起到一个辅助、查询的作用，方便操作人员对整个地区的土地利用情况有一

个大致的了解。

标准分幅是对于正射影像按照预定的比例尺、幅面长宽和西南角点坐标和经纬度间隔进行裁切的，它对于工程上的意义不言而喻。在土地工程中，所有地形都可以通过一张图清晰地呈现出来，为土地整治、平整和复垦等带来清晰明了的图据资料，方便工地开工建设。而在大数据库中就能很好地实现了这一过程，能准确导出各个县的分幅图。

大数据能将勘测测量中的某些图块套合于已知的土地利用现状图中，看工程中勘测测量的这些图块与已知图块的套合关系。如图 13-11 为一张工程勘测测量与土地现状的套合图，两种图块的结合使土地工程中具体的操作实施得以明了，了解具体施工的区域是什么样的土地利用类型，能更好地指导项目施工。

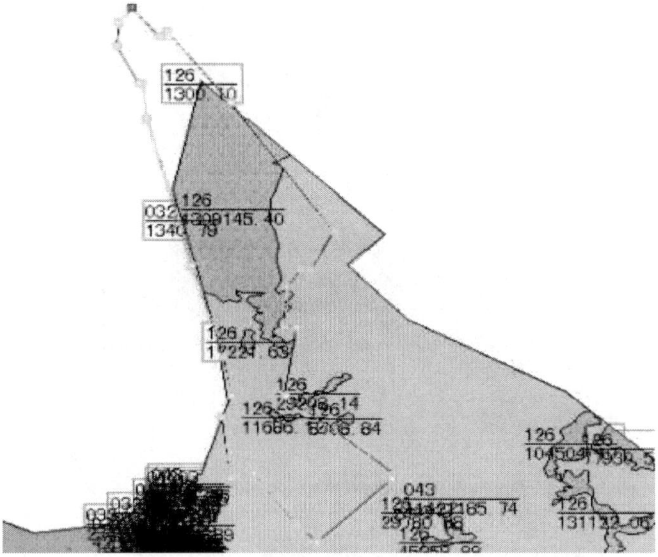

图 13-11 工程勘测测量与土地现状套合图

五、项目成果及示范推广应用——以农村废弃宅基地标准化及推广服务系统为例

农村废弃宅基地整治是解决中国土地利用问题的重要选择。然而废弃宅基地的利用与推广具有繁重性与复杂性，内涵和外延相当广泛，包含多种数据且都具有图形和属性特征。在农村宅基地综合整治的政策宣传、规划编制、审批和实施中，涉及大量图件和资料，依靠传统的手工操作进行的以纸张为介质的存储管理，在数据查询、示范推广宣传等方面难以适应废弃宅基地利用与推广的标准化、模式化和现势性的需求。因此，要通过信息化手段提升管理手段和管理水平，要运用先进的计算机技术来提高管理的科学性、质量和效率。

随着信息时代的到来，宅基地综合整治技术的推广已经不仅限于报纸、杂志、宣传册、培训班等传统的信息载体，而是通过先进的信息技术手段，建立更新更快、内容更加丰富、渠道更加便捷的推广信息门户进行标准化、快速化、普及化宅基地推广。陕西省农村废弃宅基地综合整治集成技术推广门户的建设为宅基地综合整治信息的发布和获取、政策宣传、示范工程项目展示提供可靠保障，是现有推广宣传方式的一个重要补充。

1. 需求分析

(1) 宅基地政策宣传。按照宣传对象分类：农民宣传（宅基地退出者及潜在退出者）、村组及乡镇宣传（所在村组及乡镇）、相关政府部门宣传（国土、林业）等。展现形式以文字、图表为主。

(2) 规划技术。按照施工类型分类：平整工程、田间道路工程、农田灌溉排水工程、生态防护工程。展现形式以文字、图表为主。

(3) 施工技术，内容应包括施工准备、施工放样、挖窖工程施工、道路工程施工、农田水利灌排工程施工、绿化工程施工、工程验收、将土地移交原土地所有者。展现形式以文字、图表为主。

(4) 利用规划，内容应包括利用思路、利用方式等。展现形式以文字、图表为主。

(5) 示范点展示，内容应包括已有2～3示范点的标准化、规范化的宣传、

图 13-12　农村废弃宅基地综合整治集成技术示范推广网站

规划、施工、利用展示等。展现形式以文字、图表、视频为主。

(6) 在线下载，内容应包括标准、宣传册等制式文件。

2. 设计实现

利用3S技术、数据库技术及计算机网络技术等，建立实用、先进、高效、可靠的农村宅基地综合整治推广门户，以满足在宅基地整治调查、规划设计、施工技术、政策宣传、示范工程的推广需要。遵循可靠性、开放性、实用性、规范化、便于推广等设计原则，建立三层架构的网站推广平台。

3. 实例

农村废弃宅基地标准化及推广网站见图13-12。

第四节 土地工程信息化发展趋势

随着中国土地调查、监测、评价信息化的深入发展和信息技术在土地调查、监测、评价工作中的广泛应用，土地工程信息化逐渐向信息整合、系统集成、工具组件开发规范专业化趋势发展。

1. 多种高新技术整合，实现数据采集处理和产品生成一体化

任何一门学科走向成熟必然要与其他相关学科的部分理论与技术成果相整合，利用相关学科的理论与技术成果改善本学科的研究条件，补充完善本学科的理论与技术。土地工程信息化是计算机科学与技术的延续，又是计算机技术同测绘科学与技术相结合的产物。随着测绘科学与技术的发展需求，为宇航空间技术以及电子技术提供了可能的技术条件，产生了遥感技术与全球定位技术，这两门技术都为土地信息系统提供数据源，与这两门技术的结合是土地信息系统学科发展的必然。

为了有力地支持土地工程发展，必须快速准确获取土地工程信息，所以数据采集、处理和产品生成一体化技术，成为土地工程信息化的关键和主流方向之一。随着计算机硬件技术、3S技术、数据处理技术、网络技术和数据存储技术的快速发展和日益成熟，为土地调查监测数据采集、处理和产品生成一体化技术发展奠定了技术基础。同时，基于3S技术进行土地变更调查的现代化技术方法体系建设示范、基于PDA的土地利用变更和地籍测量野外数据采集系统研发和应用，以及掌上地理信息系统的推广应用，为数据采集、处理和产品生成一体化技术发展奠定了实践基础。

2. 土地调查监测数据集成与整合，实现时空数据和属性数据的一体化管理

由于种种历史的、技术的和体制的因素，土地基础信息的不完整、质量不高和整合共享程度低是中国土地监测、调查、信息化向更高层次发展最重要的限制因素。土地基础信息质量和完整性，需要通过对基础数据进一步核实、充实提高

和完善。基础信息的整合和共享程度低，难以为大范围、高层次应用提供支持，因此需要从标准体系建设、制度完善和体制改革方面加强领导和指导、规范数据整合程序与质量方面改进和提高。

实施面向对象思想进行关系型数据库管理既为复杂数据类型的数据库管理技术带来了先进科学的数据管理理论，同时又有新的挑战。这种挑战在于如何将错综复杂的各种对象的关联关系加以准确的表达，在一个数据变更的时候，将所有关联的数据检索出来，实现一致性变更，以保持数据库数据的一致性。关系型数据库是当代数据库，包括网络数据库的主流数据库，具有巨大的技术优势。用面向对象的思想将地理信息系统的时空数据与属性数据统一纳入关系型数据库管理之下，实现两种数据的一体化管理，这是土地工程信息系统发展的一个趋势。

3. 土地工程信息平台建设向智能化方向发展

土地信息系统经过多年的发展，已不是一个简单的功能软件，而发展成为一种软件开发平台；在这种平台之上，结合各个专业要求，可以生成各种专业的信息管理系统软件。土地信息系统的组件技术、控件技术、系统工作流技术、动态链接库技术等，都为土地信息系统研发人员提供了理想的工具。

4. 不同土地工程信息系统实现兼容

中国各地土地管理部门根据各自业务的需要已经建立了许多业务应用系统、信息服务系统，有力地促进了中国土地事业的发展。但是，这些系统大多处于分散、孤立状态，不仅区域间难以沟通和兼容，即使同一单位内部的不同业务系统之间也存在一定的系统兼容问题。加强区域间和上下级之间各种业务应用系统的沟通，提高中国政府对国内土地资源宏观管理的能力已迫在眉睫。

5. 土地工程信息系统开发向多元化和工具化、规范化和专业化方向发展

随着社会信息化进程的深入，土地工程信息系统应用日益普及，逐渐向着多元化、工具化的方向发展。在各行业的实际应用系统中，对土地信息系统功能呈现多元化，既要求功能齐备、性能强大、数据处理效率高，又要求操作简单。为适应社会这种功能与性能多样化的需求，土地信息系统软件或软件平台呈现多样化的局面。同时，系统软件已经逐渐成为工具，走上市场。

系统的集成化和专业化是土地调查、监测、评价信息化发展的两个方向。随着土地调查、监测信息化的不断发展和土地管理信息化要求的提高，对各种专业工具和专业业务系统的要求不断增加。在进行专用系统和工具开发的过程中，为避免信息化前期系统开发过程中的问题，各种专用工具和系统的规范性要求也越来越受到重视。

第十四章　前　　景

土地是人类生存和发展的重要物质基础。土地问题始终是人类社会现代化发展进程中一个带有全局性、战略性、根本性的问题，不断探索和研究土地问题，对确保经济社会全面协调可持续发展具有十分重要的意义。据中国国土资源部公布数据显示，从 2001 年中国实施农业土地整治工程以来，已实现新增耕地面积 276 万 hm^2（4142 万亩），建成高产稳产基本农田面积超过 1333.3 万 hm^2（2 亿亩），涉及资金按万亿元计。其中 2008 年以来，中国政府支持开展了 10 个土地整治重大工程，并在 10 个省份开展农村土地整治示范建设，总投资 1090 亿元，整治规模达 410.5 万 hm^2（6157 万亩），补充耕地面积 70.3 万 hm^2（1054 万亩）。2015 年，中国政府累计下达高标准农田建设和土地整治重大工程等资金 212.8 亿元，各省、市、自治区在农业土地整治投入资金按 3∶7（按中央和地方新增建设用地有偿使用费分成比例）估算约 500 亿元，两者合计有超过 700 亿元的巨额资金投入。而在建设用地一级开发市场，每年的新增建设用地面积约 51 万 hm^2（2015 中国国土资源公报），一级开发整理费用平均按 45 万～75 万元/hm^2（含拆迁）折算，每年约有 2700 亿～4000 亿元工程总量。以上两项合计，土地工程的平均投入规模每年在 4000 亿元以上，其工程的建设市场潜力巨大。如此巨大的工程建设市场，需要有力的政策导向，更需要有一个学科指导、规范工程的实施。

第一节　土地工程的发展需求

土地工程是运用工程手段解决土地问题，把未利用土地变为可利用土地或对已利用土地进行高效利用，能动协调人地关系和谐发展的系统过程。作为人类利用自然、改造自然的重要手段，在最初阶段即农耕文明开始以来的几千年间，土地改造的主要任务就是增加粮食生产和减少自然灾害，元朝时修建的龙胜梯田就是个很好的例子。随着工业化、城镇化进程的加快，人类对土地不合理开发和掠夺式利用，导致土地严重退化和污染，致使人类生存发展面临日益严峻的土地荒漠化、淡水资源危机、有毒化学品污染、垃圾成灾等问题。从根本上解决这些问题迫切需要土地工程的深入研究、科学试验和示范实践。

一、土地工程发展的现实意义

从当下需求的合宜性来看，土地工程的研究对增加土地面积，提高土地利用率，保障国家粮食安全，促进经济发展，生态和谐和社会稳定有着重要的意义。通过开展土地工程研究，可以有效地发掘未利用土地的潜力，增加土地利用多样性，促进城乡统筹发展，有效破解城乡建设用地的保障难题。土地工程针对未利用土地和低效利用土地进行研究，应作为土地资源合理利用长远战略目标和促进人地关系和谐发展的重要手段。土地工程是解决耕地占补平衡，保障国家粮食安全的必然选择，并能有效改善农业生产条件，加快推进社会主义新农村建设。土地工程对于新增洁净建设用地的贡献也是经济和谐发展的基础。从长远看，土地工程着眼于规模化经营、机械化耕作、现代化建设，能有效减少新一轮新农村建设中的“过程性浪费”，并引导和动员农民直接向城镇集中，促进工业化、城镇化、信息化和农业现代化社会的建设速度，转变经济发展方式，着力提升土地资源的承载能力。

1）耕地保护的需求

保障耕地面积的需要：2015 年中国国内因建设占用、灾毁、生态退耕、农业结构调整等原因减少耕地面积 450 万亩，通过土地整治、农业结构调整等增加耕地面积 351 万亩。对耕地复垦的需求巨大。

提升耕地质量的需要：2014 年中国耕地平均质量等别为 9.97 等，优等地面积仅为 386.5 万公顷，占中国耕地评定总面积的 2.9%。总体而言，中国耕地质量偏低，对土地质量提升的需求巨大。

2）建设用地保障的需求

当前中国城市化进程以 1% 的速度增长，预计到 2020 年达到 60%。2015 年，中国建设用地总面积为 5.78 亿亩，新增建设用地面积达 760 万亩。

3）经济发展的需要

土地利用方式对单位面积土地产量和产值产生了深刻的影响，从而影响了经济效益；土地政策和土地利用方式影响了产业结构、城乡结构、区域结构等，对经济的增长具有深刻的影响；土地利用的规模和效率反映了经济增长的方式。

4）改良生态环境的需要

土地利用变化与生态构建是全球环境变化的重要组成部分和主要原因之一；落实和谐发展理念，利用土地工程的手段，因地制宜改善土地生态环境，实现生态环境的改良目标。

二、土地工程发展的战略意义

现阶段，土地工程的目标不再仅仅是增加土地的可利用范围，提高土地生产力；还包括解决土地的合理利用，并在利用中加以保护和提升，甚至“再生土地”，力求促进土地整治重大工程的实施、提高土地的综合生产力、推动土地质量的保护与提升、构造新的土地工程技术体系和规范标准、探索“再生土地”的理论和方法体系等。通过多年的实践，土地工程原有的知识体系已经不能够满足工程实践的需要，仅仅依靠学科集成不能再填补越来越多难利用土地改造的需求。明确土地工程的核心，成为夯实土地工程未来发展基础的关键因素，总结实践经验，大多集中在土地质量的整治、土层的新构建、对土质环境质量的改造，目的在于使土体满足有机生命体参与的需求，总体而言，即为土体有机重构。

1）土地工程的核心任务

土体有机重构的服务对象是有机生命体，他是将一定深度的土体作为研究对象，通过对构成土体的材料、结构和生物营养等方面进行研究，以置换、复配、增减等技术手段，对退化型、污染型、损毁型、低效型等缺陷土体或未利用土体进行再生或重新构建，为承载有机生命体提供必要条件。针对土体有机重构的研究，是土地工程的核心任务，是土地工程发展的重要研究内容。

2）土地工程要遵循自然规律

土地工程作为人类利用土地、保护土地和解决人地之间矛盾的重要手段，遵循自然规律，就是要通过基础勘察摸清问题土地的立体结构与组分，因地制宜的运用环境兼容性良好的材料，以确保工程改造后的土地成为适宜的农用地或建设用地，为人类的生产和居住提供理想的空间。

3）土地工程是生态文明建设的保障基础

土地工程一方面可以直接为人类提供更多的清洁土地，助推生态文明建设。在废弃的矿山地区，通过化学、生物等措施降低或消除了受污损土地的重金属等污染，提高了受污损土地的质量，恢复了林地、耕地，构建了新的生态系统，改善了该区域的生态环境现状，再现了美丽家园；另一方面，土地工程也间接解决人类生存发展中面临的其他生态问题，为人类生存环境的持续改善贡献力量。土地工程立足退化及未利用土地整治、污损土地修复、高标准农田建设、建设用地整备和土地工程信息化研究，以不同土地类型的土体有机重构为土地工程核心任务，通过土体普探设计、类型布局设计、目标作物品种选择、土体质地设计、剖面构型设计、养分分布设计、持水设计、力学设计及稳定性设计，力求实现土地健康、改良生态环境，保证生物群落多样性及生态系统的稳定性，在长时间效应下必将改善整个地球生态环境质量，人类面临的全球性生态环境也必将得到全面解决。

第二节　土地工程学科的意义

土地工程是人类在土地利用中不断建设土地和重新配置土地的过程，是影响国家发展和安全的基础性自然资源、战略性经济资源和公共性社会资源。纵观各国、各地经济建设和社会发展的过程，就是不断实施土地工程的过程，并把土地工程作为实现政治战略、社会制度和经济基础的重要手段。随着中国经济建设的发展以及工业化、城市化进程步伐的加快，建设用地不断扩大，优质耕地逐年减少，而宜耕后备资源的开发又受到数量少、质量差、开垦难度大和生态环境等诸多因素的限制，潜力十分有限。因此，要实现中国政府提出的耕地总量动态平衡、城乡一体化和生态文明的目标，解决当前土地利用中的突出问题，必须转变土地利用方式，走集约利用、内涵挖潜和土地生态建设的新路子。中国社会经济的发展，吃饭、建设与生态的矛盾始终摆在我们面前。如果处理不好这些矛盾，必将导致耕地总量的动态失衡、生态恶化、城居环境恶化、经济建设受制，甚至会产生影响社会稳定的严重问题。科学有效的处理这些矛盾，准确的落实土地政策需要土地工程。

“十二五”时期，是全面建设小康社会的关键时期，是深化改革开放、加快转变经济发展方式的攻坚时期，同时也是资源环境约束加剧的矛盾凸显期。中国人多地少的基本国情没有改变，随着工业化、城镇化和农业现代化同步加快推进，用地供求矛盾将更加突出，耕地保护和节约用地任务更加艰巨。《全国土地整治规划（2011—2015 年）》明确提出中国“十二五”时期土地整治的基本指导思想，即按照建设资源节约型和环境友好型社会的总体要求，以保障国家粮食安全为首要目标，以推进新农村建设和统筹城乡发展为根本要求，以基本农田整治为重点，大规模建设旱涝保收的高标准基本农田，规范推进农村建设用地整治，积极开展城镇工矿建设用地整治，加快土地复垦，建立健全长效机制，全面提高土地整治工作水平，以资源可持续利用促进经济社会可持续发展。中国政府在“十二五”期间开展建设占用耕地耕作层剥离再利用工作，切实提高耕地质量。全面落实耕地占补平衡制度，实现了建设占用和补充耕地的平衡。截至 2015 年底，中国实有耕地面积 20.26 亿亩，其中含有难以稳定利用的耕地和根据国家政策需要逐步调整退耕的耕地，适宜稳定利用的耕地保有量 18.65 亿亩，基本农田保护面积在 15.6 亿亩以上，守住了 18 亿亩耕地红线。“十二五”期间，中国安排新增建设用地 3925 万亩，有力保障了城乡建设、产业发展、基础设施、民生改善等用地需求，满足了新型工业化、信息化、城镇化和农业现代化发展要求。推广应用节地技术、节地模式，逐步形成节约用地激励机制。开展节约集约用地专项督察，清理出批而未供土地 1300 多万亩，加快闲置土地处置。加强矿业权有偿使用制度建设，扩大了矿业权竞争性出让范围。历史遗留矿山地质环境治理恢复效果明显，治理恢复矿山占用破坏土地 1215 万亩。累计建成国家地质公园 187 个，世界地质公园 33 个。现阶段，中国中低产田约占 2/3，大部分还是靠天吃饭。在“十三五”期间，中国则要求大规模推进土地整治、中低产田改造和高标准农田建设，到 2020 年建成 8 亿亩高标准农田。因此，现代化进程的加快，土地工程任务的明确，必然将土地工程研究推到社会发展的进程之中。土地工程原有的知识体系已经不能够满足工程实践的需要，仅仅依靠学科集成不能再填补越来越多难利用土地的改造的需求。明确土地工程的核心，成为夯实土地工程未来发展基础的关键因素，加快土地工程研究是在中国特殊土地国情下解决土地利用问题的必然选择。

1. 研究土地工程学科，为实现“十三五”土地整治目标，坚守耕地红线，提供政策依据和工程技术支撑

“十三五”时期，中国国土资源保护更加有效，扣除生态退耕、退地减水等规划期间可减少的耕地，以及东北、西北难以稳定利用的耕地，全国适宜稳定利用的耕地保有量在18.65亿亩以上，基本农田保护面积在15.46亿亩以上，建设占用耕地在2000万亩左右，同时完成永久基本农田划定工作，确保耕地数量基本稳定，质量有所提升；与发展改革、农业、财政等部门通力合作，确保建成高标准农田8亿亩，力争10亿亩，土地整治补充耕地2000万亩以上；新增建设用地总量控制在3256万亩，有效保障新型工业化、信息化、城镇化和农业现代化与基础设施、民生改善、新产业新业态和大众创业万众创新项目用地需求；完成750万亩历史遗留矿山地质环境治理恢复任务，工矿废弃地复垦力度不断加大。

实现耕地总量动态平衡是各省、自治区、直辖市保护耕地的目标，随着经济的发展，各项非农建设占用耕地大量增加，同时充分考虑到生态退耕和自然灾害损毁的耕地，显然单依靠计划用地、严格控制非农建设占用耕地、查处非法用地等措施是不足以实现这一目标的。要做到耕地总量不减少，在严格实行土地用途管制的同时，必须想方设法补充耕地。目前中国耕地补充的主要形式是在坚持“积极推进土地整理、加大土地复垦力度和适度开发未利用土地”的方针下开展土地工程建设。土地工程的目标不仅仅是增加土地的可利用范围，提高土地生产力；还包括解决土地的合理利用，并在利用中加以保护和提升，甚至“再生土地”，力求促进土地整治重大工程的实施、提高土地的综合生产力、推动土地质量的保护与提升、构造新的土地工程技术体系和规范标准、探索“再生土地”的理论和方法体系等，从而通过工程技术手段重点向退化及未利用土地要耕地，向中低产田要高标准基本农田，全面提高整个农业用地的数量和质量。因此，研究土地工程核心任务、技术和政策对耕地保护工作具有举足轻重的作用。

2. 研究土地工程学科，建立科学合理、具有战略远景的城乡土地利用模式

实现城乡土地利用和经济增长方式的根本性转变，是中国21世纪发展战略的基本任务。就土地经济增长方式而言，城乡建设土地在土地经营上要由粗放型兼半集约型经营向集约型兼生态型转变，即商业工业用地向集约型转变，居住用地向生态型转变，由数量的扩张转变为质量的提高。数量是质量的基础，没有一定的数量就没有一定的质量；质量是数量的归宿，没有一定的质量，数量的多少

就会丧失其存在的价值。通过研究土地工程科学，建立科学合理、具有战略远景的城市土地利用模式和建设模式，为城乡土地工程建设和土地增长方式的转变，提供技术支撑。

3. 研究土地工程学科，为全面解决和实现“三农”的现代化提供改革方向

中国的改革是从农村土地改革开始的，家庭联产土地承包责任制的推行，解决了 8 亿农民的温饱问题，多种经营使很大一部分农民先富裕起来。自从 20 世纪 80 年代中期以后，改革的重心转向城市，特别是 90 年代初期以后，农业、农村、农民问题频发，重点还是土地问题。中国政府十五届三中全会通过的农业和农村问题决定中说：“农业、农村和农民问题是关系到改革开放和现代化建设的重大问题。没有农村的稳定就没有全国的稳定，没有农民的小康，就没有中国人民的小康，没有农业的现代化就没有整个国民经济的现代化。”（陆学艺，2001）。时至今日，“三农”问题依旧是当前社会需要及时妥善解决好的重大问题。2013 年中国政府 1 号文件再次提出要加快发展现代农业，进一步增强农村发展活力。实现“三农”现代化离不开土地，高效农业园区建设、农业的适度规模化经营、农业的产业化、新型农村社会管理、城乡一体化建设等都是在土地设施、土地利用、土地经营方式上的改革。实施农村土地整治工程，只要政策措施得当，规划设计合理，不仅可以提高土地质量，还可以改变农村土地低效利用的现状，为实现农田标准化、生产专业化、操作机械化和农艺规范化的现代化农业园区和环境优美、基础设施配套完善的新社区注入动力，为实现“三农”的现代化提供改革的方向。

土地工程行业已经成为国民经济不可或缺的行业之一，处在国家发展改革全局的重要战略地位。如何确保其健康稳步发展，研究土地资源综合利用关键技术，探究其与工业化、城镇化、农业现代化之间的内在关系，建立科学的土地工程学科体系成为土地工程研究及管理工作的重中之重。

第三节 土地工程发展的趋势

中国土地工程建设和研究历史悠久。殷周时期的井田制、秦汉屯田制、西晋占田制、北魏隋唐均田制，主要是围绕实行土地制度而进行的地界划分，权属确定，并逐渐附之以沟渠水道及阡陌道路的建设，沙地盐碱地区的治理以及地块修整等，这对当时历史条件下土地的有效管理和合理经营起到积极作用。民国时期，政府成立中国地政研究所，开展土地整理、土地金融、土地税收、土地政策、土地经济等领域科学研究，并在有关大学内创建地政专业。新中国成立后，中央政府先后向原苏联派出一批留学生专攻土地整理工程专业，后来被“土地规划”所替代，重点研究的是土地管理和土地利用规划问题。20 世纪 90 年代末，

土地整理再次被中国学术界和土地管理部门所重视，并加快了土地工程的建设和研究（王万茂，2001）。但目前在工程建设如火如荼的时期，有关土地工程学科研究却迟迟滞后，基础理论研究欠缺，原始创新性成果不多，技术应用性成果少，大部分成果依然是从农学、生态学、信息科学、管理学、社会学等学科的角度来研究土地问题，关于土地整治、土地复垦和土地开发工程的研究依然停留在概念、政策、项目管理的层面，虽然国家在土地工程方面每年有近千亿元的投资，但从工程学的角度研究的少之又少，出现了土地工程国家需求大、建设市场大、资金投放大、缺学科支撑、缺技术体系、缺工程建设体系、缺工程管理体系等并存的“大而缺”的局面。

在中国现行的“学科分类”中，还没有土地工程学科的位置。中国很多学者认为，土地学科主要是一门集成学科，它集成了水利、交通、建筑等多个学科。目前，土地整治工程的相关规范或标准也将土地工程主要分为五大工程，包括土地平整工程、水利工程、交通道路工程、林业工程和配电系统工程。从五大工程的划分来看，只有土地平整工程与土地工程最为接近，甚至被认为是土地工程的主体。试想，仅仅关注平整土地，如何保证整治后的耕地能够长好庄稼？如何保证整治出来的建设用地能更好地服务城乡建设？这正是当前土地工程质量普遍不高的根本原因。所以，只有找到土地工程的核心基础，才能创新和推广土地工程技术，从根本上提高土地工程质量。中国“硕士、博士生专业目录及名称代码”中，仅在一级学科公共管理之下设置“土地资源管理”二级学科（张凤荣等，2011）。土地工程学科作为重要学科的突出地位并没有得到体现，这对土地工程行业建设和科技创新造成了一定的阻力，如中国国家自然科学基金、科技部以及各省的各类科技计划项目均未明确涉及这一领域，参与申报中国国家及各省级科技奖励也没有非常对口的评审组，各大高校在本科、研究生专业设置上也各不一致，工程建设也大部参照农业工程、水利工程、建筑工程等行业，未形成独立、规范的科技研究、人才培养和工程管理体系。

与同为地球上的两大资源之一的水资源相比，水利水电建设事业蓬勃发展，水利工程学科正在不断丰富其内涵，拓展其外延，经历了从工程水利、资源水利到民生水利的转变，并与农业工程、生态、环境、海洋、地球、大气以及机械与电气工程等学科交叉和融合；同时，随着非线性理论、计算技术和信息技术突飞猛进的发展，作为一个传统学科，水利工程学科为水利工程的建设和健康发展提供了巨大的技术保障。目前该学科已经成为独立的一级学科，下设水文学及水资源、水力学及河流动力学、水工结构工程、水利水电工程和港口、海岸及近海工程5个二级学科，形成专科、本科、硕士研究生、博士研究生、博士后等完整的人才培养体系。其行业勘察、设计、监理、建设、管理等工程建设、管理和技术服务体系完备，为中国水资源的可持续利用和合理配置、江河防洪和减灾保障、高效节水和水生态环境建设、水安全、水利水电建设中所面临的重大科学问题和生产实际问题提供了技术保障。所以，建立土地工程这门学科不管从必要性还是紧迫性上来讲，都应该引起我们重视，以便从根本上解决土地工程建设的健康发展和土地资源的高效、持续科学利用问题。

土地工程的实施可为人类提供能够安全居住的建设用地和健康生产的农用地，让人类能够更好地在地球上生活。但是这仅仅在有限的地球范围内选择过去不适宜或者不能种植的土地进行工程治理，使人类能够更充分的利用地球上资源。然而，随着人类社会的发展和进步，人类的理想是走出地球，拓展生存空间。土地工程的深入研究，可为人类探索星外空间打好基础，也将成为全球性前沿科学。土地工程是提供洁净土地的根本，是生态文明建设的基础，更是人类拓展生存空间的手段。社会各界人士应当共同担负起时代责任，认识到土地工程发展的重大意义，利用土地工程科学、合理地利用和保护土地资源，不断提升土地利用效率，实现生态文明的终极目标和中华民族的伟大复兴。

本书的出版是想起到“抛砖引玉”的作用，作者研究了随着人口增长中国及全球对土地利用的进一步需求不断增加，发现仅中国每年就有 4000 亿以上规模的土地工程项目，而这种规模在未来几十年内还在不断增长，这些项目需要一门学科进行支持。如果认识到建立这样一门学科用于指导中国及全球人类对土地科学化利用、实现土地价值的重要性，那么不仅对中国从事土地工程建设的企事业及个人可给予指导，对全人类科学使用土地也是一个很大的贡献。它的建立标志着土地工程这一古老而新生的事业从此告别散乱、盲目，迈入系统、科学、有技术支撑的时代。

参考文献

白思俊，王保强. 1999. 项目评价与项目中评价［J］. 工业工程与管理，4（3）：37-39.

鲍登（Bowden L W）. 1989. 遥感手册［M］. 第 11 分册. 北京：国防工业出版社.

曹凑贵. 2002. 生态学概论［M］. 北京：高等教育出版社.

陈丹. 2012. 土地整理中土地平整问题探讨［J］. 现代农业科技，（5）：385-387.

陈怀亮，邹春辉. 1998. 麦田土壤水分 NOAA/AVHRR 遥感监测方法研究［J］. 遥感技术与应用，13（4）：27-35.

陈孔小. 2011. 浅谈填海造地工程发展趋势［J］. 中国水运，11（3）：216-217.

陈廷玺. 2011. 加强高标准农田建设提升农业综合生产能力——论四川巴州区高标准农田建设现状与对策［J］. 耕作与栽培，（1）：4-7.

陈伟，李山东，薛立. 2004. 水源涵养林功能和效益综述［J］. 山西林业科技，（2）：17-20.

陈英旭. 2008. 土壤重金属的植物污染化学［M］. 北京：科学出版社.

程莲，张凤华，季新江，等. 2007. 绿洲农区盐渍化土地开发技术的效率、成本分析［J］. 石河子大学学报（自然科学版），25（2）：145-149.

代静. 2007. 城市土地一级开发项目可行性评价研究［D］. 武汉：华中科技大学硕士学位论文.

戴锡花，吴志龙. 2009. 枞阳县土地整理工程项目管理理论创新与实践［J］. 农技服务，26（5）：164-165.

邓祥征，姜群鸥，战金艳. 2009. 中国土地生产力变化的情景分析［J］. 生态环境学报，18（5）：1835-1843.

董如堂. 2003. 刍议项目施工机械设备的管理［J］. 施工企业管理，（10）：50-51.

杜连营，陈亚红，卢月丽. 2008. 合作农业-现代农业的发展方向［J］. 河南农业，（5）：55.

樊彦国，胡著翱，周迪，等. 2007. 土地开发整理技术及应用［M］. 东营：中国石油大学出版社.

方华，林建平. 2004. 植物护坡现状与展望［J］. 水土保持研究，11（3）：283-292.

傅伯杰，陈利顶，马克明. 2001. 景观生态学原理及应用［M］. 北京：科学出版社.

高和平，于艳华. 2010. 内蒙古村镇损毁土地界定及复垦整理技术探析［J］. 内蒙古师范大学学报（自然科学版），39（1）：66-70.

高骏. 2008. 土地整理工程施工组织设计与方案［M］. 南京：东南大学出版社.

高明秀. 2008. 土地整理与新农村建设耦合关系及其模式创新研究［D］. 泰安：山东农业大学博士学位论文.

龚东庆. 2008. 日本关西国际机场第二跑道工程［J］. 水利土木科技资讯，（42）：26-32.

顾来水，高骏. 2007. 土地整理工程施工技术［M］. 南京：东南大学出版社.

郭慧平，杜青丽. 2008. 强夯法在粉砂土地基施工中的应用［J］. 包钢科技，34（2）：74-75.

郭丽娜. 2009. 基于分等的农用地粮食生产能力估算及其应用研究［D］. 北京：中国农业大学硕士学位论文.

郭云开. 2008. 土地开发整理工程的遥感评价方法研究与应用［D］. 长沙：中南大学博士学位论文.

国家质量监督检验检疫总局. 2003.《土地基本术语》GB/T 19231-2003［M］. 北京：中国标准出版社.

国土资源部. 2012. 2011 年度土地变更调查数据发布［R］. http：//www. mlr. gov. cn/xwdt/xwpl/201212/t20121213 _ 1165053. html.

国土资源部《土地开发整理工程建设标准》课题组. 2008.《土地开发整理工程建设标准》编制试点阶段研究成果［M］. 北京：新华出版社.

国土资源部土地利用管理司. 2008. 农用地分等规程（D/T1004-2003）［M］. 北京：中国标准出版社.

国土资源部土地整理中心. 2005a. 土地开发整理项目预算编制与实务［M］. 北京：中国人事出版社.

国土资源部土地整理中心. 2005b. 土地整理潜力与效益评价方法研究报告［R］. http：//www. lcrc. org. cn.
国土资源部土地整治重点实验室. 2013. 土地复垦潜力调查评价研究［M］. 北京：中国农业科学技术出版社.
韩霁昌，成生权，罗林涛. 2002. 建立新增耕地质量评价体系［J］. 中国土地，（2）：1-3.
韩霁昌，解建仓. 2009. 陕西卤泊滩盐碱地综合治理的和谐生态模式研究与实践［M］. 西安：陕西科学技术出版社.
韩霁昌，解建仓. 2010. 陕西农村废弃宅基地综合整治集成技术与二十年实践［M］. 西安：陕西科学技术出版社.
韩霁昌，延军平. 2011. 三门峡库区（华阴段）土地整治与高效农业快速发展模式研究与实践［M］. 西安：陕西师范大学出版社.
韩宗军. 2012. 延安城市水保实施方案探讨［J］. 陕西水利，（1）：160-162.
郝建新，邓娇娇. 2011. 土地整理项目管理［M］. 天津：天津大学出版社.
合肥工业大学. 1995. 测量学［M］. 北京：中国建筑工业出版社.
河南省水利局，河北省水利局. 1973. 农用机井［M］. 北京：水利电力出版社.
贺舜明. 2000. 城市土地集约利用模式创新与评价体系研究［D］. 长沙：中南林学院硕士学位论文.
黑敬祥，史贵镇. 2012. 土地管理基础与法规［M］. 北京：中国建筑工业出版社.
胡德永，王杰生，何晓云，等. 1989. 用于土地利用分类的计算机复合分层分类方法——河北省南皮县土地利用分类研究［J］. 遥感学报，（4）：273-280.
胡振琪. 2007. 土地整理概论［M］. 北京：中国农业出版社.
胡振琪. 2010. 土地利用工程学［M］. 北京：中国农业出版社.
环境保护部自然生态保护司. 2011. 土壤修复技术方法与应用［M］. 北京：中国环境科学出版社.
黄秋生，胡中兴，倪进现. 2010. 实用农业节水灌溉工程规划与设计［M］. 北京：中国水利水电出版社.
黄贤金，张安录. 2008. 土地经济学［M］. 北京：中国农业大学出版社.
黄贤金. 2007. 土地政策学［M］. 北京：中国农业出版社.
贾广和. 2008. 盐碱地综合整治与开发研究［J］. 西南林学院学报，28（4）：112-114.
贾丽娟. 2011. 重庆市高标准农田建设标准及模式研究［D］. 重庆：西南大学硕士学位论文.
姜爱林. 2001. 论土地政策的概念与特征［J］. 国土资源科技管理，18（2）：17-22.
姜金华，乔桂芝，孙娅楠. 2012. 污染土壤的生物修复综述［J］. 广州化工，40（14）：11-13.
蒋云良. 2000. 模型在土地利用总体规划中的应用研究［J］. 计算机工程与设计，21（5）：53-57.
靳洪武，杨忠臣，李丹. 2009. 对我国现行土地整理工程项目管理模式的分析与建议［J］. 今日科苑，（6）：86.
靳九贵. 2004. 抛石挤淤地基承载力的试验方法［J］. 河南科技，（1）：32.
鞠畅. 2008. 城市土地集约化规模利用模式探讨——以重庆市为例［D］. 重庆：西南大学硕士学位论文.
鞠正山，吴健生，赵艳玲，等. 2012. 土地整理质量动态监测与评价技术［M］. 北京：中国农业科学技术出版社.
鞠正山. 2003. PSR 框架下 1991—2001 年全国土地利用/覆被时空变化特征研究［D］. 北京：中国农业大学硕士学位论文.
雷晓萍，刘晓峰. 2009. 土地开发整理工程中几种常用的土地平整技术［J］. 宁夏农林科技，（5）：51-54.
冷允法，谢高地，齐文虎，等. 1998. 农业资源高效利用管理决策支持系统——土地资源管理［J］. 资源科学，20（5）：70-75.
李伯安. 2006. 浙江省沿海滩涂工程地质条件初探［J］. 浙江水利水电专科学校学报，18（2）：44-47.

李海如，黄贤，吕贤金. 2008. 江苏省土地利用战略研究 [M]. 南京：东南大学出版社.
李锦华，何伯森. 1998. 世界银行贷款项目——城市道路建设项目后评价 [J]. 重庆建筑大学学报，20 (6)：61-66.
李凯荣，张光灿. 2012. 水土保持林学 [M]. 北京：科学出版社.
李乃祥. 2006. 现代农业技术概论 [M]. 天津：南开大学出版社.
李胜男. 2011. 我国城市土地一级开发研究 [D]. 北京：中国社会科学院研究生院硕士学位论文.
李相一. 2003. 关于耕地“占补平衡”的探讨 [J]. 中国土地科学，17 (1)：57-64.
李新，陈贤章，程国栋. 1999. 地形对高山区 TM 积雪定量遥感的影响 [J]. 遥感技术与应用，12 (1)：1-7.
李永涛，吴启堂. 1997. 土壤污染治理方法研究 [J]. 农业环境保护，16 (8)：118-122.
李志勋. 2007. 泾河川区现代农业发展模式研究 [D]. 杨凌：西北农林科技大学硕士学位论文.
厉伟. 2003. 城市化与土地可持续利用 [J]. 城市问题，(4)：40-44.
梁雪，肖连望. 2000. 城市空间设计 [M]. 天津：天津大学出版社.
林筱璟. 2012. 新时期党的农村土地政策研究 [D]. 海口：海南师范大学硕士学位论文.
刘承平. 2002. 数学建模方法 [M]. 北京：高等教育出版社.
刘海棠. 2007. 国内外现代农业发展模式与启迪 [J]. 青海草业，16 (3)：50-53.
刘吉，张沛. 2003. “城中村”问题分析与对策研究 [J]. 西安建筑科技大学学报（自然科学版），35 (3)：243-247.
刘黎明. 2005. 土地资源调查与评价 [D]. 北京：中国农业大学出版社.
刘琳. 2002. 对老城区再开发模式的探讨——天津“旱桥”地区土地开发可行性分析 [J]. 城市，(4)：52-54.
刘盛忱，赵长勇. 1996. 职工家庭农场新模式的探讨 [J]. 中国农垦，(7)：11.
刘守英. 2011. 博弈“增减挂钩”[J]. 中国改革，(6)：82-86.
刘双良. 2011. 土地整治规划 [M]. 天津：天津大学出版社.
刘文超，王金华，孟庆山，等. 2007. 水田改造的土地平整方法 [J]. 黑龙江水利科技，35 (4)：176-178.
刘彦随，杨子生. 2008. 我国土地资源学研究新进展及其展望 [J]. 自然资源学报，23 (2)：353-360.
刘彦随，郑伟元. 2008. 中国土地可持续利用论 [M]. 北京：科学出版社.
刘彦随. 2001. 山地土地类型的结构分析与优化利用——以陕西秦岭山地为例 [J]. 地理学报，56 (4)：426-436.
刘友兆，王永斌. 2001. 土地整理与农村生态环境 [J]. 农村生态环境，17 (3)：59-60.
刘越岩，刘成付. 2005. 矿区土地复垦与土地生态重建研究 [J]. 环境科学与技术，B06：154-156.
龙花楼. 2001. 开发区土地可持续利用初探 [J]. 现代城市研究，(3)：48-50.
陆家驹，张和平. 1997. 应用遥感技术连续监测地表土壤含水量 [J]. 水科学进展，8 (3)：281-287.
吕晓军，罗林涛. 2004. 模糊数学在土地开发整理新增耕地质量评价中的应用 [J]. 西安科技大学学报，24 (1)：65-68.
罗林涛. 2008. 农用地开发整理项目后评价体系研究 [D]. 西安：西北工业大学硕士学位论文.
罗明，龙花楼. 2003. “土地整理理论”初探 [J]. 地理与地理信息科学，19 (6)：60-64.
罗泽娇，梁杏. 2005. 土壤修复与改良的微生物技术 [J]. 安全与环境工程，12 (4)：8-11.
马良全，王慧芳. 2010. 土地出让过程中的政府角色冲突和转变 [J]. 广西政法管理干部学院学报，25 (1)：45-49.
马三喜. 2006. 农村集体非农建设用地流转法律制度研究 [D]. 北京：中国农业大学硕士学位论文.
马文勤. 2010. 基于 BP 神经网络的农户小额信贷信用风险评估研究 [D]. 杨凌：西北农林科技大学硕士学

位论文.
门瑞雪. 2011. 怎样做好耕地占补平衡［J］. 华北国土资源，(2)：33-34.
蒙吉军. 2005. 土地评价与管理［M］. 北京：科学出版社.
潘宜，解建仓，汪妮. 2010. 城市化进程中水土资源优化配置研究［M］. 西安：陕西科学技术出版社.
潘宜，解建仓，朱记伟，等. 2009. 陕西省卤泊滩盐碱地和谐生态系统评价体系［J］. 水利学报，40 (4)：492-497.
彭琼芬. 2010. 土地开发整理项目中土地平整工程量的计算研究［J］. 昆明理工大学学报（自然科学版），35 (3)：12-15.
彭玉魁，张建新，何绪生，等. 1998. 土壤水分、有机质和总氮含量的近红外光谱分析研究［J］. 土壤学报，35 (4)：553-555.
钱铭杰. 2011. 区域建设用地集约利用模式与评价研究［D］. 北京：中国地质大学博士学位论文.
曲福田，姜海，欧名豪. 2008. 江苏土地集约利用研究［M］. 北京：社会科学文献出版社.
曲向荣. 2010. 土壤环境学［M］. 北京：清华大学出版社.
曲衍波，张凤荣，郭力娜，等. 2012. 农村居民点整理后耕地质量评价与应用［J］. 农业工程学报，28 (2)：226-233.
全国一级建造师执业资格考试用书编写委员会. 2011. 建设工程项目管理（第三版）［M］. 北京：中国建筑工业出版社.
任学昌. 2002. 兰州城市生态系统研究［D］. 成都：西南交通大学硕士学位论文.
荣浩，刘艳萍. 2005. 草原生态建设与草地灌溉耦合效应研究［J］. 水土保持研究，12 (1)：156-158.
陕西省地产开发服务总公司. 2012. 陕西彬长胡家河矿业有限公司胡家河矿井及选煤厂土地复垦方案报告书［R］.
陕西省地产开发服务总公司. 2012. 潼关县 2010 年度城关镇五虎张村重度灾毁耕地复垦补助项目施工设计报告［R］.
邵慧，钱忠龙. 2005. 复垦地土壤修复与培肥地力［J］. 上海农业科技，(3)：116-119.
沈宏观. 2010. 高标准农田建设的冷思考［J］. 农业开发与装备，(9)：15-16.
四川某乡重金属污染土壤修复方案设计. http：//www. docin. com/p-305176868. html［2013-02-26］.
宋佃星，延军平，李双双. 2012. 基于土地整治的三门峡库区（华阴段）现代农业发展模式研究［J］. 农业现代化研究，33 (1)：50-54.
覃志豪，Zhang M H，Karnieli A，等. 2001. 用陆地卫星 TM6 数据演算地表温度的单窗算法［J］. 地理学报，56 (4)：456-466.
唐树春，王正秋. 1993. 浅海及沼泽地填筑工程［J］. 国外油田工程，(1)：65-68.
田光进，周全斌，赵晓丽，等. 2002. 中国新开垦耕地资源空间分布特征及生态背景研究［J］. 资源科学，24 (6)：1-6.
汪波，王伟华. 2005. 城市土地集约利用的内涵及对策研究［J］. 重庆大学学报（社会科学版），11 (5)：16-18.
王承栋. 1990. 现代技术与土地管理［C］. 中国土地学会第三次会员代表大会暨庆祝学会成立十周年学术讨论会.
王宏新. 2007. 土地一级开发实务指南［M］. 北京：化学工业出版社.
王宏新. 2009. 土地政策学［M］. 北京：北京师范大学出版社.
王冀川. 2012. 现代农业概论［M］. 北京：中国农业科学技术出版社.
王建龙. 2004. 三种土地征用制度运作模式与运行机制比较研究［J］. 浙江国土资源，(3)：46-49.

王霖琳，胡振琪，赵艳玲，等. 2007. 中国煤矿区生态修复规划的方法与实例 [J]. 金属矿山，(5)：17-20.
王秋兵. 2003. 土地资源学 [M]. 北京：中国农业出版社.
王万茂. 2006. 土地利用规划学 [M]. 北京：科学出版社.
王雨晴，宋戈. 2006. 城市土地利用综合效益评价与案例研究 [J]. 地理科学，26 (6)：743-748.
王月，任学慧，李晖，等. 2008. 县域土地集约利用评价及利用模式探讨——以兴化市为例 [J]. 甘肃农业，(3)：68-70.
王跃先，崔童. 2012. 以粮食安全为视角论耕地占补平衡 [J]. 学理论，(6)：27-28.
吴次芳，宋戈. 2009. 土地利用学 [M]. 北京：科学出版社.
吴曙光，胡岱文，许思农. 1999. 重锤夯实法在松散砂卵石地基加固中的应用 [J]. 重庆建筑大学学报，21 (3)：82-85.
吴晔. 2008. 关于中国土地文化的几个问题 [J]. 中国土地，(1)：54-57.
伍光和，王乃昂，胡双熙，等. 2008. 自然地理学 [M]. 北京：高等教育出版社.
夏家淇，骆永明. 2006. 关于土壤污染的概念和 3 类评价指标的探讨 [J]. 生态与农村环境学报，22 (1)：87-90.
谢敏，郝晋珉，丁忠义，等. 2006. 城市土地集约利用内涵及其评价指标体系研究 [J]. 中国农业大学学报，11 (5)：117-120.
谢敏，类淑霞，郭文华，等. 2010. 城市土地利用适宜性评价体系研究 [J]. 国土资源情报，(11)：39-41.
徐金鸿，徐瑞松，夏斌，等. 2006. 土壤遥感监测研究进展 [J]. 水土保持研究，13 (2)：17-20.
徐兴奎，林朝晖，薛峰，等. 2003. 气象因子与地表植被生长相关性分析 [J]. 生态学报，23 (2)：221-230.
严金明，钟金发，池国仁. 1998. 土地整理 [M]. 北京：经济管理出版社.
严泰来，朱德海. 1995. 土地信息系统 (LIS) 的概念与系统设置 [J]. 中国土地科学，9 (2)：45-47.
杨德. 2002. 试验设计与分析 [M]. 北京：中国农业出版社.
杨东朗. 2002. 城市土地利用评价研究的进展 [C]. 加入 WTO 和中国科技与可持续发展——挑战与机遇、责任和对策.
杨洪. 2009. 贵州土地整理如何促进现代农业的建设 [J]. 现代农业科学，16 (6)：219-238.
杨尽，杨继伦，杨波. 2009. 汶川地震损毁土地类型及复垦潜力 [J]. 安徽农业科学，37 (28)：13754-13755，13774.
杨琳，罗鄂湘. 2010. 重大工程项目社会风险评价指标体系研究 [J]. 科技与管理，12 (2)：43-46.
杨庆媛. 2003. 土地整理目标的区域配置研究 [J]. 中国土地科学，17 (1)：40-45.
杨晓帆. 2007. 城市化进程中土地需要合理利用 [C]. 中国土地学会 625 论坛——第十七个全国“土地日”.
杨子生. 2000. 试论土地生态学 [J]. 中国土地科学，14 (2)：38-43.
叶剑平. 2005. 土地科学导论 [M]. 北京：中国人民大学出版社.
叶艳姝. 2002. 可持续农地整理的理论与方法研究 [D]. 杭州：浙江大学博士学位论文.
易琦，赵筱青，陈玉姝. 2001. 生态城市建设中的绿地系统问题研究——以昆明市为例 [J]. 经济地理，5 (3)：310-314.
殷效彩，王希勤. 2001. 土地利用遥感分析——计算机绘图在土地利用成图中的应用 [J]. 青岛大学学报 (自然科学版)，14 (3)：76-80.
尹东风，钟海. 2006. 搞好城市土地整理，提高土地利用率 [J]. 国土资源导刊，3 (2)：60-61.
于际茂，郑永宏，郑艳东，等. 2005. 农用土地整理模式探析 [J]. 资源 · 产业，7 (2)：7-9.
於忠祥. 2007. 基于土壤学理论的土地整理研究 [J]. 安徽农业大学学报，34 (1)：129-133.
喻敏英，岑燕峰，任飞龙，等. 2010. 异位修复 VOCs 污染土壤工程实例 [J]. 宁波工程学院学报，

22 (3): 45-48.

袁丹. 2010. 基于BP神经网络的制造业上市公司财务预警研究 [D]. 上海：上海交通大学硕士学位论文.

岳思羽. 2010. 陕西汉中市新农村卫生新校园“猪-厕-沼-菜”生态循环模式的研究 [J]. 农业环境与发展，(4): 39-41.

张帆. 2011. 湖南省城市建设用地集约利用研究 [D]. 湖南：湖南师范大学硕士学位论文.

张凤荣，徐艳. 2012. 农村土地整治的理论与实践 [M]. 北京：中国农业大学出版社.

张凤荣. 2003a. 占补平衡的质量保证措施和考核办法 [J]. 中国土地，(10): 12-13.

张凤荣. 2003b. 重在保持耕地生产能力——对新形势下耕地总量动态平衡的理解 [J]. 中国土地，(7): 13-15.

张凤荣. 2012. 农村土地整治的理论与实践 [M]. 北京：中国农业大学出版社.

张红富，周生路，吴绍华，等. 2007. 当前我国农用地资源管理的重点与对策 [J]. 安徽农业科学，35 (17): 5219-5221.

张建锋，乔勇进，焦明，等. 1997. 盐碱地改良利用与研究进展 [J]. 山东林业科技，(3): 5-8.

张琦. 2012. 土地利用与可持续发展 [M]. 北京：商务印书馆.

张太平，潘伟斌. 2003. 根际环境与土壤污染的植物修复研究进展 [J]. 生态环境，12 (1): 76-80.

张希来. 2009. 土地整理工程施工监理实用手册 [M]. 西安：陕西科学技术出版社.

张锡金，刘炳福，李爱海，等. 2007. 我国发展循环农业的主要模式及对策建议 [J]. 山东农业科学，(4): 130-132.

张晓玲，戴吉开，关欣，等. 2007. 基于主成分分析法的城市土地利用潜力评价 [J]. 湖南农业大学学报（自然科学版），33 (1): 113-116.

张晓萱. 2009. 土地政策参与宏观调控的理论研究 [D]. 天津：天津大学硕士学位论文.

张颖，伍均. 2012. 土壤污染与防治 [M]. 北京：中国林业出版社.

张玉清. 2011. 基于生态伦理视角的西部循环农业发展的实证研究 [J]. 安徽农业科学，39 (3): 1794-1795.

张正峰，陈百明. 2002. 土地整理潜力分析 [J]. 自然资源学报，17 (6): 664-669.

张正峰. 2007. 我国土地整理模式的分类研究 [J]. 区域研究与开发，26 (4): 82-86.

张志宏，焦彩霞，郑光辉，等. 2007. 农村居民点整理的模式探讨 [J]. 南京工业职业技术学院学报，7 (1): 17-19.

张志宏. 2006. 城市土地集约利用模式的探讨 [D]. 南京：南京师范大学硕士学位论文.

章金香. 2009. 刍议施工降水 [J]. 黑龙江水利科技，37 (3): 114-115.

赵国杰，赵上. 2001. 技术引进项目后评价方法初探 [J]. 基建管理优化，13 (1): 13-17.

赵华昌，刘兴汉. 1987. 三江平原地区土地利用的遥感分析与制图 [J]. 遥感学报，(2): 83-91.

赵沁娜，杨凯，张勇. 2005. 土壤污染治理与开发的环境经济调控对策研究 [J]. 环境科学与技术，28 (5): 49-50，87.

郑九华，冯永军，于开芹. 2010. 用固体废弃物构造土地复垦基质的理论与实践 [M]. 北京：中国水利水电出版社.

郑新奇. 2005. 城市土地优化配置与集约利用评价 [M]. 北京：科学出版社.

郑泽庆，黄贤金，钟太洋，等. 2008. 我国城市土地集约利用评价研究综述 [J]. 山东师范大学学报（自然科学版），23 (3): 89-93.

钟晓兰，周生路，赵其国. 2006. 城乡结合部土壤污染及其生态环境效应 [J]. 土壤，38 (2): 122-129.

周和平，张立新，禹锋，等. 2007. 我国盐碱地改良技术综述及展望 [J]. 现代农业科技，(11): 157-162.

周介铭. 2010. 城市土地管理 [M]. 北京：科学出版社.

周孝. 2006. 土地复垦理论与技术 [M]. 北京：中国社会出版社.

朱道林. 2007. 土地管理学 [M]. 北京：中国农业大学出版社.

邹连敏. 2011. 土地开发整理项目规划设计实用技术 [M]. 北京：中国水利水电出版社.

邹子建. 2010. 基于BP神经网络的衡水市经济预测研究 [D]. 杨凌：西北农林科技大学硕士学位论文.

Aberg G, Jacks G, Hamilton P. 1989. Weathering rates and ^{87}Sr-^{86}Sr ratios: an isotopic approach [J]. Journal of Hydrology, 109: 65-78.

Forman R T. 1995. Landscape Mosaics: the Ecology of Landscape and Regions [M]. London: Cambridge University Press.

Landsat Project Science OITice. 2002. Landsat 7 science data user' s handbook. Goddard Space Flight Center. http://ltpwww. gsfc. nasa. gov/IAS/handbook/handbook _ toc. html.

Miller E, Blum J, Friedland A. 1993. Determination of soil exchangeable cation loss and weathering rates using Srisotopes [J]. Nature, 362: 438-441.

Singh D, Mukherjee P K. 1996. Effect of soil moisture and crop cover in remote sensing [J]. Advance in Space Research, 18 (7): 63-66.